譯註 禮記集說大全
緇衣

編　陳澔(元)

附　正義 · 訓纂 · 集解

譯註 禮記集說大全
緇衣

編　陳澔（元）

附　正義・訓纂・集解

鄭秉燮 譯

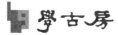
學古房

역자서문

『예기』「치의(緇衣)」편은 주로 군자의 행동거지, 신하의 자세, 군주의 덕목 등을 기록하고 있다. 내용 기술에 있어서 공자의 말로 기록되어 있고, 각종 인용문을 제시하여 결론을 맺는 형식인데,『예기』의 「표기(表記)」, 「방기(坊記)」편 등과 기술 형식이 일치한다. 공자 사후 100여년이 지난 후 편집된『논어』는 공자의 사상을 추론할 수 있는 가장 이른 시기의 문헌이며, 공자학단에서 편찬한 첫 번째 문헌이라 할 수 있다.『논어』의 기술형식과 「치의」편의 기술형식을 비교해보면, 「치의」편은 문장이 길고 그 내용을 상세히 서술하고 있으며,『논어』가 주로 공자의 단편적인 말만을 제시한 것에 비해, 「치의」편은 공자가 자신의 주장을 뒷받침하기 위해 각종 인용문들을 활용하고 있다. 또『논어』에서 공자가 논의하는 주요 경전은『시』인데, 「치의」편은『시』와 더불어『서』와『역』을 상당수 인용하고 있다. 또 「치의」편과 기술형식이 동일한 「방기」편에는『시』·『서』·『역』과 더불어서『논어』와『춘추』까지도 인용하고 있다.

이러한 사실로 봤을 때, 전국시대를 거치며 노나라에 남아있던 공자학단은 자신의 주장을 내세우기 위해, 공자를 가탁하여 문장을 기술했고, 지식인들이 공유했던『시』·『서』·『역』등의 문헌을 그 증거로 제시했던 것같다. 또『논어』에는『역』에 대한 언급이 없다.『사기』에 나오는 위편삼절

(韋編三絶)이나 『논어』에 나오는 '오십이학역(五十以學易)'이라는 말에 착
안하여, 공자가 『역』을 편찬했다고 주장하지만, 신빙성이 없는 주장이다.
『역』은 유가에서 중요하게 여기지 않았던 문헌인데, 『순자(荀子)』에 와서야
『역』이 유가의 교과목으로 기술된다. 따라서 「치의」편은 순자 당시나 그
이후의 기록으로 판단된다.

　이 책을 출간으로 『예기』 완역이라는 목표달성이 점차 가까워지고 있다.
아직도 내 번역에 대한 자신이 서지 않지만, 오랜 기간 『예기』와 대면하다
보니 이전에는 보이지 않았던 점들이 또렷하게 나타나기도 한다. 그러나
역시 내 번역은 어설프고 엉성하다. 더군다나 요즘은 바쁘다는 핑계로 게
으름까지 작동하는 마당이라, 이 책을 보게 될 독자분들께 부끄러워 고개
를 들 수 없다. 초라한 번역이지만 이 책을 발판으로 더 좋은 역서와 연구가
진행되었으면 하는 바람이다.
　이 책에 나오는 오역은 전적으로 역자의 실력이 부족해서이다. 본 역서
에 나온 오역과 역자의 부족함에 대해 일갈을 해주실 분들이 있다면,
bbaja@nate.com으로 연락을 주시거나 출판사에 제 연락처를 문의하셔서
가르침을 주신다면, 부족한 실력이지만 가르침을 받도록 최선을 다할 것
이다.

　역자는 성균관 대학교에서 유교철학(儒敎哲學)을 전공했으며, 예악학
(禮樂學) 전공으로 박사논문을 작성했다. 역자가 처음 『예기』를 접한 것은
경서연구회(經書硏究會)의 오경강독을 통해서이다. 이 모임을 만들어 후배
들에게 경전에 대한 이해를 넓혀주신 임옥균 선생님, 경서연구회 역대 회
장님인 김동민, 원용준, 김종석, 길훈섭 선배님께도 감사를 드리고, 현재
함께 경서연구회를 하고 있는 김회숙, 손정민, 김아랑, 임용균, 김현태, 하나
회원님께도 감사를 드린다. 끝으로 「치의」편을 출판할 수 있도록 허락해주
신 학고방의 하운근 사장님께도 감사를 전한다.

일러두기 ≫≫

1. 본 책은 역주서(譯註書)로써, 『예기집설대전(禮記集說大全)』의 「치의(緇衣)」편을 완역하고, 자세한 주석을 첨부했다. 송대(宋代) 이전의 주석을 포함하고자 하여, 『예기정의(禮記正義)』를 함께 수록하였다. 그리고 송대 이후의 주석인 청대(淸代)의 주석을 포함하고자 하여 『예기훈찬(禮記訓纂)』과 『예기집해(禮記集解)』를 함께 수록하였다.

2. 『예기』 경문(經文)의 경우, 의역으로만 번역하면 문장을 번역한 방식을 확인하기 어렵고, 보충 설명 없이 직역으로만 번역하면 내용을 이해하기 힘들다. 따라서 경문에 한하여 직역과 의역을 함께 수록하였다. 나머지 주석들에 대해서는 의역을 위주로 번역하였다.

3. 『예기』 경문에 대한 해석은 진호의 『예기집설』 주석에 근거하였다. 경문 해석에 있어서, 『예기정의』, 『예기훈찬』, 『예기집해』마다 이견(異見)이 많다. 『예기집섭대전』의 소주(小註) 또한 진호의 주장과 이견을 보이는 곳이 있고, 소주 사이에도 이견이 많다. 따라서 『예기』 경문 해석의 표준은 진호의 『예기집설』 주석에 근거했으며, 진호가 설명하지 않은 부분들은 『대전』의 소주를 참고하였다. 또한 경문 해석에 있어서 『예기정의』, 『예기훈찬』, 『예기집해』에 나타나는 이견들은 특별한 경우를 제외하고는 각각의 문장을 읽어보면, 경문에 대한 이견을 알 수 있기 때문에, 이러한 경우에는 주석처리를 하지 않았다.

4. 본 역서가 저본으로 삼은 책은 다음과 같다.

- 『禮記』, 서울 : 保景文化社, 초판 1984 (5판 1995)
- 『禮記正義』1~4(전4권), 『十三經注疏 整理本』12~15), 北京 : 北京大學出版社, 초판 2000
- 朱彬 撰, 『禮記訓纂』上・下(전2권), 北京 : 中華書局, 초판 1996 (2쇄 1998)
- 孫希旦 撰, 『禮記集解』上・中・下(전3권), 北京 : 中華書局, 초판 1989 (4쇄 2007)

5. 본 책은 『예기』의 경문, 진호의 『집설』, 호광 등이 찬정한 『대전』의 세주, 정현의 주, 육덕명의 『경전석문』, 공영달의 소, 주빈(朱彬)의 『훈찬』, 손희단(孫希旦)의 『집해』 순으로 번역하였다.

6. 본래 『예기』「치의」편은 목차가 없으며, 내용 구분에 있어서도 학자들마다 의견차이가 있다. 또한 내용의 연관성으로 인하여, 장과 절을 나누기가 애매한 부분이 많다. 본 책의 목차는 역자가 임의대로 나눈 것이며, 세세하게 분절하여, 독자들이 관련내용들을 찾아보기 쉽게 하였다.

7. 본 책의 뒷부분에는 ≪緇衣 人名 및 用語 辭典≫을 수록하였다. 본문에 처음으로 등장하는 용어 및 인명에 대해서는 주석처리를 하였다. 이후에 같은 용어가 등장할 때마다 동일한 주석처리를 할 수 없어서, 뒷부분에 사전으로 수록한 것이다. 가나다순으로 기록하여, 번역문을 읽는 도중 앞부분에서 설명했던 고유명사나 인명 등에 대해서 쉽게 찾아볼 수 있도록 하였다.

【642a】

子言之曰, “爲上易事也, 爲下易知也, 則刑不煩矣.”

　【642a】 등과 같이 【 】 안에 숫자가 기입되어 있는 것은 『예기』의 ‘경문’
을 뜻한다. ‘642’는 보경문화사(保景文化社)판본의 페이지를 말한다. ‘a’는
a단에 기록되어 있다는 표시이다. 밑의 그림은 보경문화사판본의 한 페이
지 단락을 구분한 표시이다.

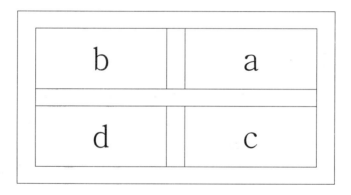

◆ **集說** 呂氏曰: 上好信, 則民莫敢不用情.

　“**集說**”로 표시된 것은 진호(陳澔)의 『예기집설(禮記集說)』주석을 뜻
　한다.

◆ **大全** 長樂劉氏曰: 上難事則下難知, 上易事則下易知.

　“**大全**”으로 표시된 것은 호광(胡廣) 등이 찬정(撰定)한 『예기집설대
　전』의 세주(細註)를 뜻한다.

◆ **鄭注** 言君不苛虐, 臣無姦心, 則刑可以措.

"**鄭注**"로 표시된 것은 『예기정의(禮記正義)』에 수록된 정현(鄭玄)의 주(注)를 뜻한다.

◆ **釋文** 易, 以豉反, 下同. 苟音何.

"**釋文**"으로 표시된 것은 『예기정의』에 수록된 육덕명(陸德明)의 『경 전석문(經典釋文)』을 뜻한다. 『경전석문』의 내용은 글자들의 음을 설 명하고, 간략한 풀이를 한 것인데, 육덕명 당시의 음가로 기록이 되었기 때문에, 현재의 음과는 맞지 않는 부분이 많다. 단순히 참고만 하기 바 란다.

◆ **孔疏** "子言"至"煩矣". ○正義曰: 此篇凡二十四章, 唯此云"子言之曰"

"**孔疏**"로 표시된 것은 『예기정의』에 수록된 공영달(孔穎達)의 소(疏) 를 뜻한다. 공영달의 주석은 경문과 정현의 주에 대해서 세분화하여 기 록되어 있다. 따라서 '●'으로 표시된 부분은 공영달이 경문에 대해 주석 을 한 부분이고, '◎'으로 표시된 부분은 정현의 주에 대해 주석을 한 부분이다. 한편 '○'으로 표시된 부분은 공영달의 주석 부분이다.

◆ **訓纂** 呂與叔曰: 子曰, "示之以好惡, 而民知禁."

"**訓纂**"으로 표시된 것은 『예기훈찬(禮記訓纂)』에 수록된 주석이다. 『예 기훈찬』 또한 기존 주석들을 종합한 책이므로, 『예기집설대전』 및 『예 기정의』와 중복되는 부분은 생략하였다.

◆ **集解** 緇衣, 鄭國風篇, 周人美鄭武公之賢, 欲改爲其衣.

"**集解**"로 표시된 것은 『예기집해(禮記集解)』에 수록된 주석이다. 『예 기집해』 또한 기존 주석들을 종합한 책이므로, 『예기집설대전』 및 『예 기정의』와 중복되는 부분은 생략하였다.

◆ 원문 및 번역문 중 '▼'로 표시된 부분은 한글로 표기할 수 없는 한자를 기록한 부분이다. 예를 들어 '▼(囧/皿)'의 경우 맹(盟)자의 이체자인데, '明'자 대신 '囧'자가 들어간 한자를 프로그램상 삽입할 수가 없어서, '▼(囧/皿)'으로 표시한 것이다. 즉 '▼(A/B)'의 형식으로 기록된 경우, A에 해당하는 글자가 한 글자의 상단 부분에 해당하고, B에 해당하는 글자가 한 글자의 하단 부분에 해당한다는 표시이다. 또한 '▼(A+B)'의 형식으로 기록된 경우, A에 해당하는 글자가 한 글자의 좌측 부분에 해당하고, B에 해당하는 글자가 한 글자의 우측 부분에 해당한다는 표시이다. 또한 '▼((A-B)/C)'의 형식으로 기록된 경우, A에 해당하는 글자에서 B 부분을 뺀 글자가 한 글자의 상단 부분에 해당하고, C에 해당하는 글자가 한 글자의 하단 부분에 해당한다는 표시이다.

목차

그림목차

경문목차

【642a】

禮記集說大全卷之二十七 / 『예기집설대전』 제27권
緇衣 第三十三 / 「치의」 제33편

大全 藍田呂氏曰: 此篇大指, 言爲上者言行好惡, 所以爲民之所則效, 不可不愼也. 篇中有好賢如緇衣之言, 故以是名篇.

번역 남전여씨[1]가 말하길, 「치의」편의 큰 요지는 윗사람의 언행에 나타나는 좋고 나쁜 점은 백성들이 본받는 것이므로, 신중하지 않을 수가 없다는 뜻이다. 「치의」편에는 "현명한 자를 좋아하길 치의처럼 한다."는 말이 있기 때문에, 이로써 편명을 정했다.

大全 朱子曰: 緇衣兼惡惡, 獨以緇衣名篇者, 以見聖人存心而勸善, 無心於懲惡也.

번역 주자가 말하길, 「치의」편에는 악을 싫어한다는 내용도 포함되어 있는데, 유독 '치의(緇衣)'라는 말로 편명을 정한 것은 이를 통해 성인은 마음을 보존하고 선을 권면하지만 악을 징벌하는 데에는 마음을 두지 않는다는 뜻을 드러내기 위해서이다.

孔疏 陸曰: 鄭云, 善其好賢者之厚, 故述其所稱之詩以爲其名也. 緇衣, 鄭詩, 美武公也. 劉獻云, 公孫尼子所作也.

번역 육덕명[2]이 말하길, 정현[3]은 현명한 자를 좋아함이 두텁다는 사실

---

1) 남전여씨(藍田呂氏, A.D.1040~A.D.1092) : =여대림(呂大臨)·여씨(呂氏)·여여숙(呂與叔). 북송(北宋) 때의 학자이다. 이름은 대림(大臨)이고, 자(字)는 여숙(與叔)이며, 호(號)는 남전(藍田)이다. 장재(張載) 및 이정(二程)형제에게서 수학하였다. 저서로는 『남전문집(藍田文集)』 등이 있다.
2) 육덕명(陸德明, A.D.550~A.D.630) : =육원랑(陸元朗). 당대(唐代)의 경학자이

을 훌륭하게 여겼기 때문에 그에 걸맞은 시를 조술하여 편명으로 삼은 것이
다. 『시』「정풍(鄭風)・치의(緇衣)」편은 정(鄭)나라의 시로 무공(武公)을 찬
미한 시이다. 유헌4)은 공손니자의 저작이라고 했다.

孔疏 正義曰: 按鄭目錄云, "名曰緇衣者, 善其好賢者, 厚也. 緇衣, 鄭詩也.
其詩曰: '緇衣之宜兮, 敝予又改爲兮. 適子之館兮, 還予授子之粲兮.' 粲, 餐
也. 設餐以授之, 愛之欲飲食之. 言緇衣之賢者, 居朝廷, 宜其服也. 我欲就爲
改制其衣, 反欲與之新衣, 厚之而無已. 此於別錄屬通論."

번역 『정의』5)에서 말하길, 정현의 『목록』6)을 살펴보면, "편명을 '치의
(緇衣)'라고 지은 것은 현명한 자를 좋아함이 두텁기 때문이다. 「치의(緇
衣)」편은 정(鄭)나라의 시이다. 그 시에서는 '치의의 걸맞음이여, 해지면
내가 다시 고쳐 주리라. 그대의 숙소로 가니, 돌아와 내가 그대에게 음식을
주리라.'7)라고 했다. '찬(粲)'자는 음식[餐]을 뜻한다. 음식을 마련하여 주는
것은 그를 친애하여 음식을 먹이고자 하는 것이다. 치의를 입고 있는 현명

다. 이름은 원랑(元朗)이고, 자(字)는 덕명(德明)이다. 훈고학에 뛰어났으며, 『경
전석문(經典釋文)』 등을 남겼다.
3) 정현(鄭玄, A.D.127~A.D.200): =정강성(鄭康成)・정씨(鄭氏). 한대(漢代)의 유학자
이다. 자(字)는 강성(康成)이다. 『주역(周易)』, 『상서(尙書)』, 『모시(毛詩)』, 『주례(周
禮)』, 『의례(儀禮)』, 『예기(禮記)』, 『논어(論語)』, 『효경(孝經)』 등에 주석을 하였다.
4) 유헌(劉獻, A.D.434~A.D. 489): 남북조시대 때의 학자이다. 『수서(隋書)』「경
적지(經籍志)」에 대해 주를 작성했다.
5) 『정의(正義)』는 『예기정의(禮記正義)』 또는 『예기주소(禮記注疏)』를 뜻한다.
당(唐)나라 때에는 태종(太宗)이 공영달(孔穎達) 등을 시켜서 『오경정의(五經
正義)』를 편찬하였는데, 이때 『예기정의』에는 정현(鄭玄)의 주(注)와 공영달
의 소(疏)가 수록되었다. 송대(宋代)에는 『오경정의』와 다른 경전(經典)에 대
한 주석서를 포함한 『십삼경주소(十三經注疏)』가 편찬되어, 『예기주소』라는
명칭이 되었다.
6) 『목록(目錄)』은 정현이 찬술했다고 전해지는 『삼례목록(三禮目錄)』을 가리킨
다. 『십삼경주소(十三經注疏)』에서 인용되고 있지만, 이 책은 『수서(隋書)』가
편찬될 당시에 이미 일실되어 존재하지 않았다. 『수서』「경적지(經籍志)」편에
는 "三禮目錄一卷, 鄭玄撰, 梁有陶弘景注一卷, 亡."이라는 기록이 있다.
7) 『시』「정풍(鄭風)・치의(緇衣)」: 緇衣之宜兮, 敝, 予又改爲兮. 適子之館兮, 還,
予授子之粲兮.

한 자가 조정에 머물고 있으니 그 의복에 마땅한 것이다. 내가 그에게 나아
가 의복을 고치고 만들어서 다시 그에게 새로운 옷을 주려고 하니, 후하게
대함에 끝이 없는 것이다. 「치의」편을 『별록』[8)에서는 '통론(通論)' 항목에
포함시켰다."라고 했다.

集解 愚謂: 此篇言君上化民, 人臣事君, 及立身行己之道. 其曰緇衣者, 取
次章之語以名篇.

번역 내가 생각하기에, 「치의」편에서는 군주가 백성들을 교화하고 신하가
군주를 섬기며, 지신을 확립하고 실천하는 도를 설명하고 있다. 편명을 '치의
(緇衣)'라고 한 것은 다음 장에 나오는 말에 따라서 편명으로 삼은 것이다.

참고 『한서(漢書)』「예문지(藝文志)·잡가류(雜家類)」

원문 公孫尼一篇.

번역 『공손니』총 1편이 있다.

참고 『한서(漢書)』「예문지(藝文志)·유가류(儒家類)」

원문 公孫尼子二十八篇.

번역 『공손니자』28편이 있다.

本注 七十子之弟子.

---

8) 『별록(別錄)』은 후한(後漢) 때 유향(劉向)이 찬(撰)했다고 전해지는 책이다.
   현재는 일실되어 존재하지 않으며, 『한서(漢書)』「예문지(藝文志)」편을 통해서
   대략적인 내용만을 추측해볼 수 있다.

[번역] 공손니자는 공자의 칠십여 제자들 중 하나이다.

[참고] 『수서(隋書)』「경적삼(經籍三)·자(子)」

[원문] 公孫尼子一卷

[번역] 『공손니자』 총 1권이 있다.

[本注] 尼, 似孔子弟.

[번역] 니(尼)는 아마도 공자의 제자인 것 같다.

[참고] 『시』「정풍(鄭風)·치의(緇衣)」

緇衣之宜兮, (치의지의혜) : 치의의 알맞음이여,
敝予又改爲兮. (폐여우개위혜) : 해지면 내가 다시 만들어 주리라.
適子之館兮, (적자지관혜) : 그대의 집으로 가는지라,
還予授子之粲兮. (환여수자지찬혜) : 돌아와 내가 그대에게 음식을 주리라.

緇衣之好兮, (치의지호혜) : 치의의 알맞음이여,
敝予又改造兮. (폐여우개조혜) : 해지면 내가 다시 만들어 주리라.
適子之館兮, (적자지관혜) : 그대의 집으로 가는지라,
還予授子之粲兮. (환여수자지찬혜) : 돌아와 내가 그대에게 음식을 주리라.

緇衣之蓆兮, (치의지석혜) : 치의의 크게 알맞음이여,
敝予又改作兮. (폐여우개작혜) : 해지면 내가 다시 만들어 주리라.
適子之館兮. (적자지관혜) : 그대의 집으로 가는지라,
還予授子之粲兮. (환여수자지찬혜) : 돌아와 내가 그대에게 음식을 주리라.

毛序 緇衣, 美武公也. 父子並爲周司徒, 善於其職, 國人宜之. 故美其德, 以明有國善善之功焉.

모서 「치의(緇衣)」편은 무공(武公)을 찬미한 시이다. 부모와 자식이 모두 주나라의 사도(司徒)가 되어, 그 직무를 훌륭히 수행하니, 나라 사람들이 마땅하게 여겼다. 그렇기 때문에 그의 덕을 찬미하여, 나라를 소유하여 선하게 만든 공적이 있음을 밝혔다.

● 그림 0-1   ◉ 정(鄭)나라 세계도(世系圖)

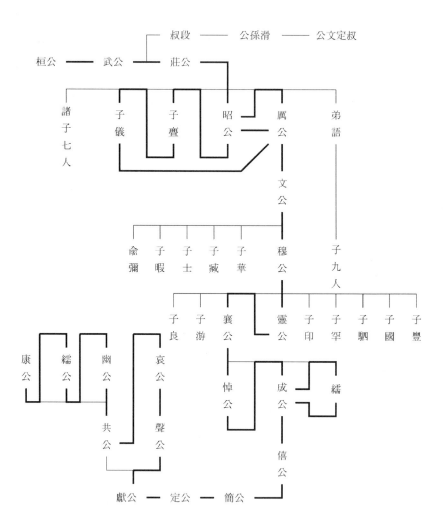

※ 출처: 『역사(繹史)』 1권 「역사세계도(繹史世系圖)」

이사(易事)와 이지(易知)

【642a】

子言之曰, "爲上易事也, 爲下易知也, 則刑不煩矣."

직역 子가 言하여 曰, "上이 爲하여 事가 易하고, 下가 爲하여 知가 易하면, 刑이 不煩한다."

의역 공자가 말하길, "윗사람이 자신을 섬기는 것을 쉽게 만들고 아랫사람이 자신을 알게 하는 것을 쉽게 한다면, 형벌이 번잡하게 만들어지지 않는다."라고 했다.

集說 呂氏曰: 上好信, 則民莫敢不用情. 易事者, 以好信故也. 易知者, 以用情故也. 若上以機心待民, 則民亦以機心待其上, 姦生詐起, 欲刑之不煩, 不可得矣.

번역 여씨가 말하길, 윗사람이 신의를 좋아한다면 백성들 중 감히 진실된 정감을 나타내지 않는 자가 없다. "섬기기를 쉽게 한다."는 것은 신의를 좋아하기 때문이다. "알기 쉽다."는 것은 진실된 정감을 나타내기 때문이다. 만약 윗사람이 교활한 마음으로 백성들을 대한다면, 백성들 또한 교활한 마음으로 윗사람을 대하여, 간사함이 생겨나고 거짓됨이 발생하니, 형벌을 번잡하게 만들지 않고자 하더라도 할 수 없게 된다.

大全 長樂劉氏曰: 上難事則下難知, 上易事則下易知. 好惡悖於正, 喜怒失其常, 於是有匿其誠信, 以爲容悅者, 屈其忠直, 以爲阿諛者, 包其禍心, 以爲詐僞者. 苟可以罔上, 而免其咎罰者, 奚所弗至哉? 爲下如是, 可謂難知也.

번역 장락유씨[1]가 말하길, 윗사람이 섬기기를 어렵게 만든다면 아랫사람도 자신을 알기 어렵게 만들며, 윗사람이 섬기기를 쉽게 만든다면 아랫사람도 자신을 알기 쉽게 만든다. 좋아함과 싫어함이 정도에서 어긋나면, 기쁨과 성냄이 상도를 어기게 되니, 여기에서 자신의 진실됨을 숨기고 비위를 맞추어 군주를 기쁘게만 만들려는 자가 생기고, 또 충심과 정직함을 굽혀서 아첨하고 비위를 맞추는 자가 생기며, 앙심을 숨기고 거짓을 일삼는 자들이 생긴다. 만약 윗사람을 업신여기고도 죄를 면할 수 있다면 어찌 이러한 지경에 이르지 않겠는가? 아랫사람이 이와 같으므로, 알아보기가 어렵다고 할 만하다.

鄭注 言君不苟虐, 臣無姦心, 則刑可以措.

번역 군주가 잔학하게 굴지 않고 신하에게 간사한 마음이 없다면, 형벌을 번잡하게 만들지 않을 수 있다.

釋文 "子言之曰", 此篇二十四章, 唯此一"子言之", 後皆作"子曰". 易, 以豉反, 下同. 苟音何. 錯, 七故反, 本亦作措, 同.

번역 '子言之曰'이라고 했는데, 「치의」편은 총 24개 장으로 구성되어 있지만 오직 이 구문에서만 '子言之'라고 했고, 뒤의 문장에서는 모두 '子曰'이라고 기록했다. '易'자는 '以(이)'자와 '豉(시)'자의 반절음이며, 아래문장에 나오는 글자도 그 음이 이와 같다. '苟'자의 음은 '何(하)'이다. '錯'자는 '七(칠)'자와 '故(고)'자의 반절음이며, 판본에 따라서는 또한 '措'자로도 기록하는데, 그 음은 동일하다.

---

1) 장락유씨(長樂劉氏, A.D.1017~A.D.1086) : =유씨(劉氏)・유이(劉彛)・유집중(劉執中). 북송(北宋) 때의 성리학자이다. 자(字)는 집중(執中)이다. 복주(福州) 출신이며, 어려서 호원(胡瑗)에게서 학문을 배웠다. 『정속방(正俗方)』, 『주역주(周易注)』를 지었으나 현존하지 않는다. 『칠경중의(七經中議)』, 『명선집(明善集)』, 『거이집(居易集)』 등이 남아 있다.

孔疏 ●"子言"至"煩矣". ○正義曰: 此篇凡二十四章, 唯此云"子言之曰", 餘二十三章皆云"子曰". 以篇首宜異故也.

번역 ●經文: "子言"~"煩矣". ○「치의」편은 총 24개 장으로 구성되어 있는데, 오직 이곳 구문에서만 '자언지왈(子言之曰)'이라 기록했고, 나머지 23개 장에서는 모두 '자왈(子曰)'이라고 기록했다. 「치의」편의 첫 장이므로 마땅히 차이를 두어야 했기 때문이다.

孔疏 ●"爲上易事也"者, "爲上", 謂君. 君上以正理御物, 則臣事之易也.

번역 ●經文: "爲上易事也". ○'위상(爲上)'은 군주를 뜻한다. 군주가 바른 이치로 사물을 제어한다면 신하가 섬기기 쉽게 된다.

孔疏 ●"爲下易知也"者, "爲下", 謂臣. 臣下無姦詐, 則君知其情易也.

번역 ●經文: "爲下易知也". ○'위하(爲下)'는 신하를 뜻한다. 신하에게 간사함과 거짓됨이 없다면 군주는 그의 실제 정감을 알아보기 쉽게 된다.

孔疏 ●"則刑不煩矣"者, 君易事, 臣易知, 故刑辟息止, 不煩動矣. 然此篇題"緇衣", 而入文不先云"緇衣"者, 欲見君明臣賢如此, 後乃可服緇衣也.

번역 ●經文: "則刑不煩矣". ○군주를 섬기기가 쉽고 신하를 알아보기 쉽기 때문에 형벌이 그치며 번잡하게 시행되지 않는다. 그런데 이 편의 편 명이 '치의(緇衣)'이지만 문장을 기술함에 있어 서두에서 '치의(緇衣)'라고 기록하지 않았다. 이것은 군주가 현명하고 신하가 현명한 것이 이처럼 된 이후에야 치의를 입을 수 있음을 나타내고자 해서이다.

참고 『예기』의 '언지(言之)'와 '언지왈(言之曰)'의 표기

순번	출 처	내 용
1	「檀弓上」	夫子言之曰, 吾見封之若堂者矣, …….
2	「檀弓下」	君子言之曰, 盡飾之道, …….
3	「坊記」	子言之, 君子之道辟則坊與? …….
4	「表記」	子言之, 歸乎, 君子隱而顯, …….
5	「表記」	子言之, 仁者, 天下之表也. …….
6	「表記」	子言之, 仁有數, …….
7	「表記」	子言之, 君子之所謂義者, …….
8	「表記」	子言之, 君子之所謂仁者, …….
9	「表記」	子言之曰, 後世雖有作者, …….
10	「表記」	子言之, 事君先資其言, …….
11	「表記」	子言之, 昔三代明王, …….
12	「緇衣」	子言之曰, 爲上易事也, …….

• 제 2 절 •

호현(好賢)과 오악(惡惡) I

【642b】

子曰, "好賢如緇衣, 惡惡如巷伯, 則爵不瀆而民作愿, 刑不試而民咸服. 大雅曰, '儀刑文王, 萬國作孚.'"

직역 子가 曰, "賢을 好하길 緇衣와 如하고, 惡을 惡하길 巷伯과 如하면, 爵을 不瀆이라도 民이 愿을 作하고, 刑을 不試라도 民이 咸히 服한다. 大雅에서 曰, '文王을 儀刑하면, 萬國이 孚를 作이라.'"

의역 공자가 말하길, "군주가 현명함을 좋아하길 「치의」편의 내용처럼 돈독하게 하고, 악함을 싫어하길 「항백」편의 내용처럼 깊이 한다면, 작위를 남발하지 않더라도 백성들은 성실한 마음을 일으키고, 형벌을 시행하지 않아도 백성들은 모두 복종하게 된다. 「대아」에서는 '문왕을 본받으면, 모든 나라가 믿음을 일으키리라.'"라고 했다.

集說 緇衣, 鄭國風首篇, 美鄭武公之詩. 小雅巷伯, 寺人刺幽王之詩. 大雅, 文王之篇. 國, 詩作邦.

번역 『시』「치의(緇衣)」편은 정(鄭)나라 국풍(國風)에 해당하는 첫 번째 편으로, 정나라 무공(武公)을 찬미한 시이다. 『시』「소아(小雅)·항백(巷伯)」편은 시인(寺人)[1]이 유왕(幽王)을 풍자한 시이다. 「대아(大雅)」는 『시』「대아(大雅)·문왕(文王)」편이다.[2] '국(國)'자를 『시』에서는 '방(邦)'자로 기록했다.

---

1) 시인(寺人)은 궁중에서 군주를 가까이에서 모시는 소신(小臣)이다.

集說 呂氏曰: 好賢必如緇衣之篤, 則人知上之誠好賢矣, 不必爵命之數勸, 而民自起愿心以敬上, 故曰爵不瀆而民作愿. 惡惡必如巷伯之深, 則人知上之誠惡惡矣, 不必刑罰之施, 而民自畏服, 故曰刑不試而民咸服. 文王好惡得其正, 而一出乎誠心, 故爲天下之所儀刑, 德之所以孚乎下也.

번역 여씨가 말하길, 현명함을 좋아하길 반드시 「치의(緇衣)」편의 내용처럼 돈독하게 한다면, 사람들은 윗사람이 진실로 현명함을 좋아하는지 알게 되므로, 반드시 작위 하사하는 명령을 수차례 반복해서 권면하지 않더라도 백성들 스스로 성실한 마음을 일으켜서 윗사람을 공경한다. 그렇기 때문에 "작위를 빈번하게 내리지 않더라도 백성들이 성실함을 일으킨다." 라고 했다. 악함을 미워하길 반드시 「항백(巷伯)」편의 내용처럼 깊이 한다면, 사람들은 윗사람이 진실로 악함을 미워하는지 알게 되므로, 반드시 형벌을 시행하지 않더라도 백성들 스스로 외경하며 복종한다. 그렇기 때문에 "형벌을 사용하지 않더라도 백성들이 모두 복종한다."라고 했다. 문왕의 좋아함과 싫어함은 올바름을 얻었고, 한결같이 진실된 마음에서 나온 것이기 때문에, 천하 사람들이 본받게 되었고, 덕이 아랫사람에게 믿음을 주었다.

大全 嚴陵方氏曰: 若卷阿之求賢, 則好賢非不誠矣. 巧言之傷讒, 則惡惡非不至矣. 此止言緇衣之好賢, 特諸侯爾, 以諸侯好賢, 若是之誠, 況於王天下乎? 巷伯之惡惡, 特寺人爾, 以寺人之小臣惡惡, 若是之至, 況於卿大夫乎? 此所以特引二詩而明之也.

번역 엄릉방씨3)가 말하길, 『시』「권아(卷阿)」편처럼 현명한 자를 구한다면, 현명함을 좋아하는 것이 진실되지 않은 것은 아니다. 또『시』「교언(巧言)」편처럼 참소에 피해를 입는다면, 악함을 싫어하는 것이 지극하지 않은 것은

2) 『시』「대아(大雅)·문왕(文王)」: 命之不易, 無遏爾躬. 宣昭義問, 有虞殷自天. 上天之載, 無聲無臭. <u>儀刑文王, 萬邦作孚.</u>
3) 엄릉방씨(嚴陵方氏, ?~?): =방각(方慤)·방씨(方氏)·방성부(方性夫). 송대(宋代)의 유학자이다. 이름은 각(慤)이다. 자(字)는 성부(性夫)이다. 『예기집해(禮記集解)』를 지었고, 『예기집설대전(禮記集說大全)』에는 그의 주장이 많이 인용되고 있다.

아니다. 그런데 이곳에서는 단지 『시』「치의(緇衣)」편처럼 현명함을 좋아한다
고 했는데, 이것은 단지 제후를 가리킬 따름이니, 제후가 현명함을 좋아하길
이처럼 진실되게 하는데, 하물며 천하를 통치하는 천자에게 있어서는 어떻겠
는가? 그리고 『시』「항백(巷伯)」편처럼 악함을 싫어한다고 했는데, 이것은 단
지 시인(寺人)을 가리킬 따름이니, 시인과 같은 소신이 악함을 싫어하는 것이
이처럼 지극한데, 하물며 경과 대부에게 있어서는 어떻겠는가? 이것이 바로
단지 이 두 시만을 인용하여 그 사안을 나타낸 이유이다.

大全　盧陵胡氏曰: 人莫不有好惡也, 而好惡得其正者寡矣. 緇衣好得其正,
巷伯惡得其正, 故擧大雅儀刑文王爲言. 文王好仁而仁興, 克明德愼罰, 其好
惡之正如此.

번역　여릉호씨[4]가 말하길, 사람들 중에는 좋아하거나 싫어하는 마음을
갖지 않은 자가 없지만, 좋아함과 싫어함이 올바름을 얻은 경우는 적다.
『시』「치의(緇衣)」편의 내용은 좋아함이 바름을 얻었고, 『시』「항백(巷伯)」
편의 내용은 싫어함이 바름을 얻었기 때문에, 『시』「대아(大雅)」편의 "문왕
을 본받는다."는 말을 인용해서 설명했다. 문왕은 인(仁)을 좋아하여 인(仁)
이 흥성하게 되었고, 덕을 밝히고 형벌을 신중히 내릴 수 있었으니, 그의
좋아함과 싫어함이 이처럼 바름을 얻은 것이다.

鄭注　緇衣·巷伯, 皆詩篇名也. 緇衣首章曰"緇衣之宜兮, 敝予又改爲兮.
適子之館兮, 還予授子之粲兮", 言此衣緇衣者, 賢者也, 宜長, 爲國君. 其衣敝,
我願改制, 授之以新衣, 是其好賢, 欲其貴之甚也. 巷伯六章, 曰"取彼讒人, 投
畀豺虎. 豺虎不食, 投畀有北. 有北不受, 投畀有昊". 此其惡惡, 欲其死亡之甚
也. "爵不瀆"者, 不輕爵人也. 試, 用也. 咸, 皆也. 刑, 法也. 孚, 信也. 儀法文王
之德而行之, 則天下無不爲信者也. 文王爲政, 克明德愼罰.

---

4) 호전(胡銓, A.D.1102~A.D.1180) : =여릉호씨(盧陵胡氏)·호방형(胡邦衡). 남
　송(南宋) 때의 정치가이자 문학가이다. 자(字)는 방형(邦衡)이고, 호(號)는 담
　암(澹庵)이다. 충신으로 명성이 높았다.

번역 '치의(緇衣)'와 '항백(巷伯)'은 모두『시』의 편명이다. 「치의」편의
1장에서는 "치의의 걸맞음이여, 해지면 내가 다시 고쳐 주리라. 그대의 숙
소로 가니, 돌아와 내가 그대에게 음식을 주리라."5)라고 했으니, 치의를 착
용한 자는 현명한 자이이므로, 수장이 되기에 마땅하여 제후가 된다는 의
미이다. 의복이 해지면 내가 고쳐주기를 원하여, 새로운 의복을 주겠다고
했는데, 이것은 현명함을 좋아하여, 매우 존귀하게 대하고자 하는 것이다.
「항백」편의 6장에서는 "저 참소하는 자를 잡아다가 승냥이와 호랑이에게
던져 주리라. 승냥이와 호랑이도 먹지 않거든 북방에 던져 주리라. 북방에
서도 받아주지 않거든 하늘에 던져 주리라."6)라고 했다. 이것은 악함을 싫
어하여 죽이고자 함이 매우 심한 것이다. "작위를 빈번히 내리지 않는다."
라고 했는데, 남에게 경솔하게 작위를 내리지 않는다는 뜻이다. '시(試)'자
는 "사용하다[用]."는 뜻이다. '함(咸)'자는 모두[皆]라는 뜻이다. '형(刑)'자
는 "본받는다[法]."는 뜻이다. '부(孚)'자는 믿음[信]을 뜻한다. 문왕의 덕을
본받아서 시행한다면, 천하에 믿지 않는 자가 없게 된다는 뜻이다. 문왕이
정치를 시행할 때에는 덕을 밝히고 형벌을 신중히 내릴 수 있었다.

釋文 好, 呼報反, 注同. 緇, 側其反. 惡惡, 上烏路反, 下如字, 注同. 巷, 戶
降反. 巷伯, 小雅篇名. 愿音願. 還音旋. 粲, 七旦反. 衣緇衣, 上於旣反, 下如
字. 讒人, 本又依詩作"譖人". 投畀, 必利反, 下同. 豺, 仕皆反. 昊, 胡老反, 本
或作皓, 同.

번역 '好'자는 '呼(호)'자와 '報(보)'자의 반절음이며, 정현의 주에 나오는
글자도 그 음이 이와 같다. '緇'자는 '側(측)'자와 '其(기)'자의 반절음이다.
'惡惡'에서 앞의 '惡'자는 '烏(오)'자와 '路(로)'자의 반절음이며, 뒤의 '惡'자
는 글자대로 읽고, 정현의 주에 나오는 글자도 이와 같다. '巷'자는 '戶(호)'

---

5)『시』「정풍(鄭風)・치의(緇衣)」: 緇衣之宜兮, 敝, 予又改爲兮. 適子之館兮, 還,
予授子之粲兮.

6)『시』「소아(小雅)・항백(巷伯)」: 彼譖人者, 誰適與謀. 取彼譖人, 投畀豺虎. 豺
虎不食, 投畀有北. 有北不受, 投畀有昊.

자와 '降(강)'자의 반절음이다. '巷伯'은 『시』「소아(小雅)」에 해당하는 편명
이다. '愿'자의 음은 '願(원)'이다. '還'자의 음은 '旋(선)'이다. '粲'자는 '七
(칠)'자와 '旦(단)'자의 반절음이다. '衣緇衣'에서 앞의 '衣'자는 '於(어)'자와
'旣(기)'자의 반절음이며, 뒤의 '衣'자는 글자대로 읽는다. '讒人'은 판본에
따라서 또한 『시』의 기록에 따라 '譖人'으로도 기록한다. '投畀'에서의 '畀'
자는 '必(필)'자와 '利(리)'자의 반절음이며, 아래문장에 나오는 글자도 그
음이 이와 같다. '豺'자는 '仕(사)'자와 '皆(개)'자의 반절음이다. '昊'자는 '胡
(호)'자와 '老(로)'자의 반절음이며, 판본에 따라서는 또한 '皓'자로도 기록
하는데, 그 음은 동일하다.

孔疏 ●"子曰"至"作孚". ○正義曰: 此一節明好賢・惡惡, 賞罰得中, 則爲
民下所信.

번역 ●經文: "子曰"~"作孚". ○이곳 문단은 현명함을 좋아하고 악함
을 싫어하며, 상과 형벌이 알맞다면, 백성들에게 믿음을 얻는다는 사실을
나타내고 있다.

孔疏 ●"好賢如緇衣"者, 緇衣, 朝服也. 諸侯視朝之服, 緇衣素裳. 鄭武
公・桓公父子並爲周司徒, 善於其職, 鄭人善之, 願君久留鄭國, 服此緇衣, 衣
服敗破, 則又作新衣以授之, 故以歌此詩, 是好賢之詩也. 詩人以緇衣爲鄭風
之首, 故云"好賢如緇衣"也.

번역 ●經文: "好賢如緇衣". ○'치의(緇衣)'[7]는 조복(朝服)[8]이다. 제후

---

7) 치의(緇衣)는 본래 검은색의 비단으로 만든 복장이다. 조복(朝服)으로 사용되
기도 하였다. 『시』「정풍(鄭風)・치의(緇衣)」편에는 "緇衣之宜兮, 敝予又改爲
兮."라는 기록이 있고, 이에 대한 모전(毛傳)에서는 "緇, 黑也, 卿士聽朝之正服
也."라고 풀이했다. 한편 '치의'는 검은색으로 되어 있었기 때문에, 일반적으로
검은색의 옷을 가리키는 용어로도 사용되었다.
8) 조복(朝服)은 군주와 신하가 조회를 열 때 착용하는 복장을 뜻한다. 중요한 의
식을 치를 때 착용하는 예복(禮服)을 가리키기도 한다.

가 조정에 참관할 때 착용하는 복장은 상의는 검은색이고 하의는 흰색이다. 정(鄭)나라 무공(武公)과 환공(桓公)은 모두 주나라의 사도(司徒)9)였는데, 그 직무를 잘 처리하여 정나라 사람들이 훌륭하게 여겼고, 군주가 오래도록 정나라에 머물도록 원하였으니, 이러한 치의를 착용했는데 그 복장이 해지게 된다면, 또한 새로운 의복을 만들어서 전해주었다. 그렇기 때문에 이러한 시가를 노래로 불렀던 것이니, 이것은 현명함을 좋아하는 시에 해당한다. 『시』를 지은 자는 「치의」편을 「정풍(鄭風)」의 첫 번째 시로 삼았다. 그렇기 때문에 "현명함을 좋아하길 「치의」편처럼 한다."라고 했다.

孔疏 ●"惡惡如巷伯"者, 巷伯亦詩篇名也, 巷伯是奄人, 爲王后宮巷官之長, 故爲"巷伯"也. 幽王信讒, 詩人傷讒而懼讒及己, 故作詩以疾讒也. 其詩云: "取彼讒人, 投畀豺虎. 豺虎不食, 投畀有北. 有北不受, 投畀有昊." 是惡讒人之甚, 故云"惡惡如巷伯也.

번역 ●經文: "惡惡如巷伯". ○'항백(巷伯)' 또한 『시』의 편명이니, 항백은 환관인데, 천자와 왕후가 거주하는 건물을 담당하는 관리들의 수장이다. 그렇기 때문에 '항백(巷伯)'이라고 부른다. 유왕(幽王)은 터무니없는 참소를 믿었는데, 『시』를 지은 자는 참소를 꺼려해서 참소가 자신에게 미치게 될까를 염려하였다. 그렇기 때문에 『시』를 지어서 참소를 질시하였다. 그 시에서는 "저 참소하는 자를 잡아다가 승냥이와 호랑이에게 던져 주리라. 승냥이와 호랑이도 먹지 않거든 북방에 던져 주리라. 북방에서도 받아주지 않거든 하늘에 던져 주리라."라고 했는데, 이것은 참소하는 사람을 싫어함

---

9) 사도(司徒)는 본래 주(周)나라 때의 관리로, 국가의 토지 및 백성들에 대한 교화(敎化)를 담당했다. 전설상으로는 소호(少昊) 시대 때부터 설치되었다고 전해진다. 주나라의 육경(六卿) 중 하나였으며, 전한(前漢) 애제(哀帝) 원수(元壽) 2년(B.C. 1)에는 승상(丞相)의 관직명을 고쳐서, 대사도(大司徒)라고 불렀고, 대사마(大司馬), 대사공(大司空)과 함께 삼공(三公)의 반열에 있었다. 후한(後漢) 때에는 다시 '사도'로 명칭을 고쳤고, 그 이후로는 이 명칭을 계속 사용하다가 명(明)나라 때 폐지되었다. 명나라 이후로는 호부상서(戶部尙書)를 '대사도'라고 불렀다.

이 매우 심한 것이다. 그렇기 때문에 "악함을 싫어하길 「항백」편처럼 한다."라고 했다.

孔疏　●"則爵不瀆而民作愿"者, 此解"好賢"也. 瀆, 濫也. 愿, 慤也. 君若好賢如緇衣, 則爵不濫而民皆謹慤也.

번역　●經文: "則爵不瀆而民作愿". ○이것은 "현명함을 좋아한다."는 뜻을 풀이한 말이다. '독(瀆)'자는 "넘치다[濫]."는 뜻이다. '원(愿)'자는 성실함[慤]이다. 군주가 만약 현명함을 좋아하길 「치의」편처럼 한다면, 작위가 범람하지 않더라도 백성들이 모두 조심하고 성실하게 된다는 뜻이다.

孔疏　●"刑不試而民咸服"者, 此解"惡惡"也. 試, 用也. 言君惡惡如巷伯, 則刑措而不用, 民皆服從.

번역　●經文: "刑不試而民咸服". ○이것은 "악함을 싫어한다."는 뜻을 풀이한 말이다. 시(試)'자는 "사용하다[用]."는 뜻이다. 군주가 악함을 싫어하길 「항백」편처럼 한다면, 형벌을 놓아두고 사용하지 않더라도 백성들이 모두 복종하게 된다는 뜻이다.

孔疏　●"大雅云: 儀刑文王, 萬國作孚"者, 此大雅・文王之篇, 諫成王之辭. 儀, 象也; 刑, 法也; 孚, 信也. 言成王但象法文王之德而行之, 則天下萬國無不爲信也. 言皆信敬之, 故云"萬國作孚", 猶文王明德愼罰, 爲民所敬信. 引之者, 證上"爵不瀆"・"刑不試"也.

번역　●經文: "大雅云: 儀刑文王, 萬國作孚". ○이 시는 『시』「대아(大雅)・문왕(文王)」편으로, 성왕(成王)에게 간언을 올리는 말이다. '의(儀)'자는 "본뜨다[象]."는 뜻이며, '형(刑)'자는 "본받는다[法]."는 뜻이고, '부(孚)'자는 믿음[信]을 뜻한다. 성왕이 단지 문왕의 덕을 본받아서 시행한다면, 천하의 모든 나라들 중 믿지 않는 나라가 없게 된다는 뜻이다. 즉 모두 믿으며 공경한다는 의미이다. 그렇기 때문에 "모든 나라가 믿음을 일으킨다."라고 했으니, 문왕이 덕을 밝히고 형벌을 신중히 시행하여 백성들로부터 공경을 받고 믿음을 받는 것과 같다. 이 시를 인용한 것은 앞에서 "작위를 남발하지 않는다."라고 한 말과 "형벌을 시행하지 않는다."는 뜻을 증명하기 위해서이다.

孔疏 ◎注"緇衣"至"甚也". ○正義曰: 緇衣者, 詩·鄭風, 美鄭桓公·武公詩也; 巷伯, 刺幽王之詩也, 故云"皆詩篇名". 云"緇衣之宜兮"者, 言桓公·武公並皆有德, 堪爲國君. 國人願之, 言德宜著此緇衣; 破敝, 我又欲改更爲新衣. 云"適子之館兮"者, 鄭人云, 桓公·武公旣爲卿士, 適子之館舍兮, 謂嚮卿士治事館舍. 云"還矛授子之粲兮"者, 從館舍迴還來過本國, 我卽授子以粲餐兮也. 鄭人愛桓公·武公之甚矣, 是"好賢"也. 緇衣者, 諸侯朝服, 故論語云"緇衣羔裘", 注云: "諸侯之朝服, 其服緇布衣而素裳, 緇帶素韠." 故士冠禮云: "主人玄冠朝服, 緇帶素韠." 注云: "朝服者, 十五升布衣而素裳也. 衣不言色者, 衣與冠同也." 知朝服十五升者, 雜記文. 知用布者, 雜記云"朝服十五升, 去其半而緦", 故知也. 知素裳者, 以冠禮云"素韠", 韠從裳色, 故知裳亦素也. 若士之助祭者, 則韠用緇, 不與裳同色. 熊氏云"玄冠用黑繒爲之", 其義未甚明也.

번역 ◎鄭注: "緇衣"~"甚也". ○'치의(緇衣)'는 『시』「정풍(鄭風)·치의(緇衣)」편으로, 정(鄭)나라 환공(桓公)과 무공(武公)을 찬미한 시이다. 「항백(巷伯)」편은 유왕(幽王)을 풍자한 시이다. 그렇기 때문에 "모두 『시』의 편명이다."라고 했다. "치의의 걸맞음이여."라고 했는데, 환공과 무공은 모두 덕을 갖추고 있었고, 제후의 직무를 감당할 수 있었다는 뜻이다. 나라 사람들이 모두 그를 원했으니, 그의 덕이 이러한 치의를 입는데 마땅하다는 뜻이며, 옷이 해진 것은 내가 재차 고쳐 새로운 의복을 만들어주고 싶다는 뜻이다. "그대의 숙소로 간다."라고 했는데, 정나라 사람들은 환공과 무공이 이미 경사(卿士)[10]가 되었으니, 그대의 숙소로 간다는 말은 경사에게

---

10) 경사(卿士)는 주(周)나라 때 주왕조의 정사(政事)를 총감독했던 직위이다. 육경(六卿)과 별도로 설치되었으며, 육관(六官)의 일들을 총감독했다. 『시』「소아(小雅)·십월지교(十月之交)」편에는 "皇父卿士, 番維司徒."라는 기록이 있

찾아가서 그가 머무는 숙소를 정비한다는 뜻이다. "돌아와 내가 그대에게 음식을 주리라."라고 했는데, 숙소로부터 본국으로 되돌아오면, 내가 곧바로 그대에게 음식을 해서 바친다는 뜻이다. 정나라 사람들은 환공과 무공을 매우 친애하였으니, 이것은 "현명함을 좋아한다."는 뜻에 해당한다. '치의(緇衣)'라는 것은 제후가 착용하는 조복(朝服)이다. 그렇기 때문에 『논어』에서는 "치의에는 검은 양으로 만든 갓옷을 입는다."[11]라고 했고, 주에서는 "제후의 조복은 검은색 포로 만든 상의와 흰색 하의를 착용하며, 검은색의 허리띠와 흰색의 슬갑을 착용한다."라고 했다. 그래서 『의례』「사관례(士冠禮)」편에서는 "주인은 현관(玄冠)[12]과 조복을 착용하고, 치대(緇帶)와 소필(素韠)을 찬다."[13]라고 한 것이고, 주에서는 "조복이라는 것은 15승(升)[14]의 포로 된 상의와 흰색 하의를 착용하는 것이다. 상의에 대해 색깔을 언급하지 않은 것은 상의와 관(冠)의 색깔이 동일하기 때문이다."라고 했다. 조복을 15승의 포로 만든다는 사실을 알 수 있는 것은 『예기』「잡기(雜記)」편의 기록에 나오기 때문이다.[15] 포(布)를 사용한다는 사실을 알 수 있는 이유는 「잡기」편에서 "조복은 15승의 포로 만드는데, 그 중 절반을 제거한 포로는 시마복(緦麻服)[16]을 만든다."라고 했다. 그렇기 때문에 포

는데, 이에 대한 주희(朱熹)의 『집주(集注)』에서는 "卿士, 六卿之外, 更爲都官, 以總六官之事也."라고 풀이하였으며, 『춘추좌씨전』「은공(隱公) 3년」편에는 "鄭武公莊公爲平王卿士."라는 기록이 있는데, 이에 대한 두예(杜預)의 주에서는 "卿士, 王卿之執政者."라고 풀이하였다.

11) 『논어』「향당(鄕黨)」: 君子不以紺緅飾, 紅紫不以爲褻服. 當署, 袗絺綌, 必表而出之. <u>緇衣, 羔裘</u>, 素衣, 麑裘, 黃衣狐裘. 褻裘長, 短右袂. 必有寢衣, 長一身有半. 狐貉之厚以居. 去喪, 無所不佩. 非帷裳, 必殺之. 羔裘玄冠不以弔. 吉月, 必朝服而朝. 齊必有明衣, 布.

12) 현관(玄冠)은 흑색으로 된 관(冠)이다. 고대에는 조복(朝服)을 입을 때 착용을 하였다. 『의례』「사관례(士冠禮)」편에는 "主人<u>玄冠</u>朝服, 緇帶素韠."이라는 기록이 있다.

13) 『의례』「사관례(士冠禮)」: 士冠禮. 筮于廟門. <u>主人玄冠·朝服·緇帶·素韠</u>, 卽位于門東, 西面.

14) 승(升)은 옷감과 관련된 단위이다. 고대에는 포(布) 80가닥[縷]을 1승(升)으로 여겼다. 『의례』「상복(喪服)」편에서는 "冠六升, 外畢."이라는 기록이 있는데, 이에 대한 정현의 주에서는 "布八十縷爲升."이라고 풀이했다.

15) 『예기』「잡기상(雜記上)」【499b】: <u>朝服十五升</u>, 去其半而緦加灰, 錫也.

(布)를 사용한다는 사실을 알 수 있다. 흰색의 하의를 착용한다는 사실을 알 수 있는 이유는 「사관례」편에서 '흰색의 슬갑'이라고 했는데, 슬갑은 하의의 색깔에 따르게 된다. 그렇기 때문에 하의 또한 흰색임을 알 수 있다. 만약 사가 제사를 돕는 경우라면, 슬갑은 검은색을 사용하여, 하의의 색깔과 동일하게 따르지 않는다. 웅안생[17]은 "현관은 흑색의 비단을 이용해서 만든다."라고 했는데, 그 의미가 매우 불명확하다.

訓纂 呂與叔曰: 子曰, "示之以好惡, 而民知禁." 蓋誠心不至, 則好惡不明, 民莫知其所從違. 如此而欲人心之孚, 天下嚮風光, 難矣.

번역 여여숙이 말하길, 공자는 "좋아함과 싫어함으로써 보여주니 백성들이 금지할 바를 알았다."[18]라고 했다. 진실된 마음이 지극하지 않다면 좋아함과 싫어함이 밝게 드러나지 않고, 백성들도 따라야 할 것과 어기는 것을 모르게 된다. 이처럼 하고도 백성들이 믿어주기를 바란다면, 백성들은 바람에 따라 휩쓸리니, 바라기가 어렵다.

集解 緇衣, 鄭國風篇, 周人美鄭武公之賢, 欲改爲其衣, 又欲適其館而授之粲, 其殷勤無已如此, 好賢之誠也. 巷伯, 小雅篇名, 詩人惡讒人, 欲投之豺虎・有北・有昊, 惡惡之誠也. 人君之好賢惡惡, 其誠苟能如此, 則民莫不趨其所好而避其所惡, 不待勸以賞而民自願慤, 不待加以刑而民皆畏服矣. 儀・刑, 皆法也. 孚,

---

16) 시마복(緦麻服)은 상복(喪服) 중 하나로, 오복(五服)에 속한다. 가장 조밀한 삼베를 사용해서 만든다. 이 복장을 입게 되는 기간은 상황에 따라서 차이가 있지만, 일반적으로 3개월이 된다. 친족의 백숙부모(伯叔父母)나 친족의 형제(兄弟)들 및 혼인하지 않은 친족의 자매(姊妹) 등을 위해서 입는다.

17) 웅안생(熊安生, ?~A.D.578): =웅씨(熊氏). 북조(北朝) 때의 경학자이다. 자(字)는 식지(植之)이다. 『주례(周禮)』, 『예기(禮記)』, 『효경(孝經)』 등 많은 전적에 의소(義疏)를 남겼지만, 모두 산일되어 남아 있지 않다. 현재 마국한(馬國翰)의 『옥함산방집일서(玉函山房輯佚書)』에 『예기웅씨의소(禮記熊氏義疏)』 4권이 남아 있다.

18) 『효경』 「삼재장(三才章)」: 先之以敬讓而民不爭. 導之以禮樂而民和睦. 示之以好惡而民知禁.

信也. 文王明德愼罰, 故其德爲民所信, 人君能法文王之德, 則亦爲民所信也.

번역 「치의(緇衣)」는 『시』 중에서도 정(鄭)나라 국풍(國風)에 해당하는 편으로, 주나라 사람들이 정나라 무공(武公)의 현명함을 훌륭하게 여겨서, 그의 의복을 고치고 만들어주고자 하고, 또 그의 숙소로 가서 그에게 음식을 대접하고자 한 것이니, 이처럼 끊임없이 노력하면서도 그치지 않는 것은 현명함을 좋아함이 진실된 것이다. 「항백(巷伯)」은 『시』「소아(小雅)」의 편명으로, 『시』를 지은 사람이 참소하는 사람을 싫어하여, 승냥이와 호랑이·북방·하늘에게 던져 버리고자 한 것으로, 악함을 싫어함이 진실된 것이다. 군주가 현명함을 좋아하고 악함을 싫어하는데, 그 진실됨을 이처럼 할 수 있다면, 백성들 중에는 그가 좋아하는 것에 따르지 않거나 그가 싫어하는 것을 피하지 않는 자가 없게 되므로, 상을 통해 권면하지 않더라도 백성들 스스로 진실되고자 희망하고, 형벌을 내리지 않더라도 백성들 모두가 외경하며 복종하게 된다. '의(儀)'자와 '형(刑)'자는 모두 "본받는다[法]."는 뜻이다. '부(孚)'자는 믿음[信]을 뜻한다. 문왕은 덕을 밝히고 형벌을 신중하게 내렸기 때문에, 그의 덕은 백성들에게 믿음을 받았으니, 군주가 문왕의 덕을 본받을 수 있다면, 또한 백성들로부터 믿음을 받게 된다.

참고 『시』「정풍(鄭風)」의 시

1. 『시』「정풍(鄭風)·치의(緇衣)」

毛序 緇衣, 美武公也. 父子並爲周司徒, 善於其職, 國人宜之. 故美其德, 以明有國善善之功焉.

모서 「치의(緇衣)」편은 무공(武公)을 찬미한 시이다. 부모와 자식이 모두 주나라의 사도(司徒)가 되어, 그 직무를 훌륭히 수행하니, 나라 사람들이 마땅하게 여겼다. 그렇기 때문에 그의 덕을 찬미하여, 나라를 소유하여 선하게 만든 공적이 있음을 밝혔다.

2. 『시』「정풍(鄭風)·장중자(將仲子)」

毛序 將仲子, 刺莊公也. 不勝其母, 以害其弟. 弟叔失道而公弗制, 祭仲諫而公弗聽, 小不忍, 以致大亂焉.

모서 「장중자(將仲子)」편은 장공(莊公)을 풍자한 시이다. 모친을 막지 못하여 동생을 해치게 되었다. 동생 숙단(叔段)은 도를 잃었는데도 장공이 제어를 못했고, 제중이 간언을 했음에도 장공은 받아들이지 않았는데, 작은 일을 차마 하지 못하여 큰 난리를 발생케 한 것이다.

3. 『시』「정풍(鄭風)·숙우전(叔于田)」

毛序 叔于田, 刺莊公也. 叔處于京, 繕甲治兵, 以出于田, 國人說而歸之.

모서 「숙우전(叔于田)」편은 장공(莊公)을 풍자한 시이다. 숙단(叔段)이 갑옷을 수선하고 병장기를 다듬어서 사냥을 나가자 나라 사람들이 기뻐하며 그에게 귀의하였다.

4. 『시』「정풍(鄭風)·대숙우전(大叔于田)」

毛序 大叔于田, 刺莊公也. 叔多才而好勇, 不義而得衆也.

모서 「대숙우전(大叔于田)」편은 장공(莊公)을 풍자한 시이다. 숙단(叔段)은 재주가 많고 용맹을 좋아하였는데, 의롭지 못한데도 백성의 마음을 얻었다.

5. 『시』「정풍(鄭風)·청인(淸人)」

毛序 淸人, 刺文公也. 高克好利而不顧其君, 文公惡而欲遠之, 不能. 使高克將兵而禦狄于竟, 陳其師旅, 翶翔河上, 久而不召, 衆散而歸, 高克奔陳. 公子素惡高克進之不以禮, 文公退之不以道, 危國亡師之本. 故作是詩也.

모서 「청인(淸人)」편은 문공(文公)을 풍자한 시이다. 고극(高克)은 이로움을 좋아하여 군주를 살피지 않았는데, 문공이 그를 미워하여 멀리 대하려고 했지만 할 수 없었다. 고극으로 하여금 군대를 거느리고 국경에서 오랑캐를 막게끔 시켜서 군대를 배치하였지만, 하수(河水)가에서 하는 일도 없이 노닐게 되었으며, 오랜 시간이 경과했는데도 부르지 않아서 군사들이 흩어져 되돌아갔고, 고극은 진(陳)나라로 도망쳤다. 공자 소(素)는 고극이 등용되어 군주를 섬길 때 예법에 따르지 않았고 또 문공이 그를 내칠 때 도에 따르지 않은 것이 나라를 위태롭게 만들고 군대를 패망시킨 근본이 된다고 여겨 미워하였다. 그렇기 때문에 이 시를 지었다.

6. 『시』「정풍(鄭風)·고구(羔裘)」

毛序 羔裘, 刺朝也, 言古之君子, 以風其朝焉.

모서 「고구(羔裘)」편은 조정을 풍자한 시이니, 옛 군자를 언급하여 조정을 풍자하였다.

7. 『시』「정풍(鄭風)·준대로(遵大路)」

毛序 遵大路, 思君子也. 莊公失道, 君子去之, 國人思望焉.

모서 「준대로(遵大路)」편은 군자를 그리워하는 시이다. 장공(莊公)이 도를 잃어서 군자가 떠나갔으므로, 나라 사람들이 군자를 그리워하게 되었다.

8. 『시』「정풍(鄭風)·여왈계명(女曰雞鳴)」

毛序 女曰雞鳴, 刺不說德也, 陳古義, 以刺今不說德而好色也.

모서 「여왈계명(女曰雞鳴)」편은 덕을 좋아하지 않음을 풍자한 시이니, 옛 도의를 진술하여 현재 덕을 좋아하지 않고 여색을 좋아함을 풍자하였다.

9. 『시』「정풍(鄭風)·유녀동거(有女同車)」

毛序 有女同車, 刺忽也, 鄭人刺忽之不昏于齊. 太子忽嘗有功于齊, 齊侯請妻之, 齊女賢而不取, 卒以無大國之助, 至於見逐, 故國人刺之.

모서 「유녀동거(有女同車)」편은 태자 홀(忽)을 풍자한 시이니, 정나라 사람들은 홀이 제(齊)나라와 혼인을 하지 않았음을 풍자하였다. 태자 홀은 일찍이 제나라에 대해 공을 세워서 제나라 후작이 여식을 그의 아내로 들이라고 청했는데, 제나라 후작의 여식이 현명했음에도 아내로 들이지 않아 결국 대국의 도움이 없어지고, 축출되는 지경에 이르렀다. 그렇기 때문에 나라 사람들이 그를 풍자한 것이다.

10. 『시』「정풍(鄭風)·산유부소(山有扶蘇)」

毛序 山有扶蘇, 刺忽也, 所美非美然.

모서 「산유부소(山有扶蘇)」편은 태자 홀(忽)을 풍자한 시이니, 그가 아름답게 여긴 사람은 실제로 아름다운 사람이 아니었기 때문이다.

11. 『시』「정풍(鄭風)·탁혜(蘀兮)」

毛序 蘀兮, 刺忽也, 君弱臣强, 不倡而和也.

모서 「탁혜(蘀兮)」편은 태자 홀(忽)을 풍자한 시이니, 군주가 약해지고 신하가 강성해져서 군주가 선창을 함에도 신하가 화답하지 않았기 때문이다.

12. 『시』「정풍(鄭風)·교동(狡童)」

毛序 狡童, 刺忽也, 不能與賢人圖事, 權臣擅命也.

모서 「교동(狡童)」편은 홀(忽)을 풍자한 시이니, 현명한 자와 국정을 도모하지 못하여, 권세를 지닌 신하 제중(祭仲)이 제멋대로 명령을 내렸기 때문이다.

13. 『시』「정풍(鄭風)·건상(褰裳)」

毛序 褰裳, 思見正也, 狂童恣行, 國人思大國之正己也.

모서 「건상(褰裳)」편은 대국이 바로잡아주기를 생각하는 시이니, 못된 짓만 일삼는 어린아이가 제멋대로 행동하여, 나라 사람들이 대국이 자기 나라를 바로잡아주기를 생각한 것이다.

14. 『시』「정풍(鄭風)·봉(丰)」

毛序 丰, 刺亂也, 婚姻之道缺, 陽倡而陰不和, 男行而女不隨.

모서 「봉(丰)」편은 문란함을 풍자한 시이니, 혼인의 도가 폐지되어 남자가 선창하는데도 여자가 화답하지 않아, 남자가 떠나는데도 여자가 따라가지 않는 것이다.

15. 『시』「정풍(鄭風)·동문지선(東門之墠)」

毛序 東門之墠, 刺亂也, 男女有不待禮而相奔者也.

모서 「동문지선(東門之墠)」편은 문란함을 풍자한 시이니, 남녀가 혼례의 절차를 갖추지 않고 서로에게 달려간 일이 발생했기 때문이다.

16. 『시』「정풍(鄭風)·풍우(風雨)」

毛序 風雨, 思君子也, 亂世則思君子不改其度焉.

모서 「풍우(風雨)」편은 군자를 그리워하는 시이니, 세상이 혼란스럽게 되더라도 군자는 법도를 바꾸지 않음을 그리워한 것이다.

17. 『시』「정풍(鄭風)·자금(子衿)」

毛序 子衿, 刺學校廢也, 亂世則學校不脩焉.

모서 「자금(子衿)」편은 학교가 폐지됨을 풍자한 시이니, 세상이 혼란스럽게 되자 학교를 돌보지 않았기 때문이다.

18. 『시』「정풍(鄭風)・양지수(揚之水)」

毛序 揚之水, 閔無臣也, 君子閔忽之無忠臣良士, 終以死亡, 而作是詩也.

모서 「양지수(揚之水)」편은 현명한 신하가 없음을 가엾게 여긴 시이니, 군자는 태자 홀(忽)에게 충신과 어진 선비가 없어서 끝내 죽게 되었음을 가엾게 여겨서 이 시를 지었다.

19. 『시』「정풍(鄭風)・출기동문(出其東門)」

毛序 出其東門, 閔亂也. 公子五爭, 兵革不息, 男女相棄, 民人思保其室家焉.

모서 「출기동문(出其東門)」편은 문란하게 된 것을 가엾게 여긴 시이다. 공자들이 다섯 차례 다투어 전쟁이 끊이질 않았고 남녀가 서로를 버리니, 백성들은 자신의 집을 보존할 것을 생각하였다.

20. 『시』「정풍(鄭風)・야유만초(野有蔓草)」

毛序 野有蔓草, 思遇時也. 君之澤不下流, 民窮於兵革, 男女失時, 思不期而會焉.

모서 「야유만초(野有蔓草)」편은 좋은 세상을 만나기를 그리워하는 시이다. 군주의 은택이 아래로 흐르지 않았고, 백성들은 전쟁에 곤궁해져서 남녀가 혼인할 시기를 잃었으니, 기약을 하지 않고도 만나기를 생각한 것이다.

21. 『시』「정풍(鄭風)・진유(溱洧)」

毛序 溱洧, 刺亂也. 兵革不息, 男女相棄, 淫風大行, 莫之能救焉.

모서 「진유(溱洧)」편은 문란함을 풍자한 시이다. 전쟁이 그치지 않으니, 남녀가 서로를 버려서, 음란한 풍조가 크게 유행하니, 바로잡을 수가 없었다.

참고 『시』「소아(小雅)·항백(巷伯)」

萋兮斐兮, (처혜비혜) : 무늬가 교차하니,
成是貝錦. (성시패금) : 자개무늬의 비단을 이루도다.
彼譖人者, (피참인자) : 저 참소하는 자들이여,
亦已大甚. (역이대심) : 이미 너무 심하구나.

哆兮侈兮, (치혜치혜) : 주둥이를 벌려 크게 하니,
成是南箕. (성시남기) : 남쪽 하늘의 기성(箕星)을 이루도다.
彼譖人者, (피참인자) : 저 참소하는 자들이여,
誰適與謀. (수적여모) : 누가 너에게 가서 함께 도모하리오.

緝緝翩翩, (집집편편) : 혀를 놀리고 자주 왕래하며,
謀欲譖人. (모욕참인) : 남을 참소하고자 꾀하는구나.
愼爾言也, (신이언야) : 네 마음을 신중히 한 뒤에 말하거라,
謂爾不信. (위이불신) : 왕이 장차 너의 말을 믿을 수 없다 하리라.

捷捷幡幡, (첩첩번번) : 혀를 놀리고 자주 왕래하며,
謀欲譖言. (모욕참언) : 참소의 말을 하고자 꾀하는구나.
豈不爾受, (기불이수) : 왕이 어찌 갑작스럽게 너의 말을 받아들이지
                        않으리오마는,
旣其女還. (기기녀환) : 장차 너를 헐뜯게 되리라.

驕人好好, (교인호호) : 헐뜯는 자는 남 참소하기를 좋아하고,
勞人草草. (노인초초) : 힘써 일하는 자는 죄를 얻게 될까 노심초사하
                        는구나.

蒼天蒼天, (창천창천) : 푸른 하늘이여 푸른 하늘이여,

視彼驕人, (시피교인) : 저 헐뜯는 자를 살피시고,

矜此勞人. (긍차로인) : 이 힘써 일하는 자를 불쌍하게 여기소서.

彼譖人者, (피참인자) : 저 참소하는 자들이여,

誰適與謀. (수적여모) : 누가 너에게 가서 함께 도모하리오.

取彼譖人, (취피참인) : 저 참소하는 자들을 잡아다가,

投畀豺虎. (투비시호) : 승냥이와 호랑이에게 내버리리라.

豺虎不食, (시호불식) : 승냥이와 호랑이가 먹지 않거든,

投畀有北. (투비유북) : 북방에 내버리리라.

有北不受, (유북불수) : 북방에서 받아들이지 않거든,

投畀有昊. (투비유호) : 하늘에 내버리리라.

楊園之道, (양원지도) : 양원(楊園)이란 동산의 길로 가려거든,

猗于畝丘. (의우무구) : 무구(畝丘)라는 언덕을 경유해야 하느니라.

寺人孟子, (시인맹자) : 시인(寺人) 맹자(孟子)가 무고하게 죄를 얻어,

作爲此詩. (작위차시) : 이 시를 짓노라.

凡百君子, (범백군자) : 모든 군자들아,

敬而聽之. (경이청지) : 공경스럽게 듣거라.

毛序 巷伯, 刺幽王也, 寺人傷於讒, 故作是詩也.

모서 「항백(巷伯)」편은 유왕(幽王)을 풍자한 시이니, 시인이 참소로 인해 해를 입었기 때문이 이 시를 지었다.

참고 『시』「대아(大雅)·문왕(文王)」

文王在上, (문왕재상) : 문왕께서 백성들을 다스리니,

於昭于天. (오소우천) : 오호라! 하늘에 그 덕을 드러내셨구나.

周雖舊邦, (주수구방) : 주나라는 비록 오래된 나라이지만,

其命維新. (기명유신) : 문왕께서 받으신 천명은 새롭구나.

有周不顯, (유주불현) : 주나라의 덕이 드러나지 않겠는가,

帝命不時. (제명불시) : 상제께서 내리신 천명이 옳지 않단 말인가.

文王陟降, (문왕척강) : 문왕께서 위로 하늘에 맞닿고 아래로 백성들을
임하심에,

在帝左右. (재제좌우) : 상제의 뜻을 잘 살펴 그에 따라 시행하시는구나.

亹亹文王, (미미문왕) : 힘쓰고 노력하신 문왕은,

令聞不已. (영문불이) : 그 아름다운 명성이 끊이지 않는구나.

陳錫哉周, (진석재주) : 은혜가 베풀어져 주왕조를 세우시니,

侯文王孫子. (후문왕손자) : 문왕의 자손들까지도 천자로 만드셨구나.

文王孫子, (문왕손자) : 문왕의 자손들은,

本支百世. (본지백세) : 적자는 천자가 되고 서자는 제후가 되어 백세
대에 이르는구나.

凡周之士, (범주지사) : 주나라의 선비들도,

不顯亦世. (불현역세) : 대대로 덕을 드러내지 않겠는가.

世之不顯, (세지불현) : 대대로 드러나지 않겠는가,

厥猶翼翼. (궐유익익) : 신하들의 계책은 공손하고도 공경스럽구나.

思皇多士, (사황다사) : 하늘에게 많은 선비들이 출현하기를 바라니,

生此王國. (생차왕국) : 이 나라에 태어났구나.

王國克生, (왕국극생) : 주나라가 그들을 잘 키워내니,

維周之楨. (유주지정) : 주나라의 근간이 되었구나.

濟濟多士, (제제다사) : 위엄스러운 거동을 갖춘 많은 선비들이여,

文王以寧. (문왕이녕) : 문왕께서 이에 편안하게 되었도다.

穆穆文王, (목목문왕) : 아름답고 아름다운 문왕의 자태여,

於緝熙敬止. (오즙희경지) : 오호라 빛나는 덕을 공경할 수 있구나.

假哉天命, (가재천명) : 굳건하구나 하늘이 명하신 것이,

有商孫子. (유상손자) : 은나라의 자손들을 신하로 삼게 하셨구나.

商之孫子, (상지손자) : 은나라의 자손들은,

其麗不億. (기려불억) : 그 수가 수억에 이르건만.

上帝既命, (상제기명) : 상제께서 이미 명하시여,

侯于周服. (후우주복) : 주나라의 제후가 되라고 하셨도다.

侯服于周, (후복우주) : 주나라의 제후가 되어 복종한데,

天命靡常. (천명미상) : 하늘의 명은 일정치 않구나.

殷士膚敏, (은사부민) : 은나라 출신 제후가 미덕을 갖추고 민첩하여,

祼將于京. (관장우경) : 찾아와 주나라 왕실의 제사를 돕는구나.

厥作祼將, (궐작관장) : 그들이 찾아와 제사를 도울 때,

常服黼哻. (상복보한) : 항상 은나라 때의 복장을 착용하는구나.

王之藎臣, (왕지신신) : 성왕(成王)이 신하를 등용함이여,

無念爾祖. (무념이조) : 네 조부인 문왕을 생각함이 없겠는가.

無念爾祖, (무념이조) : 네 조부인 문왕을 생각함이 없겠는가,

聿脩厥德. (율수궐덕) : 그 덕을 조술하고 닦을 따름이라.

永言配命, (영언배명) : 항상 그 말을 천명에 짝하여 시행하여,

自求多福. (자구다복) : 스스로 많은 복을 구할지어다.

殷之未喪師, (은지미상사) : 은나라가 백성의 마음을 잃지 않았을 때에는,

克配上帝. (극배상제) : 상제의 뜻에 짝할 수 있었도다.

宜鑒于殷, (의감우은) : 마땅히 은나라를 거울로 삼아야 하니,

駿命不易. (준명불역) : 큰 천명은 바꿀 수 없는 것이다.

命之不易, (명지불역) : 천명은 바꿀 수 없으니,

無遏爾躬. (무알이궁) : 너의 세대에서 끊어짐이 없어야 한다.

宣昭義問, (선소의문) : 아름다운 명성을 밝게 드러내어,

有虞殷自天. (유우은자천) : 은나라의 일을 헤아려 하늘의 명령에 따르라.

上天之載, (상천지재) : 상천의 일이란,

無聲無臭. (무성무취) : 소리도 없고 냄새도 없구나.

儀刑文王, (의형문왕) : 문왕을 본받아 따른다면,

萬邦作孚. (만방작부) : 모든 나라가 믿어줄 것이다.

毛序 文王, 文王受命作周也.

모서 「문왕(文王)」편은 문왕(文王)이 천명을 받아 주나라를 건국한 일을 노래한 시이다.

참고 『시』「대아(大雅)·권아(卷阿)」

有卷者阿, (유권자아) : 굽어 있는 큰 언덕이여,
飄風自南. (표풍자남) : 사나운 바람이 남쪽에서 불어오는구나.
豈弟君子, (개제군자) : 화락하고 간이한 군자여,
來游來歌, (내유래가) : 왕이 노니는 곳으로 와서 노래를 불러,
以矢其音. (이시기음) : 그 소리를 길게 하여 즐겁게 하도다.

伴奐爾游矣, (반환이유의) : 느슨하게 풀어져 네가 노니니,
優游爾休矣. (우유이휴의) : 근심이 사라져 네가 쉬는구나.
豈弟君子, (개제군자) : 화락하고 간이한 군자여,
俾爾彌爾性, (비이미이성) : 너로 하여금 네 생명을 제대로 마치게 하고,
似先公酋矣. (사선공추의) : 선왕의 공적을 완성시키는구나.

爾土宇昄章, (이토우판장) : 너의 땅에 백성들을 살게 함에 예법을 드
　　　　　　　　리우니,
亦孔之厚矣. (역공지후의) : 또한 왕의 은혜가 매우 두텁구나.
豈弟君子, (개제군자) : 화락하고 간이한 군자여,
俾爾彌爾性, (비이미이성) : 너로 하여금 네 생명을 제대로 마치게 하고,
百神爾主矣. (백신이주의) : 너로 하여금 모든 신들의 제주로 삼는구나.

爾受命長矣, (이수명장의) : 천지에 순응하여 네가 장수를 하리니,
茀祿爾康矣. (불록이강의) : 녹봉이 너를 편안케 하도다.
豈弟君子, (개제군자) : 화락하고 간이한 군자여,
俾爾彌爾性, (비이미이성) : 너로 하여금 네 생명을 제대로 마치게 하고,
純嘏爾常矣. (순하이상의) : 큰 복을 네가 항상 누리리라.

有馮有翼, (유풍유익) : 의지할 안석이 있고 도와줄 신하가 있으며,
有孝有德, (유효유덕) : 효성스러운 성왕(成王)이 있고 덕을 갖춘 신하
　　　　　　　　들이 있으니,
以引以翼. (이인이익) : 인도하고 도와주리라.
豈弟君子, (개제군자) : 화락하고 간이한 군자여,

四方爲則. (사방위칙) : 사방이 법도로 삼으리라.

顒顒卬卬, (옹옹앙앙) : 온화하고 융성함이여,
如圭如璋, (여규여장) : 규(圭)와 같고 장(璋)과 같으니,
令聞令望. (영문령망) : 아름다운 명성과 아름다운 위엄이 있으리라.
豈弟君子, (개제군자) : 화락하고 간이한 군자여,
四方爲綱. (사방위강) : 사방이 강령으로 삼으리라.

鳳皇于飛, (봉황우비) : 봉황이 날아드니,
翽翽其羽, (홰홰기우) : 그 날개를 퍼덕이며,
亦集爰止. (역집원지) : 또한 뭇 새들과 머물 곳에 모이도다.
藹藹王多吉士, (애애왕다길사) : 많고도 많으니 왕에게는 길한 선비가
　　　　　　　　　　　　많은데,
維君子使, (유군자사) : 군자가 그들을 이끄는지라,
媚于天子. (미우천자) : 천자를 친애토록 하는구나.

鳳皇于飛, (봉황우비) : 봉황이 날아오르니,
翽翽其羽, (홰홰기우) : 그 날개를 퍼덕이며,
亦傅于天. (역부우천) : 또한 하늘에 이르도다.
藹藹王多吉人, (애애왕다길인) : 많고도 많으니 왕에게는 길한 자가 많
　　　　　　　　　　　　은데,
維君子命, (유군자명) : 군자가 그들에게 명하는지라,
媚于庶人. (미우서인) : 서인들을 친애토록 하는구나.

鳳皇鳴矣, (봉황명의) : 봉황이 우는지라,
于彼高岡. (우피고강) : 저 높은 상등성이에서 하는구나.
梧桐生矣, (오동생의) : 오동나무가 생겨남은,
于彼朝陽. (우피조양) : 저 아침 햇살이 드는 산의 동쪽에서 하리라.
菶菶萋萋, (봉봉처처) : 오동나무가 무성하고 무성하며,
雝雝喈喈. (옹옹개개) : 봉황의 울음이 조화롭고 조화롭도다.

君子之車, (군자지거) : 군자의 수레가,

旣庶且多. (기서차다) : 많고도 많구나.
君子之馬, (군자지마) : 군자의 말이,
旣閑且馳. (기한차치) : 길들여지고 빠르게 내달리는구나.
矢詩不多, (시시불다) : 이 시를 진술함이 많이 함이 아니라,
維以遂歌. (유이수가) : 마침내 악공이 노래로 부르게 함이라.

毛序　卷阿, 召康公, 戒成王也, 言求賢用吉士也.

모서　「권아(卷阿)」편은 소강공(召康公)이 성왕(成王)을 경계한 시이니,
현명한 자를 구하고 길한 선비를 등용하라는 뜻이다.

참고　『시』「소아(小雅)·교언(巧言)」

悠悠昊天, (유유호천) : 호천(昊天)을 근심하나니,
曰父母且. (왈부모저) : 처음에는 백성의 부모라 하더라.
無罪無辜, (무죄무고) : 지금은 무고한 자들을 벌하니,
亂如此憮. (난여차무) : 난리가 이처럼 심해졌도다.
昊天已威, (호천이위) : 호천이 너무 위엄을 부리는데,
予愼無罪. (여신무죄) : 나는 진실로 죄가 없도다.
昊天大憮, (호천대무) : 호천이 너무 포악한데,
予愼無辜. (여신무고) : 나는 진실로 죄가 없도다.

亂之初生, (난지초생) : 난리가 처음 발생한 것은,
僭始旣涵. (참시기함) : 참소하는 말이 처음으로 받아들여졌기 때문이라.
亂之又生, (난지우생) : 난리가 재차 발생한 것은,
君子信讒. (군자신참) : 군자가 참소의 말을 믿기 때문이라.
君子如怒, (군자여노) : 군자가 만약 참소하는 자에게 화를 낸다면,
亂庶遄沮. (난서천저) : 난리가 빨리 그치게 되리라.
君子如祉, (군자여지) : 군자가 만약 현자에게 복을 내린다면,
亂庶遄已. (난서천이) : 난리가 빨리 그치게 되리라.

君子屢盟, (군자루맹) : 군자가 자주 맹약을 맺는지라,
亂是用長. (난시용장) : 난리가 이로 인해 계속되도다.
君子信盜, (군자신도) : 군자가 소인을 믿는지라,
亂是用暴. (난시용폭) : 난리가 이로 인해 심해지도다.
盜言孔甘, (도언공감) : 소인의 말은 매우 달콤한지라,
亂是用餤. (난시용담) : 난리가 이로 인해 늘어나도다.
匪其止共, (비기지공) : 소인은 맡은 일을 처리하지 않는지라,
維王之邛. (유왕지공) : 왕을 병들게 하도다.

奕奕寢廟, (혁혁침묘) : 크고 큰 침묘(寢廟)는,
君子作之. (군자작지) : 군자가 만들었도다.
秩秩大猷, (질질대유) : 지혜를 일으키는 큰 도는,
聖人莫之. (성인막지) : 성인이 계획했도다.
他人有心, (타인유심) : 타인이 가진 마음은,
予忖度之. (여촌도지) : 내가 헤아리도다.
躍躍毚兔, (약약참토) : 빠르고 빠른 토끼는,
遇犬獲之. (우견획지) : 개를 만나면 잡히도다.

荏染柔木, (임염유목) : 부드럽고 부드러운 나무는,
君子樹之. (군자수지) : 군자가 심었도다.
往來行言, (왕래행언) : 군자가 내뱉는 말은,
心焉數之. (심언수지) : 마음으로 헤아렸도다.
蛇蛇碩言, (이이석언) : 천근하디 천근한 말은,
出自口矣. (출자구의) : 단지 입에서만 나왔도다.
巧言如簧, (교언여황) : 생황처럼 교묘한 말은,
顔之厚矣. (안지후의) : 얼굴이 두껍기 때문이리라.

彼何人斯, (피하인사) : 저 참소하는 소인들은,
居河之麋. (거하지미) : 하수가에 살도다.
無拳無勇, (무권무용) : 힘도 없고 용맹도 없지만,
職爲亂階. (직위란계) : 주로 난리의 계제를 만드는구나.
旣微且尰. (기미차종) : 이미 정강이에 종기가 나고 발이 부었는데,

爾勇伊何. (이용이하) : 너의 용맹으로 무엇을 할 수 있겠는가.

爲猶將多, (위유장다) : 네가 꾸미는 참소가 크고도 많지만,

爾居徒幾何. (이거도기하) : 너와 함께 하는 자가 몇이나 되겠는가.

毛序　巧言, 刺幽王也, 大夫傷於讒, 故作是詩也.

모서　「교언(巧言)」편은 유왕(幽王)을 풍자한 시이니, 대부가 참소로 인해 피해를 보았기 때문에, 이 시를 지었다.

▣ 그림 2-1 ▣ 주(周)나라 문왕(文王)

王 文 周

※ 출처: 『삼재도회(三才圖會)』「인물(人物)」 1권

그림 2-2　■ 시(豺)

豺　豺體細瘦故謂之　獸文曰瘦如豺蓋　其先世謂之豺祭　獸四回陳之以祀　後其色黃季秋取　長尾白頰高前廣　豺狗足豺似狗而　豺

※ **출처**: 『삼재도회(三才圖會)』「조수(鳥獸)」 3권

◉ 그림 2-3   ▣ 제후의 조복(朝服)

※ 출처:『삼례도집주(三禮圖集注)』1권

그림 2-4　■ 주(周)나라 성왕(成王)

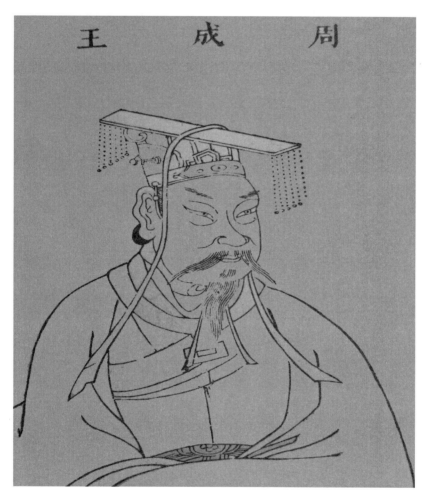

※ **출처:**『삼재도회(三才圖會)』「인물(人物)」 1권

그림 2-5 ◉ 주(周)나라 세계도(世系圖) I

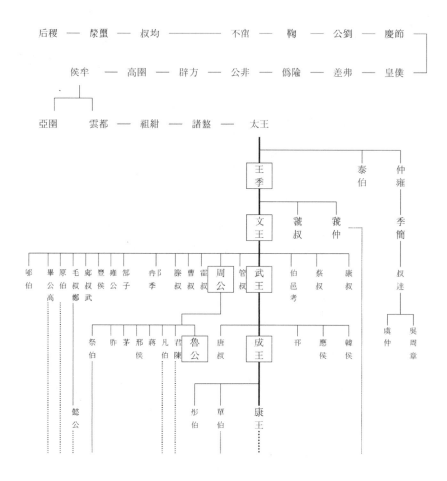

※ 출처: 『역사(繹史)』 1권 「역사세계도(繹史世系圖)」

● 그림 2-6 ◼ 주(周)나라 세계도(世系圖)Ⅱ

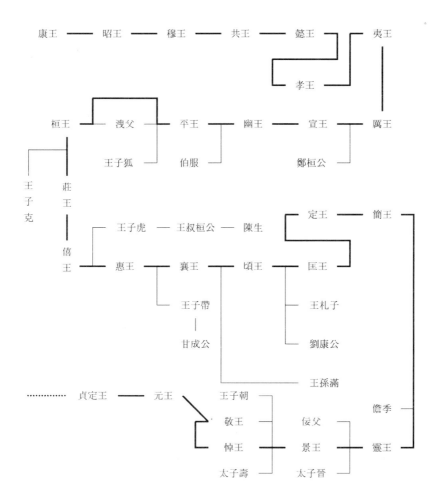

※ 출처: 『역사(繹史)』 1권 「역사세계도(繹史世系圖)」

그림 2-7   ◼ 대(帶)・혁대(革帶)・대대(大帶)

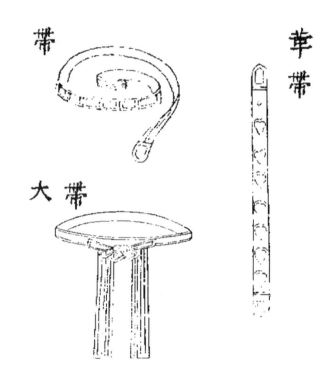

◎ 혁대(革帶): 가죽으로 만든 허리띠로, 대(帶)와 혁대는 옷과 연결하여 결속함
　　대대(大帶): 주로 예복(禮服)에 착용하는 것으로, 혁대에 결속함

※ **출처:** 『삼재도회(三才圖會)』「의복(衣服)」 2권

그림 2-8 ◼ 슬갑[韠: =韍·芾]

※ **출처:** 『삼례도집주(三禮圖集注)』 8권

그림 2-9 ▣ 현관(玄冠)

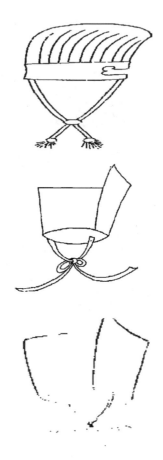

※ **출처:** 상단-『삼례도(三禮圖)』 2권
　　　　　중단-『육경도(六經圖)』 8권
　　　　　하단-『삼재도회(三才圖會)』「의복(衣服)」 1권

그림 2-10 ◼ 시마복(緦麻服) 착용 모습

※ **출처:** 『삼재도회(三才圖會)』「의복(衣服)」 3권

그림 2-11 ◙ 시마복(緦麻服) 각부 명칭

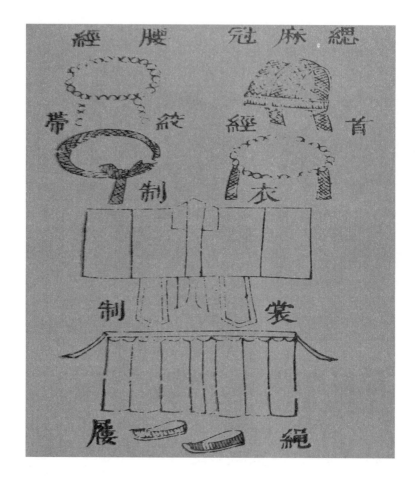

※ 출처: 『삼재도회(三才圖會)』「의복(衣服)」3권

그림 2-12   ◼ 기성(箕星: =箕宿)

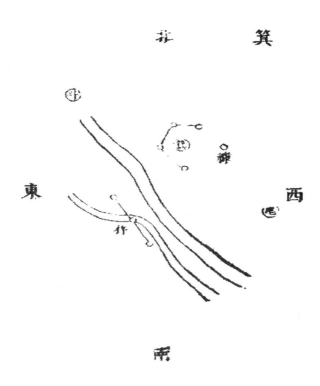

※ 출처:『삼재도회(三才圖會)』「천문(天文)」 2권

● 그림 2-13   ▣ 오옥(五玉): 황(璜) · 벽(璧) · 장(璋) · 규(珪) · 종(琮)

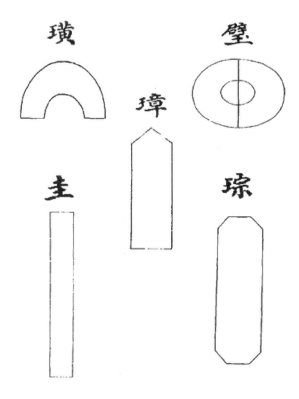

※ 출처: 『주례도설(周禮圖說)』 하권

그림 2-14 ▣ 봉(鳳)

※ **출처:** 『삼재도회(三才圖會)』 「조수(鳥獸)」 1권

• 제3절 •

덕(德) · 예(禮)와 정(政) · 형(刑)

【642c~d】

子曰, "夫民教之以德, 齊之以禮, 則民有格心. 教之
以政, 齊之以刑, 則民有遯心. 故君民者, 子以愛之, 則民親之; 信以結之,
則民不倍; 恭以涖之, 則民有孫心. 甫刑曰, '苗民匪用命, 制以
刑, 惟作五虐之刑曰法.' 是以民有惡德, 而遂絕其世也"

직역 子가 曰, "夫히 民을 教함에 德으로써 하고, 齊함에 禮로써 하면, 民에게
는 格心이 有한다. 教함에 政으로써 하고, 齊함에 刑으로써 하면, 民에게는 遯心이
有한다. 故로 民을 君하는 者가, 子하여 愛하면, 民이 親하고; 信하여 結하면, 民이
不倍하며; 恭하여 涖하면, 民이 孫心을 有한다. 甫刑에서 曰, '苗民은 命을 用하길
匪하고, 制함에 刑으로써 하며, 惟히 五虐의 刑을 作하여 法이라 曰한다.' 是以로
民은 惡德이 有하여, 遂히 그 世를 絕이라."

의역 공자가 말하길, "무릇 백성들을 덕으로 가르치고 예로 제어한다면 백성들
에게는 바른 마음이 생긴다. 반면 정치로 가르치고 형벌로 제어한다면 백성들에게
는 달아나려는 마음이 생긴다. 그러므로 백성을 다스리는 자가 자식처럼 여겨 백성
들을 사랑한다면 백성들도 그를 친애하게 되고, 신의를 가지고 백성들을 결속한다
면 백성들도 배반하지 않으며, 공손하게 백성들을 임한다면 백성들은 공손한 마음
을 가진다. 「보형」편에서는 '묘민(苗民)[1]은 선함을 사용하지 않고, 형벌로만 제어
하며, 다섯 가지 잔악한 형벌을 만들어내고 그것을 법이라고 불렀다.'라고 했으니,

---

1) 묘민(苗民)은 고대 삼묘(三苗) 부족의 수장을 뜻하며, 또한 삼묘 부족 전체를
가리키기도 한다.

이로써 백성들은 악한 덕을 가지게 되었고, 결국 그 대를 끊어버리고 말았다."라고
했다.

集說 遜, 謂逃遜苟免也.

번역 '둔(遜)'자는 도망가고 구차하게 면한다는 뜻이다.

集說 應氏曰: 命, 當依書作靈, 善也.

번역 응씨[2]가 말하길, '명(命)'자는 마땅히 『서』의 기록에 따라 영(靈)자
로 기록해야 하니,[3] 선(善)을 뜻한다.

集說 石梁王氏曰: 倣論語爲此言, 意便不足.

번역 석량왕씨[4]가 말하길, 『논어』에 따르면[5] 이곳의 말은 그 의미가
다소 부족하다.

大全 石林葉氏曰: 德禮者, 化民之本也. 使其自服, 故有格心. 格, 言其至
也. 刑政者, 治民之末也. 彊其必從, 故有遜心. 遜, 言其藏也. 心藏於內, 而外
服之, 迫之以刑政之嚴而已. 子以愛之, 信以結之, 所謂敎之以德也. 恭以涖
之, 所謂齊之以禮也. 德不止於一, 故有仁有信, 禮則恭而已矣.

번역 석림섭씨[6]가 말하길, 덕과 예는 백성들을 교화하는 근본이다. 그

---

2) 금화응씨(金華應氏, ?~?) : =응용(應鏞)·응씨(應氏)·응자화(應子和). 이름
   은 용(鏞)이다. 자(字)는 자화(子和)이다. 『예기찬의(禮記纂義)』를 지었다.
3) 『서』「주서(周書)·여형(呂刑)」: <u>苗民弗用靈, 制以刑, 惟作五虐之刑曰法</u>, 殺戮
   無辜.
4) 석량왕씨(石梁王氏, ?~?) : 자세한 이력이 남아 있지 않다.
5) 『논어』「위정(爲政)」: 子曰, "道之以政, 齊之以刑, 民免而無恥, 道之以德, 齊之
   以禮, 有恥且格."
6) 석림섭씨(石林葉氏, ?~A.D.1148) : =섭몽득(葉夢得)·섭소온(葉少蘊). 남송

들 스스로 복종하도록 만들기 때문에 지극한 마음을 지닌다. '격(格)'자는 "지극하다[至]."는 뜻이다. 형벌과 정치는 백성들을 다스리는 수단 중에서도 말단이다. 반드시 복종하도록 강요하기 때문에 숨기는 마음을 지닌다. '둔(遯)'자는 "숨기다[藏]."는 뜻이다. 마음은 내면에 숨기고 겉으로만 복종하니, 형벌과 정치의 엄중함으로 다그치기만 할 따름이다. 자식처럼 사랑하고 신의로 결속하는 것은 덕으로 가르친다는 뜻이다. 공손하게 임한다는 것은 예로 제어한다는 뜻이다. 덕은 하나에만 그치지 않기 때문에 인(仁)과 신(信)을 포함하고, 예는 공손함일 뿐이다.

大全 馬氏曰: 德者, 所以養人於中, 而在外有不正, 則又以禮齊之, 此順其性命之理, 而善養人也, 故民有格心. 政者, 所以率人於外, 而內有不從, 則又以刑齊之, 此逆其性命之理, 而以力服人也, 故民有遯心. 先王之爲治, 亦未嘗廢其刑政者, 蓋有德禮以爲本, 而以刑政爲之助. 故子以愛之, 則民親之, 言愛之如子, 則民親之如父母矣. 信以結之, 則民不倍, 恭以涖之, 則民有遯心者, 與夫上好信, 則民用情, 上好禮, 則民易使, 同意也.

번역 마씨[7]가 말하길, 덕은 내적으로 사람을 길러주는 것인데, 외적으로 바르지 못한 점이 있다면 또한 예로써 제어하니, 이것은 성명의 이치를 따르는 것이고 사람을 잘 길러주는 것이다. 그렇기 때문에 백성들은 바른 마음을 지닌다. 정치는 외적으로 사람을 통솔하는 것인데, 내적으로 따르지 않는 점이 있다면 또한 형벌로 제어하니, 이것은 성명의 이치를 거스르는 것이고 힘으로 사람을 복종시키는 것이다. 그렇기 때문에 백성들은 달아나려는 마음을 지닌다. 선왕이 정치를 시행했을 때에도 일찍이 형벌과 정치를 없애지 않았으니, 덕과 예를 근본으로 삼고 형벌과 정치는 보조수단으로 삼았다. 그렇기 때문에 자식처럼 여겨 사랑하여 백성들이 친애했던 것

(南宋) 때의 유학자이다. 자(字)는 소온(少蘊)이고, 호(號)는 몽득(夢得)이다. 박학다식했다고 전해지며, 『춘추(春秋)』에 대한 조예가 깊었다.
7) 마희맹(馬晞孟, ?~?) : =마씨(馬氏)・마언순(馬彦醇). 자(字)는 언순(彦醇)이다. 『예기해(禮記解)』를 찬술했다.

이니, 백성들을 사랑하길 자신의 자식을 대하는 것처럼 한다면, 백성들도
그를 친애하길 자신의 부모를 대하는 것처럼 한다는 뜻이다. 그리고 "신의
로 결속하면 백성들이 배반하지 않고, 공손하게 임하면 백성들에게 공손한
마음이 생긴다."는 말은 "윗사람이 신의를 좋아하면 백성들이 실정에 따른
다."8)라고 한 말과 "윗사람이 예를 좋아하면 백성들은 부리기가 쉽다."9)라
고 한 말과 의미가 같다.

鄭注 格, 本也. 遜, 逃也. 涖, 臨也. 孫, 順也. 甫刑, 尙書篇名. 匪, 非也.
命, 謂政令也. 高辛氏之末, 諸侯有三苗者作亂, 其治民不用政令, 專制御之以
嚴刑, 乃作五虐蚩尤之刑, 以是爲法. 於是民皆爲惡, 起倍畔也. 三苗由此見滅
無後世, 由不任德.

번역 '격(格)'자는 근본[本]을 뜻한다. '둔(遜)'자는 "도망치다[逃]."는 뜻
이다. '이(涖)'자는 "임하다[臨]."는 뜻이다. '손(孫)'자는 "순종하다[順]."는
뜻이다. '보형(甫刑)'은 『상서』의 편명이다. '비(匪)'자는 비(非)자의 뜻이다.
'명(命)'자는 정령을 뜻한다. 고신씨(高辛氏)10) 말기에 제후들 중 삼묘(三
苗)11)를 통치하는 자가 난리를 일으켰고, 백성을 다스리며 정령을 사용하
지 않고 오로지 엄격한 형벌로만 제어하여 치우의 다섯 가지 잔혹한 형벌
을 만들어내어 이것을 법으로 삼았다. 이에 백성들은 모두 악하게 되었고,
배반을 일으키게 되었다. 삼묘는 이로 인해 멸망을 당하여 후세가 없어지
게 되었으니, 덕에 따르지 않았기 때문이다.

---

8) 『논어』「자로(子路)」: 樊遲請學稼. 子曰, "吾不如老農." 請學爲圃. 曰, "吾不
如老圃." 樊遲出. 子曰, "小人哉, 樊須也! 上好禮, 則民莫敢不敬, 上好義, 則民
莫敢不服, 上好信, 則民莫敢不用情. 夫如是, 則四方之民襁負其子而至矣, 焉
用稼?"
9) 『논어』「헌문(憲問)」: 子曰, "上好禮, 則民易使也."
10) 고신씨(高辛氏)는 곧 제곡(帝嚳)을 가리킨다. 제곡은 최초 신(辛)이라는 땅을
분봉 받았다가, 이후에 제(帝)가 되었으므로, 제곡을 '고신씨'라고도 부르는
것이다.
11) 삼묘(三苗)는 유묘(有苗)라고도 부르며, 고대 국가의 명칭이다.

釋文 格, 古伯反. 遜, 徒遜反, 亦作"遁". 倍音佩, 下注同. 蒞音利, 又音類. 孫音遜, 注同. 蚩, 尺之反. 畔, 本或作叛, 俗字, 非也. 任, 而鴆反.

번역 '格'자는 '古(고)'자와 '伯(백)'자의 반절음이다. '遜'자는 '徒(도)'자와 '遜(손)'자의 반절음이며, 또한 '遁'자로도 기록한다. '倍'자의 음은 '佩(패)'이며, 아래 정현의 주에 나오는 글자도 그 음이 이와 같다. '蒞'자의 음은 '利(리)'이며, 또한 그 음은 '類(류)'도 된다. '孫'자의 음은 '遜(손)'이며, 정현의 주에 나오는 글자도 그 음이 이와 같다. '蚩'자는 '尺(척)'자와 '之(지)'자의 반절음이다. '畔'자는 판본에 따라서 또한 '叛'자로도 기록하는데, 이 글자는 속자이니 잘못된 기록이다. '任'자는 '而(이)'자와 '鴆(짐)'자의 반절음이다.

孔疏 ●"子曰"至"世也". ○正義曰: 此一節明敎民以德不以刑也.

번역 ●經文: "子曰"~"世也". ○이곳 문단은 백성들을 가르칠 때 덕으로써 하고 형벌로써 하지 않는다는 사실을 나타내고 있다.

孔疏 ●"則民有格心"者, 格, 來也. 君若敎民以德, 整民以禮, 則民有歸上之心, 故論語云"有恥且格".

번역 ●經文: "則民有格心". ○'격(格)'자는 "~에 이르다[來]."는 뜻이다. 군주가 만약 백성들을 덕으로써 가르치고 백성들을 예로써 바르게 한다면, 백성들에게는 윗사람에게 귀의하려는 마음이 생긴다. 그렇기 때문에 『논어』에서는 "부끄러움이 생기고 또 귀의하게 된다."[12]라고 했다.

孔疏 ●"甫刑曰: 苗民匪用命"者, 此尙書·呂刑之篇也. 甫侯爲穆王說刑, 故稱甫刑. 匪, 非也. 言"苗民匪用命"者, 命, 謂政令, 言苗民爲君, 非用政令以敎於下.

---

12) 『논어』「위정(爲政)」: 子曰, "道之以政, 齊之以刑, 民免而無恥, 道之以德, 齊之以禮, 有恥且格."

번역 ●經文: "甫刑曰: 苗民匪用命". ○이것은 『상서』 「여형(呂刑)」편이다. 보후(甫侯)는 목왕을 위해 형벌에 대해 설명했기 때문에, '보형(甫刑)'이라고 지칭한 것이다. '비(匪)'자는 비(非)자의 뜻이다. '묘민비용명(苗民匪用命)'이라고 했는데, '명(命)'자는 정령을 뜻하니, 즉 묘민이 군주가 되어 정령에 따라 아랫사람을 가르치지 않았다는 의미이다.

孔疏 ●"制以刑"者, 言制御於下以嚴刑.

번역 ●經文: "制以刑". ○아랫사람을 제어하며 엄격한 형벌로써 했다는 뜻이다.

孔疏 ●"唯作五虐之刑, 曰法"者, 言唯作蚩尤五種虐刑, 自謂爲法.

번역 ●經文: "唯作五虐之刑, 曰法". ○오직 치우의 다섯 종류 잔혹한 형벌을 만들어내어, 스스로 법으로 삼았다고 했다는 뜻이다.

孔疏 ●"是以民有惡德"者, 以此之故, 民皆有怨惡之德, 起倍叛之心.

번역 ●經文: "是以民有惡德". ○이러한 이유 때문에 백성들은 모두 악을 원망하는 덕을 갖게 되어, 배반하려는 마음을 일으키게 되었다.

孔疏 ●"遂絶其世也"者, 言三苗不任德, 遂被誅而絶其世也.

번역 ●經文: "遂絶其世也". ○삼묘는 덕에 따르지 않아서 결국 주살되어 그 세대가 끊겼다는 뜻이다.

孔疏 ◎注"甫刑"至"任德". ○正義曰: 此甫刑, 尙書·呂刑也. 而稱甫刑者, 按孝經序云: 春秋有呂國而無甫侯. 但孝經序未知是鄭作以不. 按春秋實無甫侯, 國語云: "申·呂雖衰, 齊·許猶在." 又云: ·呂皆由大姜." 然則"呂"

卽“甫”也. 按孔注尙書“呂侯”後爲“甫侯”, 故穆王時謂之呂侯, 周宣王及平王
之時爲甫侯, 故詩·崧高云“生甫及申”, 謂宣王時也; 揚之水, “不與我戍甫”,
謂平王時也. 則孔氏義爲是, 鄭或同之. 云“高辛氏之末, 諸侯有三苗者作亂”,
按鄭注呂刑云: “苗民, 謂九黎之君也. 九黎之君於少昊氏衰而棄善道, 上效蚩
尤重刑, 必變九黎.” 言“苗民”者, 有苗, 九黎之後, 顓頊代少昊誅九黎, 分流其
子孫; 爲居於西裔者; 三苗至高辛之衰, 又復九黎之君惡, 堯興, 又誅之; 堯末
又在朝, 舜時又竄之. 後王深惡此族三生凶惡, 故著其氏而謂之“民”. “民”者,
冥也, 言未見仁道. 以此言之, 三苗是九黎之後, 九黎於少昊之末而爲亂, 三苗
於高辛氏之末又爲亂, 故此注云“高辛”, 以呂刑於此“苗民”之下云“皇帝淸問
下民”, 又云“乃命三后”, 三后, 謂伯夷之等, 故以“皇帝”爲帝堯, 又以“苗民”爲
高辛氏之末也. 鄭以九黎爲苗民先祖, 但上學蚩尤之惡, 非蚩尤子孫. 孔注尙
書以爲九黎卽蚩尤也, 三苗則非九黎之子孫, 與鄭異.

번역 ◎鄭注: “甫刑”~“任德”. ○여기에서 말한 ‘보형(甫刑)’은 『상서』「여
형(呂刑)」편을 뜻한다. 그런데도 ‘보형(甫刑)’이라고 지칭한 것은 「효경서」를
살펴보면, 『춘추』에는 여국(呂國)은 나와도 보후(甫侯)는 나오지 않는다고
했다. 다만 「효경서」는 정현의 저작인지 아닌지를 알 수 없다. 『춘추』를 살
펴보면 실제로 보후라는 인물이 나오지 않고, 『국어』에서는 “신(申)과 여
(呂)나라가 비록 쇠약해졌지만, 제(齊)와 허(許)나라는 여전히 남아있다
.”13)라고 했고, 또 “제·허·신·여나라는 모두 대강(大姜)14)의 후손들이 세운
나라이다.”15)라고 했다. 그러므로 ‘여(呂)’는 곧 보(甫)에 해당한다. 『상서』
에 대한 공안국16)의 주를 살펴보면, 여후(呂侯)를 뒤에서는 보후(甫侯)라

---

13) 『국어(國語)』「주어하(周語下)」: 有夏雖衰, 杞·鄫猶在; 申·呂雖衰, 齊·許猶在.
14) 대강(大姜)은 주나라 태왕의 부인이자 문왕의 조모이다. 성(姓)이 강(姜)이라
　　서 추존하여 ‘대강’이라고 부르며, 또한 주강(周姜)이라고도 부른다.
15) 『국어(國語)』「주어중(周語中)」: 昔摯·疇之國也由大任, 杞·繒由大姒, 齊·
　　許·申·呂由大姜, 陳由大姬, 是皆能內利親親者也.
16) 공안국(孔安國, ?~?): 전한(前漢) 때의 학자이다. 자(字)는 자국(子國)이다. 고
　　문상서학(古文尙書學)의 개조(開祖)로 알려져 있다. 『십삼경주소(十三經注疏)』
　　의 『상서정의(尙書正義)』에는 공안국의 전(傳)이 수록되어 있는데, 통상적으로
　　이 주석은 후대인들이 공안국의 이름에 가탁하여 붙인 문장으로 인식되고 있다.

고 했다. 그렇기 때문에 목왕(穆王) 때에는 '여후(呂侯)'라고 불렸던 것이며, 주나라 선왕(宣王) 및 평왕(平王) 때에는 '보후(甫侯)'라고 불렸던 것이다. 그래서 『시』「숭고(崧高)」편에서는 "보후와 신후를 내셨다."[17]라고 했으니, 선왕 때를 뜻하며, 『시』「양지수(揚之水)」편에서는 "나와 함께 보나라에 오지 못했도다."[18]라고 했으니, 평왕 때를 뜻한다. 따라서 공안국의 주장이 옳고, 정현도 아마 그에 동의했을 것이다. 정현이 "고신씨(高辛氏) 말기에 제후들 중 삼묘(三苗)를 통치하는 자가 난리를 일으켰다."라고 했는데, 「여형」편에 대한 정현의 주를 살펴보면, "묘민(苗民)은 구려(九黎)[19]의 군주이다. 구려족의 군주는 소호씨(少昊氏)[20]가 쇠락했을 때, 선한 도를 버리고, 위로 치우(蚩尤)[21]를 본받아 형벌을 무겁게 하여, 기어코 구려족을 나쁘게 바꾸었다."라고 했다. '묘민(苗民)'이라고 말한 것은 유묘(有苗)[22]는 구려족의 후손이며, 전욱(顓頊)[23]이 소호씨를 대신하여 구려족을 주살하

---

17) 『시』「대아(大雅)·숭고(崧高)」: 崧高維嶽, 駿極于天. 維嶽降神, <u>生甫及申</u>. 維申及甫, 維周之翰. 四國于蕃, 四方于宣.
18) 『시』「왕풍(王風)·양지수(揚之水)」: 揚之水, 不流束楚. 彼其之子, <u>不與我戍甫</u>. 懷哉懷哉, 曷月予還歸哉.
19) 구려(九黎)는 고대의 부락명으로, 치우(蚩尤)는 바로 구려족의 수장이다.
20) 소호씨(少皞氏)는 소호씨(少昊氏)라고도 부르며, 전설상의 인물이다. 소호(少昊)라고도 부른다. 고대 동이족의 제왕으로, 황제(黃帝)의 아들이었다고도 전해진다. 이름은 지(摯)인데, 질(質)이었다고도 한다. 호(號)는 금천씨(金天氏)이다. 소호(少皞)는 새의 이름으로 관직명을 지었다고 전해지며, 사후에는 서방(西方)의 신(神)이 되었다고 전해진다. 『춘추좌씨전』「소공(昭公) 17년」편에는 "郯子曰 我高祖少皞摯之立也, 鳳鳥適至, 故紀於鳥, 爲鳥師而鳥名."이라는 기록이 있는데, 이에 대한 두예(杜預)의 주에서는 "少皞, 金天氏, 黃帝之子, 己姓之祖也."라고 풀이했다.
21) 치우(蚩尤)는 전설시대에 존재했다고 전해지는 구려족(九黎族)의 수장을 뜻한다. 청동기로 병장기를 만들었으며, 황제(黃帝)와 탁록(涿鹿) 땅에서 전쟁을 벌였지만, 패전하여 피살되었다고 전해진다. 다만 각 문헌들에서 설명하는 '치우'의 신분에 대해서는 이견이 많다. 염제(炎帝)의 신하였다고도 전해지고, '황제'의 신하라고도 설명한다. 한편 '구려족'의 군주라고도 설명하고, 천하를 통치했던 자라고도 설명한다. 또한 '황제'에게 반기를 들었기 때문에, 악인(惡人)을 대표하는 명칭으로도 사용된다.
22) 유묘(有苗)는 삼묘(三苗)라고도 지칭하며, 고대 국가의 명칭이다.
23) 전욱(顓頊)은 고양씨(高陽氏)라고도 부른다. '전욱'은 고대 오제(五帝) 중 하

였고, 그 자손들을 흩어지게 했으며, 서쪽 변경 지역에 거주하게 했는데, 삼묘는 고신씨가 쇠퇴했을 때 재차 구려의 군주가 저질렀던 악행을 복원하였고, 요임금이 나타나서 재차 그들을 주살했으며, 요임금 말기에는 또한 조정에 진출하였고, 순임금 때에는 재차 그들을 축출하였다. 후대의 제왕들은 이 부족이 세 차례 흉악한 짓을 자행한 것을 매우 미워하였기 때문에, 그들의 씨(氏)를 드러내고 '민(民)'자를 붙여서 불렀으니, '민(民)'자는 "어둡다[冥]."는 뜻이다. 즉 인(仁)의 도리를 아직 드러내지 못했다는 의미이다. 이를 통해 말해본다면, 삼묘는 구려족의 후손이며, 구려족은 소호씨 말기에 혼란을 일으켰고, 삼묘는 고신씨 말기에 재차 혼란을 일으킨 것이다. 그렇기 때문에 이곳에서는 '고신(高辛)'이라고 한 것이며, 「여형」편에서는 '묘민(苗民)'에 대한 내용 뒤에 "황제(皇帝)가 백성들에게 겸허히 물었다."[24]라고 했고, 또 "이에 삼후(三后)에게 명했다."[25]라고 했는데, '삼후(三后)'는 백이 등을 뜻한다. 그렇기 때문에 '황제(皇帝)'를 요임금이라고 여긴 것이며, 또한 '묘민(苗民)'을 고신씨의 말기에 혼란을 일으켰던 부족이라고 여긴 것이다. 정현은 구려족이 묘민의 선조라고 여겼는데, 다만 위로 치우

나이다. 『산해경(山海經)』「해내경(海內經)」편에는 "黃帝妻雷祖, 生昌意, 昌意降處若水, 生韓流. 韓流, …… 取淖子曰阿女, 生帝顓頊."이라는 기록이 있다. 즉 황제(黃帝)의 처인 뇌조(雷祖)가 창의(昌意)를 낳았는데, 창의가 약수(若水)에 강림하여 거처하다가, 한류(韓流)를 낳았다. 다시 한류는 아녀(阿女)를 부인으로 맞이하여 '전욱'을 낳았다. 또한 『회남자(淮南子)』「천문훈(天文訓)」편에는 "北方, 水也, 其帝顓頊, 其佐玄冥, 執權而治冬."이라는 기록이 있다. 즉 북방(北方)은 오행(五行)으로 배열하면 수(水)에 속하는데, 이곳의 상제(上帝)는 '전욱'이고, 상제를 보좌하는 신(神)은 현명(玄冥)이다. 이들은 겨울을 다스린다. 또한 '전욱'과 관련하여 『수경주(水經注)』「호자하(瓠子河)」편에는 "河水舊東決, 逕濮陽城東北, 故衛也, 帝顓頊之墟. 昔顓頊自窮桑徙此, 號曰商丘, 或謂之帝丘."라는 기록이 있다. 즉 황하의 물길은 옛날에 동쪽으로 흘러서, 복양성(濮陽城)의 동북쪽을 경유하였는데, 이곳은 옛 위(衛) 지역으로, '전욱'이 거처하던 터이며, 예전에 '전욱'이 궁상(窮桑) 땅으로부터 이곳으로 옮겨왔기 때문에, 이곳을 상구(商丘) 또는 제구(帝丘)라고도 부른다.

24) 『서』「주서(周書)・여형(呂刑)」: 皇帝淸問下民, 鰥寡有辭于苗, 德威惟畏, 德明惟明.

25) 『서』「주서(周書)・여형(呂刑)」: 乃命三后, 恤功于民, 伯夷降典, 折民惟刑, 禹平水土, 主名山川, 稷降播種, 農殖嘉穀, 三后成功, 惟殷于民.

의 악행을 학습하였지만, 치우의 자손은 아니다.『상서』에 대한 공안국의
주에서는 구려를 치우라고 여겼고, 삼묘는 구려의 자손이 아니라고 하여
정현과 차이를 보인다.

訓纂 王氏引之曰: 子以愛之, 謂慈以愛之, 與下信以結之·恭以涖之, 相
對爲文.

번역 왕인지[26]가 말하길, '자이애지(子以愛之)'는 자애로움으로 사랑한
다는 뜻이니, 아래문장에서 "신의로 결속한다."라고 말하고, "공손함으로
임한다."라고 한 말과 서로 대구가 되도록 기록한 문장이다.

訓纂 說文: 愻, 順也.

번역 『설문』[27]에서 말하길, '손(愻)'자는 순종한다는 뜻이다.

訓纂 彬謂: 愻·孫同.

번역 내가 생각하기에, '손(愻)'자와 '손(孫)'자는 동일한 글자이다.

訓纂 呂與叔曰: 格者, 正也. 政者, 所以禁民爲非. 刑者, 所以懲民之爲非,
能使之知不善而不爲, 亦強制之而已. 故民非心悅誠服, 欲逃其上而不可得,
此所以有遯心, 孔子所謂免而無恥者也. 德禮所以正其本, 政刑所以齊其末.
苟無其本, 則法不足以勝姦. 我待之以愛, 則彼必親我; 待之以信, 則彼必不倍

---

26) 왕인지(王引之, A.D.1766~A.D.1834) : 청(淸)나라 때의 훈고학자이다. 자(字)
는 백신(伯申)이고, 호(號)는 만경(曼卿)이며, 시호(諡號)는 문간(文簡)이다. 왕
념손(王念孫)의 아들이다. 대진(戴震), 단옥재(段玉裁), 부친과 함께 대단이왕
(戴段二王)이라고 일컬어졌다. 『경전석사(經傳釋詞)』, 『경의술문(經義述聞)』
등의 저술이 있다.
27) 『설문해자(說文解字)』는 후한(後漢) 때의 학자인 허신(許愼)이 찬(撰)했다고
전해지는 자서(字書)이다. 『설문(說文)』이라고도 칭해진다. A.D.100년경에
완성되었다고 전해진다. 글자의 형태, 뜻, 음운(音韻)을 수록하고 있다.

我; 待之以恭, 則彼必能遜. 此人情之常然, 況君民之間乎?

번역 여여숙이 말하길, '격(格)'자는 "바르다[正]."는 뜻이다. 정치는 백성들이 잘못을 저지르지 못하도록 금지하는 도구이다. 형벌은 백성들이 잘못을 저질렀을 때 징계하는 도구로, 그들로 하여금 불선함을 알게끔 하여 시행하지 않도록 할 수 있지만, 이 또한 억지로 제어하는 것일 뿐이다. 그렇기 때문에 백성들은 마음으로 기뻐하며 진실로 복종하지 않고, 윗사람을 피하고자 하지만 피할 수 없으니, 이것이 바로 피하려고 하는 마음이 생기는 이유이며, 공자가 "면하려고 하고 부끄러움이 없다."[28]라고 한 말에 해당한다. 덕과 예는 근본을 바르게 하는 것이며, 정치와 형벌은 말단을 가지런히 하는 것이다. 만약 근본이 없다면 법은 간사함을 이겨내기에 부족하게 된다. 내가 사랑함으로 상대를 대하면 상대도 반드시 나를 친애하게 되며, 내가 상대를 신의로 대하면 상대도 반드시 나를 배반하지 않고, 내가 상대를 공손함으로 대하면 상대도 반드시 공손히 따를 수 있다. 이것은 사람의 정감상 항상 그러한 것인데, 하물며 군주와 신하 사이에서는 어떠하겠는가?

集解 格, 至也, 謂至於善也. 遜, 逃也, 謂苟逃刑罰而已. 子, 如中庸"子庶民"之子, 言親民如子也. 子以愛之, 信以結之, 恭以涖之, 皆敎德齊禮之事. 親・遜・不倍, 則民之格也. 匪用命, 書作"弗用靈", 靈, 善也. 引甫刑之言, 以極言尙刑之失也.

번역 '격(格)'자는 "~에 이르다[至]."는 뜻이니, 선에 이른다는 의미이다. '둔(遜)'자는 "도망하다[逃]."는 뜻이니, 구차하게 형벌을 피하기만 할 따름이라는 의미이다. '자(子)'자는 『중용』에서 "백성들을 자식처럼 사랑한다."[29]라고 할 때의 '자(子)'자와 같은 것으로, 백성들을 친애하길 자신의 자식을 대하는 것처럼 한다는 뜻이다. 자식처럼 사랑하고 신의로 결속하며

---

28) 『논어』「위정(爲政)」: 子曰, "道之以政, 齊之以刑, 民免而無恥, 道之以德, 齊之以禮, 有恥且格."

29) 『중용』「20장」: 凡爲天下國家有九經, 曰, 修身也, 尊賢也, 親親也, 敬大臣也, 體群臣也, 子庶民也, 來百工也, 柔遠人也, 懷諸侯也.

공손함으로 임하는 것은 모두 덕에 따라 가르치고 예에 따라 제어하는 일에 해당한다. 친애하고 공손하며 배반하지 않는 것은 백성이 선에 이른 것이다. '비용명(匪用命)'을 『서』에서는 '불용령(弗用靈)'이라고 기록했다. '영(靈)'자는 선(善)을 뜻한다. 「보형」편의 말을 인용하여, 형벌을 숭상할 때 나타나는 잘못을 극진하게 말한 것이다.

참고 『서』「주서(周書)·여형(呂刑)」

經文 王曰, 若古有訓, 蚩尤惟始作亂, 延及于平民,

번역 왕이 말하길, 옛날에 남겨준 교훈에 따르면, 치우가 처음으로 반란을 일으켜서 마음이 평안하고 선량한 백성에게도 영향이 미쳤고,

孔傳 順古有遺訓, 言蚩尤造始作亂, 惡化相易, 延及於平善之人. 九黎之君號曰蚩尤.

번역 옛날에 남겨준 교훈에 따른다는 뜻이니, 치우가 처음 반란을 일으켜서 악하게 변화시켜 서로 바뀌게 하였고, 마음이 평안하고 선량한 백성까지도 영향을 미쳤다. 구려의 군주는 '치우(蚩尤)'라고 부른다.

孔疏 ◎傳"順古"至"蚩尤". ○正義曰: 古有遺訓, 順而言之, 故爲"順古有遺訓"也. "蚩尤造始作亂", 其事往前未有, 蚩尤今始造之, 必是亂民之事, 不知造何事也. 下說三苗之主習蚩尤之惡, 作五虐之刑, 此章主說虐刑之事, 蚩尤所作, 必亦造虐刑也. 以峻法治民, 民不堪命, 故惡化轉相染易, 延及於平善之民, 亦化爲惡也. "九黎之君號曰蚩尤", 當有舊說云然, 不知出何書也. 史記·五帝本紀云: "神農氏世衰, 諸侯相侵伐, 蚩尤最爲暴虐, 莫能伐之. 黃帝乃徵師諸侯, 與蚩尤戰於涿鹿之野, 遂擒殺蚩尤, 而諸侯咸尊軒轅爲天子." 如本紀之言, 蚩尤是炎帝之末諸侯名也. 應劭云: "蚩尤, 古天子." 鄭云: "蚩尤霸

天下, 黃帝所伐者." 漢書音義有臣瓚者, 引孔子三朝記云: "蚩尤, 庶人之貪
者." 諸說不同, 未知蚩尤是何人也. 楚語曰: "少昊氏之衰也, 九黎亂德, 顓頊
受之, 使復舊常", 則九黎在少昊之末, 非蚩尤也. 韋昭云: "九黎氏九人, 蚩尤
之徒也." 韋昭雖以九黎爲蚩尤, 要史記蚩尤在炎帝之末, 國語九黎在少昊之
末, 二者不得同也. "九黎"之文惟出楚語, 孔以蚩尤爲九黎. 下傳又云: "蚩尤
黃帝所滅", 言"黃帝所滅", 則與史記同矣. 孔非不見楚語, 而爲此說, 蓋以蚩
尤是九黎之君, 黃帝雖滅蚩尤, 猶有種類尚在, 故下至少昊之末, 更復作亂. 若
其不然, 孔意不可知也. 鄭玄云: "學蚩尤爲亂者, 九黎之君, 在少昊之代也."
其意以蚩尤當炎帝之末, 九黎當少昊之末, 九黎學蚩尤, 九黎非蚩尤也.

번역 ◎孔傳: "順古"~"蚩尤". ○옛날에 남겨준 교훈이 있었는데, 그에
따라서 말을 한다는 뜻이다. 그렇기 때문에 "옛날에 남겨준 교훈에 따른다."
라고 했다. 공안국이 "치우가 처음 반란을 일으켰다."라고 했는데, 그 사건
이 일어나기 이전에는 이러한 일이 없었고, 치우가 처음으로 일으켰으니,
이것은 백성들을 혼란스럽게 만든 사안이 분명하지만, 구체적으로 어떤 일
을 자행했는지는 알 수 없다. 아래문장에서 삼묘의 군주가 치우의 악행을
학습하여 다섯 가지 잔혹한 형벌을 만들었다고 했고, 이곳에서는 잔혹한
형벌에 대한 일을 위주로 설명했으니, 치우가 일으킨 짓은 분명 잔혹한 형벌
을 만든 것에 해당할 것이다. 너무 엄격한 법으로 백성들을 다스려서 백성들
이 명령을 감당할 수 없었다. 그렇기 때문에 악하게 변화되어 서로 물들여
바꾸었고, 그 영향이 평안하고 선량한 백성에게까지 미쳐, 그들 또한 악하게
변화되었다. 공안국이 "구려의 군주는 '치우(蚩尤)'라고 부른다."라고 했는
데, 옛 학설에서 이처럼 설명한 것이 있었던 것이지만, 어떤 문헌에서 도출
된 주장인지는 모르겠다. 『사기』「오제본기(五帝本紀)」에서는 "신농씨(神農
氏)³⁰⁾의 세상이 쇠락하자 제후들은 서로 침탈하였는데, 치우가 가장 포악하

---

30) 신농씨(神農氏)는 신농(神農)이라고도 부른다. 전설시대에 존재했다고 전해
지는 고대 제왕(帝王)의 이름이다. 처음으로 백성들에게 농사짓는 방법을 가
르쳤다는 뜻에서, '신농'이라고 부르게 되었다. 또한 약초를 발견하고 재배하
여 사람들의 병을 치료했었다고 전해진다. 또한 '신농'은 염제(炎帝)라고도
부르는데, 그 이유는 오행(五行) 중 하나인 화(火)의 덕(德)을 통해서 제왕이

여 그를 정벌할 수 없었다. 황제(黃帝)31)가 곧 제후들을 소집하여 치우와 탁록(涿鹿)의 들판에서 전쟁을 했고, 마침내 치우를 사로잡아 주살했으며, 제후들은 모두 헌훤씨((軒轅氏)를 추대하여 천자로 세웠다."32)라고 했다. 「오제본기」의 주장에 따른다면 치우는 염제(炎帝)33) 말기에 존재했던 제

되었다고 믿었기 때문이다. 『회남자(淮南子)』「주술훈(主述訓)」편에는 "昔者, 神農之治天下也, 神不馳於胸中, 智不出於四域, 懷其仁誠之心, 甘雨時降, 五穀蕃植."이라는 기록이 있다. 한편 '신농'은 토신(土神)을 뜻하는 용어로도 사용되었다. 이것은 농사와 땅과의 관계가 밀접하기 때문이며, 이러한 뜻에서 농사를 주관했던 관리를 또한 '신농'으로 칭하기도 하였다.

31) 황제(黃帝)는 헌원씨(軒轅氏), 유웅씨(有熊氏)이라고도 부른다. 전설시대에 존재했다고 전해지는 고대 제왕(帝王)이다. 소전(少典)의 아들이고, 성(姓)은 공손(公孫)이다. 헌원(軒轅)이라는 땅의 구릉 지역에 거주하였기 때문에, 그를 '헌원씨'라고도 부르는 것이다. 또한 '황제'는 희수(姬水) 지역에도 거주를 하였기 때문에, 이 지역의 이름을 따서 성(姓)을 희(姬)로 고치기도 하였다. 그리고 수도를 유웅(有熊) 땅에 마련하였기 때문에, 그를 '유웅씨'라고도 부르는 것이다. 한편 오행(五行) 관념에 따라서, 그는 토덕(土德)을 바탕으로 제왕이 되었다고 여겼는데, 흙[土]이 상징하는 색깔은 황(黃)이므로, 그를 '황제'라고 부르는 것이다. 『역』「계사하(繫辭下)」편에는 "神農氏沒, 黃帝·堯·舜氏作, 通其變, 使民不倦."이라는 기록이 있는데, 이에 대한 공영달(孔穎達)의 소(疏)에서는 "黃帝, 有熊氏少典之子, 姬姓也."라고 풀이했다. 한편 '황제'는 오제(五帝) 중 하나를 뜻한다. 오행(五行)으로 구분했을 때 토(土)를 주관하며, 계절로 따지면 중앙 계절을 주관하고, 방위로 따지면 중앙을 주관하는 신(神)이다. 『여씨춘추(呂氏春秋)』「계하기(季夏紀)」편에는 "其帝黃帝, 其神后土."라는 기록이 있고, 이에 대한 고유(高誘)의 주에서는 "黃帝, 少典之子, 以土德王天下, 號軒轅氏, 死託祀爲中央之帝."라고 풀이했다.

32) 『사기(史記)』「오제본기(五帝本紀)」: 軒轅之時, 神農氏世衰. 諸侯相侵伐, 暴虐百姓, 而神農氏弗能征. 於是軒轅乃習用干戈, 以征不享, 諸侯咸來賓從. 而蚩尤最爲暴, 莫能伐. 炎帝欲侵陵諸侯, 諸侯咸歸軒轅. 軒轅乃修德振兵, 治五氣, 蓺五種, 撫萬民, 度四方, 敎熊羆貔貅貙虎, 以與炎帝戰於阪泉之野. 三戰, 然後得其志. 蚩尤作亂, 不用帝命. 於是黃帝乃徵師諸侯, 與蚩尤戰於涿鹿之野, 遂禽殺蚩尤. 而諸侯咸尊軒轅爲天子, 代神農氏, 是爲黃帝.

33) 염제(炎帝)는 신농(神農)이다. 소전(少典)의 아들이고, 오행(五行)으로 구분했을 때 화(火)를 주관하며, 계절로 따지면 여름을 주관하고, 방위로 따지면 남쪽을 주관하는 자이다. 『여씨춘추(呂氏春秋)』「맹하기(孟夏紀)」편에는 "其日丙丁, 其帝炎帝."이라는 기록이 있고, 이에 대한 고유(高誘)의 주에서는 "炎帝, 少典之子, 姓姜氏, 以火德王天下, 是爲炎帝, 號曰神農, 死託祀於南方, 爲火德之帝."라고 풀이했다. 한편 '염제'는 신농의 후손들을 지칭하기도 한다. 『사기

후의 이름이다. 응소[34]는 "치우는 고대의 천자이다."라고 했다. 정현은 "치우는 천하의 패주였는데, 황제에게 정벌을 당했다."라고 했다. 『한서음의』에는 신찬[35]이라는 사람의 주장이 나오는데, 그는 『공자삼조기』를 인용하여, "치우는 서인 중에서도 탐욕을 부린 자이다."라고 하여, 여러 학설들과 동일하지 않은데, 치우가 정확히 어떤 사람을 가리키는지는 모르겠다. 『국어』「초어(楚語)」편에서는 "소호씨가 쇠락했을 때 구려가 덕을 어지럽혔고, 전욱이 그 뒤를 이어받아서 옛 상도(常道)를 회복시켰다."[36]라고 했으니, 구려는 소호씨 말기에 존재했으므로 치우를 가리키지 않는다. 위소[37]는 "구려씨는 아홉 사람인데, 치우의 무리이다."라고 했다. 위소는 비록 구려를 치우로 여겼지만 『사기』의 기록을 요약해보면, 치우는 염제 말기에 생

(史記)』「봉선서(封禪書)」편에는 "神農封泰山, 禪云云; <u>炎帝封泰山, 禪云云.</u>"라는 기록이 나오는데, 이에 대한 『사기색은(史記索隱)』의 주에서는 "神農後子孫亦稱炎帝而登封者, 律曆志, '黃帝與炎帝戰於阪泉', 豈黃帝與神農身戰乎? 皇甫謐云炎帝傳位八代也."라고 풀이했다. 즉 신농의 자손들 또한 시조의 명칭에 따라서 '염제'라고 부르기도 하는데, 『사기』「율력지(律曆志)」편에는 황제(黃帝)와 '염제'가 판천(阪泉)에서 전쟁을 벌였다는 기록이 있는데, 어떻게 시대가 다른 두 사람이 직접 전쟁을 할 수 있는가? 황보밀(皇甫謐)은 이 문제에 대해서 여기에서 말하는 '염제'는 신농의 8대손이라고 풀이했다.

34) 응소(應劭, ?~?) : 후한(後漢) 때의 학자이다. 자(字)는 중원(仲遠)·중원(仲援)·중원(仲瑗)이다. 저서로는 『율략론(律略論)』·『풍속통의(風俗通義)』·『한관의(漢官儀)』·『한서집해(漢書集解)』 등이 있다.

35) 신찬(臣瓚, ?~?) : 서진(西晉) 때의 학자이다. 성씨(姓氏) 및 행적에 대해서는 자세히 전해지지 않는다. 『집해음의(集解音義)』를 저술하였다고 전해지며, 책은 이미 소실되었지만, 안사고(顏師古) 등이 『한서(漢書)』의 주석을 달 때 이 책에 근거했다고 전해진다.

36) 『국어(國語)』「초어하(楚語下)」 : 昭王問於觀射父, 曰, "<u>及少皞之衰也, 九黎亂德</u>, 民神雜糅, 不可方物. 夫人作享, 家爲巫史, 無有要質. 民匱於祀, 而不知其福. 烝享無度, 民神同位. 民瀆齊盟, 無有嚴威. 神狎民則, 不蠲其爲. 嘉生不降, 無物以享. 禍災薦臻, 莫盡其氣. <u>顓頊受之,</u> 乃命南正重司天以屬神, 命火正黎司地以屬民, 使復舊常, 無相侵瀆, 是謂絶地天通. 其後, 三苗復九黎之德, 堯復育重·黎之後, 不忘舊者, <u>使復典之.</u>"

37) 위소(韋昭, A.D.204~A.D.273) : 삼국시대(三國時代) 때 오(吳)나라의 학자이다. 자(字)는 홍사(弘嗣)이다. 사마소(司馬昭)의 이름을 피휘하여, 요(曜)로 고쳤다. 저서로는 『국어주(國語注)』 등이 있다.

존했고, 『국어』의 기록에 따르면 구려는 소호씨 말기에 존재했으므로, 두 대상은 동일할 수 없다. '구려(九黎)'라는 단어는 오직 「초어」편에만 나오는데, 공안국은 치우를 구려라고 여겼다. 또 아래 공안국의 전문에서는 재차 "치우는 황제에게 멸망당했다."라고 했으니, "황제에게 멸망당했다."라고 했다면 『사기』의 기록과 동일하게 따른 것이다. 공안국은 「초어」편의 기록을 못 본 것이 아닌데도 이러한 주장을 했으니, 아마도 치우는 구려의 군주이고, 황제가 비록 치우를 멸망시켰지만 여전히 그 종족은 상존해 있었다. 그렇기 때문에 이후 시간이 흘러 소호씨 말기에 재차 운집하여 반란을 일으켰다고 여긴 것이다. 만약 그렇지 않다면 공안국의 의도에 대해서는 자세히 모르겠다. 정현은 "치우를 학습하여 반란을 일으켰는데, 구려의 군주는 소호씨가 통치하던 시대에 생존했다."라고 했다. 그의 의도는 치우를 염제 말기에 생존했던 인물로 여긴 것이고, 구려를 소호씨 말기에 생존했던 인물로 여긴 것으로, 구려는 치우를 학습했으니, 구려는 치우가 아니다.

經文 罔不寇賊鴟義, 姦宄奪攘矯虔.

번역 도적질을 하지 않는 자가 없어 치효(鴟梟)처럼 탐욕스럽고 잔학한 도의를 시행했으며, 간사하게 도적질하고 빼앗고 침탈하여 교만하게 본래부터 있었던 것이라 했다.

孔傳 平民化之, 無不相寇賊, 爲鴟梟之義. 以相奪攘, 矯稱上命, 若固有之. 亂之甚.

번역 마음이 평안했던 백성들이 변화되어 서로에게 도적질을 하지 않는 자가 없었고, 이처럼 하는 것을 치효(鴟梟)의 도의로 여겼다. 서로 빼앗고 침탈하며 교만하게 군주의 명령이라 일컬었으니, 마치 본래부터 있었던 것처럼 여긴 것이다. 이것은 난리가 매우 심각했음을 뜻한다.

孔疏 ◎傳"平民"至"之甚". ○正義曰: 蚩尤作亂, 當是作重刑以亂民. 以峻法酷刑, 民無所措手足, 困於苛虐所酷, 人皆苟且, 故平民化之, 無有不相寇賊.
群行攻劫曰"寇", 殺人曰"賊", 言攻殺人以求財也. "鴟梟", 貪殘之鳥. 詩云: "爲
梟爲鴟." 梟是鴟類. 鄭玄云: "盜賊狀如鴟梟, 鈔掠良善, 劫奪人物." 傳言"鴟梟
之義", 如鄭說也. 釋詁云: "虔, 固也". "若固有之", 言取得人物, 如己自有也.

번역 ◎孔傳: "平民"~"之甚". ○치우가 반란을 일으킨 것은 형벌을 무
겁게 해서 백성들을 혼란스럽게 만든 일에 해당한다. 너무 엄격한 법과 잔
혹한 형벌을 시행해서 백성들은 손발을 둘 곳이 없었으니, 잔혹함에 곤궁
하게 되어 사람들이 모두 잔혹하게 굴었다. 그렇기 때문에 마음이 평안했
던 백성들도 그에 따라 변화되어 서로에게 도적질을 하지 않는 자가 없었
다. 무리를 이루어 움직이며 공격하고 겁박하는 것을 '구(寇)'라고 부르며,
사람을 죽이는 것을 '적(賊)'이라고 부른다. 즉 사람을 공격하고 죽여서 재
물을 빼앗았다는 뜻이다. '치효(鴟梟)'는 탐욕스럽고 잔혹한 새이다. 『시』에
서는 "효(梟)가 되고 치(鴟)가 되도다."[38]라고 했는데, '효(梟)'는 치(鴟)의
부류이다. 정현은 "도적질하는 모습이 마치 치효와 같으니 선량한 자들을
노략질하고 남의 재물을 겁박하여 빼앗았다."라고 했다. 공안국의 전문에
서는 "치효(鴟梟)의 도의이다."라고 했는데, 정현의 주장과 같다. 『이아』「
석고(釋詁)」편에서는 "건(虔)자는 고(固)자의 뜻이다."[39]라고 했다. 공안국
이 "마치 본래부터 있었던 것처럼 여긴 것이다."라고 했는데, 남의 사물을
빼앗고도 자신이 소유했던 것처럼 여겼다는 뜻이다.

蔡傳 言鴻荒之世, 渾厚敦厖, 蚩尤始開暴亂之端, 驅扇熏炙, 延及平民, 無
不爲寇爲賊. 鴟義者, 以鴟張跋扈爲義, 矯虔者, 矯詐虔劉也.

번역 혼돈스러웠던 태고시대에는 순박하고 돈독하였는데, 치우가 처음으
로 포악한 반란의 단서를 열고, 선동하고 익숙하게 만들어 평민에게도 영향을

---

38) 『시』「대아(大雅)・첨앙(瞻卬)」 : 哲夫成城, 哲婦傾城. 懿厥哲婦, 爲梟爲鴟. 婦
　　有長舌, 維厲之階. 亂匪降自天, 生自婦人. 匪教匪誨, 時維婦寺.
39) 『이아』「석고(釋詁)」 : 劫・鞏・堅・篤・掔・虔・膠, 固也.

미쳤으니, 도적이 되지 않는 자가 없었다는 뜻이다. '치의(鴟義)'는 난폭하게 구는 것을 도의로 삼았다는 뜻이고, '교건(矯虔)'은 속이고 죽인다는 뜻이다.

經文 苗民弗用靈, 制以刑, 惟作五虐之刑曰法.

번역 묘민은 선으로 교화하지 않았고, 형벌로만 제어했으며, 오직 다섯 가지 잔혹한 형벌만 시행하며 스스로 법도에 합치된다고 했다.

孔傳 三苗之君習蚩尤之惡, 不用善化民, 而制以重刑. 惟爲五虐之刑, 自謂得法. 蚩尤黃帝所滅, 三苗帝堯所誅, 言異世而同惡.

번역 삼묘의 군주는 치우의 악행을 학습하여 선으로 백성들을 교화하지 않았고 엄중한 형벌로 제어했다. 단지 다섯 가지 잔혹한 형벌만 시행하며 스스로 법도에 합치된다고 했다. 치우는 황제에 의해 멸망을 당했는데, 삼묘는 요임금에게 주살을 당했으니, 시대가 다르지만 악행은 동일했다는 뜻이다.

孔疏 ◎傳"三苗"至"同惡". ○正義曰: 上說蚩尤之惡, 卽以"苗民"繼之, 知經意言"三苗之君習蚩尤之惡". "靈", 善也. 不用善化民, 而制以重刑. 學蚩尤制之, 用五刑而虐爲之, 故爲"五虐之刑", 不必皐陶五刑之外, 別有五也. "曰法"者, 述苗民之語, 自謂所作得法, 欲民行而畏之. 如史記之文, 蚩尤黃帝所滅, 下句所說"三苗帝堯所誅", 楚語云"三苗復九黎之惡", 是"異世而同惡"也. 鄭玄以爲"苗民卽九黎之後. 顓頊誅九黎, 至其子孫爲三國. 高辛之衰, 又復九黎之惡. 堯興, 又誅之. 堯末, 又在朝, 舜臣堯又竄之. 後禹攝位, 又在洞庭逆命, 禹又誅之. 穆王深惡此族三生凶德, 故著其惡而謂之民". 孔惟言"異世同惡", 不言三苗是蚩尤之子孫. 韋昭云: "三苗, 炎帝之後諸侯共工也. "

번역 ◎孔傳: "三苗"~"同惡". ○앞에서는 치우의 악행을 설명하였으니, 묘민이 그 일을 계승한 것이다. 그러므로 경문의 뜻이 공안국의 말처럼 "삼묘의 군주는 치우의 악행을 학습했다."는 의미임을 알 수 있다. '영(靈)'자는

선(善)을 뜻한다. 선으로 백성들을 교화하지 않고 엄중한 형벌로만 제어한
것이다. 치우의 악행을 학습하여 제어를 했으니, 다섯 가지 형벌을 사용하
여 잔혹하게 시행한 것이다. 그렇기 때문에 '다섯 가지 잔혹한 형벌'이라고
했으니, 고요(皐陶)가 말한 오형(五刑)⁴⁰⁾ 이외에 별도로 다섯 가지 형벌을
두었다고 볼 필요는 없다. '왈법(曰法)'이라고 했는데, 묘민의 말을 조술한
것으로, 스스로 자신이 시행한 것이 법도에 합치된다고 말하여, 백성들로
하여금 두려워하도록 만들려고 한 것이다. 『사기』의 기록에 따르면 치우는
황제에게 멸망을 당했고, 아래구문에서는 "삼묘는 요임금에게 주살을 당했
다."라고 했으며, 『국어』「초어(楚語)」편에서는 "삼묘는 구려의 악행을 복
원했다."라고 했으니, 이것은 "시대가 다르지만 악행은 동일했다."는 뜻이
된다. 정현은 "묘민은 곧 구려의 후손이다. 전욱은 구려를 주살했지만, 그의
후손에 이르러 세 나라를 세웠다. 고신씨가 쇠락했을 때 재차 구려의 악행
을 복원했다. 요임금이 일어나서 재차 그들을 주살했다. 요임금 말기에는
또한 조정에도 진출을 했는데, 순임금은 요임금의 신하가 되어 재차 그들
을 축출했다. 이후 우임금이 제왕의 지위를 섭정했는데, 재차 동정에서 명
령을 거역하자 우임금이 재차 주살했다. 목왕은 이러한 부족이 세 차례 흉
악한 덕을 만들어낸 것을 매우 미워했기 때문에 그들의 악행을 드러내려고
'민(民)'이라 불렀다."라고 했다. 공안국은 단지 "시대가 다르지만 악행은
동일했다."라고만 했고, 삼묘가 치우의 후손이라고는 말하지 않았다. 위소
는 "삼묘는 염제 이후 제후를 맡았던 공공(共工)이다."라고 했다.

經文 殺戮無辜, 爰始淫爲劓・刵・椓・黥.

번역 무고한 자를 살육하여, 이에 비로소 의형(劓刑)⁴¹⁾・이형(刵刑)⁴²⁾・

---

40) 오형(五刑)은 다섯 가지 형벌을 뜻한다. '오형'의 구체적 항목에 대해서는 각
시대별 차이가 있지만, 『주례』의 기록에 근거하면, 묵형(墨刑), 의형(劓刑),
궁형(宮刑), 비형(剕刑: =劓刑), 대벽(大辟: =殺刑)이 된다. 『주례』「추관(秋
官)・사형(司刑)」편에는 "掌五刑之灋, 以麗萬民之罪, 墨罪五百, 劓罪五百, 宮
罪五百, 剕罪五百, 殺罪五百."이라는 기록이 있다.
41) 의형(劓刑)은 의벽(劓辟)이라고도 부르며, 오형(五刑) 중의 하나이다. 범죄자

탁형(椓刑)⁴³⁾·경형(黥刑)⁴⁴⁾이 무질서하게 시행되었다.

孔傳　三苗之主, 頑凶若民, 敢行虐刑, 以殺戮無罪, 於是始大爲截人耳鼻, 椓陰, 黥面, 以加無辜, 故曰"五虐".

번역　삼묘의 군주는 우둔하고 순종하지 않아서 묘민과 같았으며, 감히 잔혹한 형벌을 시행하여 무고한 자들을 살육하여, 이 시기에 비로소 사람들의 귀나 코를 베고 남자의 고환을 자르고 얼굴에 먹물을 새기는 일이 많이 발생했는데, 무고한 자에게까지 가해졌다. 그렇기 때문에 '오학(五虐)'이라고 했다.

孔疏　◎傳"三苗"至"五虐". ○正義曰: 三苗之主, 實國君也. 頑凶若民, 故謂之"苗民". 不於上經爲傳者, 就此惡行解之, 以其頑凶, 敢行虐刑, 以殺戮無罪. 釋詁云: "淫, 大也." "於是大爲截人耳鼻, 椓陰, 黥面", 苗民爲此刑也. "椓陰"卽宮刑也. "黥面"卽墨刑也. 康誥周公戒康叔云"無或劓刵人", 卽周世有劓刵之刑, 非苗民別造此刑也. 以加無辜, 故曰"五虐". 鄭玄云: "刵, 斷耳. 劓, 截鼻. 椓謂椓破陰, 黥爲羈黥人面. 苗民大爲此四刑者, 言其特深刻, 異於皐陶之爲." 鄭意蓋謂截耳截鼻多截之, 椓陰苦於去勢, 黥面甚於墨額, 孔意或亦然也.

번역　◎孔傳: "三苗"~"五虐". ○삼묘의 군주는 실제로 그 나라의 군주를 뜻한다. 우둔하고 순종하지 않아서 묘민과 같았다고 했기 때문에 '묘민(苗民)'이라고 한 것이다. 앞의 경문에 대해서 전문을 작성하지 않은 것은 이러한 악행을 저지른 대목에 대해서 풀이를 한 것이니, 그는 우둔하고 순종

의 코를 베는 형벌이다. 『서』「주서(周書)·여형(呂刑)」편에는 "惟作五虐之刑曰法, 殺戮無辜, 爰始淫爲劓刵椓黥."이라는 기록이 있고, 이에 대한 공영달(孔穎達)의 소(疏)에서는 "劓, 截人鼻."라고 풀이했다.

42) 이형(刵刑)은 고대의 형벌로 범죄자의 귀를 베는 형벌이다.

43) 탁형(椓刑)은 궁형(宮刑)과 같다. 남자의 생식기를 자르거나, 여자의 생식 기능을 파괴하는 형벌이다.

44) 경형(黥刑)은 묵형(墨刑)과 같다. 범죄자의 얼굴 및 이마에 상처를 내고, 먹물로 새겨 넣어서 죄인의 신분임을 표시하는 형벌이다.

하지 않아서 제멋대로 포악한 형벌을 시행했고 이를 통해 무고한 자들을 살육했다. 『이아』「석고(釋詁)」편에서는 "음(淫)자는 크다는 뜻이다."45)라고 했다. 공안국이 "이 시기에 비로소 사람들의 귀나 코를 베고 남자의 고환을 자르고 얼굴에 먹물을 새기는 일이 많이 발생했다."라고 했는데, 묘민이 이러한 형벌을 시행한 것이다. '탁음(椓陰)'은 곧 궁형(宮刑)46)에 해당한다. '경면(黥面)'은 묵형(墨刑)47)에 해당한다. 『서』「강고(康誥)」편에서는 주공이 강숙에게 주의지침을 내리면서, "혹시라도 사사롭게 사람의 코를 베거나 귀를 베지 말아라."48)라고 했으니, 주나라 때에도 코를 베거나 귀를 베는 형벌이 있었으므로, 묘민만이 별도로 이러한 형벌을 만들어낸 것이 아니다. 그러나 무고한 자에게 시행했기 때문에 '오학(五虐)'이라고 부른다. 정현은 "'이(劓)'는 귀를 벤다는 뜻이다. '의(劓)'는 코를 벤다는 뜻이다. '탁(椓)'은 생식기를 파괴하는 것이며, '경(黥)'은 얼굴에 새기는 것이다. 묘민이 이러한 네 가지 형벌을 크게 시행했다는 것은 특별히 매우 심하게 시행하여 고요(皐陶)가 시행했던 형벌과 차이를 두었다는 뜻이다."라고 했다. 정현의 의도는 아마도 귀를 베고 코를 베는 일이 많았고, 생식기를 파괴하는 것은 거세를 하는 일보다 고통스러우며, 얼굴에 새기는 것은 이마에 묵형을 시행하는 것보다 심하다는 뜻이니, 공안국의 의도도 아마 그러했을 것이다.

---

45) 『이아』「석고(釋詁)」: 弘·廓·宏·溥·介·純·夏·幠·厖·墳·嘏·丕·奕·洪·誕·戎·駿·假·京·碩·濯·訏·宇·穹·壬·路·淫·甫·景·廢·壯·冢·簡·箌·昄·晊·將·業·席, <u>大也</u>.

46) 궁형(宮刑)은 궁벽(宮辟)이라고도 부르며, 오형(五刑) 중 하나이다. 남자의 생식기를 자르거나, 여자의 생식 기능을 파괴하는 형벌이다. 일설에는 여자에 대한 '궁형'은 감금을 하여 노비로 전락시키는 것이라고 설명한다. 『서』「주서(周書)·여형(呂刑)」편에는 "<u>宮辟疑赦</u>."라는 기록이 있고, 이에 대한 공안국(孔安國)의 전(傳)에서는 "宮, 淫刑也. 男子割勢, 婦人幽閉, 次死之刑."이라고 풀이했다.

47) 묵형(墨刑)은 묵벽(墨辟)이라고도 부르며, 오형(五刑) 중의 하나이다. 범죄자의 얼굴 및 이마에 상처를 내고, 먹물로 새겨 넣어서 죄인의 신분임을 표시하는 형벌이다. 『서』「주서(周書)·여형(呂刑)」편에는 "<u>墨辟疑赦</u>."라는 기록이 있고, 이에 대한 공안국(孔安國)의 전(傳)에서는 "刻其顙而涅之, 曰墨刑."이라고 풀이했다.

48) 『서』「주서(周書)·강고(康誥)」: 非汝封刑人殺人, 無或刑人殺人. 非汝封又曰劓刵人, <u>無或劓刵人</u>.

經文 越茲麗刑幷制, 罔差有辭.

번역 죄를 범한 자에게 형벌을 시행하며 무죄한 자에게까지 적용하여, 직언을 올리는 자에게도 차이를 두지 않고 형벌을 부과했다.

孔傳 苗民於此施刑, 幷制無罪, 無差有直辭者. 言淫濫.

번역 묘민은 이에 형벌을 시행했으며, 아울러 죄가 없는 자에게까지 적용했고, 직언을 올리는 자에게도 차이를 두지 않았다. 즉 무질서하게 많이 사용했다는 뜻이다.

蔡傳 苗民承蚩尤之暴, 不用善而制以刑, 惟作五虐之刑, 名之曰法, 以殺戮無罪. 於是始過爲劓鼻刖耳椓竅黥面之法, 於麗法者, 必刑之, 幷制無罪, 不復以曲直之辭爲差別, 皆刑之也.

번역 묘민은 치우의 난폭함을 계승하여 선을 시행하지 않고 형벌로 제어했으며, 오직 다섯 가지 잔혹한 형벌을 만들어내어, 이것을 법이라고 불렀다. 그리고 이것을 통해 무고한 자까지도 죽였다. 이에 비로소 코를 베고 귀를 베며 생식기를 파괴하고 얼굴에 먹을 새기는 형법이 지나치게 시행되어 법을 범한 자에게는 반드시 형벌을 부과했고, 아울러 죄가 없는 자에게도 시행하여, 완곡한 말이나 곧은 말에 대해서 차별을 두지 않고 모두에게 형벌을 부과했다.

經文 民興胥漸, 泯泯棼棼, 罔中于信, 以覆詛盟.

번역 백성들이 일어나 서로 물들어서 비슷하게 되고 어지럽게 동화되어 신의에 마땅하지 않아서 맹약을 배반하게 되었다.

孔傳 三苗之民瀆於亂政, 起相漸化, 泯泯爲亂, 棼棼同惡, 皆無中于信義, 以反背詛盟之約.

번역 삼묘의 백성들인 문란한 정사에 물들어서 일어나 서로 점점 변화되어 비슷하게 혼란스러운 짓을 벌이고, 어지럽게 악에 동화되어, 모두들 신의에 마땅한 것이 없어서 서로 맹약을 맺은 약속을 배반하게 되었다.

孔疏 ◎傳"三苗"至"之約". ○正義曰: "三苗之民", 謂三苗國內之民也. "瀆"謂慣瀆, 苗君久行虐刑, 民慣見亂政, 習以爲常, 起相漸化. "泯泯", 相似之意. "棼棼", 擾攘之狀. "泯泯爲亂", 習爲亂也. "棼棼同惡", 共爲惡也. "中"猶當也, "皆無中於信義", 言爲行無與信義合者. 詩云: "君子屢盟, 亂是用長." 亂世之民, 多相盟詛, 旣無信義, 必皆違之, 以此無中於信, 反背詛盟之約也.

번역 ◎孔傳: "三苗"~"之約". ○'삼묘의 백성'이라고 했는데, 삼묘 나라에 속한 백성들을 뜻한다. '독(瀆)'자는 버릇이 되고 물든다는 뜻이니, 삼묘의 군주가 오래전부터 포악한 형벌을 시행하여 백성들은 문란한 정치를 자주 봐왔고, 그것을 익혀 일상적인 일로 여겼으며, 점점 서로 변화되어 갔다. '민민(泯泯)'은 서로 비슷해진다는 뜻이다. '분분(棼棼)'은 떠들썩하고 어수선한 모습을 뜻한다. "비슷하게 혼란스러운 짓을 벌였다."는 말은 익혀서 혼란스럽게 되었다는 뜻이다. "어지럽게 악에 동화되었다."는 말은 모두가 악하게 되었다는 뜻이다. '중(中)'자는 마땅하다는 뜻이다. "모두가 신의에 마땅함이 없었다."는 말은 행동한 것들이 신의와 부합되는 것이 없었다는 뜻이다.『시』에서는 "군자가 빈번하게 맹약을 맺으니, 혼란이 이에 조장되었다."[49]라고 했다. 난세의 백성들은 수차례 서로 맹약을 맺었지만, 이미 신의를 갖추고 있지 않았으니, 반드시 모두가 그것을 어기게 된다. 이것은 신의에 마땅한 것이 없어서 맹약을 맺은 약속을 배반하게 되었기 때문이다.

經文 虐威庶戮, 方告無辜于上. 上帝監民, 罔有馨香, 德刑發聞惟腥.

번역 포악한 정치를 통해 위엄을 보였으나 백성들은 살육을 당하여 상

---

49)『시』「소아(小雅)·교언(巧言)」: <u>君子屢盟, 亂是用長</u>. 君子信盜, 亂是用暴. 盜言孔甘, 亂是用餤. 匪其止共, 維王之邛.

제에게 자신의 무고함을 하소연하게 되었다. 상제가 백성들을 살펴보니, 묘민에게는 향기로운 행실이 없었고, 덕에 따라 형벌을 시행한다고 했으나 들리는 것은 오직 악취였을 뿐이다.

孔傳 三苗虐政作威, 衆被戮者方方各告無罪於天, 天視苗民無有馨香之行, 其所以爲德刑, 發聞惟乃腥臭.

번역 삼묘는 정치를 포악하게 시행하여 위엄을 세웠는데, 백성들은 살육을 당하여 사방에서 각각 하늘에게 자신에게는 죄가 없음을 하소연하게 되었고, 하늘도 묘민에게 향기로운 행실이 없음을 보았으니, 그가 덕에 따라 형벌을 시행한다고 했으나 겉으로 드러나는 소식은 오직 악취였을 따름이다.

孔疏 ◎傳"三苗"至"腥臭". ○正義曰: "方方各告無罪於上天", 言其處處告也. 天矜於下, 俯視苗民, 無有馨香之行. "馨香"以喩善也. "其所以爲德刑", 苗民自謂是德刑者, 發聞於外, 惟乃皆是腥臭. "腥臭"喩惡也.

번역 ◎孔傳: "三苗"~"腥臭". ○공안국이 "사방에서 각각 하늘에게 자신에게는 죄가 없음을 하소연하게 되었다."라고 했는데, 모든 곳에서 하소연을 했다는 뜻이다. 하늘은 백성들을 불쌍하게 여겨서 묘민을 굽어 살폈는데, 향기로운 행실이 없었다. '형향(馨香)'은 선을 비유한다. "그가 덕에 따라 형벌을 시행한다고 했다."라고 했는데, 묘민 스스로 덕에 따라 형벌을 시행했다고 말한 것으로, 겉으로 드러나는 것은 오직 비린내에 해당할 따름이다. '성취(腥臭)'는 악을 비유한다.

蔡傳 泯泯, 昏也. 棼棼, 亂也. 民相漸染, 爲昏爲亂, 無復誠信, 相與反覆詛盟而已. 虐政作威, 衆被戮者, 方各告無罪於天. 天視苗民, 無有馨香德, 而刑戮發聞, 莫非腥穢.

번역 '민민(泯泯)'은 어둡다는 뜻이다. '분분(棼棼)'은 어지럽다는 뜻이다. 백성들은 서로 물들어서 어둡게 되었고 어지럽게 되어서, 재차 진실과 신의를 갖추지 않았고, 서로 맹약만을 반복할 따름이었다. 정치를 포악하게 시행하여 위엄을 세웠는데, 백성들은 살육을 당하여 각각 자신의 무죄를 하늘에게 하소연했다. 하늘이 묘민을 살펴보니, 향기로운 덕이 없었고, 형벌에 대한 소문만 무성하여 비린내가 나지 않는 것이 없었다.

蔡傳 呂氏曰: 形於聲嗟, 窮之反也, 動於氣臭, 惡之熟也. 馨香, 陽也, 腥穢, 陰也, 故德爲馨香, 而刑發腥穢也.

번역 여씨가 말하길, 목소리와 탄식을 통해 형상이 드러나는 것은 궁함이 되돌아가는 것이며, 기운과 냄새를 통해 움직이는 것은 악이 무르익은 것이다. 향기는 양(陽)에 해당하고, 비린내는 음(陰)에 해당한다. 그렇기 때문에 덕은 향기가 되고 형벌은 비린내가 된다.

經文 皇帝哀矜庶戮之不辜, 報虐以威, 遏絶苗民, 無世在下.

번역 황제는 백성들이 무고한데도 살육을 당하는 것을 불쌍하게 여겨서, 위엄으로 잔혹함을 보복하고 묘민을 주살하여 대를 끊어서 대대로 제후국에 있지 못하도록 했다.

孔傳 皇帝, 帝堯也. 哀矜衆被戮者之不辜, 乃報爲虐者以威, 誅遏絶苗民, 使無世位在下國也.

번역 '황제(皇帝)'는 요임금을 뜻한다. 백성들이 무고한데도 살육을 당하는 것을 불쌍하게 여겨서 곧 위엄을 보여 잔혹한 자를 보복하고, 묘민을 주살하여 끊어서, 세대를 계승하여 제후국에 있지 못하도록 했다.

孔疏 ◎傳"君帝"至"下國". ○正義曰: 釋詁云: "皇, 君也." 此言"遏絶苗民", 下句卽云"乃命重黎", 重黎是帝堯之事, 知此滅苗民亦帝堯也. 此滅苗民在堯之初興, 使無世位在於下國, 而堯之末年, 又有竄三苗者, 禮天子不滅國, 擇立其次賢者. 此爲五虐之君, 自無世位在下, 其改立者復得在朝. 但此族數生凶德, 故歷代每被誅耳.

번역 ◎孔傳: "君帝"~"下國". ○『이아』「석고(釋詁)」편에서 말하길, "'황(皇)'자는 군주를 뜻한다."50)라고 했다. 이곳에서는 "묘민을 주살하여 끊었다."라고 했는데, 아래 구문에서는 곧 "중(重)과 여(黎)에게 명령했다."51)라고 했으니, 중과 여는 요임금 때의 일을 맡아보았던 사람이므로, 여기에서 묘민을 멸망시켰다고 한 일이 요임금 때의 일임을 알 수 있다. 이곳에서 묘민을 멸망시켰다고 한 일은 요임금이 최초 제왕의 지위에 올랐을 때에 해당하여, 그들로 하여금 대대로 지위를 계승하여 제후국에 있지 않게끔 했지만, 요임금 말기에는 재차 삼묘를 축출하는 일이 있었다. 그 이유는 예법에 따르면 천자는 그 나라를 완전히 멸망시키지 않으며, 그들 중 보다 현명한 자를 택해서 군주로 앉히기 때문이다. 이곳에서 다섯 가지 잔혹한 형벌을 시행했다고 한 군주는 세대가 끊어져서 제후국에 머물지 못했는데, 그 지위에 오른 다른 자가 재차 조정에 들어올 수 있었다. 다만 이러한 부족들은 수차례 흉악한 덕을 낳았기 때문에 대대로 주살을 당했을 따름이다.

孔疏 ●"王曰"至"在下". ○正義曰: 呂侯進言於王, 使用輕刑. 又稱王之言以告天下, 說重刑害民之義. 王曰: 順古道有遺餘典訓, 記法古人之事. 昔炎帝之末, 有九黎之國君號蚩尤者, 惟造始作亂, 惡化遞相染易, 延及末平善之民. 平民化之, 亦變爲惡, 無有不相寇盜, 相賊害, 爲鴟梟之義. 鈔掠良善, 外姦內宄, 劫奪人物, 攘竊人財, 矯稱上命, 以取人財, 若己固自有之. 然蚩尤之惡已如此矣, 至于高辛氏之末, 又有三苗之國君, 習蚩尤之惡, 不肯用善化民, 而更制重法. 惟作五虐之刑, 乃言曰此得法也. 殺戮無罪之人, 於是始大爲四種之刑. 劓, 截人耳. 劓, 截人鼻. 椓, 椓人陰. 黥, 割人面. 苗民於此施刑之時, 并制無罪之人. 對獄有罪者無辭, 無罪者有辭, 苗民斷獄, 並皆罪之, 無差簡有直辭者. 言濫及無罪者也.

50) 『이아』「석고(釋詁)」: 林·烝·天·帝·皇·王·后·辟·公·侯, 君也.
51) 『서』「주서(周書)·여형(呂刑)」: 乃命重黎, 絶地天通, 罔有降格.

三苗之民, 慣漬亂政, 起相漸染, 皆化爲惡. 泯泯爲亂, 棼棼同惡, 小大爲惡. 民皆巧詐, 無有中于信義. 以此無中于信, 反背詛盟之約, 雖有要約, 皆違背之. 三苗虐政作威, 衆被戮者方方各告無罪於上天. 上天下視苗民, 無有馨香之行. 其所以爲德刑者, 發聞於外, 惟乃皆腥臭, 無馨香也. 君帝帝堯哀矜衆被殺戮者, 不以其罪, 乃報爲暴虐者以威, 止絶苗民, 使無世位在於下國. 言以刑虐, 故滅之也.

번역 ●經文: "王曰"~"在下". ○여후는 천자에게 진언을 하며, 가벼운 형벌을 시행하도록 했던 것이다. 또 천자의 말을 일컬어 하늘에 아뢰며, 형벌을 무겁게 해서 백성들을 해친다는 뜻을 설명하였다. 왕은 옛날에 남겨준 교훈에 따른다고 했는데, 이것은 옛 사람들이 일을 기록하고 본받는다는 뜻이다. 예전 염제 말기에 구려라는 국가의 군주 중 치우라고 부르는 자가 있었는데, 그가 처음으로 반란을 일으켜서, 악으로 감화하여 서로 물들게 되었고, 결국 그 말기에 미쳐서는 편안하고 선량한 백성까지도 영향을 미쳤다. 마음이 편안한 백성들이 그에 감화되어 또한 악하게 변하여, 서로 도적질을 하고 서로 해를 끼쳐서 치효(鴟梟)와 같은 도의를 시행하지 않은 자가 없었다. 선량한 자를 노략질하여 내외적으로 간악하고 도적질하여 남의 물건을 겁탈하고 남의 재산을 빼앗았는데, 교만하게도 윗사람의 명령이라 칭하며 남의 물건을 빼앗아 마치 자신이 이전부터 가지고 있었던 것처럼 여겼다. 치우의 악행이 이미 이와 같았는데, 고신씨의 말기에 이르러서는 재차 삼묘의 군주가 나타나서 치우의 악행을 학습하여, 선으로 백성들을 교화하는 것을 기꺼워하지 않았고, 재차 형벌을 무겁게 제정했다. 오직 다섯 가지 잔혹한 형벌을 시행했음에도, 이것을 곧 법도에 맞는 것이라고 했다. 죄가 없는 자를 살육하여, 이 시기에 비로소 네 종류의 형벌을 크게 시행했다. '이(刵)'는 사람의 귀를 자르는 것이다. '의(劓)'는 사람의 코를 베는 것이다. '탁(劅)'은 사람의 생식기를 파괴하는 것이다. '경(黥)'은 사람의 얼굴에 먹물을 새기는 것이다. 묘민이 이러한 형벌을 시행했을 때, 아울러 죄가 없는 자에게까지 적용했다. 죄가 있는 자가 형벌을 받음에 하소연할 말이 없는 것과 대비해보면 죄가 없는 자가 형벌을 받을 때에는 하소연하는 말이 있게 되는데, 묘민은 죄를 판결함에 모두에 대해서 죄를 부여했고, 직언을 올리는 자에게도 차이를 둠이 없었다. 형벌을 시행하는 것이 범람하여 죄가 없는 자에게까지 미쳤다는 뜻이다. 삼묘의 백성들은 난폭한 정사를 학습하여 점점 물들었고 모두 악하게 변화되었다. 비슷하게 혼란스러운 짓을 벌이고, 어지럽게 악에 동화되었으니, 모두가 악하게 되었다는 뜻이다. 백성들이 모두 교묘히 속이게 되어 신의에 알맞은 것이 없었다. 신의에 알맞은 것이 없어서 맹약한 약속을 배반하게 되었으니, 비록 서로 약속을 맺었지만 모두가 어기고 배반했다는 뜻이다. 삼묘의 군주는 정치를 포악하게 해서 위엄을 세웠고, 백성들은 살육을 당하여 사방에서 각자 상제에게 자신에게는 죄가 없다고 하소연하게 되었다. 상천이 밑으로 묘민을 살펴보니, 향기로운 행실이 없었다. 그가 덕에 따라 형벌을 시행한다고 했으나 겉으로 드러나는 것은 오직 악취에 해당했을 뿐이니, 향기로움이 없었다. 요임금이 백성들이 살육당하는 것을 불쌍하게 여겼던 것은 죄에 따라 형벌을 받은 것이 아니기 때문이다. 이에 위엄으로 포악한 자에게 보복을 하여 묘민을 주살하여 대를 끊어, 대대로 지위를 계승하여 제후국에 머물지 못하도록 했다. 즉 형벌을 잔혹하게 시행했기 때문에 멸망시켰다는 뜻이다.

蔡傳 皇帝, 舜也. 以書攷之, 治苗民, 命伯夷禹稷皐陶, 皆舜之事. 報苗之虐, 以我之威. 絶, 滅也, 謂竄與分北之類, 遏絶之, 使無繼世在下國.

번역 '황제(皇帝)'는 순임금을 뜻한다. 『서』의 기록으로 살펴보면, 묘민을 다스린 것과 백이·우·직·고요에게 명령한 일은 모두 순임금 때의 일이다. 묘민의 포악함에 보복한 것은 자신의 위엄으로써 한 것이다. '절(絶)'자는 멸망시킨다는 뜻이니, 내치고 선악을 판가름하여 등지는 부류를 뜻하며, 끊고 멸망시켜서 세대를 계승하여 제후국에 있지 못하도록 한 것이다.

참고 『국어(國語)』「주어하(周語下)」

원문 有夏雖衰, 杞·鄫猶在①; 申·呂雖衰, 齊·許猶在②.

번역 하나라가 비록 쇠약해졌지만 기(杞)와 증(鄶)나라는 여전히 남아 있고, 신(申)과 여(呂)나라가 비록 쇠약해졌지만, 제(齊)와 허(許)나라는 여전히 남아있다.

韋注-① 杞・鄶, 二國, 夏後也. 猶在, 在靈王之世也.

번역 기(杞)와 증(鄶)이라는 두 나라는 하나라의 후손국이다. "여전히 남아있다."는 말은 영왕(靈王)이 통치하던 때를 뜻한다.

韋注-② 申・呂, 四嶽之後, 商・周之世或封於申, 齊・許亦其族也.

번역 신(申)과 여(呂)나라는 사악(四嶽)[52]의 후손국이며, 은과 주나라 때 아마도 신(申)에 분봉을 받았을 것이며, 제(齊)와 허(許)나라는 또한 그 종족이다.

참고 『국어(國語)』「주어중(周語中)」

원문 昔摯・疇之國也由大任①, 杞・繒由大姒②, 齊・許・申・呂由大姜③, 陳由大姬④, 是皆能內利親親者也⑤.

번역 예전 지(摯)와 주(疇)라는 나라는 대임(大任)의 후손들이 세운 나라이며, 기(杞)와 증(繒)이라는 나라는 대사(大姒)의 후손들이 세운 나라이고, 제(齊)・허(許)・신(申)・여(呂)라는 나라는 모두 대강(大姜)의 후손들이 세운 나라이며, 진(陳)나라는 대희(大姬)의 후손들이 세운 나라인데, 이 모두는 내적으로 친애하는 이를 친애할 수 있는 덕목을 이롭게 여길 수 있었다.

---

52) 사악(四嶽)은 공공(共工)의 후예로, 우(禹)임금을 도와 치수를 하는데 공적을 세웠기 때문에 강(姜)이라는 성(姓)을 하사받고, 여(呂)에 분봉을 받았으며, 제후들의 수장이 되었다. 또한 요(堯)임금 때의 신하였던 희(羲)와 화(和)의 네 자식을 뜻하기도 한다. 이들은 사방의 제후들을 분담하여 담당했기 때문에 '사악'이라고 부른다.

韋注-① 摯·疇二國任姓, 奚仲仲虺之後·大任之家也. 大任, 王季之妃·
文王之母也. 詩云, "摯仲氏任."

번역 지(摯)와 주(疇)라는 두 나라는 임성(任姓)이니 해중(奚仲) 중훼
(仲虺)의 후손이며 대임의 집안이다. 대임은 왕계의 부인이자 문왕의 모친
이다. 『시』에서는 "지나라 둘째 딸 임씨여."[53]라고 했다.

韋注-② 杞·繒二國姒姓, 夏禹之後·大姒之家也. 大姒, 文王之妃·武王
之母也.

번역 기(杞)와 증(繒)이라는 두 나라는 사성(姒姓)이니 하나라 우임금
의 후손이며 대사의 집안이다. 대사는 문왕의 부인이자 무왕의 모친이다.

韋注-③ 四國皆姜姓也, 四岳之後·大姜之家也. 大姜, 太王之妃·王季之
母也.

번역 네 나라는 모두 강성(姜姓)이니 사악의 후손이자 대강의 집안이
다. 대강은 태왕의 부인이자 왕계의 모친이다.

韋注-④ 陳, 嬀姓, 舜後. 大姬, 周武王之元女·成王之姊. 傳曰, "以元女大
姬配虞胡公而封之於陳"也.

번역 진(陳)나라는 규성(嬀姓)이니 순임금의 후손국이다. 대희는 주나
라 무왕의 장녀이자 성왕의 누이이다. 전문에서는 "장녀 대임을 우(虞) 호
공에게 시집보내고 진(陳)에 분봉했다."[54]라고 했다.

---

53) 『시』「대아(大雅)·대명(大明)」: 摯仲氏任, 自彼殷商, 來嫁于周, 曰嬪于京. 乃
   及王季, 維德之行. 大任有身, 生此文王.
54) 『춘추좌씨전』「양공(襄公) 25년」: 我先王賴其利器用也, 與其神明之後也, 庸以
   元女大姬配胡公, 而封諸陳, 以備三恪.

韋注-⑤ 內利, 內行七德, 親親以申固其家也.

번역 내적으로 이롭다는 말은 내적으로 일곱 가지 덕목을 시행하여, 친애하는 이를 친애함으로써 가정의 도리를 펼치고 굳건하게 했다는 뜻이다.

참고 『시』「대아(大雅)·숭고(崧高)」

崧高維嶽, (숭고유악) : 높고 큰 산악은,

駿極于天. (준극우천) : 그 큼이 하늘에 이르렀도다.

維嶽降神, (유악강신) : 산악이 신령을 내리셔서,

生甫及申. (생보급신) : 보후와 신백을 내셨도다.

維申及甫, (유신급보) : 신백과 보후는,

維周之翰. (유주지한) : 주나라의 근간이 되었도다.

四國于蕃, (사국우번) : 사방의 울타리가 되었으며,

四方于宣. (사방우선) : 사방에 은택이 미치도록 하였도다.

亹亹申伯, (미미신백) : 열심히 일하는 신백을,

王纘之事. (왕찬지사) : 왕이 그 일을 계승토록 하시다.

于邑于謝, (우읍우사) : 사(謝)에 읍을 세우도록 하시니,

南國是式. (남국시식) : 남쪽 나라가 그를 본받았도다.

王命召伯, (왕명소백) : 왕이 소공에게 명하시어,

定申伯之宅. (정신백지택) : 신백을 그 읍으로 가도록 하시도다.

登是南邦, (등시남방) : 남쪽 나라들을 본받게 하시고,

世執其功. (세집기공) : 대대로 정사를 펼치도록 하셨도다.

王命申伯, (왕명신백) : 왕이 신백에게 명하시어,

式是南邦. (식시남방) : 남쪽 나라에 모범이 되게 하시도다.

因是謝人, (인시사인) : 이에 사읍의 사람들은

以作爾庸. (이작이용) : 너의 공적을 일으키도다.

王命召伯, (왕명소백) : 왕이 소공에게 명하시어,

徹申伯土田. (철신백토전) : 신백의 토지를 구획하도록 하셨도다.

王命傳御, (왕명부어) : 왕이 총재에게 명하시어,

遷其私人. (천기사인) : 가신들을 옮겨가게 하셨도다.

申伯之功, (신백지공) : 신백은 공적을 세워,

召伯是營. (소백시영) : 소공이 건물을 건설하였도다.

有俶其城, (유숙기성) : 이에 그 성곽을 만들고,

寢廟旣成. (침묘기성) : 침실과 종묘가 완성되었도다.

旣成藐藐, (기성막막) : 건물이 완성됨에 아름답고 아름다우니,

王錫申伯. (왕석신백) : 왕이 신백에게 하사하셨도다.

四牡蹻蹻, (사모교교) : 네 마리의 수말이 건장하고 건장하니,

鉤膺濯濯. (구응탁탁) : 장식한 것이 빛나고 빛나도다.

王遣申伯, (왕견신백) : 왕이 신백을 파견하심에,

路車乘馬. (노거승마) : 노거(路車)[55]와 네 마리의 말이로다.

我圖爾居, (아도이거) : 내가 너의 기거할 곳을 헤아려보니,

莫如南土. (막여남토) : 남쪽 땅만한 곳이 없구나.

錫爾介圭, (석이개규) : 너에게 개규(介圭)[56]를 하사하니,

以作爾寶. (이작이보) : 너의 보물로 삼거라.

往近王舅, (왕근왕구) : 가거라 나의 외숙이여,

南土是保. (남토시보) : 남쪽 땅을 보호할 지어다.

---

55) 노거(路車)는 천자 및 제후 등이 타는 수레이다. 후대에는 귀족들이 타는 수레까지도 지칭하는 용어로 사용되었다. '노거'의 '노(路)'자는 그 뜻이 크다[大]는 의미이다. 따라서 군주가 이용하거나 머무는 장소에 '노'자를 붙여서 부르게 된 것이다. 『춘추좌씨전』「환공(桓公) 2년」편에는 "大路越席."이라는 기록이 있는데, 이에 대한 공영달(孔穎達)의 소(疏)에서는 "路, 訓大也. 君之所在以大爲號, 門曰路門, 寢曰路寢, 車曰路車, 故人君之車, 通以路爲名也."라고 풀이했다.

56) 개규(介圭)는 대규(大圭)를 뜻한다. 허리에 차는 옥(玉)으로 정(丁)자 형태로 만들었다.

申伯信邁, (신백신매) : 신백이 믿고 길을 떠나니,

王餞于郿. (왕전우미) : 왕이 미(郿)에서 송별회를 열도다.

申伯還南, (신백환남) : 신백이 다시 남쪽으로 가니,

謝于誠歸. (사우성귀) : 진실로 사읍으로 돌아가도다.

王命召伯, (왕명소백) : 왕이 소공에게 명하시어,

徹申伯土疆, (철신백토강) : 신백의 땅에 조세를 거두게 하시고,

以峙其粻, (이치기장) : 이를 쌓아두도록 하니,

式遄其行. (식천기행) : 그 여정을 빨리하게 하도다.

申伯番番, (신백파파) : 신백이 무용과 위엄을 떨치며,

旣入于謝, (기입우사) : 사읍으로 들어가니,

徒御嘽嘽. (도어탄탄) : 수레를 탄 행렬이 많고도 여유롭도다.

周邦咸喜, (주방함희) : 나라 안의 모든 사람들이 기뻐하며,

戎有良翰. (융유량한) : 너는 우리의 훌륭한 군주로다.

不顯申伯, (불현신백) : 드러나지 않겠는가 신백이여,

王之元舅, (왕지원구) : 왕의 외숙이리니,

文武是憲. (문무시헌) : 문과 무의 표번이 되도다.

申伯之德, (신백지덕) : 신백의 덕이여,

柔惠且直. (유혜차직) : 유순하며 은혜롭고도 정직하도다.

揉此萬邦, (유차만방) : 모든 나라를 순종케 하니,

聞于四國. (문우사국) : 사방에 소문이 나도다.

吉甫作誦, (길보작송) : 길보가 시를 지음이여,

其詩孔碩, (기시공석) : 그 시가 매우 아름다우며,

其風肆好, (기풍사호) : 은밀히 경계의 뜻을 알려줌이 좋아서,

以贈申伯. (이증신백) : 이를 신백에게 주는구나.

毛序 崧高, 尹吉甫美宣王也. 天下復平, 能建國親諸侯, 襃賞申伯焉.

모서   「숭고(崧高)」편은 윤길보가 선왕(宣王)을 찬미한 시이다. 천하가
재차 평화롭게 되고 제후국들을 재건할 수 있었으니, 신백을 기린 것이다.

참고   『시』「왕풍(王風)·양지수(揚之水)」

揚之水, (양지수) : 격양된 물이여,

不流束薪. (불류속신) : 묶어둔 땔감을 흘려보내지 못하는구나.

彼其之子, (피기지자) : 저 사람의 자식이여,

不與我戍申. (불여아수신) : 나와 함께 와서 신(申)나라를 지키지 못하는
구나.

懷哉懷哉, (회재회재) : 안녕한가, 안녕한가.

曷月予還歸哉. (갈월여환귀재) : 어느 달에나 내 돌아가게 되리오.

揚之水, (양지수) : 격양된 물이여,

不流束楚. (불류속초) : 묶어둔 나무를 흘려보내지 못하는구나.

彼其之子, (피기지자) : 저 사람의 자식이여,

不與我戍甫. (불여아수보) : 나와 함께 와서 보(甫)나라를 지키지 못하는
구나.

懷哉懷哉, (회재회재) : 안녕한가, 안녕한가.

曷月予還歸哉. (갈월여환귀재) : 어느 달에나 내 돌아가게 되리오.

揚之水, (양지수) : 격양된 물이여,

不流束蒲. (불류속포) : 묶어둔 풀을 흘려보내지 못하는구나.

彼其之子, (피기지자) : 저 사람의 자식이여,

不與我戍許. (불여아수허) : 나와 함께 와서 허(許)나라를 지키지 못하는
구나.

懷哉懷哉, (회재회재) : 안녕한가, 안녕한가.

曷月予還歸哉. (갈월여환귀재) : 어느 달에나 내 돌아가게 되리오.

毛序 揚之水, 刺平王也. 不撫其民, 而遠屯戍于母家, 周人怨思焉.

모서 「양지수(揚之水)」편은 평왕(平王)을 풍자한 시이다. 백성들을 어루만지지 않고 멀리 모친의 나라에 가서 주둔하며 지키게 하였으니, 주나라 사람들이 원망한 것이다.

참고 『사기(史記)』「오제본기(五帝本紀)」

원문 軒轅之時, 神農氏世衰①. 諸侯相侵伐, 暴虐百姓, 而神農氏弗能征. 於是軒轅乃習用干戈, 以征不享②, 諸侯咸來賓從. 而蚩尤最爲暴, 莫能伐③. 炎帝欲侵陵諸侯, 諸侯咸歸軒轅. 軒轅乃修德振兵④, 治五氣⑤, 藝五種⑥, 撫萬民, 度四方⑦, 敎熊羆貔貅貙虎⑧, 以與炎帝戰於阪泉之野⑨. 三戰, 然後得其志⑩. 蚩尤作亂, 不用帝命⑪. 於是黃帝乃徵師諸侯, 與蚩尤戰於涿鹿之野⑫, 遂禽殺蚩尤⑬. 而諸侯咸尊軒轅爲天子, 代神農氏, 是爲黃帝. 天下有不順者, 黃帝從而征之, 平者去之⑭, 披山通道⑮, 未嘗寧居.

번역 헌원(軒轅)의 시대에 신농씨(神農氏)의 세상이 쇠퇴하였다. 제후가 서로 침략하고 백성들에게 포악하게 굴었는데도, 신농씨는 정벌할 수 없었다. 이에 헌원은 곧 무예를 익히고 사용하여 조회를 와서 공물을 바치지 않은 제후를 정벌하니, 제후들이 모두 찾아와 복종하였다. 그러나 치우는 가장 포악하여 정벌을 할 수 없었다. 염제의 후예는 제후들을 침탈하고 업신여기려고 하여, 제후들은 모두 헌원에게 귀의했다. 헌원은 곧 덕을 닦고 병력을 정돈하고, 오기(五氣)를 다스렸으며, 다섯 종류의 곡식을 파종하고, 백성들을 어루만졌으며, 사방을 살폈고, 웅(熊)·비(羆)·비(貔)·휴(貅)·추(貙)·호(虎)를 길들여서 염제와 판천(阪泉)의 들판에서 전쟁을 벌였다. 세 차례 전쟁을 한 뒤에야 뜻한 바를 얻었다. 치우(蚩尤)가 반란을 일으키고 제왕의 명령에 따르지 않았다. 이에 황제는 제후들을 소집하고 통솔하여 치우와 탁록(涿鹿)의 들판에서 전쟁을 했고, 마침내 치우를 잡아 주살했다. 그래서 제후들은 모두들 헌원을 존숭하여 천자로 삼았고, 신농씨를 대신하도록 했으니, 황제가 되었다. 천하에 순종하지 않는 자가 있다면, 황제가 그에 따라 그들을 정벌하였고, 평정하면 곧 떠났으며, 수풀을 헤쳐서 길을 통하게 했으니, 일찍이 편안하게 가만히 머물러 있었던 적이 없었다.

集解-① 皇甫謐曰, "易稱庖犧氏沒, 神農氏作, 是爲炎帝." 班固曰, "敎民耕農, 故號曰神農."

번역 황보밀[1]이 말하길, "『역』에서는 포희씨(庖犧氏)[2]가 죽자 신농씨가 일어났다고 했는데,[3] 그는 염제(炎帝)이다."라고 했다. 반고[4]는 "백성들에게 농사짓는 방법을 가르쳤기 때문에 '신농(神農)'이라고 부른다."라고 했다.

索隱-① 世衰, 謂神農氏後代子孫道德衰薄, 非指炎帝之身, 卽班固所謂參盧, 皇甫謐所云"帝楡罔", 是也.

번역 '세쇠(世衰)'는 신농씨의 후대 자손들은 도덕이 쇠락하고 박하다는 뜻으로, 염제 자체를 가리키는 것이 아니니, 반고가 말한 '참로(參盧)'와 황보밀이 말한 '제유망(帝楡罔)'을 가리킨다.

---

1) 황보밀(皇甫謐, A.D.215~A.D.282) : 위진(魏晉) 때의 학자이다. 성(姓)은 황보(皇甫)이고, 이름은 밀(謐)인데, 초명은 정(靜)이다. 자(字)는 사안(士安)이고, 호(號)는 현안(玄晏)이다. 『고사전(高士傳)』·『연력(年歷)』·『열녀전(列女傳)』·『일사전(逸士傳)』·『제왕세기(帝王世紀)』·『현안춘추(玄晏春秋)』 등이 있다.
2) 복희(伏羲)는 곧 복희씨(宓戲氏)·복희씨(伏羲氏)포희씨(包犧氏)를 가리킨다. 전설시대에 존재했다고 전해지는 고대 제왕 중 한 명이다. 복(伏)자와 복(宓)자, 그리고 희(義)자와 희(戲)자는 음이 같아서 통용되었다. 『한서(漢書)』「고금인표(古今人表)」편에는 "太昊帝宓羲氏."라는 기록이 있는데, 이에 대한 안사고(顔師古)의 주에서는 "宓, 音伏, 字本作戲, 其音同."이라고 풀이했다.
3) 『역』「계사하(繫辭下)」: 包犧氏沒, 神農氏作, 斲木爲耜, 揉木爲耒, 耒耨之利, 以敎天下, 蓋取諸益.
4) 반고(班固, A.D.32~A.D.92) : 후한(後漢) 때의 학자이다. 자(字)는 맹견(孟堅)이다. 『한서(漢書)』를 정리하였다.

正義-① 帝王世紀云, "神農氏, 姜姓也. 母曰任姒, 有蟜氏女, 登爲少典妃, 遊華陽, 有神龍首, 感生炎帝. 人身牛首, 長於姜水. 有聖德, 以火德王, 故號炎帝. 初都陳, 又徙魯. 又曰魁隗氏, 又曰連山氏, 又曰列山氏." 括地志云, "厲山在隨州隨縣北百里, 山東有石穴. 昔神農生於厲鄕, 所謂列山氏也. 春秋時爲厲國."

번역 『제왕세기』5)에서 말하길, "신농씨는 강성(姜姓)이다. 모친은 임사(任姒)이니 유교씨(有蟜氏)의 딸이며, 소전(少典)의 부인이 되었는데, 화양(華陽)에서 노닐다가 신룡의 머리가 있는 것을 보고 감응하여 염제를 낳았다. 사람의 몸에 소의 머리를 하고 있었고, 강수(姜水)에서 성장하였다. 성인다운 덕성을 지니고 있었으며 화덕으로 제왕이 되었다. 그렇기 때문에 '염제(炎帝)'라고 부른다. 처음 진(陳)에 도읍을 세웠다가 이후 노(魯)로 옮겼다. 또한 괴외씨(魁隗氏)라고도 부르고, 연산씨(連山氏)라고도 부르며, 열산씨(列山氏)라고도 부른다."라고 했다. 『괄지지』6)에서 말하길, "여산(厲山)은 수주(隨州) 수현(隨縣)에서 북쪽으로 100리(里) 덜어진 곳으로, 산의 동쪽에 암석으로 된 동굴이 있다. 예전 신농은 여향(厲鄕)에서 태어났으므로, 열산씨라고 부르는 것이다. 춘추시대에는 여국(厲國)이라 했다."라고 했다.

索隱-② 위용간戈以征諸侯之不朝享者. 本或作亭, 亭訓直, 以征諸侯之不直者.

번역 방패와 창을 사용하여 제후들 중 조회를 와서 공물을 바치지 않은 자를 정벌했다는 뜻이다. 판본에 따라서는 '향(享)'자를 정(亭)자로도 기록

---

5) 『제왕세기(帝王世紀)』는 서진(西晉) 때의 학자인 황보밀(皇甫謐)이 지은 서적이다. 이 서적은 역대 제왕(帝王)들의 가계도와 연대에 따른 사적들을 기록하고 있다. 삼황(三皇)들이 통치했다고 전해지는 시대로부터 한(漢)나라 및 위(魏)나라의 역사를 기록하고 있는데, 현재 남아있는 『제왕세기』는 10권으로 구성되어 있다.
6) 『괄지지(括地志)』는 8권. 당대(唐代) 때의 학자인 복왕태(濮王泰) 등이 편찬한 지리서이다. 본래의 판본은 산일되어 없어졌고, 현행본은 청대(淸代) 때의 학자인 손성연(孫星衍)이 일문(逸文)을 모아 편찬한 것이다.

하는데, '정(亭)'자는 "정직하다[直]."는 뜻이다. 즉 제후들 중 정직하지 못한 자를 정벌했다는 의미이다.

集解-③ 應劭曰, "蚩尤, 古天子." 瓚曰, "孔子三朝紀曰, 蚩尤, 庶人之貪者."

번역 응소가 말하길, "치우는 고대의 천자이다."라고 했다. 신찬이 말하길, "『공자삼조기』에서는 '치우는 서인들 중 탐욕스러운 자이다.'"라고 했다.

索隱-③ 案, 此紀云"諸侯相侵伐, 蚩尤最爲暴", 則蚩尤非爲天子也. 又管子曰"蚩尤受盧山之金而作五兵", 明非庶人, 蓋諸侯號也. 劉向別錄云"孔子見魯哀公問政, 比三朝, 退而爲此記, 故曰三朝. 凡七篇, 並入大戴記". 今此注見用兵篇也.

번역 살펴보니, 이곳 「본기(本紀)」에서는 "제후가 서로 침략하였고 치우가 가장 난폭했다."라고 했으니, 치후는 천자가 아니다. 또 『관자』에서는 "치우는 노산에서 나오는 쇠를 가져다가 다섯 가지 병장기를 만들었다."[7] 라고 했으니, 서인이 아님을 나타낸다. 따라서 치우는 제후에게 붙였던 칭호였을 것이다.

正義-③ 龍魚河圖云, "黃帝攝政, 有蚩尤兄弟八十一人, 並獸身人語, 銅頭鐵額, 食沙石子, 造立兵仗刀戟大弩, 威振天下, 誅殺無道, 不慈仁. 萬民欲令黃帝行天子事, 黃帝以仁義不能禁止蚩尤, 乃仰天而歎. 天遣玄女下授黃帝兵信神符, 制伏蚩尤, 帝因使之主兵, 以制八方. 蚩尤沒後, 天下復擾亂, 黃帝遂畫蚩尤形像以威天下, 天下咸謂蚩尤不死, 八方萬邦皆爲弭服."

---

7) 『관자(管子)』「지수(地數)」: 修教十年, 而葛盧之山發而出水, 金從之, 蚩尤受而制之以爲劍鎧矛戟, 是歲相兼者諸侯九, 雍狐之山發而出水, 金從之, 蚩尤受而制之, 以爲雍狐之戟芮戈, 是歲相兼者諸侯十二, 故天下之君, 頓戟一怒, 伏尸滿野, 此見戈之本也.

山海經云, "黃帝令應龍攻蚩尤. 蚩尤請風伯·雨師以從, 大風雨. 黃帝乃下
天女曰'魃', 以止雨. 雨止, 遂殺蚩尤." 孔安國曰"九黎君號蚩尤", 是也.

번역 『용어하도』에서 말하길, "황제가 섭정을 함에, 치우에게는 형제가
81명 있었는데, 모두 짐승의 몸을 하고 있음에도 사람의 말을 했고, 동으로
된 머리와 철로 된 이마를 하고 있었고, 모래와 돌을 먹고 병장기인 칼·
창·활 등을 만들어내어, 천하에 위용을 떨쳤고, 주살함에 무도하여 무자비
하였다. 모든 백성들은 황제가 천자의 일을 시행하고자 원했는데, 황제는
인의에 따라서 치우를 금지시킬 수 없었으므로, 곧 하늘을 우러러 탄식하
게 되었다. 하늘이 현녀(玄女)를 보내 황제에게 병신신부(兵信神符)라는 신
표를 주어서 치우를 굴복시켰고 상제는 그로 하여금 병사를 주관토록 해서
팔방의 모든 나라를 복속시켰다. 치우가 죽은 이후 천하는 재차 혼란스럽
게 되었는데, 황제는 마침내 치우의 형상을 그려서 천하에 위엄을 세우자
천하가 모두 치우가 아직 죽지 않았다고 말하였으니, 팔방의 모든 나라가
순종하게 되었다."라고 했다. 『산해경』[8]에서 말하길, "황제는 응룡으로 하
여금 치우를 공격하도록 했다. 치우는 풍백과 우사에게 따르기를 청하니,
큰 바람과 비가 내렸다. 황제는 곧 천녀인 발(魃)에게 명령하여 비를 그치
게 했다. 비가 그치자 마침내 치우를 주살했다."라고 했다. 공안국이 "구려
의 군주를 치우라고 부른다."라고 한 자가 바로 이 사람이다.

正義-④ 振, 整也

번역 '진(振)'자는 정돈하다는 뜻이다.

集解-⑤ 王肅曰, 五行之氣.

---

8) 『산해경(山海經)』은 중국 고대의 지리서(地理書) 중 하나이다. 작자는 미상이
다. 총 18권으로 구성되어 있다. 본래는 32권으로 구성되어 있었는데, 유흠
(劉歆)이 정리를 하며, 재차 18권으로 편집했다고 전해지기도 한다. 각 지역
의 지형을 설명하고, 그곳의 풍속 및 전설 등의 내용들까지도 수록하고 있다.

번역 왕숙이 말하길, 오행의 기운이다.

索隱-⑤ 謂春甲乙木氣, 夏丙丁火氣之屬, 是五氣也

번역 봄에 해당하는 갑(甲)과 을(乙)의 목(木) 기운, 여름에 해당하는 병(丙)과 정(丁)의 화(火) 기운의 부류들이 오기(五氣)에 해당한다.

集解-⑥ 駰案, 蓺, 樹也. 詩云"蓺之荏菽", 周禮曰"宜五種", 鄭玄曰, "五種, 黍·稷·菽·麥·稻也."

번역 내9)가 살펴보니, '예(蓺)'자는 심는다는 뜻이다. 『시』에서는 "대두를 심는다."10)라고 했고, 『주례』에서는 "다섯 곡식의 종자에 마땅하다."11) 라고 했으며, 정현은 "다섯 곡식의 종자는 메기장[黍]·차기장[稷]·콩[菽]·보리[麥]·쌀[稻]이다."라고 했다.

索隱-⑥ 藝, 種也, 樹也. 五種卽五穀也, 音朱用反. 此注所引見詩大雅生民之篇. 爾雅云"荏菽, 戎菽"也, 郭璞曰"今之胡豆", 鄭氏曰"豆之大者", 是也.

번역 '예(藝)'자는 뿌리다는 뜻이며, 심는다는 뜻이다. '오종(五種)'은 오곡(五穀)12)을 뜻하며, 그 음은 '朱(주)'자와 '用(용)'자의 반절음이다. 이곳 주

---

9) 배인(裴駰, ?~?) : 위진남북조(魏晉南北朝) 때의 학자이다. 자(字)는 용구(龍駒)이다. 배송지(裴松之)의 아들이다. 저서로는 『사기집해(史記集解)』 등이 있다.

10) 『시』「대아(大雅)·생민(生民)」: 誕實匍匐, 克岐克嶷, 以就口食. 蓺之荏菽, 荏菽旆旆, 禾役穟穟, 麻麥幪幪, 瓜瓞唪唪.

11) 『주례』「하관(夏官)·직방씨(職方氏)」: 河南曰豫州, 其山鎭曰華山, 其澤藪曰圃田, 其川熒雒, 其浸波溠, 其利林漆絲枲, 其民二男三女, 其畜宜六擾, 其穀宜五種.

12) 오곡(五穀)은 곡식을 총칭하는 말로 사용되는데, 본래 다섯 가지 곡식을 뜻한다. 그러나 다섯 가지 곡식이 구체적으로 무엇을 가리키는지에 대해서는 이견이 많다. 『주례』「천관(天官)·질의(疾醫)」편에는 "以五味·五穀·五藥養其

석에서 인용한 말은『시』「대아(大雅)·생민(生民)」편에 나온다. 『이아』에서는 "임숙(荏菽)은 융숙(戎菽)이다."[13]라고 했고, 곽박[14]은 "오늘날의 호두(胡豆)이다."라고 했으며, 정현은 "콩 중에서도 알이 큰 것이다."라고 했다.

正義-⑥ 蓻音魚曳反. 種音腫.

번역 '蓻'자의 음은 '魚(어)'자와 '曳(예)'자의 반절음이다. '種'자의 음은 '腫(종)'이다.

集解-⑦ 王肅曰, 度四方而安撫之.

번역 왕숙[15]이 말하길, 사방을 살펴서 편안하게 어루만진다는 뜻이다.

正義-⑦ 度音徒洛反.

病."이라는 기록이 있고, 이에 대한 정현의 주에서는 "五穀, 麻·黍·稷·麥·豆也."라고 풀이했다. 즉 이 문장에서는 '오곡'을 마(麻)·메기장[黍]·차기장[稷]·보리[麥]·콩[豆]으로 설명하고 있다. 그리고『맹자』「등문공상(滕文公上)」편에는 "樹藝五穀, 五穀熟而民人育."이라는 기록이 있고, 이에 대한 조기(趙岐)의 주에서는 "五穀謂稻·黍·稷·麥·菽也."라고 풀이했다. 즉 이 문장에서는 '오곡'을 쌀[稻]·메기장[黍]·차기장[稷]·보리[麥]·대두[菽]로 설명하고 있다. 그리고『초사(楚辭)』「대초(大招)」편에는 "五穀六仞."이라는 기록이 있는데, 이에 대한 왕일(王逸)의 주에서는 "五穀, 稻·稷·麥·豆·麻也."라고 풀이했다. 즉 이 문장에서는 '오곡'을 쌀[稻]·차기장[稷]·보리[麥]·콩[豆]·마(麻)로 설명하고 있다. 이 외에도 각종 주석에 따라 해당 작물이 달라진다.

13) 『이아』「석초(釋草)」: 戎叔謂之荏菽.
14) 곽박(郭璞, A.D.276~A.D.324) : =곽경순(郭景純). 진(晉)나라 때의 학자이다. 자(字)는 경순(景純)이다. 저서로는『이아주(爾雅注)』, 『방언주(方言注)』, 『산해경주(山海經注)』 등이 있다.
15) 왕숙(王肅, A.D.195~A.D.256) : =왕자옹(王子雍). 위진남북조(魏晉南北朝) 때의 위(魏)나라 경학자이다. 자(字)는 자옹(子雍)이다. 출신지는 동해(東海)이다. 부친 왕랑(王朗)으로부터 금문학(今文學)을 공부했으나, 고문학(古文學)의 고증적인 해석을 따랐다.『상서(尙書)』, 『시경(詩經)』, 『좌전(左傳)』, 『논어(論語)』 및 삼례(三禮)에 대한 주석을 남겼다.

번역 '度'자의 음은 '徒(도)'자와 '洛(낙)'자의 반절음이다.

索隱-⑧ 書云"如虎如貔", 爾雅云"貔, 白狐", 禮曰"前有摯獸, 則載貔
貅", 是也. 爾雅又曰"貙獌似貍". 此六者猛獸, 可以敎戰. 周禮有服不氏,
掌敎擾猛獸. 卽古服牛乘馬, 亦其類也.

번역 『서』에서는 "호(虎)와 같고 비(貔)와 같다."[16]라고 했고, 『이아』에
서는 "비(貔)는 백색 여우이다."라고 했으며, 『예』에서는 "행차하는 길 앞
에 사나운 맹수들이 나타난다면, 비휴(貔貅)를 그린 깃발을 세운다."[17]라고
했다. 『이아』에서는 또한 "추만(貙獌)은 이(貍)와 유사하다."[18]라고 했다.
여기에 나온 여섯 가지 동물들은 맹수들이므로, 전쟁에 참여할 수 있도록
가르칠 수 있다. 『주례』에는 '복불씨(服不氏)'라는 관리가 포함되어 있으며,
맹수 길들이는 일을 담당한다.[19] 즉 옛날에 소를 부리고 말에 수레의 멍에
를 메었던 것[20]도 그 부류이다.

正義-⑧ 熊音雄. 羆音碑. 貅音毗. 貅音休. 貙音丑于反. 羆如熊, 黃白
色. 郭璞云, "貔, 執夷, 虎屬也." 案, 言敎士卒習戰, 以猛獸之名名之,
用威敵也.

번역 '熊'자의 음은 '雄(웅)'이다. '羆'자의 음은 '碑(비)'이다. '貅'자의 음
은 '毗(비)'이다. '貅'자의 음은 '休(휴)'이다. '貙'자의 음은 '丑(축)'자와 '于
(우)'자의 반절음이다. 비(羆)는 웅(熊)과 같은데 털이 황백색이다. 곽박은
"비(貔)는 집이(執夷)이니, 호(虎)의 부류이다."라고 했다. 살펴보니 병사들
을 가르쳐서 전투기술을 익히게 하고, 맹수의 이름으로 명명하여, 위엄을

---

16) 『서』「주서(周書)·목서(牧誓)」: 尙桓桓<u>如虎如貔</u>如熊如羆于商郊, 弗迓克奔,
　　以役西土.
17) 『예기』「곡례상(曲禮上)」【39b】: 前有摯獸, 則載貔貅.
18) 『이아』「석수(釋獸)」: 貙獌, 似貍.
19) 『주례』「하관(夏官)·복불씨(服不氏)」: 服不氏掌養猛獸而敎擾之.
20) 『역』「계사하(繫辭下)」: <u>服牛乘馬</u>, 引重致遠, 以利天下, 蓋取諸隨.

갖춰 대적하도록 한 것이다.

集解-⑨ 服虔曰, "阪泉, 地名." 皇甫謐曰, "在上谷."

번역 복건[21]이 말하길, "판천(阪泉)은 지명이다."라고 했다. 황보밀이 말하길, "상곡(上谷)에 소재한다."라고 했다.

正義-⑨ 阪音白板反. 括地志云, "阪泉, 今名黃帝泉, 在嬀州懷戎縣東五十六里. 出五里至涿鹿東北, 與涿水合. 又有涿鹿故城, 在嬀州東南五十里, 本黃帝所都也. 晉太康地里志云, '涿鹿城東一里有阪泉, 上有黃帝祠.'" 案, 阪泉之野則平野之地也.

번역 '阪'자의 음은 '白(백)'자와 '板(판)'자의 반절음이다. 『괄지지』에서 말하길, "판천(阪泉)을 지금은 황제천(黃帝泉)이라고 부르니, 규주(嬀州) 회융현(懷戎縣)에서 동쪽으로 56리(里) 떨어진 곳에 있다. 물이 기원하여 5리를 지나면 탁록(涿鹿)의 동북쪽에 이르러 탁수(涿水)와 합쳐진다. 또 탁록에는 옛 성이 있는데, 규주에서 동남쪽으로 50리 떨어진 곳이며, 본래 황제가 도읍을 정했던 곳이다. 진 태강「지리지」에서는 '탁록성에서 동쪽으로 1리 떨어진 곳에 판천이 있는데, 그곳에 황제에 대한 사당이 있다.'"라고 했다. 살펴보니, 판천의 들판은 곧 평야의 땅이다.

正義-⑩ 謂黃帝克炎帝之後.

번역 황제가 염제의 후손을 이겼다는 뜻이다.

---

21) 복건(服虔, ?~?) : 후한대(後漢代)의 유학자이다. 자(字)는 자신(子愼)이다. 초명은 중(重)이었으며, 기(祇)라고도 불렸다. 후에 이름을 건(虔)으로 고쳤다. 『춘추좌씨전(春秋左氏傳)』에 주석을 남겼지만, 산일되어 전해지지 않는다. 현재는 『좌전가복주집술(左傳賈服注輯述)』로 일집본이 편찬되었다.

正義-⑪ 言蚩尤不用黃帝之命也.

번역 치우가 황제의 명령을 따르지 않았다는 뜻이다.

集解-⑫ 服虔曰, "涿鹿, 山名, 在涿郡." 張晏曰, "涿鹿在上谷."

번역 복건이 말하길, "탁록(涿鹿)은 산의 이름이니 탁군(涿郡)에 소재한다."라고 했다. 장안이 말하길, "탁록은 상곡(上谷)에 소재한다."라고 했다.

索隱-⑫ 或作濁鹿, 古今字異耳. 案, 地理志上谷有涿鹿縣, 然則服虔云 "在涿郡"者, 誤也.

번역 '탁록(涿鹿)'은 탁록(濁鹿)이라고도 기록하는데, 고자와 금자의 차이일 따름이다. 살펴보니, 「지리지」에 나온 상곡(上谷)에는 탁록현(涿鹿縣)이 포함되어 있다. 그러므로 복건이 "탁군(涿郡)에 소재한다."라고 한 말은 잘못된 주장이다.

集解-⑬ 皇覽曰, 蚩尤冢在東平郡壽張縣闞鄉城中, 高七丈, 民常十月祀之. 有赤氣出, 如匹絳帛, 民名爲蚩尤旗. 肩髀冢在山陽郡鉅野縣重聚, 大小與闞冢等. 傳言黃帝與蚩尤戰於涿鹿之野, 黃帝殺之, 身體異處, 故別葬之.

번역 『황람』에서 말하길, 치우의 무덤은 동평군(東平郡) 수장현(壽張縣) 감향성(闞鄉城) 안에 있으며 높이는 7장(丈)이고, 백성들은 매해 10월이 되면 그에게 제사를 지냈다. 적색 기운이 나와서 마치 1필의 주홍색 비단과 같아 백성들은 치우의 깃발이라고 불렀다. 어깨와 넓적다리뼈를 묻은 것은 산양군(山陽郡) 거야현(鉅野縣) 중취(重聚)에 있는데, 크기는 감향성에 있는 무덤과 동일하다. 전문에서는 황제가 치우와 탁록의 들판에서 전쟁을 했고, 황제가 그를 주살하여 신체를 나눠 다른 곳에 묻었다고 했다. 그렇기 때문에 다른 장소에 매장한 것이다.

索隱-⑬ 案, 皇甫謐云, "黃帝使應龍殺蚩尤于凶黎之谷". 或曰, 黃帝斬蚩尤于中冀, 因名其地曰"絶轡之野". 注"皇覽", 書名也. 記先代冢墓之處, 宜皇王之省覽, 故曰皇覽. 是魏人王象・繆襲等所撰也.

번역 살펴보니, 황보밀은 "황제가 응룡을 시켜서 치우를 흉려의 계곡에서 주살했다."라고 했다. 어떤 자는 황제는 중기(中冀)에서 치우를 참수했다고 했고, 그에 따라 그 지역을 '절비(絶轡)의 들판'이라 부른다고 했다. 주에서는 '황람(皇覽)'이라고 했는데, 이것은 책의 이름이다. 이전 세대 인물의 무덤이 있는 장소를 기록하여, 제왕이 살펴보아야만 했기 때문에 '황람(皇覽)'이라고 이름을 붙였다. 이것은 위(魏)나라 때의 인물인 왕상(王象)과 무습(繆襲) 등이 편찬했다.

正義-⑭ 平服者卽去之.

번역 평정하여 복종시키면 곧바로 떠났다.

集解-⑮ 徐廣曰, 披, 他本亦作'陂'. 字蓋當音詖, 陂者旁其邊之謂也. 披語誠合今世, 然古今不必同也.

번역 서광[22]이 말하길, '피(披)'자를 다른 판본에서는 '피(陂)'자로 기록했다. 이 글자는 아마도 그 음이 '詖(피)'일 것이니, '피(陂)'는 그 측면을 뜻한다. '피(披)'자의 뜻이 지금의 의미와 부합되지만, 고자와 금자가 반드시 동일할 필요는 없다.

索隱-⑮ 披音如字, 謂披山林草木而行以通道也. 徐廣音詖, 恐稍紆也.

번역 '披'자는 글자대로 읽으니, 산림의 수풀을 개척하고 다녀 길을 통하게 했다는 뜻이다. 서광은 그 음이 '詖(피)'라고 했는데, 아마도 이보다는

---

22) 서광(徐廣, A.D.352~A.D.425): 동진(東晉) 때의 학자이다. 자(字)는 야민(野民)이다. 서막(徐邈)의 동생이다. 『진기(晉紀)』 등을 편찬했다.

우활한 해석인 것 같다.

참고 『사기(史記)』「오제본기(五帝本紀)」

원문 讙兜進言共工①, 堯曰不可而試之工師②, 共工果淫辟③. 四嶽擧鯀治鴻水, 堯以爲不可, 嶽彊請試之, 試之而無功, 故百姓不便. 三苗④在江淮·荊州⑤數爲亂. 於是舜歸而言於帝, 請流共工於幽陵⑥, 以變北狄⑦; 放驩兜於崇山⑧, 以變南蠻; 遷三苗於三危⑨, 以變西戎; 殛鯀於羽山⑩, 以變東夷. 四罪而天下咸服.

번역 환두(讙兜)가 공공(共工)을 천거하자 요임금은 불가하다고 말했으나 시험 삼아 공사(工師)라는 관직을 맡겼는데, 공공은 결국 음란하고 사벽했다. 사악(四嶽)은 곤(鯀)을 천거하여 홍수를 다스리도록 했는데, 요임금은 불가하다고 여겼다. 그러나 사악이 간곡하게 시험해보길 청하여, 그에게 시험 삼아 그 일을 맡겼지만 공을 세우지 못했기 때문에 백성들이 불편하게 되었다. 삼묘(三苗)가 강수(江水)·회수(淮水) 및 형주(荊州)에서 수차례 반란을 일으켰다. 이에 순임금이 되돌아와 요임금에게 간언을 올리며, 유릉(幽陵)에 공공을 유배 보내어 북적(北狄)을 변화토록 청했고, 숭산(崇山)에 환두를 내쳐서 남만(南蠻)를 변화토록 청했으며, 삼위(三危)에 삼묘를 옮겨가게 해서 서융(西戎)을 변화토록 청했고, 우산(羽山)에서 곤을 사형시킴으로써 동이(東夷)를 변화토록 청했다. 따라서 네 차례 죄를 벌함으로써 천하가 모두 수복하게 되었다.

正義-① 讙兜, 渾沌也. 共工, 窮奇也. 鯀, 檮杌也. 三苗, 饕餮也. 左傳云"舜臣堯, 流四凶, 投諸四裔, 以禦魑魅"也.

번역 '환두(讙兜)'는 혼돈(渾沌)이다. '공공(共工)'은 궁기(窮奇)이다. '곤(鯀)'은 도올(檮杌)이다. '삼묘(三苗)'는 도철(饕餮)이다. 『좌전』에서는 "순임금이 요임금의 신하가 되어 사흉(四凶)[23]을 유배하고, 네 변방으로 보내서 이매(魑魅)라는 괴물을 막게 했다."24)라고 했다.

正義-② 工師, 若今大匠卿也.

번역 '공사(工師)'는 오늘날의 대장경(大匠卿)과 같은 관직이다.

正義-③ 匹亦反.

번역 '辟'자의 음은 '匹(필)'자와 '亦(역)'자의 반절음이다.

集解-④ 馬融曰, 國名也.

번역 마융25)이 말하길, '삼묘(三苗)'는 국가 이름이다.

---

23) 사흉(四凶)은 요순(堯舜)시대 때 악명(惡名)을 떨쳤던 네 부족의 수장들을 뜻한다. 다만 네 명의 수장들에 대해서는 이견(異見)이 있는데,『춘추좌씨전』「문공(文公) 18년」편에서는 "舜臣堯, 賓于四門, 流四凶族, 渾敦・窮奇・檮杌・饕餮, 投諸四裔, 以禦魑魅."라고 하여, '사흉'을 혼돈(渾敦)・궁기(窮奇)・도올(檮杌)・도철(饕餮)이라고 하였다. 한편『서』「우서(虞書)・순전(舜典)」편에서는 "流共工于幽洲, 放驩兜于崇山, 竄三苗于三危, 殛鯀于羽山. 四罪而天下咸服."이라고 하여, '사흉'을 공공(共工)・환두(驩兜)・삼묘(三苗)・곤(鯀)이라고 하였다. 이 문제에 대해 채침(蔡沈)』의『집전(集傳)』에서는 "春秋傳所記四凶之名與此不同, 說者以窮奇爲共工, 渾敦爲驩兜, 饕餮爲三苗, 檮杌爲鯀, 不知其果然否也."라고 하였다. 즉『춘추좌씨전』과『서』에서 설명하는 '사흉'의 이름이 다른데, 어떤 자들은 궁기(窮奇)를 공공(共工)으로 여기고, 혼돈(渾敦)을 환두(驩兜)라고 여기며, 도철(饕餮)을 삼묘(三苗)라고 여기고, 도올(檮杌)을 곤(鯀)으로 여기기도 하는데, 이 말이 맞는지에 대해서는 확신할 수 없다는 뜻이다.
24)『춘추좌씨전』「문공(文公) 18년」: 舜臣堯, 賓于四門, 流四凶族, 渾敦・窮奇・檮杌・饕餮, 投諸四裔, 以禦魑魅.
25) 마융(馬融, A.D.79 ~ A.D.166) : =마계장(馬季長). 후한대(後漢代)의 경학자(經學者)이다. 자(字)는 계장(季長)이며, 마속(馬續)의 동생이다. 고문경학(古文經學)을 연구하였으며,『주역(周易)』,『상서(尙書)』,『모시(毛詩)』,『논어(論語)』,『효경(孝經)』 등을 두루 주석하고,『노자(老子)』,『회남자(淮南子)』 등도 주석하였지만 현재 전해지지 않는다.

正義-④ 左傳云, 自古諸侯不用王命, 虞有三苗, 夏有觀扈. 孔安國云, "縉雲氏之後爲諸侯, 號饕餮也." 吳起云, "三苗之國, 左洞庭而右彭蠡." 案, 洞庭, 湖名, 在岳州巴陵西南一里, 南與靑草湖連. 彭蠡, 湖名, 在江州潯陽縣東南五十二里. 以天子在北, 故洞庭在西爲左, 彭蠡在東爲右. 今江州·鄂州·岳州, 三苗之地也.

번역 『좌전』에서는 "자고로 제후들 중 천자의 명령을 따르지 않았던 자들이 있었으니, 우 때에는 삼묘가 있었고, 하나라 때에는 관(觀)과 호(扈)가 있었다."[26]고 했다. 공안국은 "진운씨(縉雲氏)의 후예 중 제후가 된 자를 도철(饕餮)이라고 불렀다."라고 했다. 오기가 말하길, "삼묘의 나라는 동정(洞庭)에 있고 팽려(彭蠡)를 우측에 두고 있다."라고 했다. 살펴보니, '동정(洞庭)'은 호수 이름으로, 악주(岳州) 파릉(巴陵)에서 서남쪽으로 1리(里) 떨어진 곳에 있고, 남쪽으로 청초호(靑草湖)와 연결되어 있다. '팽려(彭蠡)'는 호수 이름으로, 강주(江州) 심양현(潯陽縣) 동남쪽으로 52리 떨어진 곳에 있다. 천자가 있는 곳이 북쪽에 해당하므로, 동정이 서쪽에 있는 것을 좌측으로 여겼고, 평려가 동쪽에 있는 것을 우측으로 여겼다. 현재 강주(江州)·악주(鄂州)·악주(岳州)의 지역이 바로 삼묘가 차지했던 땅이다.

正義-⑤ 淮, 讀曰匯, 音胡罪反, 今彭蠡湖也. 本屬荊州. 尙書云"南入于江, 東匯澤爲彭蠡", 是也.

번역 '淮'자는 '匯'자로 풀이하니, 그 음은 '胡(호)'자와 '罪(죄)'자의 반절음이며, 지금의 팽려호(彭蠡湖)에 해당한다. 본래는 형주(荊州)에 속해 있었다. 『서』에서는 "남쪽으로 강수(江水)로 들어가며, 동쪽으로 돌아나가 호수를 이루니 팽려(彭蠡)가 된다."[27]라고 했다.

---

26) 『춘추좌씨전』「소공(昭公) 1년」: 王·伯之令也, 引其封疆, 而樹之官, 擧之表旗, 而著之制令, 過則有刑, 猶不可壹. 於是乎虞有三苗, 夏有觀·扈, 商有姺·邳, 周有徐·奄.

27) 『서』「하서(夏書)·우공(禹貢)」: 過三澨, 至于大別, 南入于江, 東匯澤爲彭蠡, 東爲北江, 入于海.

集解-⑥ 馬融曰, 北裔也.

번역 마융이 말하길, 북쪽 변경이다.

正義-⑥ 尚書及大戴禮皆作"幽州". 括地志云, "故龔城在檀州燕樂縣界. 故老傳云舜流共工幽州, 居此城." 神異經云, "西北荒有人焉, 人面, 朱髮, 蛇身, 人手足, 而食五穀禽獸, 頑愚, 名曰共工."

번역 『서』[28] 및 『대대례기』[29]에서는 모두 '유릉(幽陵)'을 '유주(幽州)'로 기록했다. 『괄지지』에서는 "옛 공성(龔城)은 단주(檀州) 연락현(燕樂縣) 경계지점에 있다. 그렇기 때문에 이전부터 순임금이 공공을 유주로 유배 보냈다고 전해지는데, 바로 이 성에 머물도록 한 것이다."라고 했다. 『신이경』에서는 "서북쪽 변경에는 어떤 자들이 있으니, 사람의 얼굴을 하고 있고 붉은 머리카락이 나며 몸통은 뱀이고 사람의 손과 발이 달려 있고, 오곡과 짐승들을 잡아먹는데, 거만하고 어리석어서 '공공(共工)'이라고 부른다."라고 했다.

集解-⑦ 徐廣曰, 變, 一作燮.

번역 서광이 말하길, '변(變)'자를 다른 판본에서는 '섭(燮)'자로 기록하기도 한다.

索隱-⑦ 變謂變其形及衣服, 同於夷狄也. 徐廣云作燮. 燮, 和也.

번역 '변(變)'자는 형체와 의복을 바꾼다는 뜻으로, 오랑캐와 동화되도록 한다는 의미이다. 서광은 '섭(燮)'자로도 기록한다고 했다. '섭(燮)'자는 조화롭다는 뜻이다.

---

28) 『서』「우서(虞書)・순전(舜典)」: 流共工于幽洲, 放驩兜于崇山, 竄三苗于三危, 殛鯀于羽山.
29) 『대대례기(大戴禮記)』「오제덕(五帝德)」: 流共工於幽州, 以變北狄; 放驩兜于崇山, 以變南蠻; 殺三苗于三危, 以變西戎; 殛鯀于羽山, 以變東夷.

正義-⑦ 言四凶流四裔, 各於四夷放共工等爲中國之風俗也.

번역 사흉을 네 변경지역에 유배 보냈다는 뜻으로, 네 오랑캐들에게 공공 등을 보내서 중국의 풍속을 따르도록 했다는 의미이다.

集解-⑧ 馬融曰, 南裔也.

번역 마융이 말하길, 남쪽 변경지역을 뜻한다.

正義-⑧ 神異經云, 南方荒中有人焉, 人面鳥喙而有翼, 兩手足扶翼而行, 食海中魚, 爲人很惡, 不畏風雨禽獸, 犯死乃休, 名曰驩兜也.

번역 『신이경』에서 말하길, 남쪽 변경에는 어떤 자들이 있으니, 사람의 얼굴에 새의 부리를 하며 날개가 달려 있고, 두 팔과 다리는 날개를 도와서 움직이며, 바다에서 물고기를 잡아먹고 난폭하고 사나우며 비바람이나 짐승들을 두려워하지 않고, 싸움에 있어서는 목숨을 잃은 뒤에야 그만두니, '환두(驩兜)'라고 부른다.

集解-⑨ 馬融曰, 西裔也.

번역 마융이 말하길, 서쪽 변경지역을 뜻한다.

正義-⑨ 括地志云, "三危山有三峰, 故曰三危, 俗亦名卑羽山, 在沙州敦煌縣東南三十里." 神異經云, "西荒中有人焉, 面目手足皆人形, 而脅下有翼不能飛, 爲人饕餮, 淫逸無理, 名曰苗民." 又山海經云大荒北經"黑水之北, 有人有翼, 名曰苗民"也.

번역 『괄지지』에서 말하길, "삼위산(三危山)에는 세 개의 봉우리가 있기 때문에 '삼위(三危)'라고 부르며, 세속에서는 또한 '비우산(卑羽山)'이라고도 부르는데, 사주(沙州) 돈황현(敦煌縣) 동남쪽으로 30리(里) 떨어진 곳에 있다."라고 했다.『신이경』에서 말하길, "서쪽 변경에는 어떤 자들이 있으니, 얼굴・눈・손・발은 모두 사람의 형상을 가지고 있으나 겨드랑이 밑에 날개가 있지만 날 수는 없고, 몹시 탐욕스럽고 제멋대로 행동하며 질서가 없어서 '묘민(苗民)'이라고 부른다."라고 했다. 또『산해경』에서는 「대황북경(大荒北經)」편에서 "흑수(黑水)의 북쪽에 날개를 가진 사람이 있으니 '묘민(苗民)'이라고 부른다."라고 했다.

集解-⑩ 馬融曰, 殛, 誅也. 羽山, 東裔也.

번역 마융이 말하길, '극(殛)'자는 주살한다는 뜻이다. '우산(羽山)'은 동쪽 변경지역을 뜻한다.

正義-⑩ 殛音紀力反. 孔安國云, "殛, 竄, 放, 流, 皆誅也." 括地志云, "羽山在沂州臨沂縣界." 神異經云, "東方有人焉, 人形而身多毛, 自解水土, 知通塞, 爲人自用, 欲爲欲息, 皆曰云是鯀也."

번역 '殛'자의 음은 '紀(기)'자와 '力(력)'자의 반절음이다. 공안국은 "극(殛)・찬(竄)・방(放)・유(流)는 모두 주살한다는 뜻이다."라고 했다.『괄지지』에서 말하길, "우산(羽山)은 기주(沂州) 임기현(臨沂縣) 경계지점에 있다."라고 했다.『신이경』에서 말하길, "동쪽 변경에는 어떤 자들이 있으니, 사람의 형상을 하고 있으나 몸에는 털이 많고 물과 땅을 넘나들며 통하고 막히는 것을 아는데 제멋대로 하며 욕심을 채워야만 그치기 때문에 '곤(鯀)'이라고 부른다."라고 했다.

참고 『사기(史記)』「오제본기(五帝本紀)」

원문 昔帝鴻氏有不才子①, 掩義隱賊, 好行凶慝, 天下謂之渾沌②. 少皥氏③有不才子, 毀信惡忠, 崇飾惡言, 天下謂之窮奇④. 顓頊氏有不才子, 不可教

訓, 不知話言, 天下謂之檮杌⑤. 此三族世憂之, 至于堯, 堯未能去. 縉雲氏⑥有 不才子, 貪于飮食, 冒于貨賄, 天下謂之饕餮⑦. 天下惡之, 比之三凶⑧. 舜賓於 四門⑨, 乃流四凶族, 遷于四裔⑩, 以御螭魅⑪, 於是四門辟, 言毋凶人也.

번역 예전 제홍씨(帝鴻氏)에게는 자질이 나쁜 자손이 있었는데, 도의를 가리고 은밀히 도적질을 하며, 흉악한 짓 행하는 것을 즐겨서, 천하 사람들은 그를 '혼돈(渾沌)'이라고 불렀다. 소호씨(少皞氏)에게는 자질이 나쁜 자손이 있었는데, 신의를 훼손하고 충심을 미워하며 나쁜 말을 수식하는데 치중하여, 천하 사람들은 그를 '궁기(窮奇)'라고 불렀다. 전욱씨(顓頊氏)에게는 자질이 나쁜 자손이 있었는데, 가르칠 수 없고 말을 알아듣지 못해서, 천하 사람들은 그를 '도올(檮杌)'이라고 불렀다. 이러한 세 부족은 대대로 근심거리가 되어 요임금 때까지 이르렀는데, 요임금도 그들을 제거할 수 없었다. 진운씨(縉雲氏)에게는 자질이 나쁜 자손이 있었는데, 음식을 탐하고 재화를 탐내어 천하 사람들은 그를 '도철(饕餮)'이라고 불렀다. 천하 사람들은 그를 미워하여 삼흉(三凶)에 견주었다. 순임금은 사방의 문에서 현자들을 예우하고, 곧 네 흉악한 부족을 유배하여 사방의 변경으로 옮겼고, 이로써 이매(螭魅)를 막았으니, 이에 사방의 문이 열려서 흉악한 자들이 없어졌다고 말한다.

集解-① 賈逵曰, 帝鴻, 黃帝也. 不才子, 其苗裔讙兜也.

번역 가규[30]가 말하길, '제홍(帝鴻)'은 황제(黃帝)를 뜻한다. 자질이 나쁜 자손은 후대의 자손인 환두(讙兜)를 뜻한다.

正義-② 慝, 惡也. 一本云"天下之民, 謂之渾沌". 渾沌卽讙兜也. 言掩義事,

---

30) 가규(賈逵, A.D.30~A.D.101) : 후한(後漢) 때의 경학자이다. 자(字)는 경백(景伯)이다. 『춘추좌씨전해고(春秋左氏傳解詁)』를 지었지만, 현재 일실되어 존재하지 않는다. 청대(淸代) 마국한(馬國翰)의 『옥함산방집일서(玉函山房輯佚書)』와 황석(黃奭)의 『한학당총서(漢學堂叢書)』에 일집본(佚輯本)이 남아 있다.

陰爲賊害, 而好凶惡, 故謂之渾沌也. 杜預云, "渾沌, 不開通之貌." 神異經云, "崑崙西有獸焉, 其狀如犬, 長毛, 四足, 似羆而無爪, 有目而不見, 行不開, 有兩耳而不聞, 有人知性, 有腹無五藏, 有腸直而不旋, 食徑過. 人有德行而往抵觸之, 有凶德則往依憑之. 名渾沌." 又莊子云, "南海之帝爲儵, 北海之帝爲忽, 中央之帝爲渾沌. 儵·忽乃相遇於渾沌之地, 渾沌待之甚善. 儵與忽謀欲報渾沌之德, 曰, '人皆有七竅以視聽食息, 此獨無有, 嘗試鑿之.' 日鑿一竅, 七日而渾沌死." 案, 言讙兜性似, 故號之也.

번역 '특(慝)'자는 악함을 뜻한다. 다른 판본에서는 "천하의 백성들은 그를 혼돈(渾沌)이라고 불렀다."라고 했다. '혼돈(渾沌)'은 곧 환두(讙兜)를 뜻한다. 의로운 일을 가리고 은밀히 도적질을 하며 해악을 끼치고, 흉악한 일을 좋아했기 때문에 '혼돈(渾沌)'이라고 부른 것이다. 두예[31]는 "혼돈(渾沌)은 열리거나 통하지 않은 모습을 뜻한다."라고 했다. 『신이경』에서는 "곤륜(崑崙)의 서쪽에는 짐승이 있으니, 그 모습은 개와 같지만 털이 길고 네 발이 있으며 큰곰과 비슷하지만 손톱이 없고, 눈이 있지만 볼 수 없으며 행동을 예측할 수 없으며 두 귀가 있지만 듣지 못하고 사람과 같은 지성이 있으며 배가 있지만 다섯 장기가 없고 창자가 곧게 뻗어서 구불구불하지 않아 음식을 먹으면 곧바로 배설한다. 어떤 자가 덕행을 가지고 있다면 찾아가서 들이받고 흉악한 덕을 가지고 있다면 찾아가서 의지한다. 이러한 동물을 '혼돈(渾沌)'이라고 부른다."라고 했다. 또 『장자』에서는 "남해의 제왕은 숙(儵)이고, 북해의 제왕은 홀(忽)이며, 중앙의 제왕은 혼돈(渾沌)이다. 숙과 홀은 혼돈이 다스리는 땅에서 만나보았는데, 혼돈이 그들을 극진하게 대접했다. 숙과 홀은 혼돈의 덕에 보답하고자 계획을 했고, '사람들은 모두 일곱 개의 구멍을 가지고 있어서 보고 들으며 먹고 숨 쉬는데, 혼돈만이 이러한 것이 없으니, 시험 삼아 구멍을 뚫어보자.'라고 했다. 날마다 하나의 구멍을

---

31) 두예(杜預, A.D.222~A.D.284) : =두원개(杜元凱). 서진(西晉) 때의 유학자이다. 경조(京兆) 두릉(杜陵) 출신이다. 자(字)는 원개(元凱)이다. 『춘추경전집해(春秋經典集解)』를 저술하였는데, 이 책은 현존하는 『춘추(春秋)』의 주석서 중 가장 오래된 것이며, 『십삼경주소(十三經注疏)』의 『춘추좌씨전정의(春秋左氏傳正義)』에도 채택되어 수록되었다.

뚫었는데, 칠일이 되자 혼돈이 죽었다."32)라고 했다. 살펴보니 환두(驩兜)의 성품이 이와 유사하기 때문에 '혼돈(渾沌)'이라고 부른 것이다.

集解-③ 服虔曰, 金天氏帝號.

번역 복건이 말하길, '소호씨(少皞氏)'는 금천씨(金天氏)가 제왕이었을 때의 호칭이다.

集解-④ 服虔曰, 謂共工氏也. 其行窮而好奇.
번역 복건이 말하길, '궁기(窮奇)'는 공공씨(共工氏)를 뜻한다. 행동이 궁색하고 기이한 것을 좋아했기 때문이다.

正義-④ 謂共工. 言毀敗信行, 惡其忠直, 有惡言語, 高粉飾之, 故謂之窮奇. 案, 常行終必窮極, 好諂諛奇異於人也. 神異經云, "西北有獸, 其狀似虎, 有翼能飛, 便勦食人, 知人言語, 聞人鬥輒食直者, 聞人忠信輒食其鼻, 聞人惡逆不善輒殺獸往饋之, 名曰窮奇." 案, 言共工性似, 故號之也.

번역 '공공(共工)'을 뜻한다. 신의로운 행실을 훼손시키고 충직함을 싫어하여 말을 나쁘게 했음에도 그 말을 잘 포장하였기 때문에 '궁기(窮奇)'라고 부른다. 살펴보니 일상적인 행실을 끝내 다하여 남에 대해 헐뜯고 기이하게 여기기를 좋아했다. 『신이경』에서는 "서북쪽에는 짐승이 있으니, 그 모습은 호랑이와 유사하지만 날개가 있어서 날 수 있었으며 날아다니며 사람을 잡아먹기에 편리했고, 사람의 말을 알아들어서 사람들이 다투는 소리를 듣게 되면 정직한 사람을 잡아먹고 어떤 자가 충직과 신의를 갖췄다는 소식을 듣게 되면 그 사람의 코를 베어 먹었으며 어떤 자가 흉악하고 불선하다는 소식을 듣게 되면 짐승을 잡아다가 그에게 선물로 주었기 때문

---

32) 『장자(莊子)』「응제왕(應帝王)」 : 南海之帝爲儵, 北海之帝爲忽, 中央之帝爲渾沌. 儵與忽時相遇於渾沌之地, 渾沌待之甚善. 儵與忽謀報渾沌之德, 曰, "人皆有七竅以視聽食息, 此獨無有, 嘗試鑿之." 日鑿一竅, 七日而渾沌死.

에 '궁기(窮奇)'라고 부른다."라고 했다. 살펴보니, 공공의 성품이 이와 유사하기 때문에 '궁기(窮奇)'라고 부른 것이다.

集解-⑤ 賈逵曰, 檮杌, 頑凶無疇匹之貌, 謂鯀也.

번역 가규가 말하길, '도올(檮杌)'은 아둔하고 흉악하여 따르는 것이 없는 모습을 뜻하니, '곤(鯀)'을 의미한다.

正義-⑤ 檮音道刀反. 杌音五骨反. 謂鯀也. 凶頑不可教訓, 不從詔令, 故謂之檮杌. 案, 言無疇匹, 言自縱恣也. 神異經云, "西方荒中有獸焉, 其狀如虎而大, 毛長二尺, 人面, 虎足, 豬口牙, 尾長一丈八尺, 攪亂荒中, 名檮杌. 一名傲很, 一名難訓." 案, 言鯀性似, 故號之也.

번역 '檮'자의 음은 '道(도)'자와 '刀(도)'자의 반절음이다. '杌'자의 음은 '五(오)'자와 '骨(골)'자의 반절음이다. '곤(鯀)'을 뜻한다. 흉악하고 아둔하여 가르칠 수 없으며 명령에 따르지 않았기 때문에 '도올(檮杌)'이라고 부른다. 살펴보니, 따르는 것이 없다고 했는데, 제멋대로 행동한다는 의미이다. 『신이경』에서는 "서쪽 변경에 짐승이 있으니, 그 모습은 호랑이와 같지만 보다 크고 털의 길이는 2척(尺)이며 사람의 얼굴을 하고 있고 호랑이의 발과 돼지의 입과 어금니를 가지고 있으며 꼬리의 길이는 1장(丈) 8척이고 서쪽 변경을 혼란스럽게 했으므로 '도올(檮杌)'이라고 부른다. 다른 이름은 '오흔(傲很)' 또는 '난훈(難訓)'이다."라고 했다. 살펴보니, 곤(鯀)의 성품이 이와 유사하기 때문에 '도올(檮杌)'이라고 부른 것이다.

集解-⑥ 賈逵曰, 縉雲氏, 姜姓也, 炎帝之苗裔, 當黃帝時任縉雲之官也.

번역 가규가 말하길, 진운씨(縉雲氏)는 강성(姜姓)으로 염제(炎帝)의 후대 자손이니, 황제 때에는 진운(縉雲)이라는 관직을 맡았다.

正義-⑥ 今括州縉雲縣, 蓋其所封也. 字書云縉, 赤繒也.

번역 지금의 괄주(括州) 진운현(縉雲縣)이 아마도 그가 받은 봉지였을 것이다. 『자서』에서는 '진(縉)'은 적색의 비단이라고 했다.

正義-⑦ 謂三苗也. 言貪飲食, 冒貨賄, 故謂之饕餮. 神異經云, "西南有人焉, 身多毛, 頭上戴豕, 性很惡, 好息, 積財而不用, 善奪人穀物. 强者奪老弱者, 畏群而擊單, 名饕餮." 言三苗性似, 故號之.

번역 '도철(饕餮)'은 삼묘(三苗)를 뜻한다. 음식을 탐하고 재물을 탐냈기 때문에 '도철(饕餮)'이라고 부른다는 뜻이다. 『신이경』에서는 "서남쪽에는 어떤 자들이 있으니, 몸에는 많은 털이 났고 머리에는 돼지를 쓰고 성품이 다투길 좋아하고 흉악하며 증식하길 좋아하여 재물을 쌓아두기만 하고 쓰지 않고 남의 곡식이나 물건을 잘 빼앗았다. 강성한 자가 노약한 자의 것을 빼앗고 무리를 이룬 집단은 두려워하며 홀로 있는 자만을 공격하기 때문에 '도철(饕餮)'이라고 부른다."라고 했다. 삼묘의 성품이 이와 유사하기 때문에 '도철(饕餮)'이라고 부른 것이다.

集解-⑧ 杜預曰, 非帝子孫, 故別之以比三凶也.

번역 두예가 말하길, 제왕의 자손들이 아니기 때문이 그들을 구별하여 삼흉(三凶)에 견준 것이다.

正義-⑧ 此以上四處皆左傳文. 或本有並文次相類四凶, 故書之, 恐本錯脫耳.

번역 이상의 네 구문은 모두 『좌전』의 기록이다.[33] 다른 판본에는 이

---

33) 『춘추좌씨전』「문공(文公) 18년」: 昔帝鴻氏有不才子, 掩義隱賊, 好行凶德; 醜類惡物. 頑嚚不友, 是與比周, 天下之民謂之渾敦. 少皞氏有不才子, 毀信廢忠, 崇飾惡言; 靖譖庸回, 服讒蒐慝, 以誣盛德, 天下之民謂之窮奇. 顓頊氏有不才子,

네 구문이 서로 비슷하여 사흉(四凶)이 된다고 여겨서 이처럼 기록한 것도 있는데, 아마도 착간이 되었을 것이다.

正義-⑨ 杜預云, 闢四門, 達四聰, 以賓禮衆賢也.

번역 두예가 말하길, 사방의 문을 열고 사방의 말들을 들어서 여러 현자들을 빈객의 예법으로 대우한 것이다.

集解-⑩ 賈逵曰, 四裔之地, 去王城四千里.

번역 가규가 말하길, 사방 변경 지역은 왕성으로부터 4,000리(里) 떨어진 곳이다.

集解-⑪ 服虔曰, 螭魅, 人面獸身, 四足, 好惑人, 山林異氣所生, 以爲人害.

번역 복건이 말하길, '이매(螭魅)'는 사람의 얼굴에 짐승의 몸을 하고 있으며 네 발을 가지고 있고 사람을 미혹시키길 좋아하며 산림의 기이한 기운으로 출생하여 사람들에게 해악을 주었다.

正義-⑪ 御音魚呂反. 螭音丑知反. 魅音媚. 案, 御魑魅, 恐更有邪諂之人, 故流放四凶以禦之也. 故下云無凶人也.

번역 '御'자의 음은 '魚(어)'자와 '呂(려)'자의 반절음이다. '螭'자의 음은 '丑(축)'자와 '知(지)'자의 반절음이다. '魅'자의 음은 '媚(미)'이다. 살펴보니, 이매(螭魅)를 막는다는 것은 아마도 사벽하거나 남을 헐뜯는 자들이 있었기 때문에, 사흉을 유배하여 그들을 막게 했던 것이다. 그렇기 때문에 아래

不可敎訓, 不知話言; 告之則頑, 舍之則嚚, 傲很明德, 以亂天常, 天下之民謂之檮杌. 此三族也, 世濟其凶, 增其惡名, 以至于堯, 堯不能去. 縉雲氏有不才子, 貪于飮食, 冒于貨賄, 侵欲崇侈, 不可盈厭, 聚斂積實, 不知紀極, 不分孤寡, 不恤窮匱, 天下之民以比三凶, 謂之饕餮.

문장에서 흉악한 자들이 없었다고 했다.

참고 『사기(史記)』「오제본기(五帝本紀)」

원문　三歲一考功, 三考絀陟, 遠近衆功咸興. 分北三苗.

번역　3년마다 한 차례 공적을 살피고 세 차례 살펴서 내치거나 승진시키니, 모든 관리들의 공적이 흥성하게 되었다. 삼묘(三苗)를 나눠서 유배시켰다.

集解-①　鄭玄曰, 所竄三苗爲西裔諸侯者猶爲惡, 乃復分析流之.

번역　정현이 말하길, 삼묘는 내쳐져서 사방 변경지역의 제후가 되었는데, 그들은 여전히 악행을 저질렀으므로, 곧 그들을 다시 나눠서 유배시킨 것이다.

참고 『국어(國語)』「초어하(楚語下)」

원문　及少皞之衰也, 九黎亂德①, 民神雜糅, 不可方物②. 夫人作享, 家爲巫史③, 無有要質④. 民匱於祀, 而不知其福⑤. 烝享無度, 民神同位. 民瀆齊盟, 無有嚴威⑥. 神狎民則, 不蠲其爲⑦. 嘉生不降, 無物以享. 禍災薦臻, 莫盡其氣⑧. 顓頊受之⑨, 乃命南正重司天以屬神⑩, 命火正黎司地以屬民⑪, 使復舊常, 無相侵瀆⑫, 是謂絶地天通⑬.

번역　소호(少皞)가 쇠락했을 때 구려(九黎)가 덕을 문란하게 하여, 백성과 신이 어지럽게 뒤섞여 명칭을 구별할 수 없었다. 사람마다 제사를 지내며 집집마다 무(巫)와 사(史)를 맡아서 맹약의 성실함이 없었다. 백성들은 제사를 부실하게 지내서 복을 받지 못했다. 제사를 지냄에 법도가 없고 사람과 신의 자리가 동일하게 되었다. 백성들은 동맹을 함부로 해서 공경함과 외경함이 없었다. 신도 사람들의 법칙에 익숙해져서 행하는 바를 정결하게 하지 않았다. 복이 내려오지 않았고, 제물을 바쳐 제사를 지냄도 없어졌다. 재앙이 거듭 내려서 생명의 기운을 다하지 못했다. 전욱(顓頊)이 그 뒤를 이어받자 곧 남정(南正)의 관직을 맡았던 중(重)에게 명령하여 하늘을 담당하게 해서 신을 규합하여 질서를 정했고, 화정(火正)의 관직을 맡았던 여(黎)에게 명령하여 땅을 담당하게 해서 백성들을 규합하게 하여, 옛 상도(常道)를 회복시켜 서로 침범하지 못하도록 했으니, 이것이 바로 하늘과 땅의 통함이 끊어졌다는 뜻이다.

韋注-① 少皡, 黃帝之子金天氏也. 九黎, 黎氏九人, 蚩尤之徒也.

번역 '소호(少皡)'는 황제(黃帝)의 자식인 금천씨(金天氏)[34]이다. '구려(九黎)'는 여씨(黎氏)의 아홉 사람으로, 치우(蚩尤)의 무리이다.

韋注-② 同位故雜糅. 方, 猶別也. 物, 名也.

번역 자리를 동일하게 했기 때문에 뒤섞인 것이다. '방(方)'자는 구별하다는 뜻이다. '물(物)'자는 명칭을 뜻한다.

韋注-③ 夫人, 人人也. 享, 祀也. 巫, 主接神. 史, 次位序. 言人人自爲之.

---

34) 금천씨(金天氏)는 소호(少皡: =少昊)의 별칭이다. 『춘추좌씨전』「소공(昭公) 1년」편에는 "昔金天氏有裔子曰昧, 爲玄冥師."라는 기록이 있는데, 이에 대한 두예(杜預)의 주에서는 "金天氏, 帝少昊."라고 풀이했다. '소호'는 오행(五行) 중 금덕(金德)을 통해 제왕에 올랐기 때문에, '금천(金天)'이라는 칭호가 붙게 되었다. 『한서(漢書)』「고금인표(古今人表)」편에는 "上上聖人, 少昊帝, 金天氏."라는 기록이 있는데, 이에 대한 안사고(顏師古)의 주에서는 장안(張晏)의 주장을 인용하여, "以金德王, 故號曰金天."이라고 풀이했다. '소호'는 고대 동이족의 제왕으로, 황제(黃帝)의 아들이었다고도 전해진다. 이름은 지(摯)인데, 질(質)이었다고도 한다. 새의 이름으로 관직명을 지었다고 전해지며, 사후에는 서방(西方)의 신(神)이 되었다고 전해진다. 『춘추좌씨전』「소공(昭公) 17년」편에는 "郯子曰 我高祖少皡摯之立也, 鳳鳥適至, 故紀於鳥, 爲鳥師而鳥名."이라는 기록이 있는데, 이에 대한 두예(杜預)의 주에서는 "少皡, 金天氏, 黃帝之子, 己姓之祖也."라고 풀이했다.

번역 '부인(夫人)'은 사람마다를 뜻한다. '향(享)'자는 제사를 지낸다는 뜻이다. '무(巫)'는 접신하는 일을 주관한다. '사(史)'는 자리의 질서를 정한다. 사람마다 제 스스로 이러한 일들을 시행했다는 뜻이다.

韋注-④ 質, 誠也.

번역 '질(質)'자는 성실함을 뜻한다.

韋注-⑤ 言民困匱於祭祀, 而不獲其福.

번역 백성들은 제사를 부실하게 지내서 복을 받지 못했다는 뜻이다.

韋注-⑥ 齊, 同也. 嚴, 敬也. 威, 畏也.

번역 '제(齊)'자는 동일하다는 뜻이다. '엄(嚴)'자는 공경하다는 뜻이다. '위(威)'자는 외경한다는 뜻이다.

韋注-⑦ 狎, 習也. 則, 法也. 蠲, 絜也. 其爲, 所爲也.

번역 '압(狎)'자는 익숙하다는 뜻이다. '칙(則)'자는 법칙을 뜻한다. '견(蠲)'자는 청결하다는 뜻이다. '기위(其爲)'는 행한 바를 뜻한다.

韋注-⑧ 薦, 重也. 臻, 至也. 氣, 受命之氣也.

번역 '천(薦)'자는 거듭된다는 뜻이다. '진(臻)'자는 이른다는 뜻이다. '기(氣)'는 생명을 부여받을 때의 기운을 뜻한다.

韋注-⑨ 少皞氏歿, 顓頊氏作. 受, 承服也.

번역 소호씨(少皞氏)가 죽은 이후 전욱씨(顓頊氏)가 나타났다. '수(受)'

자는 받들고 섬겼다는 뜻이다.

韋注-⑩ 南, 陽位. 正, 長也. 司, 主也. 屬, 會也. 所以會群神, 使各有分序, 不相干亂也. 周禮, 則宗伯掌祭祀.

번역 남쪽은 양(陽)의 자리이다. '정(正)'자는 수장을 뜻한다. '사(司)'자는 주관한다는 뜻이다. '속(屬)'자는 모은다는 뜻이다. 뭇 신들을 회합하여 각각에 구분과 질서를 만들어서 서로 침범하여 문란하도록 만들지 않았다는 뜻이다. 주나라 예법에서는 종백(宗伯)[35]이 제사를 담당했다.

韋注-⑪ 唐尙書云, "火, 當爲北." 北, 陰位也. 周禮, 則司徒掌土地民人者也.

번역 『당상서』에서 말하길, "화(火)자는 마땅히 북(北)자가 되어야 한다."라고 했다. 북쪽은 음의 자리이다. 주나라 예법에서는 사도(司徒)가 토지 및 백성들에 대한 일을 담당했다.

韋注-⑫ 侵, 犯也.

번역 '침(侵)'자는 침범한다는 뜻이다.

---

35) 종백(宗伯)은 대종백(大宗伯)이라고도 부른다. 주(周)나라 때에는 육경(六卿) 중 하나에 해당하는 고위 관직이었다. 『주례』의 체제 속에서는 춘관(春官)의 수장이 된다. 종묘(宗廟)에 대한 제사 등 주로 예제(禮制)와 관련된 일을 담당하였다. 후대의 관직체계에서는 예부(禮部)에 해당하기 때문에, 예부상서(禮部尙書)를 또한 '대종백' 혹은 '종백'이라고도 부른다. 『서』「주서(周書)・주관(周官)」편에는 "宗伯掌邦禮, 治神人, 和上下."라는 기록이 있다. 또 『주례』「춘관(春官)・종백(宗伯)」편에는 "乃立春官宗伯, 使帥其屬而掌邦禮, 以佐王和邦國."이라는 기록이 있는데, 이에 대한 정현의 주에서는 "宗伯, 主禮之官."이라고 풀이했다. 한(漢)나라 때에는 태재(太宰)라는 이름으로 관직명을 고치기도 했다. 한편 진(秦)나라 때에는 종실(宗室)의 일들을 담당하는 종정(宗正)이라는 관리가 있었는데, 한나라 때에는 이 관직명을 '종백'으로 고치기도 했다.

韋注-⑬ 絶地民與天神相通之道.

번역 땅의 백성과 하늘의 신이 서로 통하는 길을 끊었다는 뜻이다.

참고 『국어(國語)』「초어하(楚語下)」

원문 其後, 三苗復九黎之德①, 堯復育重 · 黎之後, 不忘舊者, 使復典之②. 以至於夏 · 商, 故重 · 黎氏世敍天地, 而別其分主者也③. 其在周, 程伯休父其後也, 當宣王時, 失其官守, 而爲司馬氏④. 寵神其祖, 以取威於民, 曰, "重寔上天, 黎寔下地⑤." 遭世之亂, 而莫之能禦也⑥. 不然, 夫天地成而不變⑦, 何比之有⑧?

번역 그 이후 삼묘(三苗)는 구려(九黎)의 덕을 반복하니, 요임금이 재차 중(重)과 여(黎)의 후손을 등용하여 옛 법도를 잊지 않고 그들로 하여금 그 일을 다시 담당하도록 했다. 하나라와 은나라에 이르러서도 옛 중씨(重氏)와 여씨(黎氏)가 하늘과 땅의 질서를 정하고, 자리를 구별하였다. 주나라 때에 이르러 정백(程伯) 휴보(休父)가 그들의 후손이었는데, 선왕(宣王) 때 관직을 잃었고 사마씨(司馬氏)가 되었다. 휴보의 후세에서는 자신의 선조를 존귀하게 높이고 신령스럽게 여겨서, 이를 통해 백성들에게 위엄을 보였으며, "중(重)은 위로 하늘을 들었고, 여(黎)는 아래로 땅을 눌렀다."라고 했다. 난세가 되었지만 막을 수가 없었다. 그렇지 않다면 하늘과 땅은 완성되어 변하지 않는 것인데 어찌 가까워지겠는가?

韋注-① 其後, 高辛氏之季年. 三苗, 九黎之後. 高辛氏衰, 三苗爲亂, 行其凶德, 如九黎之爲也. 堯興而誅之.

번역 그 이후는 고신씨(高辛氏) 말년을 뜻한다. '삼묘(三苗)'는 구려의 후손이다. 고신씨가 쇠락하자 삼묘가 반란을 일으키고 흉악한 덕을 시행하였으니, 구려가 했던 짓과 같았다. 요임금이 일어나서 그를 주살했다.

韋注-② 育, 長也. 堯繼高辛氏, 平三苗之亂, 紹育重·黎之後, 使復典天地之官, 羲氏·和氏是也.

번역 '육(育)'자는 기른다는 뜻이다. 요임금은 고신씨의 뒤를 이어서 삼묘의 반란을 평정하였고, 중(重)과 여(黎)의 후손을 불러들여 길러서 그들로 하여금 하늘과 땅에 대한 관직을 다시 담당하도록 했으니, 희씨(羲氏)와 화씨(和氏)가 이들이다.

韋注-③ 敍, 次也. 分, 位也.

번역 '서(敍)'자는 차례를 정한다는 뜻이다. '분(分)'자는 자리를 뜻한다.

韋注-④ 程, 國. 伯, 爵. 休父, 名也. 失官守, 謂失天地之官, 而以諸侯爲大司馬. 詩曰, "王謂尹氏, 命程伯休父", 是也.

번역 '정(程)'자는 국명이다. '백(伯)'자는 작위이다. '휴보(休父)'는 이름이다. 관직을 잃었다는 말은 하늘과 땅을 담당하는 관직을 잃었다는 뜻으로, 제후를 대사마(大司馬)[36]로 삼은 것이다. 『시』에서는 "천자가 윤씨(尹氏)에게 일러, 정백 휴보에게 명령하였다."[37]라고 했다.

韋注-⑤ 寵, 尊也. 言休父之後世, 尊神其祖, 以威耀其民, 言重能擧上天, 黎

---

36) 사마(司馬)라는 관직은 전설상으로는 소호(少昊) 시대부터 설치되었다고 전해진다. 주(周)나라 때에는 육경(六卿) 중 하나였으며, 하관(夏官)의 수장이며, 대사마(大司馬)라고도 불렀다. 군대와 관련된 일을 담당했다. 한(漢)나라 무제(武帝) 때에는 태위(太尉)라는 관직명을 고쳐서 대사마(大司馬)라고 불렀고, 후한(後漢) 때에는 다시 태위(太尉)로 고쳐 불렀다. 남북조시대(南北朝時代)에는 대장군(大將軍)과 함께 이대(二大)로 칭해지기도 했으나, 청(淸)나라 때 폐지되었다. 후세에서는 병부상서(兵部尙書)의 별칭으로 사용하기도 했고, 시랑(侍郎)을 소사마(少司馬)로 칭하기도 하였다.

37) 『시』「대아(大雅)·상무(常武)」: 王謂尹氏, 命程伯休父. 左右陳行, 戒我師旅. 率彼淮浦, 省此徐土. 不留不處, 三事就緒.

能抑下地, 令相遠, 故不復通也.

번역 '총(寵)'자는 존숭한다는 뜻이다. 즉 휴보의 후세에서는 선조를 존귀하게 높이고 신령으로 받들어서 백성들에게 위엄을 보였으니, 중(重)은 위로 하늘을 들 수 있었고, 여(黎)는 아래로 땅을 누를 수 있어서, 둘이 서로 거리가 벌어지게끔 했기 때문에 다시 통하지 않게 되었다고 말한 것이다.

韋注-⑥ 亂, 謂幽·平以下. 禦, 止也.

번역 난세는 유왕(幽王)과 평왕(平王) 이후를 뜻한다. '어(禦)'자는 그친다는 뜻이다.

韋注-⑦ 天地體成, 不復變改.

번역 하늘과 땅의 본체는 완성되어서 다시 변하거나 고쳐지지 않았다는 뜻이다.

韋注-⑧ 言不相比近也.

번역 서로 가까워질 수 없었다는 뜻이다.

참고　시(時)·오행(五行)·일간(日干)·방위(方位)

계절		五行		方位	日干
春	孟春	木	木	東	甲, 乙
	仲春		木		
	季春		土		
夏	孟夏	火	火	南	丙, 丁
	仲夏		火		
	季夏		土		
中央		土		中	戊, 己
秋	孟秋	金	金	西	庚, 辛
	仲秋		金		
	季秋		土		
冬	孟冬	水	水	北	壬, 癸
	仲冬		水		
	季冬		土		

참고　구문비교

출 처	내 용
『禮記』「緇衣」	夫民敎之以德, 齊之以禮, 則民有格心. 敎之以政, 齊之以刑, 則民有遯心.
『論語』「爲政」	道之以政, 齊之以刑, 民免而無恥. 道之以德, 齊之以禮, 有恥且格.

그림 3-1 ▣ 제왕전수총도(帝王傳授總圖)

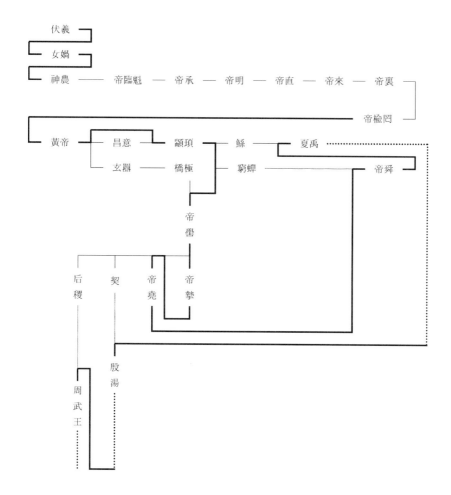

※ **출처:** 『역사(繹史)』 1권 「역사세계도(繹史世系圖)」

그림 3-2   ◼ 태호(太皡) 세계도(世系圖)

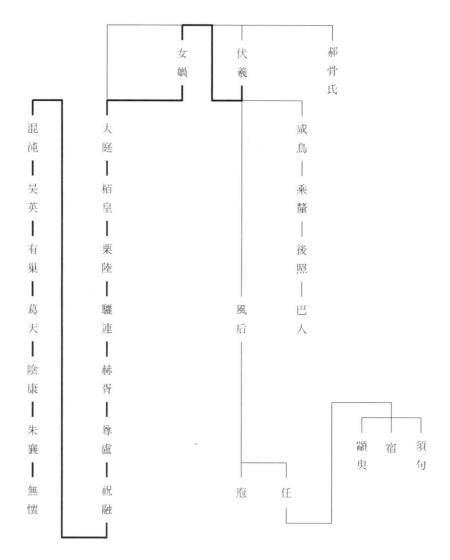

※ **출처**:『역사(繹史)』1권「역사세계도(繹史世系圖)」

● 그림 3-3　◼ 염제(炎帝) 세계도(世系圖)

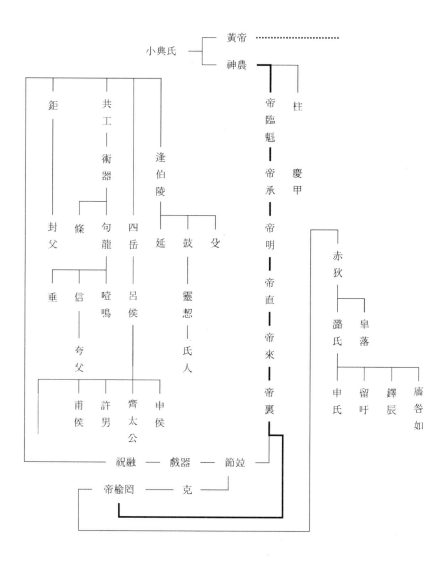

※ **출처:** 『역사(繹史)』 1권 「역사세계도(繹史世系圖)」

● 그림 3-4 ▣ 황제(黃帝) 세계도(世系圖)

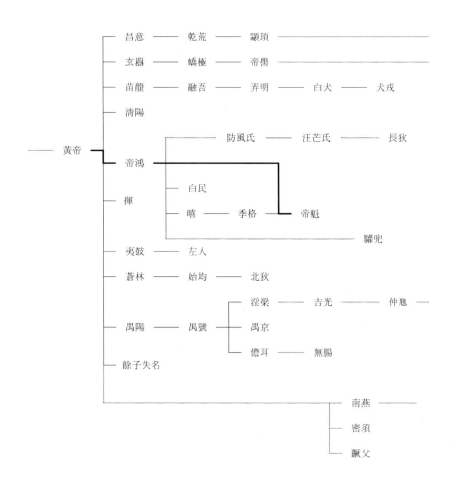

※ **출처:**『역사(繹史)』1권「역사세계도(繹史世系圖)」

◉ 그림 3-5 ◼ 소호(少皥) 세계도(世系圖)

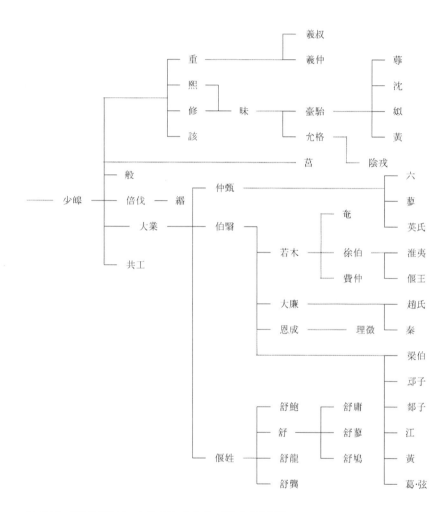

※ **출처:**『역사(繹史)』1권「역사세계도(繹史世系圖)」

● 그림 3-6 ▣ 고양(高陽) 세계도(世系圖)

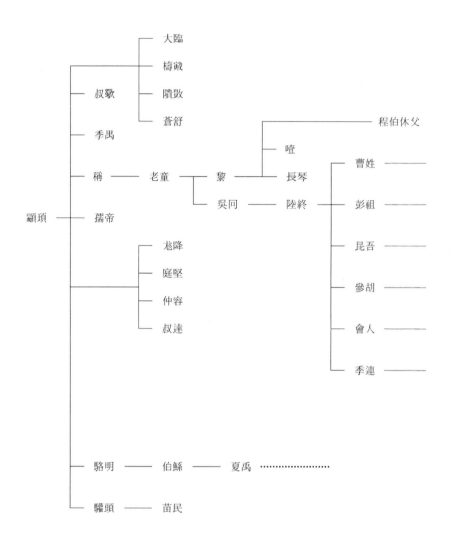

그림 3-7 ▣ 고신(高辛) 세계도(世系圖)

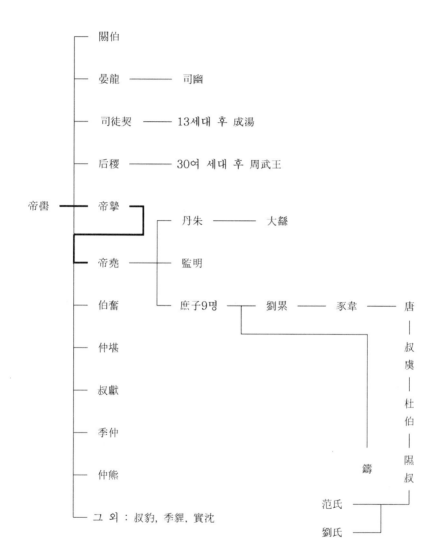

※ 출처: 『역사(繹史)』 1권 「역사세계도(繹史世系圖)」

◉ 그림 3-8 ▣ 유우(有虞) 세계도(世系圖)

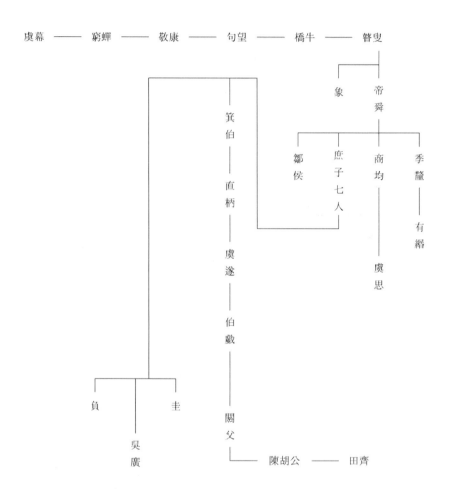

※ 출처: 『역사(繹史)』 1권 「역사세계도(繹史世系圖)」

그림 3-9 ◼ 하(夏)나라 세계도(世系圖)

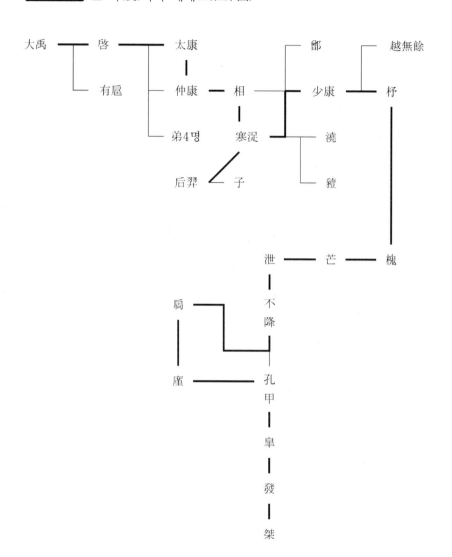

※ **출처:** 『역사(繹史)』1권 「역사세계도(繹史世系圖)」

● 그림 3-10 ◙ 은(殷)나라 세계도(世系圖)

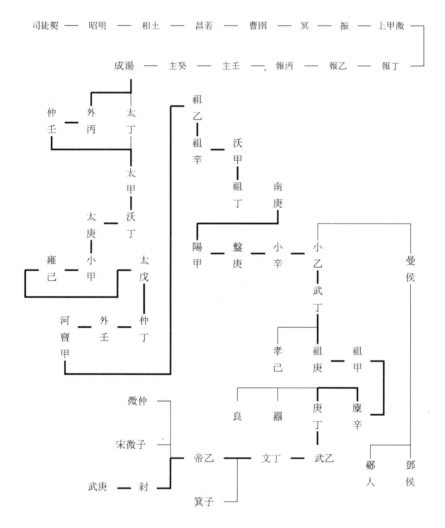

※ **출처:** 『역사(繹史)』 1권 「역사세계도(繹史世系圖)」

그림 3-11 ▣ 태호(太昊) 복희씨(伏羲氏)

※ **출처:**『삼재도회(三才圖會)』「인물(人物)」1권

▶ 그림 3-12 ◼ 염제(炎帝) 신농씨(神農氏)

※ **출처**: 『삼재도회(三才圖會)』「인물(人物)」 1권

그림 3-13 ◼ 황제(黃帝) 헌원씨(軒轅氏)

※ 출처: 『삼재도회(三才圖會)』「인물(人物)」1권

그림 3-14 ▣ 소호(少昊) 금천씨(金天氏)

少皞金天氏

※ 출처: 『삼재도회(三才圖會)』「인물(人物)」 1권

그림 3-15 ◨ 전욱(顓頊) 고양씨(高陽氏)

氏 陽 高 頊 顓

※ **출처:** 『삼재도회(三才圖會)』「인물(人物)」 1권

그림 3-16 　▣ 제곡(帝嚳) 고신씨(高辛氏)

氏 辛 高 嚳 帝

※ 출처: 『삼재도회(三才圖會)』「인물(人物)」 1권

그림 3-17 ◼ 제요(帝堯) 도당씨(陶唐氏)

※ **출처:**『삼재도회(三才圖會)』「인물(人物)」1권

그림 3-18 ▣ 제순(帝舜) 유우씨(有虞氏)

※ 출처: 『삼재도회(三才圖會)』「인물(人物)」 1권

그림 3-19 ▣ 하(夏)나라 우왕(禹王)

※ **출처:**『삼재도회(三才圖會)』「인물(人物)」1권

그림 3-20 ◘ 은(殷)나라 탕왕(湯王)

商 王 成 湯

※ 출처:『삼재도회(三才圖會)』「인물(人物)」1권

그림 3-21 ◾ 백이(伯夷)

像　　夷　　伯

※ **출처:** 『삼재도회(三才圖會)』「인물(人物)」 4권

그림 3-22　◼ 고요(皋陶)

※ **출처**:『삼재도회(三才圖會)』「인물(人物)」4권

그림 3-23 ◼ 치우시란도(蚩尤始亂圖)

※ **출처**: 『흠정서경도설(欽定書經圖說)』 47권

그림 3-24 ▣ 묘민저맹도(苗民詛盟圖)

※ 출처: 『흠정서경도설(欽定書經圖說)』 47권

그림 3-25 ▣ 알절묘민도(遏絕苗民圖)

※ **출처:** 『흠정서경도설(欽定書經圖說)』 47권

그림 3-26 ◼ 제명중려도(帝命重黎圖)

※ **출처:** 『흠정서경도설(欽定書經圖說)』 47권

◦ 그림 3-27 ◼ 시곤치수도(試鯀治水圖)

※ **출처**: 『흠정서경도설(欽定書經圖說)』 1권

그림 3-28 ◉ 사흉복죄도(四凶服罪圖)

※ **출처:**『흠정서경도설(欽定書經圖說)』2권「사흉복죄도(四凶服罪圖)」

그림 3-29 ▣ 치효(鴟梟: =鴟鴞)

鴟鴞   鴟鴞

※ **출처:** 『삼재도회(三才圖會)』「조수(鳥獸)」 1권

그림 3-30 ■ 비(羆)

※ 출처: 『삼재도회(三才圖會)』「조수(鳥獸)」 4권

그림 3-31 ◨ 비(羆)

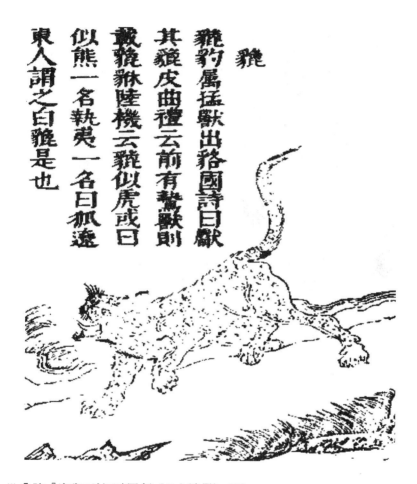

貔

貔豹屬猛獸出貉國詩曰獻

其貔皮曲禮云前有摯獸則

載貔貅陸機云貔似虎或曰

似熊一名執夷一名曰狐遼

東人謂之白貔是也

※ **출처:**『삼재도회(三才圖會)』「조수(鳥獸)」 3권

그림 3-32 ■ 추(貙)

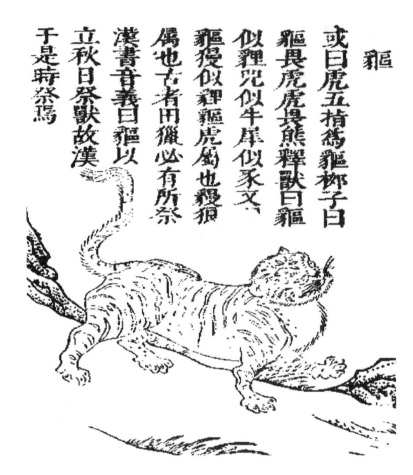

貙

或曰虎五指爲貙貙柳子曰
貙畏虎虎畏熊釋獸曰貙
似貍兕似牛犀似豕文
貙獌似貍貙虎屬也獌狼
偶也古者用獵必有所祭
漢書音義曰貙以
立秋日祭獸故漢
于是時祭焉

※ 출처: 『삼재도회(三才圖會)』「조수(鳥獸)」3권

그림 3-33 ◨ 도올(檮杌)

檮杌
檮杌獸之至惡者好鬪
至死不却西荒中獸也
状如虎毛長三尺餘人
面虎爪口牙一尺八尺
獲人食之獸鬪終不退
却惟死而巳一名倒壽

※ 출처: 『삼재도회(三才圖會)』「조수(鳥獸)」 4권

그림 3-34 ▣ 도철(饕餮)

鴞

山海經謂之狗
鉤玉之山有之
墨兒食人如物
虎齒人爪音如
面其目在腋下
饕餮羊身而人

饕餮

※ **출처:**『삼재도회(三才圖會)』「조수(鳥獸)」4권

그림 3-35 ▣ 궁기(窮奇)

窮奇
邽山有獸狀如
牛騾尾蝟毛音
如嗥狗鬭乃助
不直者名曰窮
奇亦能食人

※ **출처:** 『삼재도회(三才圖會)』「조수(鳥獸)」 4권

• 제 4 절 •

상(上)의 호오(好惡)

【643a】

子曰, "下之事上也, 不從其所令, 從其所行. 上好是物, 下必有甚者矣. 故上之所好惡, 不可不愼也, 是民之表也."

직역 子가 曰, "下가 上을 事함에, 그 令한 所를 不從하고, 그 行한 所를 從한다. 上이 是物을 好하면, 下에는 必히 甚者가 有라. 故로 上의 好惡한 所는 可히 不愼이 不이니, 是는 民의 表이다."

의역 공자가 말하길, "아랫사람이 윗사람을 섬길 때에는 윗사람이 명령한대로 따르지 않고, 윗사람이 행동한대로 따른다. 윗사람이 이 사물을 좋아하면, 아랫사람에게는 반드시 그보다 더 심함이 생겨난다. 그러므로 윗사람은 좋아하고 싫어하는 것을 신중히 하지 않을 수가 없으니, 이것은 백성들의 지표가 되기 때문이다."라고 했다.

集說 大學曰: 其所令反其所好, 而民不從.

번역 『대학』에서 말하길, 명령한 것이 좋아하는 것과 반대가 되면 백성들이 따르지 않는다.[1]

大全 長樂陳氏曰: 言之化人也淺, 故不從其所令, 行之感人也深, 故從其所行. 故好惡出於正, 則彼皆從而正, 好惡出於非, 則彼皆從而非, 猶表端而影

---

1) 『대학』「전(傳) 9장」: 堯舜率天下以仁而民從之. 桀紂率天下以暴而民從之. 其所令反其所好而民不從. 是故君子有諸己而后求諸人, 無諸己而后非諸人. 所藏乎身不恕, 而能喩諸人者未之有也.

端, 表枉而影枉也, 故謂民之表.

번역 장락진씨²⁾가 말하길, 말로 사람을 감화시키는 것은 얕기 때문에 명령한 것에 따르지 않고, 행동이 사람을 감화시키는 것은 깊기 때문에 행동한 것에 따른다. 그러므로 좋아하고 싫어함이 바름에서 도출된 것이라면, 상대도 모두 그에 따라 바르게 되며, 좋아하고 싫어함이 그릇됨에서 도출된 것이라면, 상대도 모두 그에 따라 그릇되게 되니, 지표가 곧으면 그림자도 곧고, 지표가 굽으면 그림자도 굽는 것과 같다. 그렇기 때문에 백성들의 지표라고 했다.

大全 馬氏曰: 令者, 令之於民. 行者, 行之於己. 其所行者若此, 其所令者若彼, 民不從其若彼之令, 而從若此之行, 則是上之好惡, 下之所取以爲正, 而不可以不愼也, 故曰是民之表.

번역 마씨가 말하길, 명령은 백성들에게 명령을 내리는 것이다. 행동은 자신이 실천하는 것이다. 행동하는 것이 이와 같고 명령한 것이 저와 같을 때, 백성들은 저와 같이 명령하는 것을 따르지 않고, 이와 같이 행동하는 것을 따르니, 윗사람이 좋아하고 싫어하는 것은 백성들이 따라 바름을 정하게 되므로 신중히 하지 않을 수가 없다. 그렇기 때문에 "백성들의 지표이다."라고 했다.

鄭注 言民化行, 不拘於言. 甚者, 甚於君也. 言民之從君, 如影逐表.

번역 백성들은 행동에 감화되고 말에 사로잡히지 않는다는 뜻이다. '심자(甚者)'는 군주보다 심하다는 뜻이다. 백성들이 군주를 따르는 것이 마치

---

2) 진상도(陳祥道, A.D.1159~A.D.1223): =장락진씨(長樂陳氏)·진씨(陳氏)·진용지(陳用之). 북송대(北宋代)의 유학자이다. 자(字)는 용지(用之)이다. 장락(長樂) 지역 출신으로, 1067년에 과거에 급제하여 태상박사(太常博士) 등을 지냈다. 왕안석(王安石)의 제자로, 그의 학문을 전파하는데 공헌하였다. 저서에는 『예서(禮書)』, 『논어전해(論語全解)』 등이 있다.

그림자가 지표를 따르는 것과 같다는 의미이다.

釋文 行, 下孟反, 注同, 又如字. 拘音俱. 好, 呼報反, 下皆同. 惡, 烏路反. 景如字, 一音英領反.

번역 '行'자는 '下(하)'자와 '孟(맹)'자의 반절음이며, 정현의 주에 나오는 글자도 그 음이 이와 같고, 또한 글자대로 읽기도 한다. '拘'자의 음은 '俱(구)' 이다. '好'자는 '呼(호)'자와 '報(보)'자의 반절음이며, 아래문장에 나오는 글자도 모두 그 음이 이와 같다. '惡'자는 '烏(오)'자와 '路(로)'자의 반절음이다. '景'자는 글자대로 읽으며, 다른 음은 '英(영)'자와 '領(령)'자의 반절음이다.

孔疏 ●"子曰"至"之式". ○正義曰: 此一節申明上文, 以君者民之儀表, 不可不愼, 故此兼言上有其善, 則下賴之.

번역 ●經文: "子曰"~"之式". ○이곳 문단은 앞 문장의 뜻을 거듭 밝히고 있으니, 군주는 백성들의 의표가 되어 신중히 하지 않을 수가 없다. 그렇기 때문에 이곳에서는 윗사람이 선함을 갖춘다면 아랫사람이 그에 힘입게 됨을 함께 말한 것이다.

集解 令之被民也淺, 行之感民也深. 故上之所好, 民亦好之, 非令所能禁也. 上之所惡, 民亦惡之, 非令所能勸也.

번역 명령이 사람들에게 끼치는 영향은 얕고, 행동이 사람들을 감화시킴은 깊다. 그렇기 때문에 윗사람이 좋아하는 것을 백성들 또한 좋아하니, 명령을 통해 금지할 수 있는 것이 아니다. 또 윗사람이 싫어하는 것은 백성들 또한 싫어하니, 명령을 통해 권면할 수 있는 것이 아니다.

集解 呂氏大臨曰: 一國之風俗, 出於上之好惡. 好惡之端, 其發甚微, 其風之行, 或至於不可止, 其俗之成, 或至於不可敗, 此不可不愼也.

번역 여대림이 말하길, 한 나라의 풍속은 윗사람의 좋아함과 싫어함에
서 비롯된다. 좋아하고 싫어함의 단서는 그 발단이 매우 은미한데, 풍속을
통해 드러나는 행동은 간혹 그치지 못하는 지경에 이르고, 그 풍속의 이룸
은 간혹 없앨 수 없는 지경에 이르게 되므로, 이것이 신중히 하지 않을 수
없는 이유이다.

참고 구문비교

출 처	내 용
『禮記』「緇衣」	下之事上也, 不從其所令, 從其所行.
『淮南子』「主術訓」	故民之化也, 不從其所言, 而從所行.

참고 구문비교

출 처	내 용
『禮記』「緇衣」	上好是物, 下必有甚者矣.
『孟子』「滕文公上」	上有好者, 下必有甚焉者矣.

우(禹)임금의 인(仁)

【643b】

> 子曰, "禹立三年, 百姓以仁遂焉, 豈必盡仁? 詩云, '赫赫師尹, 民具爾瞻.' 甫刑曰, '一人有慶, 兆民賴之' 大雅曰, '成王之孚, 下土之式.'"

직역　子가 曰, "禹가 立한지 三年에, 百姓이 仁으로써 遂한데, 豈히 必히 仁을 盡이리오? 詩에서 云, '赫赫한 師尹이여, 民이 具히 爾를 瞻이라.' 甫刑에서 曰, '一人이 慶이 有한데, 兆民이 賴라.' 大雅에서 曰, '王의 孚를 成하여, 下土의 式이라.'"

의역　공자가 말하길, "우임금이 제위에 올라 3년이 지나자 백성들은 모두 인(仁)을 따랐으니, 어찌 반드시 조정의 모든 신하를 인(仁)한 자로 채운 뒤에야 가능한 일이겠는가? 『시』에서는 '밝게 드러나며 융성한 태사 윤씨여, 백성들이 모두 너를 보는구나.'라고 했고, 「보형」편에서는 '한 사람에게 경사가 생겼는데, 모든 백성들이 그에 힘입는다.'[1]라고 했으며, 「대아」에서는 '천자의 믿음을 이루어 백성들의 모범이 되었다.'"라고 했다.

集說　豈必盡仁者, 言不必朝廷盡是仁人而後足以化民也. 得一仁人爲民之表, 則天下皆仁矣. 所謂君仁莫不仁也. 此所以禹以一仁君立三年, 而百姓皆以仁遂, 故引詩·書以明之. 詩, 小雅節南山之篇. 赫赫, 顯盛貌. 師尹, 周太師尹氏也. 具, 俱也. 大雅, 下武之篇. 言武王能成王者之德, 孚信於民, 而天下皆法式之

---

1) 『서』「주서(周書)·여형(呂刑)」: 雖畏勿畏, 雖休勿休, 惟敬五刑, 以成三德. 一人有慶, 兆民賴之, 其寧惟永.

번역 '기필진인(豈必盡仁)'은 조정을 모두 인(仁)한 사람으로 채운 이후
에야 백성들을 교화할 수 있는 것이 아니라는 뜻이다. 한 사람이라도 인
(仁)한 사람을 얻어서 백성들의 지표로 삼는다면, 천하 사람들이 모두 인
(仁)하게 된다. 이른바 "군주가 인(仁)하게 되면 인(仁)하지 않은 일이 없게
된다."[2]는 뜻이다. 이것은 우임금이 한 사람의 인(仁)한 군주로서 제위에
올라 3년이 지나자 백성들이 모두 인(仁)에 따르게 된 이유이다. 그렇기
때문에 『시』와 『서』의 내용을 인용해서 증명하였다. 『시』는 『시』「소아(小
雅)·절남산(節南山)」편이다.[3] '혁혁(赫赫)'은 밝게 드러나며 융성한 모습
을 뜻한다. '사윤(師尹)'은 주나라의 태사였던 윤씨(尹氏)를 뜻한다. '구(具)'
자는 모두[俱]라는 뜻이다. 「대아」는 『시』「대아(大雅)·하무(下武)」편이
다.[4] 즉 무왕은 천자의 덕을 완성하여 백성들에게 믿음을 줄 수 있어서,
천하 사람들이 모두 그를 본받아 따랐다는 뜻이다.

大全 長樂陳氏曰: 禹非飮食, 而致孝乎鬼神, 惡衣服, 而致美乎黻冕, 所以
仁鬼神. 卑宮室, 而盡力乎溝洫, 所以仁天下, 故其立也, 止於三年之一變, 百
姓皆以仁遂焉.

번역 장락진씨가 말하길, 우임금은 자신이 먹는 음식은 소략하게 했지
만 귀신에 대해서는 효를 지극히 나타내었고, 자신이 입는 의복은 누추한
것으로 했지만 불면(黻冕)[5]에 대해서는 아름다움을 지극히 나타냈으니, 이
것은 귀신에게 인(仁)하게 대한 것이다. 또 자신이 거주하는 건물은 누추하
게 지었지만 백성들을 위해 치수사업을 하는 데에는 전력을 다했으니, 이

---

2) 『맹자』「이루상(離婁上)」: 孟子曰, "人不足與適也, 政不足閒也, 唯大人爲能格
   君心之非. 君仁, 莫不仁, 君義, 莫不義, 君正, 莫不正. 一正君而國正矣."
3) 『시』「소아(小雅)·절남산(節南山)」: 節彼南山, 維石巖巖. 赫赫師尹, 民具爾瞻.
   憂心如惔, 不敢戲談. 國旣卒斬, 何用不監.
4) 『시』「대아(大雅)·하무(下武)」: 成王之孚, 下土之式. 永言孝思, 孝思維則.
5) 불면(黻冕)은 제복(祭服)을 뜻한다. '불(黻)'은 제복에 착용하는 슬갑을 뜻하고,
   '면(冕)'은 제복에 착용하는 면류관을 뜻하는데, 이 두 글자를 합쳐서 제복을
   뜻하는 용어로도 사용한다.

것은 천하의 백성들에게 인(仁)하게 대한 것이다. 그렇기 때문에 그가 제위에 오른 것이 불과 한 차례 변화하는 3년에 그쳤지만, 백성들은 모두 인(仁)에 따르게 되었다.

大全 石林葉氏曰: 王者, 必世而後仁, 爲繼亂言之也. 禹立三年, 百姓以仁遂焉, 爲繼治言之也. 繼治而化之者易也.

번역 석림섭씨가 말하길, "천자가 있더라도 반드시 한 세대를 건넌 뒤에야 백성들이 인(仁)하게 된다."6)는 말은 혼란한 시대를 계승한 자에 대해서 말한 것이다. "우임금이 제위에 올라 3년이 지나자 백성들이 모두 인(仁)에 따랐다."는 말은 잘 다스려진 시대를 계승한 자에 대해서 말한 것이다. 잘 다스려진 시대를 계승하여 교화를 시키는 것이 상대적으로 쉽다.

鄭注 言百姓傚禹爲仁, 非本性能仁也7). 遂, 猶達也. 皆言化君也. 孚, 信也. 式, 法也.

번역 백성들이 우임금을 본받아서 인(仁)을 시행했다는 뜻이니, 본성에 따라 모두 인(仁)에 따를 수 있었다는 뜻이 아니다. '수(遂)'자는 "통하다[達]."는 뜻이다. 인용문들은 모두 군주에게 감화되었다는 뜻이다. '부(孚)'자는 믿음[信]을 뜻한다. '식(式)'자는 "본받다[法]."는 뜻이다.

釋文 傚, 胡孝反. 赫, 許百反. 王如字, 徐于況反.

번역 '傚'자는 '胡(호)'자와 '孝(효)'자의 반절음이다. '赫'자는 '許(허)'자

---

6) 『논어』「자로(子路)」 : 子曰, "如有王者, 必世而後仁."
7) '야(也)'자에 대하여. '야'자는 본래 없던 글자인데, 완원(阮元)의 『교감기(校勘記)』에서는 "혜동(惠棟)의 『교송본(校宋本)』에는 '야'자가 기록되어 있고, 『송감본(宋監本)』・『악본(岳本)』・『가정본(嘉靖本)』 및 위씨(衛氏)의 『집설(集說)』, 『고문(考文)』에서 인용하고 있는 『고본(古本)』과 『족리본(足利本)』에서도 동일하게 기록하고 있으니, 이곳 판본에는 '야'자가 누락된 것이다."라고 했다.

와 '百(백)'자의 반절음이다. '王'자는 글자대로 읽으며, 서음(徐音)은 '于
(우)'자와 '況(황)'자의 반절음이다.

孔疏 ●"百姓以仁遂焉"者, 遂, 達也. 言禹立三年, 百姓悉行仁道, 達於外
內, 故云"百姓以仁遂焉".

번역 ●經文: "百姓以仁遂焉". ○'수(遂)'자는 "통하다[達]."는 뜻이다.
즉 우임금이 제위에 올라 3년이 지나자 백성들이 모두 인(仁)의 도를 시행
하여 내외가 두루 통했다는 뜻이다. 그렇기 때문에 "백성들이 인(仁)으로
두루 통했다."라고 했다.

孔疏 ●"豈必盡仁"者, 言禹之百姓, 豈必本性盡行仁道, 秖由禹之所化, 故
此禹立三年, 則百姓盡行仁道. 論語稱"如有王者, 必世而後仁"者, 禹承堯·
舜禪代之後, 其民易化. 論語所稱者, 謂承離亂[8]之後, 故必世乃後仁, 是以注
論語云"周道至美, 武王伐紂, 至成王乃致太平", 由承殷紂敝化之後故也.

번역 ●經文: "豈必盡仁". ○우임금의 백성들이 어찌 반드시 본성에 근
본하여 인(仁)의 도를 모두 시행했겠는가? 단지 우임금의 교화에 따랐을
뿐이라는 뜻이다. 그렇기 때문에 우임금이 제위에 올라 3년이 지나자 백성
들이 모두 인(仁)의 도를 시행했다고 한 것이다. 『논어』에서는 "만약 천자가
있더라도 반드시 한 세대를 건넌 뒤에야 백성들이 인(仁)하게 된다."라고
했는데, 우임금은 선양으로 제위를 물려준 요임금과 순임금의 뒤를 이었으
니, 백성들은 쉽게 감화되었다. 『논어』에서 말한 것은 난세를 계승한 이후를
뜻한다. 그렇기 때문에 반드시 한 세대를 건넌 뒤에야 인(仁)하게 된다. 이러
한 까닭으로 『논어』의 주에서는 "주나라의 도가 지극히 아름답지만, 무왕이

---

8) '란(亂)'자에 대하여. '란'자는 본래 없던 글자인데, 완원(阮元)의 『교감기(校勘
記)』에서는 "혜동(惠棟)의 『교송본(校宋本)』에는 '란'자가 기록되어 있으니, 이
곳 판본에는 '란'자가 누락된 것이며, 『민본(閩本)』·『감본(監本)』·『모본(毛
本)』에도 동일하게 누락되어 있다."라고 했다.

주임금을 정벌하고 성왕 때가 되어서야 태평성세를 이루었다."라고 했으니, 은나라 주임금이 교화를 무너트린 이후를 계승했기 때문이다.

孔疏 ●"詩云: 赫赫師尹, 民具爾瞻"者, 此小雅·節南山之篇, 刺幽王之詩. 言幽王之時, 尹氏爲大師, 爲政不平, 故詩人刺之, 云赫赫然顯盛之師尹者.

번역 ●經文: "詩云: 赫赫師尹, 民具爾瞻". ○이것은 『시』「소아(小雅)·절남산(節南山)」편으로, 유왕(幽王)을 풍자한 시이다. 즉 유왕 때에 윤씨가 태사를 맡아서 정치를 시행한 것이 편안하지 못했다. 그렇기 때문에 이 시를 지은 자가 그 사실을 풍자하여, '혁혁하게 밝게 드러나 융성한 태사 윤씨여'라고 말한 것이다.

孔疏 ●"民具爾瞻", 視上之所爲. 引者, 證民之法則於上.

번역 ●經文: "民具爾瞻". ○윗사람이 행동하는 것을 살펴본다는 뜻이다. 이 시를 인용한 것은 백성들이 윗사람을 본받게 됨을 증명하기 위해서이다.

孔疏 ●"甫刑曰: 一人有慶, 兆民賴之"者, 慶, 善也. 一人, 謂天子也. 天子有善行, 民皆蒙賴之. 引者, 證上有善行, 賴及于下.

번역 ●經文: "甫刑曰: 一人有慶, 兆民賴之". ○'경(慶)'자는 선(善)을 뜻한다. '일인(一人)'은 천자를 뜻한다. 천자에게 선한 행실이 있으면 백성들이 모두 그에 힘입게 된다는 뜻이다. 이 문장을 인용한 것은 윗사람에게 선한 행실이 있으면, 아랫사람에게 두루 미치게 됨을 증명하기 위해서이다.

孔疏 ●"大雅曰: 成王之孚, 下土之式"者, 是大雅·下武之篇, 美武王之詩. 孚, 信也. 言武王成就王道之信者, 故爲下土法. 引之者, 證君有善與爲法式也.

번역 ●經文: "大雅曰: 成王之孚, 下土之式". ○이 시는 『시』「대아(大

雅)·하무(下武)」편으로, 무왕(武王)을 찬미한 시이다. '부(孚)'자는 믿음
[信]을 뜻한다. 무왕이 왕도의 신의를 이루었기 때문에, 아랫사람의 모범이
되었다는 뜻이다. 이 시를 인용한 것은 군주에게 선함이 있어서 모범이 된
다는 뜻을 증명하기 위해서이다.

集解 遂, 成也. 以仁遂, 言民之仁無不成也. 然此非民之皆能仁也, 由禹好
仁, 故民皆化於仁爾.

번역 '수(遂)'자는 "완성하다[成]."는 뜻이다. '이인수(以仁遂)'는 백성들
의 인(仁)함에 이루어지지 않은 것이 없다는 뜻이다. 그런데 이것은 백성들
모두가 인(仁)을 시행할 수 있어서가 아니며, 우임금이 인(仁)을 좋아한 데
에서 비롯된 것이다. 그렇기 때문에 백성들이 모두 그의 인(仁)에 감화되었
던 것일 뿐이다.

참고 『시』「소아(小雅)·절남산(節南山)」

節彼南山, (절피남산) : 높게 솟은 저 남산이여,
維石巖巖. (유석암암) : 돌이 수북하게 쌓였구나.
赫赫師尹, (혁혁사윤) : 밝게 드러나는 태사 윤씨여,
民具爾瞻. (민구이첨) : 백성들이 모두 너를 바라보는구나.
憂心如惔, (우심여담) : 근심하는 마음이 밝게 불타는 빛과 같아서,
不敢戲談. (불감희담) : 감히 희롱하며 농담을 주고받지 못하는구나.
國旣卒斬, (국기졸참) : 제후국들이 이미 끊어지고 있는데,
何用不監. (하용불감) : 어찌하여 직무에 따라 살피지 않는고.

節彼南山, (절피남산) : 높게 솟은 저 남산이여,
有實其猗. (유실기의) : 초목이 그 곁의 하천들을 가득 채우는구나.
赫赫師尹, (혁혁사윤) : 밝게 드러나는 태사 윤씨여,

不平謂何. (불평위하) : 균평하지 않으니 무엇을 말하리오.

天方薦瘥, (천방천채) : 하늘이 거듭 재앙을 내리는지라,

喪亂弘多. (상란홍다) : 죽거나 혼란스럽게 됨이 매우 많구나.

民言無嘉, (민언무가) : 백성들에게는 축하하는 말을 건네는 일이 없어,

憯莫懲嗟. (참막징차) : 일찍이 은덕으로 그치게 하지 못하니, 아 어찌한단
　　　　　　　　　　　말인가.

尹氏大師, (윤씨대사) : 윤씨인 태사는,

維周之氐. (유주지저) : 주나라의 빗장이라.

秉國之均, (병국지균) : 국정을 균평하게 유지하면,

四方是維. (사방시유) : 사방이 제어되느니라.

天子是毗, (천자시비) : 천자를 보필하고,

俾民不迷. (비민불미) : 백성들을 교화하여 미혹케 하지 말지어다.

不弔昊天, (부조호천) : 하늘에게 선하게 하지 못하거늘,

不宜空我師. (불의공아사) : 공허히 우리 태사가 되어서는 안 되느니라.

弗躬弗親, (불궁불친) : 몸소 하지 않고 직접 하지 않아서,

庶民弗信. (서민불신) : 백성들이 믿지 못하는구나.

弗問弗仕, (불문불사) : 묻지 않고 살피지 않지만,

勿罔君子. (물망군자) : 군자를 속이지는 못하는구나.

式夷式已, (식이식이) : 균평하고 바른 사람을 등용하면 그치리니,

無小人殆. (무소인태) : 소인을 가까이 하지 말지어다.

瑣瑣姻亞, (쇄쇄인아) : 소소한 인척들을,

則無膴仕. (즉무무사) : 중용하지 말지어다.

昊天不傭, (호천불용) : 호천(昊天)[9]이 균평하지 않아서,

─────────────
9) 호천상제(昊天上帝)는 호천(昊天)과 상제(上帝)로 구분하여 해석하기도 하며, '호천상제'를 하나의 용어로 해석하기도 한다. 후자의 경우 '호천'이라는 말은 '상제'를 수식하는 말이다. 고대에는 축호(祝號)라는 것을 지어서 제사 때의

降此鞠訩. (강차국흉) : 이처럼 많은 재앙을 내리도다.

昊天不惠, (호천불혜) : 호천이 은혜롭지 않아서,

降此大戾. (강차대려) : 이처럼 큰 재앙을 내리도다.

君子如屆, (군자여계) : 군자가 지극한 정성의 도를 다한다면,

俾民心闋. (비민심결) : 백성들의 잘못된 마음이 그치리라.

君子如夷, (군자여이) : 군자가 평이한 정사를 시행한다면,

惡怒是違. (오노시위) : 미움과 분노가 떠나리라.

不弔昊天, (부조호천) : 호천으로부터 선함을 받지 못한지라,

亂靡有定. (난미유정) : 난리가 진정되지 않는구나.

式月斯生, (식월사생) : 다달이 발생하여 더욱 심해지니,

俾民不寧. (비민불녕) : 백성들이 편안치 못하는구나.

憂心如酲, (우심여정) : 근심스러운 마음에 숙취에 괴로운 것 같으니,

誰秉國成. (수병국성) : 누가 정사를 균평하게 잡을 수 있는가.

不自爲政, (불자위정) : 스스로 정치를 시행하지 않으니,

卒勞百姓. (졸로백성) : 끝내 백성들을 고달프게 하는구나.

駕彼四牡, (가피사모) : 저 네 마리의 수말에 멍에를 메니,

四牡項領. (사모항령) : 네 마리의 수말은 목만 살찌는구나.

용어를 수식어로 꾸미게 되는데, '호천상제'의 경우는 '상제'에 대한 축호에 해당하며, 세분하여 설명하자면 신(神)의 명칭에 수식어를 붙이는 신호(神號)에 해당한다. 『예기』「예운(禮運)」편에는 "作其祝號, 玄酒以祭, 薦其血毛, 腥其俎, 孰其殽."라는 기록이 있고, 이에 대한 진호(陳澔)의 주에서는 "作其祝號者, 造爲鬼神及牲玉美號之辭. 神號, 如昊天上帝."라고 풀이했다. '호천'과 '상제'로 풀이할 경우, '상제'는 만물을 주재하는 자이며, '상천(上天)'이라고도 불렀다. 고대인들은 길흉(吉凶)과 화복(禍福)을 내릴 수 있는 능력을 갖추고 있었다고 생각하였다. 한편 '상제'는 오행(五行) 관념에 따라 동·서·남·북·중앙의 구분이 생기면서, 천상을 각각 나누어 다스리는 오제(五帝)로 설명되기도 한다. '호천'의 경우 천신(天神)을 뜻하는데, '상제'와 비슷한 개념이다. '호천'을 '상제'보다 상위의 개념으로 해석하여, 오제 위에서 군림하는 신으로 해석하는 경우도 있다.

我瞻四方, (아첨사방) : 내 저 사방을 살펴보니,

蹙蹙靡所騁. (축축미소빙) : 빈번히 오랑캐의 침입을 당해 달려갈 곳이 없구나.

方茂爾惡, (방무이악) : 네 악함에서 벗어나려고 다툴 때에는,

相爾矛矣. (상이모의) : 너의 창을 살펴보노라.

旣夷旣懌, (기이기역) : 이미 즐거워하고 기뻐하니,

如相酬矣. (여상수의) : 서로 술을 권한 것 같구나.

昊天不平, (호천불평) : 호천이여, 태사 윤씨의 정사가 균평하지 않아서,

我王不寧. (아왕불녕) : 우리 왕을 편안치 못하게 하는구나.

不懲其心, (부징기심) : 바르지 못한 마음을 그치지 아니하고,

覆怨其正. (복원기정) : 도리어 바름을 원망하는구나.

家父作誦, (가보작송) : 가보가 이 시를 지어 읊조려서,

以究王訩. (이구왕흉) : 천자의 정사에 송사가 많아진 이유를 밝히도다.

式訛爾心, (식와이심) : 네 마음을 조화롭게 해서,

以畜萬邦. (이휵만방) : 모든 나라를 기를지어다.

毛序 節南山, 家父刺幽王也.

모서 「절남산(節南山)」편은 가보가 유왕(幽王)을 풍자한 시이다.

참고 『서』「주서(周書)・여형(呂刑)」

經文 王曰, 嗚呼! 念之哉!

번역 천자가 말하길, 오호라! 유념할지어다!

孔傳 念以伯夷爲法, 苗民爲戒.

번역 백이(伯夷)를 법도로 삼고, 묘민(苗民)을 경계지침으로 삼도록 유념하라는 뜻이다.

經文 伯父·伯兄·仲叔·季弟·幼子·童孫, 皆聽朕言, 庶有格命.

번역 백부·큰형·둘째·막내·어린 자식·어린 손자들아 모두 내 말을 듣거라, 그러면 거의 지극한 명령이 있게 되리라.

孔傳 皆王同姓, 有父兄弟子孫. 列者伯仲叔季, 順少長也. 擧同姓包異姓, 言不殊也. 聽從我言, 庶幾有至命.

번역 모두 천자와 동성(同姓)인 자들로, 부·형·동생·자식·손자가 있다. 나열함에 백(伯)·중(仲)·숙(叔)·계(季)로 한 것은 나이의 많고 적음에 따른 것이다. 동성인 자를 제시하여 이성(異姓)인 자도 포함한 것이니, 차이가 없다는 뜻이다. 내 말을 듣고 따르면 거의 지극한 명령이 있게 되리라는 의미이다.

孔疏 ◎傳“皆王”至“至命”. ○正義曰: 此總告諸侯, 不獨告同姓, 知“擧同姓包異姓”也. “格”訓至也, 言庶幾有至命. “至命”當謂至善之命, 不知是何命也. 鄭玄云: “格, 登也. 登命謂壽考者”, 傳云“至命”亦謂壽考.

번역 ◎孔傳: “皆王”~“至命”. ○이것은 총괄적으로 제후들에게 알려준 말이니, 동성(同姓)인 자에게만 알려준 말이 아니다. 따라서 “동성인 자를 제시하여 이성(異姓)인 자도 포함한 것이다.”라는 말이 사실임을 알 수 있다. ‘격(格)’자는 지(至)자의 뜻이니, 거의 지극한 명령이 있게 되리라는 의미이다. ‘지명(至命)’은 마땅히 지극한 선의 명령을 뜻하지만, 구체적으로 어떤 명령에 해당하는지는 알 수 없다. 정현은 “‘격(格)’자는 오른다는 뜻이다. ‘등명(登命)’은 장수한다는 뜻이다.”라고 했다. 따라서 공안국의 전문에서 '지명(至命)'이라고 한 말 또한 장수를 뜻한다.

經文 今爾罔不由慰日勤, 爾罔或戒不勤.

번역 현재 너는 편안한 도에 따라 자처하지 않음이 없어야 하고 날마다 노력해야 하며, 너는 혹시라도 주의지침만 생각하고 노력하지 않음이 없어야 한다.

孔傳 今汝無不用安自居, 日當勤之. 汝無有徒念戒而不勤.

번역 지금 너는 편안한 도에 따라 자처하지 않음이 없어야 하니, 날마다 힘써야만 한다. 너는 단지 주의지침만을 생각하고 노력하지 않음이 없어야 한다.

孔疏 ◎傳"今汝"至"不勤". ○正義曰: "由", 用也. "慰", 安也. 人之行事多有始無終, 從而不改. 王旣殷勤敎誨, 恐其知而不行, 或當日欲勤行而中道倦怠, 故以此言戒之. 今汝等諸侯無不用安道以自居, 言曰我當勤之. "安道"者, 謂勤其職, 是安之道. 若不勤其職, 是危之道也.

번역 ◎孔傳: "今汝"~"不勤". ○'유(由)'자는 사용한다는 뜻이다. '위(慰)'자는 편안하다는 뜻이다. 사람들이 어떤 일을 시행할 때 대부분 시작은 있지만 끝이 없고, 따르기만 하고 고치지 못한다. 천자는 가르치는데 열심히 노력하였는데, 알기만 하고 실천하지 않음을 염려했고, 열심히 시행하려고 했으나 중도에 태만해졌다고 할 수 있기 때문에 이러한 말로 경계를 한 것이다. 지금 너희 제후들은 편안한 도로 자처하지 않음이 없어야 하니, 우리들은 마땅히 노력해야 한다는 의미이다. '안도(安道)'는 자신의 직무를 열심히 실천하는 것이 바로 편안하게 되는 도이다. 만약 직무에 열심히 하지 않는다면 이것은 위태롭게 만드는 도가 된다.

經文 天齊于民俾我, 一日非終惟終在人.

번역 하늘이 백성들을 가지런히 만듦에 나로 하여금 그 일을 시켰으니, 하루 동안 시행하는 일들은 하늘에 의해 끝맺는 것이 아니며, 끝맺는 것은 사람에게 달려 있도다.

孔傳 天整齊於下民, 使我爲之, 一日所行, 非爲天所終, 惟爲天所終, 在人所行.

번역 하늘이 백성들을 가지런히 만듦에 나로 하여금 그 일을 시켰으니, 하루 동안 시행하는 것들은 하늘에 의해 끝맺는 것이 아니며, 하늘에 의해 끝맺는 것은 사람이 행한 바에 달려 있다.

孔疏 ◎傳"天整"至"所行". ○正義曰: "天整齊於下民"者, 欲使之順道依理, 以性命自終也. 以民不能自治, 故使我爲之, 使我爲天子. 我旣受天委付, 務欲稱天之心. 墜失天命, 是不爲天所終. 保全祿位, 是爲天所終. 我一日所行善之與惡, 非爲天所終, 惟爲天所終, 皆在人所行. 王言己冀欲使爲行稱天意也.

번역 ◎孔傳: "天整"~"所行". ○"하늘이 백성들을 가지런히 만든다."라고 했는데, 도리에 따르도록 해서 성명에 따라 스스로 끝맺도록 한 것이다. 백성들은 스스로를 다스릴 수 없기 때문에, 나로 하여금 그 일을 시켰으니, 나를 천자로 삼았다는 의미이다. 내가 이미 하늘의 위탁을 받았으므로, 하늘의 마음에 걸맞도록 노력해야만 한다. 천명을 실추시키는 것은 하늘에 의해 끝맺는 것이 아니다. 녹봉과 지위를 보존하는 것은 하늘에 의해 끝맺는 것이다. 내가 하루 동안 시행한 선이나 악은 하늘에 의해 끝맺는 것이 아니며, 하늘에 의해 끝맺는 것은 모두 사람이 시행한 것에 달려 있다. 즉 왕 본인이 시행한 일을 하늘의 뜻에 부합되도록 만들고자 기대한다는 의미이다.

經文 爾尙敬逆天命, 以奉我一人. 雖畏勿畏, 雖休勿休.

번역 너는 천명을 공경스럽게 여기고 맞이하여, 나 한 사람을 받들어야 한다. 비록 위엄을 보이더라도 스스로를 외경스럽다고 여기지 말아야 하며, 비록 아름다움이 드러나더라도 스스로 미덕을 소유했다고 여기지 말아야 한다.

孔傳 汝當庶幾敬逆天命, 以奉我一人之戒. 行事雖見畏, 勿自謂可敬畏. 雖見美, 勿自謂有德美.

번역 너는 마땅히 천명을 공경스럽게 여기고 맞이하여, 나 한 사람이 내린 경계지침을 받들기를 기대해야 한다. 어떤 일을 시행함에 비록 위엄을 보이게 되더라도 스스로 외경할 만하다고 여기지 말아야 한다. 비록 아름다움을 드러내게 되더라도 스스로 미덕을 소유했다고 여기지 말아야 한다.

孔疏 ◎傳"汝當"至"德美". ○正義曰: "逆", 迎也. 上天授人爲主, 是下天命也. 諸侯上輔天子, 是逆天命也, 言與天意相迎逆也. "汝當庶幾敬逆天命, 以奉我一人之戒", 欲使之順天意而用己命. 凡人被人畏, 必當自謂己有可畏敬; 被人譽, 必自謂己實有德美. 故戒之, 汝等所行事, 雖見畏, 勿自謂可敬畏; 雖見美, 勿自謂有德美. 教之令謙而不自恃也.

번역 ◎孔傳: "汝當"~"德美". ○'역(逆)'자는 맞이한다는 뜻이다. 상천이 사람에게 주어 주인으로 삼게 했으니, 이것이 천명을 내렸다는 뜻이다. 제후는 위로 천자를 보필하니, 이것은 천명을 맞이하는 것으로, 하늘의 뜻과 서로 부합되어야 한다는 의미이다. 공안국이 "너는 마땅히 천명을 공경스럽게 여기고 맞이하여, 나 한 사람이 내린 경계지침을 받들기를 기대해야 한다."라고 했는데, 그들로 하여금 하늘의 뜻에 순종하여 자신이 내린 명령에 따르게끔 하고자 한 것이다. 사람은 남에게 외경을 받으면 반드시 스스로 외경할 만한 점이 있다고 여기고, 남에게 찬사를 받게 되면 반드시 자신에게 실제로 아름다운 덕이 있다고 여기게 된다. 그렇기 때문에 경계를 한 것으로, 너희들이 시행한 일들이 비록 외경스러운 점을 드러내더라

도, 스스로 외경할 만하다고 여기지 말아야 하고, 아름다운 점이 드러나더
라도 스스로 미덕을 갖췄다고 여기지 말아야 한다고 한 것이다. 즉 그들에
게 겸손하게 처신하여 자만하지 않도록 가르친 것이다.

經文 惟敬五刑, 以成三德. 一人有慶, 兆民賴之, 其寧惟永.

번역 오직 오형(五刑)을 공경스럽게 여겨서 삼덕(三德)을 완성해야 한
다. 나 한 사람에게 선함이 있다면 모든 백성들이 그에 힘입게 되니, 편안하
게 장수하게 된다.

孔傳 先戒以勞謙之德, 次敎以惟敬五刑, 所以成剛柔正直之三德也. 天子
有善, 則兆民賴之, 其乃安寧長久之道.

번역 우선적으로 노력하고 겸손해야 하는 덕으로 경계를 하였고, 그 다
음에 오형(五刑)을 공경스럽게 시행하는 것이 굳세고 유순하며 정직한 삼
덕(三德)10)을 완성하는 것이라고 가르친 것이다. 천자에게 선함이 있다면

---

10) 삼덕(三德)은 세 종류의 덕(德)을 가리키는데, 문헌에 따라 해당하는 덕성(德
性)들에는 차이가 나타난다. 『서』「주서(周書)·홍범(洪範)」편에는 "三德, 一
曰正直, 二曰剛克, 三曰柔克."이라는 기록이 있다. 즉 『서』에서는 '삼덕'을 정
직(正直), 강극(剛克), 유극(柔克)으로 풀이하고 있다. 그리고 이 문장에 대한
공영달(孔穎達)의 소(疏)에서는 "此三德者, 人君之德, 張弛有三也. 一曰正直,
言能正人之曲使直, 二曰剛克, 言剛强而能立事, 三曰柔克, 言和柔而能治."라고
풀이한다. 즉 '정직'은 사람들의 바르지 못한 점을 바로잡아서, 정직하게 만드
는 능력을 뜻한다. '강극'은 강건한 자세로 사업을 수립하고, 그런 일들을 추
진할 수 있는 능력을 뜻한다. '유극'은 화락하고 유순한 태도로 다스릴 수 있
는 능력을 뜻한다. 다음으로 『주례』「지관(地官)·사씨(師氏)」편에는 "以三德
敎國子, 一曰至德, 以爲道本, 二曰敏德, 以爲行本, 三曰孝德, 以知逆惡."이라는
기록이 있다. 즉 『주례』에서는 '삼덕'을 지덕(至德), 민덕(敏德), 효덕(孝德)으
로 풀이하고 있다. '지덕'은 도(道)의 근본이 되는 것이며, '민덕'은 행실의 근
본이 되는 것이고, '효덕'은 나쁘고 흉악한 것들을 알아내는 능력을 뜻한다.
다음으로 『국어(國語)』「진어사(晉語四)」편에는 "晉公子善人也, 而衛親也, 君
不禮焉, 棄三德矣."라는 기록이 있다. 이에 대한 위소(韋昭)의 주에서는 "三
德, 謂禮賓, 親親, 善善也."라고 풀이한다. 즉 위소가 말하는 '삼덕'은 예빈(禮

모든 백성들이 그에 힘입게 되니, 편안하게 장수하는 도가 된다.

孔疏 ◎傳"先戒"至"之道". ○正義曰: 上句"雖畏勿畏, 雖休勿休", 是"先戒以勞謙之德"也. "勞謙", 易·謙卦九三爻辭. 謙則心勞, 故云"勞謙". 天子有善, 以善事敎天下, 則兆民蒙賴之.

번역 ◎孔傳: "先戒"~"之道". ○앞의 구문에서는 "비록 위엄을 보이더라도 스스로를 외경스럽다고 여기지 말아야 하며, 비록 아름다움이 드러나더라도 스스로 미덕을 소유했다고 여기지 말아야 한다."라고 했으니, 이것은 "우선적으로 노력하고 겸손해야 하는 덕으로 경계하였다."라는 뜻이 된다. "노력하고 겸손해야 한다."라는 말은 『역』「겸괘(謙卦)」 구삼의 효사이다.[11] 겸손하다면 마음으로 노력한 것이다. 그렇기 때문에 "노력하고 겸손해야 한다."라고 했다. 천자에게 선함이 있다면 선한 일을 통해 천하를 교화하니, 모든 백성들이 그에 힘입게 된다.

孔疏 ●"王曰"至"惟永". ○正義曰: 王言而歎曰: "嗚呼! 汝等諸侯其當念之哉!" 念以伯夷爲法, 苗民爲戒. 旣令念此法戒, 又呼同姓諸侯曰: "伯父·伯兄·仲叔·季弟·幼子·童孫等, 汝皆聽從我言, 依行用之, 庶幾有至善之命", 命必長壽也. 今汝等諸侯無不用安道以自居, 曰我當勤之哉. 汝已許自勤, 卽當必勤, 汝無有徒念我戒, 許欲自勤而身竟不勤. 戒使必自勤也. 上天欲整齊於下民, 使我爲之令, 我爲天子整齊下民也. 我一日所行失其道, 非爲天所終. 一日所行得其理, 惟爲天所終. 此事皆在人所行. 言己當愼行以順天也. 我已冀欲順天, 汝等當庶幾敬逆天命, 以奉用我一人之戒. 汝所行事, 雖見畏, 勿自謂可敬畏. 雖見美, 勿自謂有德美. 欲令其謙而勿自取也. 汝等惟當敬愼用此五刑, 以成剛柔正直之三德, 以輔我天子. 我天子一人有善事, 則億兆之民

賓), 친친(親親), 선선(善善)이다. '예빈'은 빈객들에게 예법(禮法)에 따라 대접하는 것이며, '친친'은 부모를 친애하는 것이고, '선선'은 착한 사람을 착하게 대하는 것이다.

11) 『역』「겸괘(謙卦)」: 九三, 勞謙, 君子有終, 吉.

蒙賴之. 若能如此, 其乃安寧, 惟久長之道也.

번역 ●經文: "王曰"~"惟永". ○"오호라! 너희 제후들은 마땅히 유념할지어다!"라고 했는데, 백이(伯夷)를 법도로 삼고 묘민(苗民)을 경계지침으로 삼도록 유념하라는 뜻이다. 이미 그들로 하여금 이러한 것을 법도로 삼고 경계지침으로 삼도록 했는데, 재차 동성(同姓)인 제후들을 불러서, "백부·큰형·둘째·막내·어린 자식·어린 손자들아 너희들은 모두 내 말을 듣고 따라야 하며, 그에 따라 시행해야만 지극한 선의 명령이 있게 될 것이다."라고 한 것으로, 자신이 부여받은 명은 반드시 장수를 하게 되리라는 의미이다. 현재 너희 제후들은 편안한 도로 자처하지 않는 자가 없으면서도 나는 마땅히 노력해야 한다고 말하고 있다. 즉 너희들은 이미 스스로 노력한다고 여기고 있으니, 마땅히 노력해야만 한다는 의미이고, 너희들은 단지 내가 내린 경계지침만을 생각하지 말아야 하니, 스스로 노력하고자 하면서도 자신이 끝내 노력하지 않는 것을 허용한다는 의미이다. 즉 반드시 스스로 노력하도록 경계를 한 말이다. "상천이 백성들을 가지런히 만들고자 하여 나로 하여금 그들에게 명령을 내리도록 했으니, 내가 천자가 되어 백성들을 가지런히 만든다는 의미이다. 내가 하루 동안 시행한 것이 도를 잃어버린다면, 하늘에 의해 끝맺는 것이 아니다. 하루 동안 시행한 것이 이치에 합당하다면 하늘에 의해 끝맺게 된다. 즉 이러한 일들은 모두 사람이 시행한 것에 달려 있다는 의미이다. 본인은 마땅히 행동을 신중히 해서 하늘에 순응한다는 뜻이다. 나는 이미 하늘에 순종하기를 바라고 있으니, 너희들은 마땅히 천명을 공경스럽게 여기고 맞이하여, 나 한 사람이 내린 경계지침을 받들고 따라야 한다. 너희들이 어떤 일을 시행함에 비록 외경할 만한 점이 드러나더라도 스스로 외경스럽다고 여기지 말아야 한다. 또 비록 아름다운 점이 드러나더라도 스스로 미덕을 갖췄다고 여기지 말아야 한다. 즉 겸손하게 해서 자만하지 않도록 한 것이다. 너희들은 마땅히 오형을 공경스럽고 신중하게 사용하여 굳세고 유순하며 정직한 삼덕을 완성하고, 이를 통해 천자를 보필해야 한다. 천자 한 사람이 선한 일을 갖춘다면 모든 백성들이 그에 힘입게 된다. 만약 이처럼 할 수 있다면 편안하게 되니, 장구하게 되는 도일 따름이다.

蔡傳 此告同姓諸侯也. 格, 至也. 參錯訊鞫, 極天下之勞者, 莫若獄, 苟有毫髮怠心, 則民有不得其死者矣. 罔不由慰日勤者, 爾所用以自慰者, 無不以日勤, 故職擧而刑當也. 爾罔或戒不勤者, 刑罰之用, 一成而不可變者也. 苟頃刻之不勤, 則刑罰失中, 雖深戒之, 而已施者, 亦無及矣. 戒固善心也, 而用刑豈可以或戒也哉? 且刑獄非所恃以爲治也. 天以是整齊亂民, 使我爲一日之用而已. 非終, 卽康誥大罪非終之謂, 言過之當宥者. 惟終, 卽康誥小罪惟終之謂, 言故之當辟者. 非終惟終, 皆非我得輕重, 惟在夫人所犯耳. 爾當敬逆天命, 以承我一人. 畏威, 古通用. 威, 辟之也. 休, 宥之也. 我雖以爲辟, 爾惟勿辟, 我雖以爲宥, 爾惟勿宥, 惟敬乎五刑之用, 以成剛柔正直之德, 則君慶於上, 民賴於下, 而安寧之福, 其永久而不替矣.

번역 이것은 동성(同姓)의 제후들에게 알려준 말이다. '격(格)'자는 지극하다는 뜻이다. 뒤섞고 따져서 천하의 수고로움을 지극히 하는 것 중에는 옥송(獄訟)만한 것이 없는데, 만약 털끝만큼이라도 나태한 마음이 있다면, 백성들에게는 제대로 된 죽음을 얻지 못하는 경우가 생긴다. "너는 위로하며 날마다 부지런하지 않음이 없어야 한다."라는 말은 스스로 위로하여 날마다 부지런히 하지 않음이 없기 때문에 직무가 시행되고 형벌이 마땅하게 된다는 뜻이다. "너는 혹시라도 경계만 하고 부지런히 하지 않음이 없어야 한다."라는 말은 형벌을 사용하는 것은 한 번 완성되면 바꿀 수 없는 것이다. 만약 잠시라도 부지런하지 않는다면 형벌이 마땅함을 잃어서 비록 깊이 경계하더라도 이미 형벌을 시행한 것에는 미칠 수 없다는 뜻이다. 따라서 경계하는 것이 비록 좋은 마음이라고 하지만, 형벌을 사용함에 어찌 경계만 할 수 있단 말인가? 또한 형벌은 믿고서 다스릴 수 있는 것이 아니다. 하늘이 이로써 어지러운 백성들을 다듬어서 나로 하여금 하루 동안 사용토록 했을 따름이다. '비종(非終)'은 『서』「강고(康誥)」편에서 "큰 죄이지만 끝까지 저지른 것이 아니다."라고 한 말에 해당하니, 과실을 범한 것 중 용서를 해줄 수 있는 경우를 뜻한다. '유종(惟終)'은 「강고」편에서 "작은 죄이지만 끝가지 저지른 것이다."라고 한 말에 해당하니,[12] 고의로 죄를 저질러 벌을 받아야 할 경우를 뜻한다. 비종(非終)과 유종(惟終)은 모두 내가 가볍게 여기거나 중시 여길 수 있는 것이 아니며, 오직 그 사람이 범한 것에 달려 있을 따름이다. 너는 마땅히 천명을 공경스럽게 여기고 맞이하여 나 한 사람을 받들어야 한다. '외(畏)'자와 '위(威)'자는 고자에서는 통용되었다. '위(威)'는 형벌을 내린다는 뜻이다. '휴(休)'자는 용서해준다는 뜻이다. 내가 비록 형벌을 내리더라도 너는 형벌을 내리지 말아야 하고, 내가 비록 용서를 하더라도 너는 용서하지 말아야 하니, 오직 오형(五刑)의 쓰임에 대해 공경스럽게 여겨서, 굳세고 유순하며 정직한 덕을 완성해야 하니, 이처럼 한다면 군주는 위에서 경사스럽게 되고, 백성은 아래에서 힘입게 되어, 편안한 복이 오래도록 유지되며 폐지되지 않을 것이다.

참고 『시』「대아(大雅)·하무(下武)」

下武維周, (하무유주) : 후대에 선조를 계승할 수 있는 자는 주나라에 가장 많았으니,
世有哲王. (세유철왕) : 대대로 현명한 군주가 있었다.
三后在天, (삼후재천) : 태왕(太王)·왕계(王季)·문왕(文王)이 하늘에 계시거늘,
王配于京. (왕배우경) : 무왕(武王)은 수도에서 그에 짝하시도다.

王配于京, (왕배우경) : 무왕이 수도에서 그에 짝하시니,
世德作求. (세덕작구) : 대대로 덕을 쌓아 공적을 완성하도다.
永言配命, (영언배명) : 내가 세 왕의 명령에 짝하기를 길이 함은,
成王之孚. (성왕지부) : 왕자의 도를 미덥게 이룸이라.

---

12) 『서』「주서(周書)·강고(康誥)」 : 人有小罪, 非眚乃惟終, 自作不典式爾, 有厥罪小, 乃不可不殺. 乃有大罪, 非終, 乃惟眚災, 適爾.

成王之孚, (성왕지부) : 왕자의 도를 미덥게 이루니,

下土之式. (하토지식) : 백성들이 법칙으로 삼도다.

永言孝思, (영언효사) : 내가 효심에 따라 세 왕이 행했던 바를 떠올리니,

孝思維則. (효사유칙) : 효심에 따라 떠올림은 후세의 법칙이 되니라.

媚茲一人, (미자일인) : 사랑스럽구나 무왕이여,

應侯順德. (응후순덕) : 순종적인 덕에 합당할 수 있구나.

永言孝思, (영언효사) : 내가 효심에 따라 세 왕이 행했던 바를 떠올리니,

昭哉嗣服. (소재사복) : 밝구나, 무왕이 선조의 과업을 잇는 것이.

昭茲來許, (소자래허) : 이처럼 노력한 행실을 밝게 드러내어 선으로 나아
　　　　　　　　　　　　　가고,

繩其祖武. (승기조무) : 선조의 자취를 경계하고 신중히 살피는구나.

於萬斯年, (오만사년) : 아, 영원토록,

受天之祜. (수천지호) : 하늘의 복을 받으리라.

受天之祜, (수천지호) : 하늘의 복을 받은지라,

四方來賀. (사방래하) : 사방에서 찾아와 축하하노라.

於萬斯年, (오만사년) : 아, 영원토록,

不遐有佐. (불하유좌) : 멀다하지 않고 찾아와 돕는구나.

毛序 下武, 繼文也. 武王, 有聖德, 復受天命, 能昭先人之功焉.

모서 「하무(下武)」편은 문왕(文王)을 계승한 사실을 읊조린 시이다. 무왕(武王)은 성인다운 덕을 가지고 있어서 재차 천명을 받아 선조의 공덕을 밝힐 수 있었다.

　그림 5-1　◼ 주(周)나라 무왕(武王)

王　　武　　周

※ **출처:** 『삼재도회(三才圖會)』「인물(人物)」1권

그림 5-2 ▣ 면류관[冕]

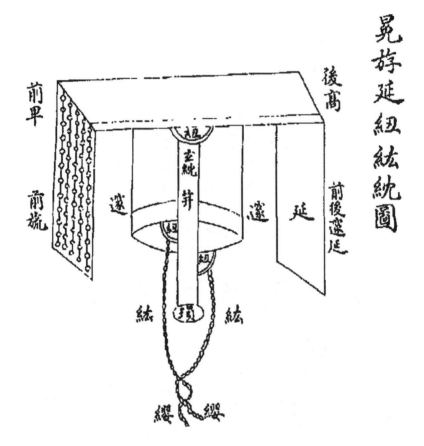

※ **출처:** 『주례도설(周禮圖說)』 하권

• 제 6 절 •

상(上)의 호인(好仁)

【643c】

> 子曰, "上好仁, 則下之爲仁爭先人. 故長民者, 章志·貞敎·尊仁, 以子愛百姓, 民致行己, 以說其上矣. 詩云, '有梏德行, 四國順之.'"

직역 子가 曰, "上히 仁을 好하면, 下가 仁을 爲함이 人보다 先하길 爭한다. 故로 民을 長하는 者가, 志를 章하고 敎를 貞하며 仁을 尊하여, 百姓을 子愛하면, 民이 己를 行하길 致하여, 그 上을 說한다. 詩에서 云, '德行을 梏함이 有하면, 四國이 順이라.'"

의역 공자가 말하길, "윗사람이 인(仁)을 좋아한다면, 아랫사람이 앞 다투어 인(仁)을 실천하려고 한다. 그러므로 백성들을 통치하는 자가 자신의 뜻을 드러내고 가르침을 바르게 하며 인(仁)을 존숭하여 백성들을 자식처럼 사랑하면, 백성들은 인(仁)을 실천하는데 온힘을 다하여 윗사람을 기뻐하도록 만든다. 『시』에서는 '덕행으로 남을 깨우칠 수 있다면, 사방의 나라가 순종하게 되리라.'"라고 했다.

集說 章志者, 明吾好惡之所在也; 貞敎者, 身率以正也. 所志所敎莫非尊仁之事, 以此爲愛民之道, 是以民皆感其子愛之心, 致力於行己之善而悅其上, 如子從父母之命也. 詩, 大雅抑之篇. 梏, 當依詩作覺. 言有能覺悟人以德行者, 則四國皆服從之也.

번역 '장지(章志)'는 내가 좋아하고 싫어하는 대상을 드러낸다는 뜻이다. '정교(貞敎)'는 스스로 올바름으로 통솔한다는 뜻이다. 뜻으로 삼고 있는 것과 가르침으로 삼고 있는 것은 인(仁)을 존숭하지 않는 일이 없고, 이것을 백성들을 사랑하는 도로 삼으니, 이러한 까닭으로 백성들이 모두 군주가 자식처럼 사랑하는 마음에 감화되어, 자신의 선함을 시행하는데 힘을 다하여 윗사람을 기뻐하도록 만드니, 마치 자식이 부모의 명령에 따르는 것처럼 한다는 뜻이다. 『시』는 『시』「대아(大雅)·억(抑)」편이다.[1] '각(桷)'자는 『시』의 기록에 따라 마땅히 '각(覺)'자가 되어야 한다. 즉 남에 대해서 덕행으로 깨우칠 수 있는 자라면, 사방의 나라들이 모두 복종하게 된다는 뜻이다.

大全 馬氏曰: 爭先人, 而謂之仁者, 蓋當仁不讓於師也.

번역 마씨가 말하길, 남보다 앞서려고 다투는데도 이것을 인(仁)이라고 부른 것은 인(仁)을 접해서는 스승에게도 양보하지 않기 때문이다.[2]

大全 嚴陵方氏曰: 章志·貞敎·尊仁, 以子愛百姓, 玆非上好仁乎? 民致行己, 以說其上者, 玆非下之爲仁爭先人乎?

번역 엄릉방씨가 말하길, 뜻을 드러내고 가르침을 바르게 하며 인(仁)을 존숭하여 백성들을 자식처럼 사랑하는 것은 바로 윗사람이 인(仁)을 좋아하는 것이 아니겠는가? 백성들이 인(仁)을 실천하는데 온힘을 다하여 윗사람을 기뻐하게 만드는 것은 아랫사람이 앞 다투어 인(仁)을 시행하는 것이 아니겠는가?

鄭注 章, 明也. 貞, 正也. "民致行己"者, 民之行, 皆盡己心. 桷, 大也, 直也.

번역 '장(章)'자는 "드러내다[明]."는 뜻이다. '정(貞)'자는 "바르게 하다

---

1) 『시』「대아(大雅)·억(抑)」: 無競維人, 四方其訓之. <u>有覺德行, 四國順之.</u> 訏謨定命, 遠猶辰告. 敬愼威儀, 維民之則.
2) 『논어』「위령공(衛靈公)」: 子曰, "當仁, 不讓於師."

[正].”는 뜻이다. “백성들이 자신을 실천하길 지극히 한다.”는 말은 백성들의 행실이 모두 자신의 마음을 다하게 된다는 뜻이다. ‘각(梏)’자는 “크다[大].”는 뜻이며, “곧다[直].”는 뜻이다.

釋文 長, 丁丈反. 說音悅. 梏音角, 詩作“覺”. 行, 下孟反.

번역 ‘長’자는 ‘丁(정)’자와 ‘丈(장)’자의 반절음이다. ‘說’자의 음은 ‘悅(열)’이다. ‘梏’자의 음은 ‘角(각)’이며,『시』에서는 ‘覺’자로 기록했다. ‘行’자는 ‘下(하)’자와 ‘孟(맹)’자의 반절음이다.

孔疏 ●“子曰”至“順之”. ○正義曰: 此一節贊結上經在上行仁之事.

번역 ●經文: “子曰”~“順之”. ○이곳 문단은 앞의 경문에서 윗사람이 인(仁)을 시행한다는 사안에 대해서 그것을 칭송하며 결론을 맺은 것이다.

孔疏 ●“則3)下之爲仁爭先人”者, 言上若好仁, 則下皆爲仁, 爭欲先他人.

번역 ●經文: “則下之爲仁爭先人”. ○윗사람이 만약 인(仁)을 좋아한다면 아랫사람들이 모두 인(仁)을 시행하며, 다른 사람보다 먼저 하려고 다투게 된다는 뜻이다.

孔疏 ●“故長民者章志・貞敎・尊仁, 以子愛百姓”者, 章, 明也; 貞, 正也. 言尊長於人爲君者, 當須章明己志, 爲貞正之敎, 尊敬仁道, 以子愛百姓也.

번역 ●經文: “故長民者章志・貞敎・尊仁, 以子愛百姓”. ○‘장(章)’자는 “드러내다[明].”는 뜻이며, ‘정(貞)’자는 “바르게 하다[正].”는 뜻이다. 즉 남보다 존귀하고 뛰어나서 군주가 된 자는 마땅히 자신의 뜻을 밝게 드러내

---

3) ‘즉(則)’자에 대하여. ‘즉’자 뒤에는 본래 ‘천(天)’자가 기록되어 있었는데, 완원(阮元)의 『교감기(校勘記)』에서는 “혜동(惠棟)의 『교송본(校宋本)』에는 ‘천’자가 없는데, 이 기록이 옳다.”라고 했다.

어 바른 정치를 시행하고, 인(仁)의 도를 존숭하고 공경하여 백성들을 자식처럼 사랑해야 한다는 뜻이다.

孔疏 ●"民致行已以說其上矣"者, 言上能化下如此則在下之人致盡行己之意, 以說樂其上矣.

번역 ●經文: "民致行已以說其上矣". ○윗사람이 이처럼 아랫사람을 교화할 수 있다면, 아랫사람은 자신의 뜻을 시행하는데 힘을 다하여 윗사람을 기쁘게 만든다는 뜻이다.

孔疏 ●"詩云: 有梏德行, 四國順之", 此詩·大雅·抑之篇, 刺厲王之詩也. 梏, 大也. 言賢者有大德行, 四國從之. 引者, 證上有其德, 下所從也.

번역 ●經文: "詩云: 有梏德行, 四國順之". ○이 시는 『시』「대아(大雅)·억(抑)」편으로, 여왕(厲王)을 풍자한 시이다. '각(梏)'자는 "크다[大]."는 뜻이다. 현명한 자가 큰 덕행을 갖추고 있다면 사방의 나라들이 복종하게 된다는 뜻이다. 이 시를 인용한 것은 윗사람이 덕을 갖고 있다면 아랫사람이 따르게 됨을 증명하기 위해서이다.

訓纂 王氏引之曰: 謂慈愛百姓也.

번역 왕인지가 말하길, 백성들을 자애롭게 대한다는 뜻이다.

集解 今按: 梏如字, 音谷.

번역 현재 살펴보니, '梏'자는 글자대로 읽으니, 그 음은 '谷(곡)'이다.

集解 仁者, 民之所固有, 上好之則下爲之矣. 章, 明也. 章志者, 明己之志, 使民皆知我之好仁而惡不仁也. 貞敎者, 以正道導民, 使民皆知所以爲仁而去不仁也. 志之在己, 與敎之及民者, 皆在於尊尙仁道以愛其民, 則民莫不盡力於行仁, 以趨上之所好也. 梏, 爾雅云, "直也." 今毛詩作"覺".

번역 '인(仁)'은 백성들이 고유하게 갖추고 있는 것이니, 윗사람이 그것을 좋아한다면 아랫사람이 그것을 시행하게 된다. '장(章)'자는 "드러내다[明]."는 뜻이다. '장지(章志)'는 자신의 뜻을 드러내어, 백성들로 하여금 모두가 내가 인(仁)을 좋아하고 불인함을 싫어한다는 사실을 알게끔 하는 것이다. '정교(貞敎)'는 올바른 도로 백성들을 인도하여, 백성들로 하여금 모두들 인(仁)을 시행하고 불인함을 제거하는 방법을 알게끔 하는 것이다. 뜻은 자신에게 있는 것인데, 그것을 가르쳐서 백성들에게 미치는 것들이 모두 인(仁)의 도를 존숭하여 백성들을 사랑하는데 있다면, 백성들 중에는 인(仁)을 시행하는데 힘을 다하여, 윗사람이 좋아하는 것을 추구하지 않는 자가 없게 된다. '곡(梏)'자에 대해 『이아』에서는 "곧다."라고 했다.4) 현행본 『모시』에서는 '각(覺)'자로 기록했다.

참고 『시』「대아(大雅)·억(抑)」

抑抑威儀, (억억위의) : 촘촘한 위엄스러운 거동이여,
維德之隅. (유덕지우) : 그 덕은 엄숙하고 단정하구나.
人亦有言, (인역유언) : 사람들이 또한 말하길,
靡哲不愚. (미철불우) : 현명한 자가 아니라면 어리석은 것처럼 하지 않
　　　　　　　　는구나.
庶人之愚, (서인지우) : 일반인의 어리석음은,
亦職維疾. (역직유질) : 본성상의 병통이니라.
哲人之愚, (철인지우) : 현명한 자의 어리석은 태도는,
亦維斯戾. (역유사려) : 죄를 짓게 될까 염려해서이다.

無競維人, (무경유인) : 현자를 얻는데 힘쓰지 않는 자여,
四方其訓之. (사방기훈지) : 현자는 사방을 가르칠 사람이로다.

---

4) 『이아』「석고(釋詁)」 : 梏·梗·較·頌·庭·道, <u>直也</u>.

有覺德行, (유각덕행) : 곧은 덕행을 소유하게 되리니,

四國順之. (사국순지) : 사방의 나라가 따르리라.

訏謨定命, (우모정명) : 도를 크게 하며 명령을 확정하여,

遠猶辰告. (원유진고) : 계획을 원대하게 하여 때에 맞게 알려주리라.

敬愼威儀, (경신위의) : 공경스럽게 신중하며 위엄스러운 거동이여,

維民之則. (유민지칙) : 백성들의 법도이니라.

其在于今, (기재우금) : 지금 여왕(厲王)의 치하에 있어서는,

興迷亂于政. (흥미란우정) : 소인을 숭상하여 정사를 혼란케 하는구나.

顚覆厥德, (전복궐덕) : 공덕을 무너트리고,

荒湛于酒. (황담우주) : 정사를 황폐하게 하여 술독에 빠지는구나.

女雖湛樂從, (여수담락종) : 너희 군신들이 술독에 빠져 서로 즐거워하며
　　　　　　　　　　따르지만,

弗念厥紹. (불념궐소) : 너희 후손들이 본받아 따를 것을 생각하지 못하
　　　　　　　　는구나.

罔敷求先王, (망부구선왕) : 선왕의 도를 구하여,

克共明刑. (극공명형) : 함께 법도를 드러내지 못하는구나.

肆皇天弗尙, (사황천불상) : 예나 지금이나 황천(皇天)5)께서 가상히 여기
　　　　　　　　지 않아,

如彼泉流, (여피천류) : 방만한 정치가 저 흘러가는 물과도 같으니,

無淪胥以亡. (무륜서이망) : 서로 바로잡아 이끌어줌이 없어 모두 망하게
　　　　　　　　되리라.

夙興夜寐, (숙흥야매) : 일찍 일어나고 밤늦게 자서,

洒埽庭內, (쇄소정내) : 마당을 깨끗이 청소하여,

維民之章. (유민지장) : 백성들의 표본이 되어야 하니라.

脩爾車馬, (수이차마) : 너의 수레와 말,

弓矢戎兵. (궁시융병) : 활과 화살 및 병장기를 수선할지어다.

用戒戎作, (용계융작) : 이로써 대비하여 군대를 일으키면 정벌하고,

---

5) 황천(皇天)은 천신(天神)을 높여 부르는 말로, 황천상제(皇天上帝)를 뜻한다.
'황천상제'는 또한 상제(上帝), 천제(天帝) 등으로 지칭되기도 한다. 한편 '황
천'과 '상제'를 별개의 대상으로 풀이하기도 한다.

用遏蠻方. (용적만방) : 이로써 오랑캐를 막을지어다.

質爾人民, (질이인민) : 너의 백성들을 편안케 하며,
謹爾侯度, (근이후도) : 너의 제후들에게 모범이 되지 못할까 염려하리니,
用戒不虞. (용계불우) : 이로써 뜻하지 않은 변고를 대비하여라.
愼爾出話, (신이출화) : 너의 교화와 정령을 신중히 하고,
敬爾威儀, (경이위의) : 너의 위엄스러운 거동을 공경스럽게 하여,
無不柔嘉. (무불유가) : 안정되고 선하지 않은 일이 없게끔 하라.
白圭之玷, (백규지점) : 백색 옥의 흠집은,
尙可磨也, (상가마야) : 오히려 갈아서 없앨 수 있으나,
斯言之玷, (사언지점) : 이 말의 흠집은,
不可爲也. (불가위야) : 그렇게 할 수 없느니라.

無易由言, (무이유언) : 말을 경솔히 하지 말지니,
無曰苟矣, (무왈구의) : 구차하도다,
莫捫朕舌, (막문짐설) : 내 혀를 잡아주는 자가 없다고 말하지 말지니,
言不可逝矣. (언불가서의) : 교령(敎令)이 한 번이라도 백성들에게 미치
지 못하는구나.
無言不讎, (무언불수) : 말은 쓰이지 않음이 없고,
無德不報. (무덕불보) : 덕은 보답하지 않음이 없도다.
惠于朋友, (혜우붕우) : 제후들에게 도에 따라 베풀고,
庶民小子. (서민소자) : 백성들에게도 베풀어야 하느니라.
子孫繩繩, (자손승승) : 자손들이 왕의 교령을 조심하는데,
萬民靡不承. (만민미불승) : 백성들 중 받지 않는 자가 없구나.

視爾友君子, (시이우군자) : 너의 제후와 경들을 보니,
輯柔爾顔, (집유이안) : 모두가 너의 안색만 편안케 하노라,
不遐有愆. (불하유건) : 멀지 않아 죄를 범하리라.
相在爾室, (상재이실) : 신하들이 너의 묘실(廟室)에 있는데,
尙不愧于屋漏. (상불괴우옥루) : 오히려 신들에게 공경하지 않는구나.
無曰不顯, (무왈불현) : 드러나지 않으니,
莫予云覯. (막여운구) : 나를 보는 이가 없다고 말하지 말지어다.

神之格思, (신지격사) : 신이 찾아옴은,

不可度思, (불가탁사) : 헤아릴 수 없거늘,

矧可射思. (신가역사) : 하물며 제사 말미에 나태하게 굴 수 있겠는가.

辟爾爲德, (벽이위덕) : 네가 시행하는 덕을 잘 헤아려,

俾臧俾嘉. (비장비가) : 백성과 신하들이 아름답게 여기도록 하라.

淑愼爾止, (숙신이지) : 너의 행동거지를 삼가고 조심하여,

不愆于儀. (불건우의) : 위엄스러운 예법을 어기지 말지어다.

不僭不賊, (불참부적) : 어기지 않고 그르치지 아니하면,

鮮不爲則. (선불위칙) : 법도로 삼지 않는 자가 적을 것이니라.

投我以桃, (투아이도) : 나에게 복숭아를 던져주면,

報之以李. (보지이리) : 그에게 오얏으로 보답하리라.

彼童而角, (피동이각) : 저 덕이 없는 왕후(王后)6)는 덕이 있다 여기니,

實虹小子. (실홍소자) : 실로 왕의 정사를 황망하게 만드는구나.

荏染柔木, (임염유목) : 부들부들하고 유연한 나무는,

言緡之絲. (언민지사) : 끈을 매어 활로 만드느니라.

溫溫恭人, (온온공인) : 온화하고 공손한 사람은,

維德之基. (유덕지기) : 덕의 기틀이니라.

其維哲人, (기유철인) : 저 현명한 사람은,

告之話言, (고지화언) : 선한 말로 일러주니,

順德之行. (순덕지행) : 덕에 따라 행동할지어다.

其維愚人, (기유우인) : 저 어리석은 사람은,

覆謂我僭. (복위아참) : 도리어 나를 믿지 않는다 하니,

民各有心. (민각유심) : 백성들은 각기 다른 마음을 품고 있구나.

於呼小子, (오호소자) : 아아, 왕이여,

未知臧否. (미지장부) : 선한지 아닌지도 모르는가.

匪手攜之, (비수휴지) : 내가 손으로 끌어줄 뿐 아니라,

---

6) 왕후(王后)는 천자의 본부인을 뜻한다. 후대에는 황후(皇后)라고 부르기도 하였다. 고대에는 천자(天子)를 왕(王)이라고 불렀기 때문에, 천자의 부인을 '왕후'라고 부른다. 또한 '왕'자를 생략하여 '후(后)'라고도 부른다.

言示之事. (언시지사) : 직접 그 일의 시비를 보여주지 않았던가.

匪面命之, (비면명지) : 내가 대면하여 말을 한 것이 아니라,

言提其耳. (언제기이) : 귀에 대고 직접 말해주지 않았던가.

借曰未知, (차왈미지) : 어떤 이는 왕은 무지한데도,

亦旣抱子. (역기포자) : 또한 이미 아이를 안고 있을 만큼 나이를 먹었다
고 하는구나.

民之靡盈, (민지미영) : 백성들이 왕에게 만족을 못하는데,

誰夙知而莫成. (수숙지이막성) : 그 누가 일찍 깨우치고도 늦게 이룬단
말인가.

昊天孔昭, (호천공소) : 호천(昊天)께서 밝게 살피신데,

我生靡樂. (아생미락) : 나의 삶은 즐겁지 않구나.

視爾夢夢, (시이몽몽) : 네 뜻의 몽매함을 보니,

我心慘慘. (아심참참) : 내 마음의 근심이 비참하구나.

誨爾諄諄, (회이순순) : 너를 가르치길 정성을 다하였거늘,

聽我藐藐. (청아막막) : 내 말을 건성으로 듣는구나.

匪用爲敎, (비용위교) : 내 말을 정사에 사용하지 않고서,

覆用爲虐. (복용위학) : 도리어 내 말이 해를 끼친다 하는구나.

借曰未知, (차왈미지) : 어떤 이는 왕은 무지한데도,

亦聿旣耄. (역율기모) : 또한 이미 늙었다고 하는구나.

於乎小子, (오호소자) : 아아, 왕이여,

告爾舊止. (고이구지) : 너에게 오래전부터 내려오던 말을 일러주노라.

聽用我謀, (청용아모) : 내 말을 듣고서 따른다면,

庶無大悔. (서무대회) : 큰 후회가 거의 없으리라.

天方艱難, (천방간난) : 하늘이 재앙을 내려,

曰喪厥國. (왈상궐국) : 그 나라를 망하게 할지라.

取譬不遠, (취비불원) : 내 비유함이 심원한 것이 아니니,

昊天不忒. (호천불특) : 호천의 덕과 차이를 두지 말지어다.

回遹其德, (회휼기덕) : 그 덕을 어기고서,

俾民大棘. (비민대극) : 백성들을 매우 궁핍하게 만드는구나.

毛序   抑, 衛武公, 刺厲王, 亦以自警也.

모서   「억(抑)」편은 위(衛)나라 무공(武公)이 여왕(厲王)을 풍자한 시이
며, 또한 스스로 경계하는 말이다.

【643d～644a】

子曰, "王言如絲, 其出如綸. 王言如綸, 其出如綍. 故大人不倡
游言. 可言也不可行, 君子弗言也, 可行也不可言, 君子弗行也,
則民言不危行, 而行不危言矣. 詩云,'淑愼爾止, 不愆于儀.'"

직역 子가 曰, "王의 言이 絲와 如이나 그 出이 綸과 如라. 王의 言이 綸과
如이나 그 出이 綍과 如라. 故로 大人은 游言을 不倡한다. 言이 可이나 行이 不可라
면, 君子가 言을 弗하고, 行이 可이나 言이 不可라면, 君子가 行을 弗하면, 民의
言은 行보다 不危하고, 行은 言보다 不危한다. 詩에서 云, '爾의 止를 淑愼하고,
儀에 不愆하라.'"

의역 공자가 말하길, "천자의 말이 실과 같이 가늘더라도 그것이 밖으로 표출되면
끈처럼 두껍게 된다. 천자의 말이 끈처럼 두껍더라도 그것이 밖으로 표출되면 노끈처
럼 커지게 된다. 그러므로 천자나 대인은 근거도 없는 말로 선동하지 않는다. 말로는
할 수 있지만 실천할 수 없다면 군자는 그러한 말을 하지 않고, 실천할 수 있지만
말로는 표현할 수 없다면 군자는 그러한 행동을 하지않으니, 이처럼 한다면 백성들의
말은 실천보다 높아지지 않고, 실천도 말보다 높아지지 않는다. 『시』에서는 '너의 용
모와 행동거지를 조심하고 삼가며, 위엄을 갖춘 예법에 과실을 범하지 말아라.'"라고
했다.

集說 綸, 綬也. 疏云, "如宛轉繩." 綍, 引棺大索也. 危, 高也. 詩, 大雅抑之
篇. 止, 容止也. 愆, 過也.

번역 '윤(綸)'자는 끈[綬]이다. 공영달[1]의 소에서는 "아녀자들이 허리띠에 찼던 완전승(宛轉繩)이라는 끈과 같다."라고 했다. '발(紼)'은 관을 끌 때 사용하는 큰 노끈이다. '위(危)'자는 "높이다[高]."는 뜻이다. 이 시는 『시』「대아(大雅)・억(抑)」편이다.[2] '지(止)'자는 용모와 행동거지를 뜻한다. '건(愆)'자는 "과실을 범하다[過]."는 뜻이다.

集說 呂氏曰: 大人, 王公之謂也. 游言, 無根不定之言也. 易曰, "誣善之人其辭游." 爲人上者, 倡之以誠慤篤實之言, 天下猶有欺詐以罔上者; 苟以游言倡之, 則天下蕩然虛浮之風作矣, 可不愼乎? 可言而不可行, 過言也. 可行而不可言, 過行也. 君子弗言弗行, 則言行不越乎中, 民將效之. 言不敢高於行, 而言之必可行也; 行不敢高於言, 而必爲可繼之道也.

번역 여씨가 말하길, '대인(大人)'은 천자와 제후를 뜻한다. '유언(游言)'은 근거가 없어 확정되지 않은 말이다. 『역』에서는 "선을 모함하는 사람은 그 말이 겉돈다."[3]라고 했다. 윗사람이 성실하고 독실한 말로 이끌더라도 천하 사람들 중에는 오히려 속임과 거짓으로 윗사람을 속이는 자가 있는데, 만약 근거도 없는 말로 이끈다면, 천하 사람들은 제멋대로 허황된 기풍을 일으키게 될 것이니, 신중하지 않을 수 있겠는가? 말을 할 수 있지만 실천할 수 없다는 것은 지나친 말이다. 실천할 수 있지만 말을 할 수 없다는 것은 지나친 행동이다. 군자가 그러한 말을 하지 않고 그러한 실천을 행하지 않는다면, 말과 행동이 알맞음에서 벗어나지 않고 백성들이 본받게 된다. 말이 감히 행동보다 높아지지 않는다면, 말한 것은 반드시 실천할 수 있다. 행동이 감히 말보다 높아지지 않는다면, 반드시 계승할 수 있는 도가 된다.

---

1) 공영달(孔穎達, A.D.574~A.D.648) : =공씨(孔氏). 당대(唐代)의 경학자이다. 자(字)는 중달(仲達)이고, 시호(諡號)는 헌공(憲公)이다. 『오경정의(五經正義)』를 찬정(撰定)하는데 중심적인 역할을 했다.
2) 『시』「대아(大雅)・억(抑)」 : 辟爾爲德, 俾臧俾嘉. 淑愼爾止, 不愆于儀. 不僭不賊, 鮮不爲則. 投我以桃, 報之以李. 彼童而角, 實虹小子.
3) 『역』「계사하(繫辭下)」 : 將叛者其辭慙, 中心疑者其辭枝, 吉人之辭寡, 躁人之辭多, 誣善之人其辭游, 失其守者其辭屈.

大全 馬氏曰: 夫可言不可行, 君子不言也, 則民言顧行而言不危行矣. 可行不可言, 君子弗行也, 則民行顧言而行不危言矣.

번역 마씨가 말하길, 말로는 할 수 있지만 실천할 수 없는 것을 군자가 말하지 않는다면, 백성들의 말은 행실을 돌아보게 되어 말이 행동보다 높아지지 않는다. 실천할 수 있지만 말로 표현할 수 없는 것을 군자가 시행하지 않는다면, 백성들의 행동은 말을 돌아보게 되어 행동이 말보다 높아지지 않는다.

大全 長樂陳氏曰: 游則無所歸也, 言欲當其實而已, 況大人而可以倡游言乎哉? 可言而不可行, 非所謂顧行之言也, 無稽之言而已, 故君子弗言. 可行而不可言, 非所謂顧言之行也, 苟難之行而已, 故君子弗行. 君子之言行適於中, 民皆效之, 故言當於行而無過高之言, 是以言不危行, 行當於言而無過高之行, 是以行不危言. 凡物非中而過高則危, 故危之爲義如此. 淑愼爾止, 不諐于儀, 言謹爾之容止而不過于儀, 則愼行之意也.

번역 장락진씨가 말하길, 근거가 없다면 되돌아갈 곳이 없게 되니, 말은 진실에 부합되고자 할 따름인데, 하물며 대인(大人)이 되고서 근거도 없는 말로 선동할 수 있겠는가? 말할 수는 있지만 실천할 수 없다면, 이른바 행실을 살펴본 말이 아니니, 살펴봄이 없는 말일 뿐이다. 그렇기 때문에 군자는 그러한 말을 하지 않는다. 행동할 수 있지만 말로 표현할 수 없다면, 이른바 말을 살펴본 행실이 아니니, 진실로 어려운 행동일 뿐이다. 그렇기 때문에 군자는 그러한 행동을 시행하지 않는다. 군자의 말과 행동이 중도에 맞으면 백성들이 모두 본받게 된다. 그렇기 때문에 말은 행동에 합당하여 지나치게 높아지는 말이 없으니, 이로써 말이 행동을 위태롭게 만들지 않는다. 또 행동이 말에 합당하여 지나치게 높아지는 행동이 없다면, 이로써 행동이 말을 위태롭게 만들지 않는다. 무릇 사람들은 알맞지 않으면 지나치고 높아져서 위태롭게 된다. 그렇기 때문에 위(危)자의 뜻이 이와 같다. "너의 용모와 행동거지를 조심하고 삼가며 위엄을 갖춘 예법에 과실을 범하지 말아라."라고 했는데, 너의 용모와 행동거지를 조심하여 예법에 과실을 범하지 않는다면, 행동을 신중히 하는 뜻이 된다는 의미이다.

鄭注 言, 言出彌大也. 綸, 今有秩嗇夫所佩也. 綍, 引棺索4)也. 游, 猶浮也, 不可用之言也. 危, 猶高也. 言不高於行, 行不高於言, 言行相應也. 淑, 善也. 訾, 過也. 言善慎女之容止, 不可過於禮之威儀也.

번역 말은 밖으로 나오면 점점 커진다는 뜻이다. '윤(綸)'은 지금의 유질(有秩)5)이나 색부(嗇夫)6) 등의 관리들이 허리에 찰 때 사용하는 끈이다. '발(綍)'은 관을 끌 때 사용하는 노끈이다. '유(游)'자는 "근거가 없다[浮]."는 뜻이니, 사용할 수 없는 말이다. '위(危)'자는 "높아지다[高]."는 뜻이다. 말이 행동보다 높아지지 않고 행동이 말보다 높아지지 않는 것은 말과 행동이 서로 호응하는 것이다. '숙(淑)'자는 "선하다[善]."는 뜻이다. '건(訾)'자는 "과실을 범하다[過]."는 뜻이다. 즉 너의 용모와 행동거지를 선하고 신중히 하여 예법에 따른 위엄스러운 자태에서 과실을 범하지 않도록 하라는 의미이다.

釋文 綸音倫, 又古頑反, 綬也. 如綍音弗, 大索7). 嗇音色. 索, 悉洛反. 倡, 昌尙反. 行·而行, 皆下孟反, 注及下皆同. 應, 應對之應. 訾, 起虔反. 女音汝.

번역 '綸'자의 음은 '倫(륜)'이며, 또한 '古(고)'자와 '頑(완)'자의 반절음이고, 끈을 뜻한다. '如綍'에서의 '綍'자는 그 음이 '弗(불)'이며, 큰 노끈을 뜻한다. '嗇'자의 음은 '色(색)'이다. '索'자는 '悉(실)'자와 '洛(낙)'자의 반절음이다. '倡'자는 '昌(창)'자와 '尙(상)'자의 반절음이다. '行'자와 '而行'에서의 '行'자는

---

4) '삭(索)'자에 대하여. 『십삼경주소(十三經注疏)』 북경대 출판본에서는 "'삭'자는 본래 '소(素)'로 기록되어 있었는데, 『예기훈찬(禮記訓纂)』의 기록에 따라 글자를 수정하였다."라고 했다.

5) 유질(有秩)은 고대의 관직명이다. 한나라 때 5,000호(戶) 규모의 향(鄕)에 설치했고, 녹봉은 100석(石)이었다.

6) 색부(嗇夫)는 고대의 관직명이다. 진(秦)나라 때 설치되었는데, 향(鄕)에 배속되었고, 옥사(獄事)를 판결하거나 세금 및 부역 동원하는 일을 담당했다.

7) '삭(索)'자에 대하여. '삭'자는 본래 '소(素)'자로 기록되어 있었는데, 문맥에 따라 '삭'자로 수정하였다.

모두 '下(하)'자와 '孟(맹)'자의 반절음이며, 정현의 주 및 아래문장에 나오는 글자도 모두 그 음이 이와 같다. '應'자는 '응대(應對)'라고 할 때의 '應'자이다. '詟'자는 '起(기)'자와 虔(건)'자의 반절음이다. '女'자의 음은 '汝(여)'이다.

孔疏 ●"子曰"至"于儀". ○正義曰: 此一節明王者出言, 下所傚之, 其事漸大, 不可不愼, 意與前經同也.

번역 ●經文: "子曰"~"于儀". ○이곳 문단은 천자가 한 말에 대해서는 아랫사람들이 본받게 되고, 그 사안이 점차 커져서 신중히 하지 않을 수가 없다는 사실을 나타내고 있는데, 그 의미가 앞의 경문과 동일하다.

孔疏 ●"王言如絲, 其出如綸"者, 王言初出, 微細如絲, 及其出行於外, 言更漸大, 如似綸也. 言綸麤於絲.

번역 ●經文: "王言如絲, 其出如綸". ○천자의 말이 처음 나왔을 때에는 미미하고 작아서 마치 실과 같은데, 그것이 나와서 밖으로 시행되면 말은 점차 커지니, 마치 끈처럼 된다는 뜻이다. 즉 끈은 실보다도 크다는 의미이다.

孔疏 ●"王言如綸, 其出如綍"者, 亦言漸大出如綍也. 綍, 又大於綸.

번역 ●經文: "王言如綸, 其出如綍". ○이 또한 말이 점점 크게 나타나서 노끈처럼 된다는 뜻이다. 노끈은 또한 끈보다도 크다.

孔疏 ●"故大人不倡游言"者, 游言, 謂浮游虛漫之言, 不可依用. 出言, 則民皆師法, 故尊大之人不倡道此游言, 恐人依象之.

번역 ●經文: "故大人不倡游言". ○'유언(游言)'은 근거가 없는 허무맹랑한 말을 뜻하니, 그에 따를 수 없다. 말을 내뱉게 되면 백성들이 모두 그것을 본받게 된다. 그렇기 때문에 존귀하고 위대한 사람은 이러한 터무니없는 말을 하지 않으니, 사람들이 그것을 본받게 될까를 염려하기 때문이다.

孔疏 ●"可言也不可行, 君子弗言也", 謂口可言說, 力不能行, 則君子不言也. 若"有客不能館, 則不問其所舍"之類, 是也.

번역 ●經文: "可言也不可行, 君子弗言也". ○입으로는 말을 할 수 있지만 그 능력으로 시행할 수 없다면, 군자는 말하지 않는다는 뜻이다. 마치 "빈객이 있는데 숙소를 제공해줄 수 없는 상황이라면 머물 곳을 묻지 않는다."8)는 부류에 해당한다.

孔疏 ●"可行也不可言, 君子弗行也", 熊氏云: "可行, 謂君子賢人可行此事, 但不可言說爲凡人作法. 如此之事, 則君子不當行. 若曾子有母之喪, 水漿不入於口七日, 不可言說以爲法, 故子思非之." 是君子不行也.

번역 ●經文: "可行也不可言, 君子弗行也". ○웅안생은 "시행할 수 있다는 말은 군자나 현명한 사람이 이러한 일을 시행할 수 있더라도, 다만 그것을 말하여 일반인들이 따라하도록 해서는 안 된다는 뜻이다. 이와 같은 경우라면, 군자는 마땅히 시행해서는 안 된다. 이것은 마치 증자에게 모친의 상이 발생했을 때, 미음조차 먹지 않은 것을 7일 동안 한 것과 같으니,9) 이것을 말로 나타내어 본받도록 해서는 안 된다. 그렇기 때문에 자사가 비판을 했던 것이다."라고 했다. 이것이 군자가 시행하지 않는 이유이다.

孔疏 ●"則民言不危行, 而行不危言矣"者, 危, 高也. 如此化民, 則民言行相應, 言不高於行, 行不高於言.

---

8) 『예기』「표기(表記)」【638b】: 是故君子於有喪者之側, 不能賻焉, 則不問其所費; 於有病者之側, 不能饋焉, 則不問其所欲; <u>有客不能館, 則不問其所舍</u>. 故君子之接如水, 小人之接如醴; 君子淡以成, 小人甘以壞. 小雅曰, '盜言孔甘, 亂是用餤.'

9) 『예기』「단궁상(檀弓上)」【80d~81a】: 曾子謂子思曰: "伋! 吾執親之喪也, 水漿不入於口者七日." 子思曰: "先王之制禮也, 過之者, 俯而就之; 不至焉者, 跂而及之. 故君子之執親之喪也, 水漿不入於口者三日, 杖而後能起."

번역 ●經文: "則民言不危行, 而行不危言矣". ○'위(危)'자는 "높이다[高]." 는 뜻이다. 이처럼 백성들을 교화하게 되면 백성들의 말과 행동이 서로 호응 하게 되어, 말이 행동보다 높아지지 않고, 행동이 말보다 높아지지 않는다.

孔疏 ●"詩云: 淑愼爾止, 不愆于儀"者, 此大雅·抑之篇, 刺厲王之詩. 淑, 善也; 愆, 過也. 言爲君之法當善, 謹愼女之容止, 不愆過於禮之容儀, 言當守 道以自居. 引者, 證言行不可過也.

번역 ●經文: "詩云: 淑愼爾止, 不愆于儀". ○이 시는 『시』「대아(大雅)· 억(抑)」편으로, 여왕(厲王)을 풍자한 시이다. '숙(淑)'자는 "선하다[善]."는 뜻이며, '건(愆)'자는 "과실을 범하다[過]."는 뜻이다. 군주가 법도로 삼는 것은 마땅히 선해야 하니, 너의 용모와 행동거지를 신중히 하여 예법에 따 른 위엄스러운 행동거지에서 과실을 범하지 않아야 한다는 뜻으로, 마땅히 도를 지키며 스스로 처신해야 한다는 의미이다. 이 시를 인용한 것은 말과 행동이 서로 지나쳐서는 안 된다는 사실을 증명하기 위해서이다.

孔疏 ◎注"綸, 今有秩嗇夫所佩也". ○正義曰: 按漢書·百官公卿大夫表 云: 十里一亭, 十亭一鄕, 鄕有三老·有秩·嗇夫, 有遊徼. 三老掌敎化, 嗇夫 掌獄訟, 遊徼掌禁盜賊. 故漢書云: "張敞以鄕有秩, 補大守卒史." 又云: "朱邑 爲桐鄕嗇夫." 又續漢書·百官志[10]云: "鄕置有秩·三老·遊徼. 有秩, 郡所 置, 秩百戶. 其鄕小者, 縣所置嗇夫." 按此, 則有秩·嗇夫職同, 但隨鄕大小, 故名異耳. 名雖異, 其所佩則同. 張華云: "綸如宛轉繩."

번역 ◎鄭注: "綸, 今有秩嗇夫所佩也". ○『한서』「백관공경대부표(百官 公卿大夫表)」를 살펴보면, 10리(里)는 1정(亭)이 되고, 10정(亭)은 1향(鄕)

---

10) '지(志)'자에 대하여. '지'자는 본래 '표(表)'자로 기록되어 있었는데, 완원(阮 元)의 『교감기(校勘記)』에서는 "혜동(惠棟)은 『속한서(續漢書)』에는 「백관 지(百官志)」는 편은 있지만, 「백관표(百官表)」라는 편은 없고, 『동관한기(東 觀漢紀)』에는 「백관표」가 있지만, 그것은 『사마서(司馬書)』와 연관되므로, 표(表)자로 기록하는 것은 잘못되었다.'"라고 했다.

이 되는데, 향(鄕)에는 삼로(三老)・유질(有秩)・색부(嗇夫)가 있고 유요 (遊徼)가 있다. 삼로는 교화를 담당하고, 색부는 옥사를 담당하며, 유요는 도적질 금하는 일을 담당한다고 했다.[11] 그렇기 때문에 『한서』에서는 "장 창은 향의 유질이라는 직책으로 태수의 졸사(卒史)를 도왔다."[12]라고 했 고, 또 "주읍은 동향의 색부가 되었다."[13]라고 했다. 또 『속한서』「백관지 (百官志)」편에서는 "향(鄕)에는 유질(有秩)・삼로(三老)・유요(遊徼)를 둔다. 유질은 군(郡)에서 파견하며, 100호(戶)를 식읍으로 받았다. 향(鄕) 의 규모가 작은 경우에는 현(縣)에서 색부를 파견한다."라고 했다. 이러한 내용을 살펴본다면, 유질과 색부의 직무는 동일한데, 다만 향(鄕)의 크기에 따르기 때문에 명칭이 달라진 것일 뿐이다. 명칭이 비록 다르더라도 허리 에 패용하는 것은 동일하다. 장화[14]는 "윤(綸)은 아녀자들이 허리띠에 찼 던 완전승(宛轉繩)이라는 끈과 같다."라고 했다.

訓纂 彬謂: 大人亦以位言之, 蓋承上王言而言.

번역 내가 생각하기에, '대인(大人)' 또한 지위를 기준으로 말한 것이니, 앞에서 '왕언(王言)'이라고 한 말을 이어서 말한 것이다.

訓纂 今詩瞀作愆.

번역 현행본 『시』에는 '건(瞀)'자를 건(愆)자로 기록했다.

訓纂 王氏引之曰: 危, 讀爲詭. 詭者, 違也, 反也. 言君子言行相顧, 則民言

---

11) 『한서(漢書)』「백관공경표(百官公卿表)」: 大率十里一亭, 亭有長. 十亭一鄕, 鄕 有三老・有秩・嗇夫・游徼. 三老掌敎化. 嗇夫職聽訟, 收賦稅. 游徼徼循禁賊盜.
12) 『한서(漢書)』「조윤한장량왕전(趙尹韓張兩王傳)」: 敞本以鄕有秩補太守卒史, 察廉爲甘泉倉長, 稍遷太僕丞, 杜延年甚奇之.
13) 『한서(漢書)』「순리전(循吏傳)」: 朱邑字仲卿, 廬江舒人也. 少時爲舒桐鄕嗇夫, 廉平不苛, 以愛利爲行, 未嘗笞辱人, 存問耆老孤寡, 遇之有恩, 所部吏民愛敬焉.
14) 장화(張華, A.D.232~A.D.300): 서진(西晉) 때의 학자이다. 자(字)는 무선(茂 先)이다. 저서로는 『박물지(博物志)』・『장사공집(張司空集)』 등이 있다.

不違行, 行不違言矣. 古字詭與危通.

번역 왕인지가 말하길, '위(危)'자는 궤(詭)자로 풀이한다. '궤(詭)'자는 "어긋나다[違]."는 뜻이며, "어기다[反]."는 뜻이다. 군자의 말과 행동이 서로 살펴본다면, 백성들의 말은 행동을 어기지 않고, 행동은 말을 어기지 않는다는 뜻이다. 고자에서 궤(詭)자는 위(危)자와 통용되었다.

集解 按: 訔, 詩作愆, 同.

번역 살펴보니, '건(訔)'자를 『시』에서는 건(愆)자로 기록했는데, 동일한 글자이다.

集解 綸, 綬也. 紼, 引柩索也. 綸大於絲, 紼大於綸. 游言, 浮游無實之言也. 王者之言, 宣之爲政敎, 成之爲風俗, 其端甚微, 其末甚大, 苟以游言倡之, 則天下亦相率爲游言, 而虛浮之風作矣. 可言不可行, 謂過高之言, 不可見之於行事者. 可行不可言, 謂過高之行, 不可言之以率人者. 危, 高峻也. 君子之言行, 不越乎中庸, 而民效之. 故言不敢高於行, 言必顧行也; 行不敢高於言, 行必顧言也.

번역 '윤(綸)'자는 끈[綬]이다. '발(紼)'자는 영구를 끄는 노끈을 의미한다. 끈은 실보다 크고, 노끈은 끈보다 크다. '유언(游言)'은 허황되며 진실됨이 없는 말이다. 천자의 말은 정치와 교화로 드러나고 풍속을 완성시키는데, 그 단서는 매우 은미하지만 그 말단은 매우 크니, 만약 허황된 말로 인도한다면, 천하의 사람들은 모두 그에 따라 허황된 말을 하게 되어, 허황된 풍속이 일어나게 된다. 말은 할 수 있지만 행동할 수 없다는 것은 지나치게 고상한 말이니, 실제 일을 시행하는 것을 통해 드러내지 못하는 것을 의미한다. 행동할 수 있지만 말로 표현할 수 없다는 것은 지나치게 고상한 행동이니, 그것을 말로 표현하여 남을 통솔할 수 없는 것을 의미한다. '위(危)'자는 지나치게 높다는 뜻이다. 군자의 말과 행동은 중용에서 벗어나지 않고 백성들이 본받게 된다. 그렇기 때문에 말은 감히 행동보다 높아서는

안 되고, 말은 반드시 행동을 돌아보아야 하며, 행동은 감히 말보다 높아서
는 안 되고, 행동은 반드시 말을 돌아보아야 한다.

集解 呂氏大臨曰: 引詩, 言爲人上者, 當善愼其容止, 不過於先王曲禮之
儀, 以證言行之不可過也.

번역 여대림이 말하길, 『시』를 인용한 것은 윗사람은 마땅히 용모와 행동
거지를 선하고 신중히 하여, 선왕이 제정한 세세한 의례 규범들을 어겨서는
안 된다는 뜻으로, 이를 통해 말과 행동이 지나쳐서는 안 됨을 증명한 것이다.

【644b~c】

子曰, "君子道人以言, 而禁人以行, 故言必慮其所終, 而行必
稽其所敝, 則民謹於言而愼於行. 詩云, '愼爾出話, 敬爾威儀.'
大雅曰, '穆穆文王, 於緝熙敬止.'"

직역 子가 曰, "君子는 人을 道하길 言으로써 하고, 人을 禁하길 行으로써 하니,
故로 言은 必히 그 終한 所를 慮하고, 行은 必히 그 敝한 所를 稽하면, 民은 言에
謹하고 行에 愼한다. 詩에서 云, '爾의 出話를 愼하고, 爾의 威儀를 敬하라.' 大雅에
서 曰, '穆穆한 文王이시여, 於라 緝히 熙하여 敬히 止라.'"

의역 공자가 말하길, "군자는 남을 가르칠 때 말로써 하고, 독려할 때에는 행동
으로써 한다. 그렇기 때문에 말은 반드시 마치는 것을 헤아려야 하고, 행동은 반드
시 해지는 것을 살펴야 하니, 이처럼 한다면 백성들은 말을 삼가고 행동을 신중히
하게 된다. 『시』에서는 '너의 내뱉는 말을 신중히 하고, 너의 위엄스러운 거동을
공경스럽게 하라.'라고 했고, 「대아」에서는 '깊고도 원대하신 문왕이여, 오! 계속하
여 빛나서 공경스럽고 편안하게 계시도다.'15)"라고 했다.

集說 道, 化誨之也. 道人以言而必慮其所終, 恐其行之不能至, 則爲虛誕也. 禁, 謹飭之也. 禁人以行而必稽其所敝, 慮其末流之或偏也. 如是則民皆謹言而愼行矣. 詩, 大雅抑之篇. 大雅, 文王之篇. 朱子云, "穆穆, 深遠之意. 於, 嘆美辭, 緝, 繼續也. 熙, 光明也. 敬止, 無不敬而安所止也." 兩引詩, 皆以爲謹言行之證.

번역 '도(道)'자는 교화하고 가르친다는 뜻이다. 사람을 말로써 교화하면 반드시 마치는 것을 고려해야 하니, 행동이 미치지 못하게 되면 허망함이 될까 염려하기 때문이다. '금(禁)'자는 삼가고 조심하게 만든다는 뜻이다. 사람을 행동으로써 조심하게 만들면 반드시 해지는 것을 헤아려야 하니, 그 끝이 간혹 치우치게 될까를 염려하기 때문이다. 이처럼 한다면 백성들은 모두 말을 조심하고 행동을 신중히 하게 된다. 『시』는 『시』「대아(大雅)·억(抑)」편이다.16) 주자는 "목목(穆穆)은 깊고 원대하다는 뜻이다. '오(於)'자는 탄미사이며, '즙(緝)'자는 계속한다는 뜻이다. '희(熙)'자는 밝게 빛난다는 뜻이다. '경지(敬止)'는 공경하지 않음이 없어서 머문 곳에서 편안하다는 뜻이다."라고 했다. 두 차례 『시』를 인용한 것은 모두 말과 행동을 조심해야 함을 증명하기 위해서이다.

集說 呂氏曰: 進取於善者, 夷考其行而不掩, 猶不免於狂, 況不在於善者乎? 故曰言必慮其所終. 夷惠之淸和, 其末猶爲隘與不恭, 故曰行必稽其所敝. 文王之德, 亦不越敬其容止而已.

번역 여씨가 말하길, 선으로 나아가 취하는 자는 행실을 살펴서 행실이 말을 가리지 않지만,17) 여전히 뜻이 고매하여 진취적인 상태에서 벗어나지 못하는데, 하물며 선에 뜻을 두지 않은 자에게 있어서는 어떻겠는가? 그러

---

15) 『시』「대아(大雅)·문왕(文王)」: 穆穆文王, 於緝熙敬止. 假哉天命, 有商孫子. 商之孫子, 其麗不億. 上帝旣命, 侯于周服.

16) 『시』「대아(大雅)·억(抑)」: 質爾人民, 謹爾侯度, 用戒不虞. 愼爾出話, 敬爾威儀. 無不柔嘉. 白圭之玷, 尙可磨也. 斯言之玷, 不可爲也.

17) 『맹자』「진심하(盡心下)」: 曰, 其志嘐嘐然, 曰, '古之人, 古之人.' 夷考其行, 而不掩焉者也.

므로 "말은 반드시 마치는 것을 헤아려야 한다."라고 했다. 백이나 유하혜처럼 맑고 조화로운 자도 그 말단에 있어서는 오히려 좁고 공손하지 못하였다.[18] 그렇기 때문에 "행동은 반드시 해지는 것을 살펴보아야 한다."라고 했다. 문왕의 덕은 또한 용모와 행동거지를 공경스럽게 하는 데에서 벗어나지 않았을 따름이다.

大全 西山眞氏曰: 道人以言者, 謂以言辭命令開導而誘掖之也. 然言可以導人之善, 而不能禁人之不善, 其必以行乎. 蓋天下之理, 有諸己而後, 可以非諸人. 己无不善之行, 雖不禁人, 人自從之, 己有不善之行, 雖欲禁人, 人必違之, 故空言不可以禁人, 惟實行乃足以禁人也. 夫言出於口, 至易也, 然不慮其所終, 則一言之過貽患, 將不勝捄. 行出於身, 亦至易也, 然不稽其所敝, 則一行之差流禍, 或至於无窮. 不善者, 固不足言, 善矣而慮之不深, 稽之不遠, 未有不反而爲不善者也. 老莊非善言乎? 其終爲浮虛之害, 夷惠非善行乎? 其弊有隘不恭之失, 況尊居人上, 言行所關, 安危自出, 故必謹之審之, 而不敢苟, 則民亦從其化, 而不苟於言行矣.

번역 서산진씨[19]가 말하길, 말로 남을 이끈다는 것은 말과 명령으로 개도하여 이끌고 도와준다는 뜻이다. 그러나 말로는 사람들의 선함을 이끌 수 있지만, 사람들의 불선함은 금할 수 없으니, 반드시 행동을 통해서 해야 할 것이다. 천하의 이치를 자신이 갖춘 이후에야 남의 잘못을 비판할 수 있다. 자신에게 불선한 행실이 없다면 비록 남의 잘못을 금지할 수 없지만 사람들이 스스로 따르게 되며, 자신에게 불선한 행실이 있다면, 비록 남의 잘못을 금지하려고 하더라도 사람들이 반드시 어기게 된다. 그렇기 때문에 공허한 말로는 남의 잘못을 금지할 수 없고, 오직 진실된 행동이어야만 남

---

18) 『맹자』「공손추상(公孫丑上)」: 孟子曰, "伯夷隘, 柳下惠不恭. 隘與不恭, 君子不由也."

19) 서산진씨(西山眞氏, A.D.1178~A.D.1235): =건안진씨(建安眞氏)·진덕수(眞德秀). 남송(南宋) 때의 성리학자이다. 자(字)는 경원(景元)이고, 호(號)는 서산(西山)이다. 저서로는 『독서기(讀書記)』, 『사서집론(四書集論)』, 『경연강의(經筵講義)』 등이 있다.

의 잘못을 금지할 수 있다. 말이 입에서 나오는 것은 매우 쉽지만, 그 끝나는 점들을 헤아리지 않는다면, 한 마디 말의 잘못이 끼치는 우환은 구원할 수 없는 지경에 이르게 된다. 행실이 몸을 통해 나타나는 것 또한 매우 쉽지만, 그 해지는 점들을 살펴보지 않는다면, 한 가지 행동의 착오가 재앙으로 흘러 간혹 끝이 없는 지경에 이르게 된다. 불선한 자는 진실로 말할 것이 못되지만, 선하더라도 헤아림이 깊지 못하고 살펴봄이 원대하지 못하면, 도리어 불선이 되지 않는 경우가 없었다. 노자와 장자는 좋은 말을 하지 않았던가? 그러나 끝내 허황된 피해를 입혔고, 백이와 유하혜는 좋은 행실을 하지 않았던가? 그러나 그 폐단은 좁고 공손하지 못한 잘못을 저질렀으니, 하물며 위정자의 자리에 오른 자는 그 말과 행동이 그것과 관련되어 안위가 여기에서 비롯된다. 그렇기 때문에 반드시 삼가고 깊이 살펴서 감히 구차하게 하지 않는다면, 백성들 또한 그 교화에 따라서 말과 행동에 대해 구차하게 하지 않을 것이다.

鄭注 禁, 猶謹也. 稽, 猶考也, 議也. 話, 善言也. 緝・熙, 皆明也. 言於明明乎敬其容止.

번역 '금(禁)'자는 "조심하다[謹]."는 뜻이다. '계(稽)'자는 "살펴보다[考]."는 뜻이며, "의논하다[議]."는 뜻이다. '화(話)'자는 선한 말을 뜻한다. '집(緝)'자와 '희(熙)'자는 모두 "밝다[明]."는 뜻이다. 즉 "오! 밝고 밝아서 용모와 행동거지를 공경스럽게 하는구나."라는 뜻이다.

釋文 道音導. 稽, 古兮反. 話, 胡快反. 於音烏, 注同. 緝, 七入反. 熙, 許其反. 毛詩傳云: "緝熙, 光明也."

번역 '道'자의 음은 '導(도)'이다. '稽'자는 '古(고)'자와 '兮(혜)'자의 반절음이다. '話'자는 '胡(호)'자와 '快(쾌)'자의 반절음이다. '於'자의 음은 '烏(오)'이며, 정현의 주에 나오는 글자도 그 음이 이와 같다. '緝'자는 '七(칠)'자와 '入(입)'자의 반절음이다. '熙'자는 '許(허)'자와 '其(기)'자의 반절음이다. 『모시전』에서는 "집희(緝熙)는 밝게 빛난다는 뜻이다."라고 했다.

孔疏 ●"子曰"至"敬止". ○正義曰: 此一節亦贊明前經言行之事.

번역 ●經文: "子曰"~"敬止". ○이곳 문단은 또한 앞의 경문에서 말한 말과 행동에 대한 사안을 칭송하며 나타내고 있다.

孔疏 ●"道人以言"者, 在上君子誘道在下以善言, 使有信也.

번역 ●經文: "道人以言". ○윗정자의 자리에 있는 군자가 아랫사람들을 가르치고 인도하길 선한 말로써 하여, 그들로 하여금 믿음을 갖게끔 한다는 뜻이다.

孔疏 ●"而禁人以行"者, 禁, 猶謹也, 言禁約謹愼人以行, 使行顧言也.

번역 ●經文: "而禁人以行". ○'금(禁)'자는 "조심하다[謹]."는 뜻이니, 사람을 단속하고 조심하게 하길 행동으로써 하여, 그들로 하여금 행동이 말을 살펴보게끔 한다는 뜻이다.

孔疏 ●"故言必慮其所終"者, 謂初出言之時, 必思慮其此言得終末, 可恒行以否.

번역 ●經文: "故言必慮其所終". ○처음 말을 꺼낼 때, 반드시 이 말을 제대로 끝맺을 수 있을까를 깊이 생각해야 하니, 그 말을 항상 실천할 수 있을지의 여부를 고려한다는 의미이다.

孔疏 ●"而行必稽其所敝"者, 稽, 考也. 言欲行之時, 必須先考校此行至終敝之時, 無損壞以否.

번역 ●經文: "而行必稽其所敝". ○'계(稽)'자는 "살펴보다[考]."는 뜻이

다. 행동으로 옮기려고 할 때, 반드시 우선적으로 그 행동을 끝맺을 때를 깊이 살펴보아야 하니, 잘못된 일이 없는지의 여부를 고려한다는 의미이다.

孔疏 ●"詩云: 愼爾出話, 敬爾威儀"者, 此大雅·抑之篇, 刺厲王也. 話, 善言也. 爾, 汝也. 謹愼爾之所出之善言, 以爲政敎, 故恭敬爾之威儀, 言必爲人所法則, 引證言慮其所終.

번역 ●經文: "詩云: 愼爾出話, 敬爾威儀". ○이것은 『시』「대아(大雅)·억(抑)」편으로, 여왕(厲王)을 풍자한 시이다. '화(話)'자는 선한 말을 뜻한다. '이(爾)'자는 너[汝]를 뜻한다. 즉 네가 발설하는 선한 말에 대해서 조심하고 신중해야 하고, 이것을 정치와 교화로 삼기 때문에 너의 위엄스러운 행동거지를 공손하고 공경스럽게 하라는 뜻이다. 즉 반드시 사람들에게 모범이 되어야 한다는 뜻이므로, 이 문장을 인용하여 말은 끝맺는 것을 고려해야 함을 증명한 것이다.

孔疏 ●"大雅云: 穆穆文王, 於緝熙敬止"者, 此大雅·文王之篇, 美文王之詩. 言穆穆然美者, 乃是文王. 於, 謂嗚呼. 緝·熙, 皆光明也. 言文王之德, 嗚呼光明乎, 又敬其容止. 引者, 證在上當敬其言行也.

번역 ●經文: "大雅云: 穆穆文王, 於緝熙敬止". ○이것은 『시』「대아(大雅)·문왕(文王)」편으로, 문왕(文王)을 찬미한 시이다. 장엄하고 공경스럽게 아름다운 자는 곧 문왕에 해당한다는 뜻이다. '오(於)'자는 '오호라[嗚呼]!'라는 뜻이다. '집(緝)'자와 '희(熙)'자는 모두 밝게 빛난다는 뜻이다. 즉 "문왕의 덕은 오호라! 밝게 빛나는구나! 또한 그 용모와 행동거지를 공경스럽게 하는구나."라는 뜻이다. 이 문장을 인용한 것은 윗사람은 마땅히 자신의 말과 행동을 공경스럽게 해야 함을 증명하기 위해서이다.

訓纂 陳用之曰: 言以明理, 所以通彼此之情, 故道人以言. 行出於正, 率以正則莫敢爲非, 故禁人以行. 孔子於空空之鄙夫, 則叩兩端而竭, 所謂道人以言也. 爲魯司寇而公謹氏出其妻, 愼潰氏踰竟而徙, 所謂禁人以行也.

번역 진용지가 말하길, 말은 이치를 드러내니 피차의 정을 소통시키는 도구이다. 그렇기 때문에 말로써 사람을 인도한다. 행동은 바름에서 도출되니, 바름으로 통솔한다면 감히 잘못을 저지르지 않는다. 그렇기 때문에 행동으로써 사람들을 단속한다. 공자는 무지하고 비루한 자에 대해서 양쪽 끝을 끌어다가 모두 설명해주었으니,[20] 바로 말로써 사람을 인도한다는 뜻이다. 또 공자가 노(魯)나라 사구(司寇)[21]가 되었을 때, 공근씨(公謹氏)는 그 처를 내쳤고, 신궤씨는 국경을 넘어 이주하였으니,[22] 행동으로써 사람들을 단속한다는 뜻이다.

集解 道者, 率其爲善; 禁者, 防其爲惡. 於言言"道", 於行言"禁", 互相備也. 敝, 敗也. 人之言行, 有其初本善, 而其流不能無失者, 故君子之於言, 於其始而遂慮其所終; 君子之於行, 於其成而先稽其所敗. 故其見於言行者, 皆可法於當時, 傳於後世, 其民則而傚之, 而於言無不謹, 於行無不愼也.

번역 '도(道)'는 선을 행하도록 통솔한다는 뜻이며, '금(禁)'은 악을 행하는 것을 방지한다는 뜻이다. 말에 대해서는 '도(道)'를 언급했고, 행동에 대해서는 '금(禁)'을 언급했으니, 상호 그 뜻을 드러내도록 기록한 것이다. '폐(敝)'자는 "무너지다[敗]."는 뜻이다. 사람의 말과 행동은 애초에는 본래 선했지만, 잘못이 없게끔 할 수 없는 지경에 빠지는 경우도 있다. 그렇기 때문

---

20) 『논어』「자한(子罕)」: 子曰, "吾有知乎哉? 無知也. 有鄙夫問於我, 空空如也. 我叩其兩端而竭焉."
21) 사구(司寇)는 주(周)나라 때 설치되었던 관직이다. 하(夏)나라와 은(殷)나라 때에도 이미 존재했었다고 주장하기도 한다. 주나라 때에는 육경(六卿) 중 하나였으며, 대사구(大司寇)라고도 불렀다. 형벌이나 옥사에 관련된 일을 담당하였고, 감찰 임무를 맡기도 하였다. 춘추시대(春秋時代)에는 여러 제후국들에 이 관직이 설치되었으며, 공자(孔子) 또한 노(魯)나라에서 '사구'를 지냈다고 전해지기도 한다. 청(淸)나라 때에는 형부상서(刑部尙書)를 '대사구'로 불렀으며, 시랑(侍郞)을 소사구(少司寇)로 불렀다.
22) 『공자가어(孔子家語)』「상로(相魯)」: 魯之鬻六畜者, 飾之以儲價. 及孔子之爲政也, 則沈猶氏不敢朝飮其羊, 公愼氏出其妻, 愼潰氏越境而徙.

에 군자는 말에 대해 시작에 있어서는 끝맺는 것을 깊이 생각하고, 또 행동에 대해 이룸에 있어서는 우선적으로 무너지게 될 것을 헤아린다. 그렇기 때문에 말과 행동으로 드러나는 것들은 모두 당시에 법도로 삼을 수 있고, 후세에 전해져도 백성들이 그것을 본받고 따라서, 말에 있어서는 조심하지 않은 것이 없고, 행동에 있어서는 신중하지 않은 것이 없게 된다.

그림 7-1 ■ 유하혜(柳下惠)

※ **출처:** 『고성현상전략(古聖賢像傳略)』

● 그림 7-2 ▣ 노자(老子)

※ 출처: 『삼재도회(三才圖會)』「인물(人物)」 10권

그림 7-3   ■ 장자(莊子)

像　　子　　莊

※ 출처: 『삼재도회(三才圖會)』「인물(人物)」 4권

• 제8절 •

의복(衣服)과 종용(從容)

【645a】

子曰, "長民者, 衣服不貳, 從容有常, 以齊其民, 則民德壹. 詩云, '彼都人士, 狐裘黃黃. 其容不改, 出言有章. 行歸于周, 萬民所望.'"

직역 子가 曰, "民을 長하는 者가 衣服이 不貳하고, 從容에 常이 有하여, 그 民을 齊하면, 民의 德은 壹이라. 詩에서 云, '彼히 都人의 士여, 狐裘가 黃黃이라. 그 容이 不改하고, 言을 出함에 章이 有라. 行이 周에 歸하니, 萬民이 望한 所라.'"

의역 공자가 말하길, "백성을 통치하는 자가 의복에 있어서 예법과 차이를 내지 않고, 행동거지와 용모에는 항상된 도리를 갖춰서 백성들을 단정하게 한다면, 백성들의 덕은 한결같게 된다. 『시』에서는 '저 도읍에서 온 선비여, 여우 가죽옷이 누렇고 누렇구나. 그 용모가 변치 않고, 말을 함에 화려한 격식이 있구나. 행동이 충심과 신의로 귀결되니, 모든 백성들이 선망하는 바이다.'"라고 했다.

集說 詩, 小雅都人士之篇. 周, 忠信也.

번역 『시』는 『시』「소아(小雅)·도인사(都人士)」편이다.[1] '주(周)'자는 충심과 신의를 뜻한다.

─────────────────

1) 『시』「소아(小雅)·도인사(都人士)」: 彼都人士, 狐裘黃黃. 其容不改, 出言有章. 行歸于周, 萬民所望.

集說 馬氏曰: 狐裘黃黃, 服其服也. 其容不改, 文以君子之容也. 出言有章, 遂以君子之辭也. 行歸於周, 實以君子之德也.

번역 마씨가 말하길, "여우 가죽으로 만든 갓옷이 누렇고 누렇다."는 말은 해당하는 복장을 입었다는 뜻이다. "그 용모가 변치 않는다."는 말은 군자다운 용모로 문채를 꾸몄다는 뜻이다. "말을 함에 격식이 있다."는 말은 군자다운 말로 실천한다는 뜻이다. "행동이 충심과 신의로 귀결된다."는 말은 군자다운 덕으로 채운다는 뜻이다.[2]

大全 藍田呂氏曰: 此章言長民者言容止, 民所觀望, 則而象之, 惟其不貳有常, 則民心不疑而德歸於一矣.

번역 남전여씨가 말하길, 이 문장에서는 백성을 다스리는 자의 말과 용모 및 행동거지는 백성들이 바라보며 본받아서 모방하는 것이니, 차이를 내지 않고 항상됨을 갖춘다면, 백성들의 마음이 의혹을 품지 않고 덕이 한 결같음으로 귀결된다는 뜻이다.

大全 嚴陵方氏曰: 君子服其服, 則文以君子之容, 故其效至于民德歸一也.

번역 엄릉방씨가 말하길, 군자는 해당 복장을 입게 되면 군자다운 용모를 통해 문식을 꾸민다. 그렇기 때문에 그 효과가 백성들의 덕이 한결같음으로 귀결되는 경지에 이른다.

鄭注 貳, 不壹也. 黃衣, 則狐裘大蜡之服也. 詩人見而說焉. 章, 文章也. 忠信爲周. 此詩, 毛氏有之, 三家則亡.

---

2) 『예기』「표기(表記)」【629a~b】: 是故君子服其服, 則文以君子之容; 有其容, 則文以君子之辭; 遂其辭, 則實以君子之德. 是故君子恥服其服而無其容, 恥有其容而無其辭, 恥有其辭而無其德, 恥有其德而無其行. 是故君子衰絰則有哀色, 端冕則有敬色, 甲冑則有不可辱之色. 詩云, '維鵜在梁, 不濡其翼. 彼記之子, 不稱其服.'

번역 '이(貳)'자는 한결같지 않다는 뜻이다. 누런 옷은 여우 가죽으로 만든 갓옷으로 대사(大蜡)3) 때 착용하는 복장이다. 이 시를 지은 자가 이러한 자를 보고 기뻐했던 것이다. '장(章)'자는 무늬를 뜻한다. 충심과 신의는 주(周)자의 뜻이 된다. 이 시는 『모시(毛詩)』에는 있지만, 나머지 『노시(魯詩)』·『제시(齊詩)』·『한시(韓詩)』에는 없다.

釋文 長, 丁丈反, 下"君長"同. 貳, 本或作貣, 同, 音二, 下同. 從, 七凶反. 黃, 徐本作橫, 音黃. 蜡, 仕嫁反. 說音悅.

번역 '長'자는 '丁(정)'자와 '丈(장)'자의 반절음이며, 아래문장에 나오는 '君長'에서의 '長'자도 그 음이 이와 같다. '貳'자는 판본에 따라 '貣'자로도 기록하는데, 그 음은 동일하게 '二(이)'이며, 아래문장에 나오는 글자도 그 음이 이와 같다. '從'자는 '七(칠)'자와 '凶(흉)'자의 반절음이다. '黃'자를 『서본(徐本)』에서는 '橫'자로 기록했는데, 그 음은 '黃(황)'이다. '蜡'자는 '仕(사)'자와 '嫁(가)'자의 반절음이다. '說'자의 음은 '悅(열)'이다.

孔疏 ●"子曰"至"所望". ○正義曰: "從容有常"者, 從容, 謂擧動有其常度.

번역 ●經文: "子曰"~"所望". ○경문의 "從容有常"에 대하여. '종용(從容)'은 거동을 뜻하니, 거동에 항상된 법도가 있다는 의미이다.

孔疏 ●"則民德一"者, 一, 謂齊一, 則萬人之德, 皆齊一不參差.

번역 ●經文: "則民德一". ○'일(一)'자는 일치한다는 뜻이니, 모든 사람

---

3) 대사(大蜡)는 연말에 농업과 관련된 여러 신들에게 합동으로 제사를 지내서, 내년에 재해가 닥치지 않도록 기원을 하는 제사이다. '사(蜡)'자는 "찾는다 [索]."는 뜻으로, 여러 귀신(鬼神)들을 찾아서 제사를 지내기 때문에, 이러한 제사를 '사'라고 부르는 것이다. 그리고 연말에는 성대하게 제사를 지냈으므로, 성대하다는 뜻에서 '대'자를 붙인 것이다. 『예기』「명당위(明堂位)」편에는 "是故夏礿·秋嘗·冬烝·春社·秋省, 而遂大蜡, 天子之祭也."라는 기록이 있는데, 이에 대한 정현의 주에서는 "大蜡, 歲十二月索鬼神而祭之."라고 풀이했다.

의 덕이 일치하여 차이를 보이지 않는다는 의미이다.

孔疏 ●"詩云: 彼都人士"者, 此小雅・都人士之篇, 刺幽王之詩. 幽王之時, 君臣衣服無常, 故詩人引彼明王之時, 都邑之人有士行者, 服此狐裘黃黃然.

번역 ●經文: "詩云: 彼都人士". ○이 시는『시』「소아(小雅)・도인사(都人士)」편으로, 유왕(幽王)을 풍자한 시이다. 유왕이 통치하던 때 군주와 신하가 착용하는 의복에는 항상된 법도가 없었다. 그렇기 때문에 이 시를 지은 자는 성왕이 통치하던 시기의 일을 인용하였으니, 도읍에 있는 사람들 중 선비다운 행실을 갖춘 자는 이러한 여우 가죽옷을 입어서 겉모습이 누렇게 보였다고 한 것이다.

孔疏 ●"行歸于周, 萬民所望"者, 周, 謂忠信. 言都人之士行歸忠信, 萬民所以瞻望, 以法則之.

번역 ●經文: "行歸于周, 萬民所望". ○'주(周)'자는 충심과 신의를 뜻한다. 도읍에 있는 선비는 그 행실이 충심과 신의로 귀결되어 모든 백성들이 선망하여 그를 본받았다는 뜻이다.

孔疏 ◎注"黃衣, 則狐裘大蜡之服也". ○正義曰: 郊特牲云: "黃衣黃冠而祭, 息田夫也." 此云"黃衣", 故云"大蜡之服". 論語云"黃衣狐裘", 故狐裘則黃衣也. 按詩注云"狐裘取溫裕而已", 不云"大蜡". 此云"蜡"者, 以正衣解之. 詩謂庶人有士行, 非關蜡祭之事, 故爲溫裕也.

번역 ◎鄭注: "黃衣, 則狐裘大蜡之服也". ○『예기』「교특생(郊特牲)」편에서는 "황색의 옷을 입고 황색의 모자를 쓰고서 제사를 지내는 것은 농부들을 휴식시키는 것이다."[4]라고 했다. 이곳에서는 '황색의 옷'이라고 했다.

---

4)『예기』「교특생(郊特牲)」【331c】: <u>黃衣黃冠而祭, 息田夫也</u>. 野夫黃冠. 黃冠, 草服也.

그렇기 때문에 "대사(大蜡) 때 착용하는 복장이다."라고 했다. 『논어』에서는 "황색의 옷에는 여우 가죽옷을 입었다."[5]라고 했다. 그렇기 때문에 여우 가죽옷을 입었다면 황색의 옷을 입은 것이다. 『시』의 주를 살펴보면, "여우 가죽옷을 입는 것은 따뜻하게 하기 위해서일 뿐이다."라고 했고, '대사(大蜡)'를 언급하지 않았다. 그런데 이곳에서 대사(大蜡)를 언급한 이유는 정식 복장에 따라 풀이를 했기 때문이다. 『시』의 내용은 본래 서인들 중 사(士)다운 행실을 갖춘 자에 대한 내용이니, 대사와는 관련이 없다. 그렇기 때문에 따뜻해지기 위해서라고 여긴 것이다.

集解 貳, 差忒也. 衣服之不忒, 言貌之有常, 皆德之所發也. 故以此化民, 而民之德亦歸於一也. 周, 忠信也.

번역 '이(貳)'자는 차이가 나고 어긋난다는 뜻이다. 의복이 어긋나지 않고, 말과 모습에 항상된 도가 있는 것은 모두 덕이 드러난 것이다. 그렇기 때문에 이를 통해 백성들을 교화하여, 백성들의 덕 또한 한결같음으로 회귀한다. '주(周)'자는 충심과 신의를 뜻한다.

참고 『시』「소아(小雅)・도인사(都人士)」

彼都人士, (피도인사) : 저 성안에 사는 선비다운 행실을 갖춘 자여,
狐裘黃黃. (호구황황) : 여우 가죽옷이 누렇고 누렇구나.
其容不改, (기용불개) : 용모와 행동거지에 항상됨이 있어 고치지 아니하고,
出言有章. (출언유장) : 말을 함에도 법도와 격식이 있구나.
行歸于周, (행귀우주) : 행실이 충심과 신의로 귀결되니,
萬民所望. (만민소망) : 모든 백성들이 선망하며 본받는구나.

彼都人士, (피도인사) : 저 성안에 사는 선비다운 행실을 갖춘 자여,

---

5) 『논어』「향당(鄕黨)」 : 緇衣羔裘, 素衣麑裘, <u>黃衣狐裘</u>.

臺笠緇撮. (대입치촬) : 부수(夫須)의 풀로 삿갓을 만들고 치포(緇布)로
　　　　　　　　　　 관을 만들었구나.
彼君子女, (피군자여) : 저 군자의 여인이여,
綢直如髮. (주직여발) : 지조와 정직함이 머리카락처럼 한결같구나.
我不見兮, (아불견혜) : 나는 현재 그러한 여자를 보지 못했으니,
我心不說. (아심불열) : 내 마음이 기쁘지 아니하구나.

彼都人士, (피도인사) : 저 성안에 사는 선비다운 행실을 갖춘 자여,
充耳琇實. (충이수실) : 귀 가리개를 아름다운 옥돌로 채웠구나.
彼君子女, (피군자여) : 저 군자의 여인이여,
謂之尹吉. (위지윤길) : 너를 윤씨(尹氏)와 길씨(姞氏)로 부르노라.
我不見兮, (아불견혜) : 나는 현재 그러한 여자를 보지 못했으니,
我心苑結. (아심원결) : 내 마음이 맺혀있구나.

彼都人士, (피도인사) : 저 성안에 사는 선비다운 행실을 갖춘 자여,
垂帶而厲. (수대이려) : 허리띠를 드리움이 띠의 늘어트린 부위와 같구나.
彼君子女, (피군자여) : 저 군자의 여인이여,
卷髮如蠆. (권발여채) : 머리카락 끝을 올린 것이 전갈의 꼬리와 같구나.
我不見兮, (아불견혜) : 나는 현재 그러한 여자를 보지 못했으니,
言從之邁. (언종지매) : 내 따라가 만나보려 하노라.

匪伊垂之, (비이수지) : 일부러 띠를 늘어트린 것이 아니며,
帶則有餘. (대칙유여) : 허리띠는 본래 늘어트리게 되느니라.
匪伊卷之, (비이권지) : 일부러 머리카락 끝을 올린 것이 아니며,
髮則有旟. (발즉유여) : 머리카락은 본래 올리게 되느니라.
我不見兮, (아불견혜) : 나는 현재 그러한 여자를 보지 못했으니,
云何盱矣. (운하우의) : 어찌하여 나를 이처럼 고달프게 하는가.

毛序 都人士, 周人, 刺衣服無常也. 古者長民, 衣服不貳, 從容有常, 以齊
其民, 則民德歸壹, 傷今不復見古人也.

모서 「도인사(都人士)」편은 주나라 사람이 의복에 일정함이 없음을 풍

자한 시이다. 옛날 백성들을 통솔하는 자는 의복에 차이를 두지 않고 용모와 행동거지에 항상됨이 있어서, 이를 통해 백성들을 단속했으니, 백성들의 덕이 전일한 곳으로 귀의했다. 그러나 지금은 이러한 옛사람을 다시 볼 수 없어서 상심한 것이다.

그림 8-1 ▣ 치포관(緇布冠)

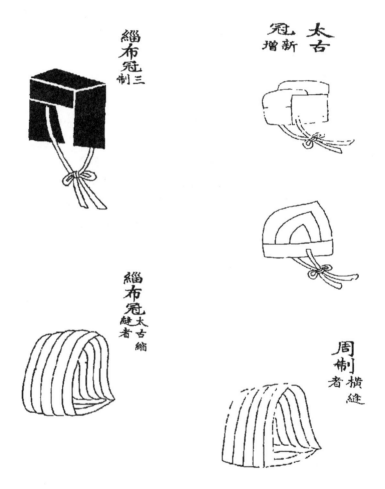

※ 출처: 『삼례도집주(三禮圖集注)』 3권

그림 8-2 ◼ 치포관(緇布冠)

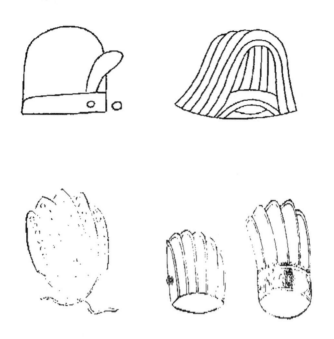

※ **출처:** 상좌-『삼례도(三禮圖)』 2권 ; 상우-『육경도(六經圖)』 8권
　　　　하단-『삼재도회(三才圖會)』「의복(衣服)」 1권

그림 8-3 ◼ 입(笠)

※ **출처:** 좌-『삼례도집주(三禮圖集注)』18권
　　　　　 우-『삼재도회(三才圖會)』「의복(衣服)」 1권

그림 8-4 ◼ 충이(充耳: =瑱)

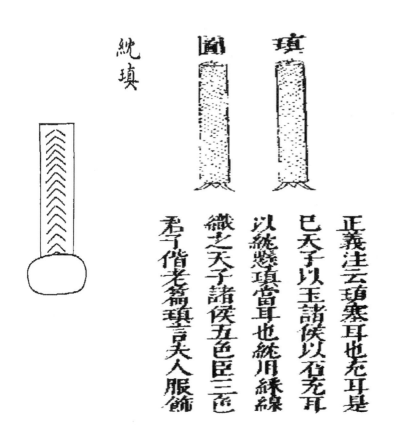

※ 출처: 좌-『삼례도(三禮圖)』 2권

우-『삼재도회(三才圖會)』「의복(衣服)」 1권

● 제 9 절 ●

모습과 뜻

【645a~b】

> 子曰, "爲上可望而知也, 爲下可述而志也, 則君不疑於其臣, 而臣不惑於其君矣. 尹吉曰, '惟尹躬及湯, 咸有壹德.' 詩云, '淑人君子, 其儀不忒.'"

직역 子가 曰, "上이 爲하여 可히 望하여 知하고, 下가 爲하여 可히 述하여 志하면, 君은 그 臣에게 不疑하고, 臣은 그 君에게 不惑한다. 尹吉에서 曰, '惟히 尹이 躬히 湯에 及하여, 咸히 壹德을 有라.' 詩에서 云, '淑人한 君子여, 그 儀가 不忒이라.'"

의역 공자가 말하길, "윗사람이 되어서 그를 바라보면 그의 뜻을 알 수 있고, 아랫사람이 되어서 직무를 조술하여 그 뜻을 기록할 수 있다면, 군주는 신하에 대해서 의문을 품지 않고, 신하는 군주에 대해서 의혹을 품지 않는다. 「윤고」편에서는 '저는 몸소 탕임금에게 미쳐 모두 한결같은 덕을 소유하였습니다.'라고 했고, 『시』에서는 '저 선한 군자여, 그 위엄스러운 거동이 어긋나지 않는구나.'"라고 했다.

集說 君之待臣, 表裏如一, 故曰可望而知. 臣之事君, 一由忠誠, 其職業皆可稱述而記志. 此所以上下之間, 不疑不惑也. 尹吉, 伊尹吉太甲之書也, 今咸有一德篇文. 詩, 曹風鳲鳩之篇. 引書以證君臣相得, 又引詩以證壹德之義.

번역 군주가 신하를 대할 때에는 겉과 속이 한결같아야 한다. 그렇기 때문에 "바라보면 알 수 있다."라고 했다. 신하가 군주를 섬길 때에는 한결같이 충심과 진실됨에서 비롯되어야 하니, 그가 맡은 직무는 모두 조술하여 그 뜻을 기록할 수 있어야 한다. 이것은 상하관계에서 의문과 의혹을 품지 않게 되는 방법이다. 「윤고(尹告)」는 이윤이 태갑에게 아뢰었던 글인데, 현행본 『서』「함유일덕(咸有一德)」편의 문장이다.1) 『시』는 『시』「조풍(曹風)·시구(鳲鳩)」편이다.2) 『서』의 내용을 인용하여 군주와 신하가 서로 부합됨을 증명하였고, 또 『시』의 내용을 인용하여 덕을 한결같이 하는 뜻을 증명하였다.

大全 馬氏曰: 爲上可望而知者, 蓋上以誠而接下, 爲下可述而志者, 蓋下以誠而事上. 上以使下, 下以事上, 皆以誠, 則君臣之間, 有同而無異, 故君不疑於其臣, 而臣不惑於其君, 而其德一也.

번역 마씨가 말하길, "윗사람은 바라보면 알 수 있다."라고 했는데, 윗사람이 진실됨으로 아랫사람을 대하기 때문이며, "아랫사람은 조술하여 뜻을 기록한다."라고 했는데, 아랫사람이 진실됨으로 윗사람을 섬기기 때문이다. 윗사람이 아랫사람을 부리고 아랫사람이 윗사람을 섬길 때 모두 진실됨에 따른다면, 군주와 신하 관계에는 동일함만 있고 차이남이 없다. 그렇기 때문에 군주는 자신의 신하에 대해서 의문을 품지 않고, 신하는 자신의 군주에 대해서 의혹을 품지 않아 그 덕이 한결같이 된다.

大全 山陰陸氏曰: 可望而知, 言表裏如一, 可述而志, 言先後如一.

번역 산음육씨3)가 말하길, 바라보면 알 수 있다는 말은 겉과 속이 한

---

1) 『서』「상서(商書)·함유일덕(咸有一德)」: 夏王弗克庸德, 慢神虐民, 皇天弗保, 監于萬方, 啓迪有命, 眷求一德, 俾作神主. <u>惟尹躬暨湯, 咸有一德</u>, 克享天心, 受天明命. 以有九有之師, 爰革夏正.

2) 『시』「조풍(曹風)·시구(鳲鳩)」: 鳲鳩在桑, 其子在棘. <u>淑人君子, 其儀不忒</u>. 其儀不忒, 正是四國.

3) 산음육씨(山陰陸氏, A.D.1042~A.D.1102): =육농사(陸農師)·육전(陸佃). 북송(北宋) 때의 유학자이다. 자(字)는 농사(農師)이며, 호(號)는 도산(陶山)이다. 어려서 집안이 매우 가난했다고 전해지며, 왕안석(王安石)에게 수학하였으나 왕안석의 신법에 대해서는 반대하였다. 저서로는 『비아(埤雅)』, 『춘추후전(春

결같다는 뜻이며, 조술하여 기록할 수 있다는 말은 선후가 한결같다는 뜻이다.

鄭注 志, 猶知也. 吉, 當爲"告". 告, 古文"誥", 字之誤也. 尹告, 伊尹之誥也. 書序以爲咸有壹德, 今亡. 咸, 皆也. 君臣皆有壹德不貳, 則無疑惑也.

번역 '지(志)'자는 "알다[知]."는 뜻이다. '길(吉)'자는 마땅히 '고(告)'자가 되어야 한다. '고(告)'자는 고문의 고(誥)자로, 자형이 비슷해서 생긴 오류이다. '윤고(尹告)'는 곧 이윤(伊尹)의 고(誥)가 된다. 『서』의 「소서(小序)」에서는 「함유일덕(咸有壹德)」편으로 여기고 있는데, 현재는 망실되어 없다. '함(咸)'자는 모두[皆]라는 뜻이다. 군주와 신하가 모두 한결같은 덕을 가져서 차이가 나지 않는다면, 의혹이 없게 된다는 뜻이다.

釋文 吉, 依注爲告, 音誥, 羔報反.

번역 '吉'자는 정현의 주에 따르면 '告'가 되며, 그 음은 '誥'이니, '羔(고)'자와 '報(보)'자의 반절음이다.

孔疏 ●"子曰"至"不忒". ○正義曰: "爲上可望而知也"者, 謂貌不藏情, 可望見其貌, 則知其情.

번역 ●經文: "子曰"~"不忒". ○경문의 "爲上可望而知也"에 대하여. 그 모습에서 정감을 감추지 않아, 그 모습을 살펴보면 그 정감도 알 수 있다는 뜻이다.

孔疏 ●"爲下可述而志也", 志, 知也. 爲臣下率誠奉上, 其行可述敍而知.

번역 ●經文: "爲下可述而志也". ○'지(志)'자는 "알다[知]."는 뜻이다.

秋後傳)』, 『도산집(陶山集)』 등이 있다.

신하는 진실됨에 따라 윗사람을 섬겨서, 그의 행실을 기술하여 알 수 있다는 뜻이다.

孔疏 ●"尹吉曰: 惟尹躬及湯, 咸有一德"者, 吉, 當爲"告", 是伊尹誥大甲, 故稱"尹誥", 則咸有一德篇是也. 言惟尹躬身與成湯, 皆有純一之德. 引者, 證上君臣不相疑惑.

번역 ●經文: "尹吉曰: 惟尹躬及湯, 咸有一德". ○'길(吉)'자는 마땅히 '고(告)'자가 되어야 하니, 이윤이 태갑에게 아뢰었던 말이다. 그렇기 때문에 '윤고(尹誥)'라고 부르니, 현행본 『서』의 「함유일덕(咸有一德)」편이 여기에 해당한다. "이윤 본인은 몸소 탕임금과 더불어서 모두 순일한 덕을 지니고 있었다."라는 뜻이다. 이 내용을 인용한 것은 군주와 신하가 서로 의혹을 품지 않는다는 뜻을 증명하기 위해서이다.

孔疏 ●"詩云: 淑人君子, 其儀不忒"者, 此詩·曹風·鳲鳩之篇, 刺曹君之詩, 言善人君子, 其儀不有差忒. 引者, 證一德之義.

번역 ●經文: "詩云: 淑人君子, 其儀不忒". ○이 시는 『시』「조풍(曹風)·시구(鳲鳩)」편으로, 조나라 제후를 풍자한 시이다. 즉 선한 군자는 그 위엄스러운 거동에 어긋나는 점이 없다는 뜻이다. 이 시를 인용한 것은 한결같은 덕의 뜻을 증명하기 위해서이다.

訓纂 王氏引之曰: 述之言循也, 志之言識也. 循其言貌而其人可識也. 大戴禮文王官人篇, "飾貌者不情", 可述而志則非飾貌者矣. 述而志, 猶言望而知, 以其外箸者言之也.

번역 왕인지가 말하길, '술(述)'자는 "따른다[循]."는 뜻이며, '지(志)'자는 "알다[識]."는 뜻이다. 즉 그의 말과 용모에 따라서 그 사람에 대해 알 수 있다는 의미이다. 『대대례기』「문왕관인(文王官人)」편에서는 "용모를 좋게만 꾸미는 자는 진실되지 않다."⁴⁾라고 했으니, 그의 말과 용모에 따라서 알 수 있다면, 용모를 좋게만 꾸미는 자가 아니다. "말과 용모에 따라서 알 수 있다."는 말은 "바라보면 알 수 있다."라고 한 말과 같으니, 겉으로 드러나는 것을 기준으로 한 말이다.

集解 志, 猶識也. 可述而志, 謂其言可稱述而記識也. 上以誠待下, 而見於貌者平易而可親, 下以誠事上, 而見於言者終始之不渝, 則君臣之間情意交孚, 而無所疑惑矣. 尹吉, 當作尹告. 此書咸有一德伊尹告大甲之言也.

번역 '지(志)'자는 "알다[識]."는 뜻이다. '가술이지(可述而志)'는 그의 말은 칭송하고 조술하여 기록하고 알 수 있다는 뜻이다. 윗사람이 진실됨으로 아랫사람을 대하여, 모습으로 드러나는 것이 평이하면서도 친근하게 여길 수 있고, 아랫사람이 진실됨으로 윗사람을 섬겨서, 말로 드러나는 것이 시종일관 변하지 않는다면, 군주와 신하 관계에서도 정감과 뜻을 서로 믿게 되어 의혹을 품지 않는다. '윤길(尹吉)'은 마땅히 '윤고(尹告)'라고 기록해야 한다. 이것은 『서』의 「함유일덕(咸有一德)」편으로, 이윤이 태갑에게 아뢰었던 말이다.

참고 『서』「상서(商書)·함유일덕(咸有一德)」

經文 夏王弗克庸德, 慢神虐民.

번역 하나라 천자는 덕을 항상되게 유지할 수 없어서 신에게 태만했고 백성에게 포악했습니다.

孔傳 言桀不能常其德, 不敬神明, 不恤下民.

---

4) 『대대례기(大戴禮記)』「문왕관인(文王官人)」: 故事阻者不夷, 畸鬼者不仁, 面譽者不忠, 飾貌者不情, 隱節者不平, 多私者不義, 揚言者寡信. 此之謂揆德.

번역　걸임금은 덕을 항상되게 유지할 수 없어서, 신명을 공경하지 않았고 백성들을 구휼하지 않았다.

經文　皇天弗保, 監于萬方, 啓迪有命.

번역　황천이 보호하지 않아서, 사방을 두루 살펴 천명 받을 자를 열어주고 인도하였습니다.

孔傳　言天不安桀所爲, 廣視萬方, 有天命者開道之.

번역　하늘이 걸임금의 행위를 편안하게 여기지 않아서, 사방을 널리 살펴서 천명을 받을 자를 열어서 인도하였다는 뜻이다.

經文　眷求一德, 俾作神主.

번역　한결같은 덕을 갖춘 자를 간절히 찾아서 그로 하여금 신명을 받드는 주인으로 삼았습니다.

孔傳　天求一德, 使伐桀爲天地神祇之主.

번역　하늘이 한결같은 덕을 갖춘 자를 찾아서 그로 하여금 걸임금을 대신하여 천신과 지신을 섬기는 주인으로 삼았다.

經文　惟尹躬曁湯, 咸有一德, 克享天心, 受天明命.

번역　저 이윤은 탕임금과 함께 모두 한결같은 덕을 갖추고 이어서, 천심에 부합할 수 있어 하늘로부터 밝은 명을 받았습니다.

孔傳　享, 當也. 所征無敵, 謂之受天命.

번역　‘향(享)’자는 “～에 합당하다[當].”는 뜻이다. 정벌을 함에 대적하는 자가 없으니, 천명을 받았다고 부른다.

孔疏　◎傳"享當"至"天命". ○正義曰: 德當神意, 神乃享之, 故以"享"爲當也. 天道遠而人道近, 天之命人, 非有言辭文誥, 正以神明祐之, 使之所征無敵, 謂之受天命也. 緯候之書乃稱有黃龍白龜白魚赤雀負圖銜書以授聖人, 正典無其事也. 漢自哀平之間, 緯候始起, 假託鬼神, 妄稱祥瑞, 孔時未有其說, 縱使時已有之, 亦非孔所信也.

번역　◎孔傳: "享當"~"天命". ○덕이 신의 뜻에 합당하여 신이 곧 흠향을 한 것이다. 그렇기 때문에 '향(享)'자를 "~에 합당하다[當]."는 뜻으로 풀이했다. 하늘의 도는 멀리 떨어져 있고 사람의 도는 가까운데, 하늘이 사람에게 명령을 내린 것은 말이나 글자를 통해 알려주는 일이 없고, 신명으로 돕게 하여 그가 정벌을 함에 대적하는 자가 없도록 만들었으니, 이것을 천명을 받았다고 부른다. 위후(緯候)5)의 문헌에서는 황색 용·백색 거북이·백색 물고기·적색 참새가 그림을 짊어지거나 문서를 물고 나타나서 성인에게 주었다고 했는데, 경전에는 그러한 일이 기록되어 있지 않다. 한나라 애제(哀帝, 제위기간: B.C.6~B.C.1)와 평제(平帝, 제위기간: A.D.1~A.D.5) 시기에 위후가 처음 나타나서 귀신에 가탁하여 요망하게 상서로운 징조라고 지칭했는데, 공안국 생존 당시에는 이러한 주장이 없었다. 비록 당시에 이미 이러한 설들이 있었다고 하지만, 이 또한 공안국이 신빙성이 있다고 여긴 내용은 아니다.

蔡傳　上文言天命無常, 惟有德則可常, 於是引桀之所以失天命, 湯之所以得天命者證之. 一德, 純一之德, 不雜不息之義, 卽上文所謂常德也. 神主, 百神之主. 享, 當也. 湯之君臣, 皆有一德, 故能上當天心, 受天明命而有天下. 於

---

5) 위후(緯候)는 본래 칠경(七經)에 대한 위서(緯書)와 『상서중후(尚書中候)』를 합쳐 부르는 말인데, '위서'를 통칭하는 용어로 사용된다. 『후한서(後漢書)』「方述傳序」편에는 "至乃河洛之文, 龜龍之圖, 箕子之術, 師曠之書, 緯候之部, 鈐決之符, 皆所以探抽冥賾, 參驗人區, 時有可聞者焉."이라는 기록이 있는데, 이에 대한 이현(李賢)의 주에서는 "緯, 七經緯也. 候, 尚書中候也."라고 풀이했다. 또한 '위후'는 참위(讖緯)에 대한 학문을 가리키는 용어로도 사용된다.

是改夏建寅之正, 而爲建丑正也.

번역 앞에서는 천명은 항상 고정되어 있지 않아서, 오직 덕을 갖춘 자만이 항상 유지할 수 있다고 했는데, 이곳에서는 걸임금이 천명을 잃어버린 이유와 탕임금이 천명을 얻을 수 있었던 이유를 인용하여 증명하였다. '일덕(一德)'은 순일한 덕이니, 섞이지 않고 그치지 않다는 뜻으로, 앞에서 '상덕(常德)'이라고 한 말에 해당한다. '신주(神主)'는 모든 신들을 받드는 주인을 뜻한다. '향(享)'자는 "~에 합당하다[當]."는 뜻이다. 탕임금 때의 군주와 신하는 모두 순일한 덕을 가지고 있었기 때문에 위로 천심에 합당하였고, 하늘의 밝은 명을 받아서 천하를 소유하였다. 이에 하나라가 건인(建寅)6)으로 정했던 정월을 바꿔서 건축(建丑)을 정월로 정했다.

참고 『시』「조풍(曹風)·시구(鳲鳩)」

鳲鳩在桑, (시구재상) : 시구새가 뽕나무에 있으니,
其子七兮. (기자칠혜) : 그 자식이 일곱이로다.
淑人君子, (숙인군자) : 선한 군자여,
其儀一兮. (기의일혜) : 그 위엄스러운 행동거지가 한결같구나.
其儀一兮, (기의일혜) : 그 위엄스러운 행동거지가 한결같으니,
心如結兮. (심여결혜) : 마음을 씀이 맺혀있듯 굳건하구나.

鳲鳩在桑, (시구재상) : 시구새가 뽕나무에 있으니,
其子在梅. (기자재매) : 그 자식이 날아올라 매화나무에 있구나.
淑人君子, (숙인군자) : 선한 군자여,
其帶伊絲. (기대이사) : 그 대대(大帶)7)는 흰색의 실로 만들고 잡색을 섞

---

6) 건인(建寅)은 북두칠성의 자루부분이 회전하여, 12진(辰) 중 인(寅)의 방위를 향할 때를 뜻한다. 하(夏)나라에서는 이 시기를 정월(正月)로 삼았기 때문에, 하력(夏曆)에서의 정월을 뜻하는 용어로도 사용되었다. 『회남자(淮南子)』「천문훈(天文訓)」편에는 "天一元始, 正月建寅."이라는 기록이 있다.
7) 대대(大帶)는 예복(禮服)에 사용하는 허리띠이다. 허리띠에는 혁대(革帶)와 '대대'가 있는데, 혁대는 가죽으로 만들어서 패옥 등을 차는 것이며, '대대'는

어 장식을 했구나.

其帶伊絲, (기대이사) : 그 대대(大帶)는 흰색의 실로 만들고 잡색을 섞어
　　　　　　　　　　장식을 했는데,

其弁伊騏. (기변이기) : 그 피변(皮弁)8)의 장식은 옥으로 만들었구나.

鳲鳩在桑, (시구재상) : 시구새가 뽕나무에 있으니,

其子在棘. (기자재극) : 그 자식이 날아올라 가시나무에 있구나.

淑人君子, (숙인군자) : 선한 군자여,

其儀不忒. (기의불특) : 그 위엄스러운 행동이 어긋나지 않는구나.

其儀不忒, (기의불특) : 그 위엄스러운 행동이 어긋나지 않으니,

正是四國. (정시사국) : 사방의 나라들을 바르게 하는구나.

鳲鳩在桑, (시구재상) : 시구새가 뽕나무에 있으니,

其子在榛. (기자재진) : 그 자식이 날아올라 개암나무에 있구나.

淑人君子, (숙인군자) : 선한 군자여,

正是國人. (정시국인) : 사방의 나라들을 바르게 하는구나.

正是國人, (정시국인) : 사방의 나라들을 바르게 하니,

胡不萬年. (호불만년) : 어찌 만년을 누리지 않겠는가.

毛序　鳲鳩, 刺不壹也, 在位無君子, 用心之不壹也.

모서　「시구(鳲鳩)」편은 한결같지 않음을 풍자한 시이니, 지위에 있는
자들 중 군자가 없어서 마음을 쓰는 것이 한결같지 않기 때문이다.

혁대 위에 흰 비단이나 누인 명주 등으로 만든 띠를 뜻한다. 대부(大夫) 이상
의 계급은 흰 비단으로 만들었으며, 폭을 4촌(寸)으로 만들었고, 사(士)는 누
인 명주로 만들었으며, 폭은 2촌으로 만들었다. 『예기』「옥조(玉藻)」편에는
"大夫大帶四寸."이라는 기록이 있고, 이에 대한 정현의 주에서는 "大夫以上以
素, 皆廣四寸, 士以練, 廣二寸."이라고 풀이했다.

8) 피변(皮弁)은 고대에 사용되었던 관(冠)의 한 종류이다. 백색 사슴의 가죽으로
만든 모자이다. 한편 관(冠)에 따른 의복까지 포함한 의미로 사용되기도 한다.
『주례』「하관(夏官)・변사(弁師)」편에는 "王之皮弁, 會五采玉璂, 象邸, 玉笄."
라는 기록이 있다.

● 그림 9-1 　◨ 이윤(伊尹)

像 聖 任 喬

※ **출처:** 『고성현상전략(古聖賢像傳略)』

그림 9-2 ▣ 복정고귀도(復政告歸圖)

※ 출처:『흠정서경도설(欽定書經圖說)』15권

그림 9-3 ▣ 하왕만신도(夏王慢神圖)

※ **출처:**『흠정서경도설(欽定書經圖說)』15권

그림 9-4 ◙ 북두칠성의 자루와 12개월

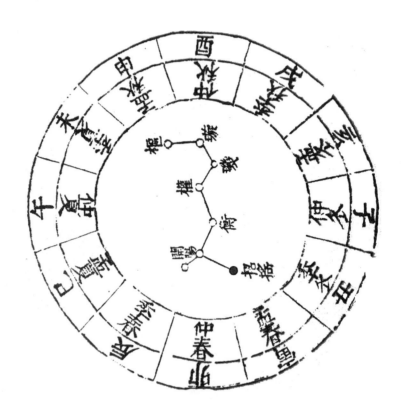

※ 출처: 『삼재도회(三才圖會)』「천문(天門)」 3권

◉ 그림 9-5   ◼ 시구(鳲鳩)

鳩　　　鳲

※ **출처:** 『삼재도회(三才圖會)』「조수(鳥獸)」 1권

그림 9-6　■ 피변(皮弁)과 작변(爵弁)

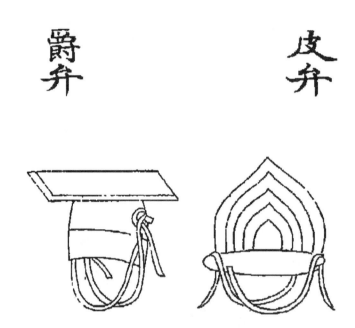

※ 출처: 『역사(繹史)』 1권 「역사세계도(繹史世系圖)」

• 제 10 절 •

장선(章善)과 단악(癉惡)

【645c】

子曰, "有國家者, 章善¹⁾癉²⁾惡以示民厚, 則民情不貳. 詩云, '靖共爾位, 好是正直.'"

직역 子曰, "國家를 有한 者가 善을 章하고 惡을 癉하여 民에게 厚함을 示하면, 民의 情이 不貳한다. 詩에서 云, '爾의 位를 靖共하여, 是히 正直을 好라.'"

의역 공자가 말하길, "국(國)이나 가(家)를 소유한 제후와 대부가 선을 드러내고 악을 미워하여 백성들에게 두터이 할 것을 보여준다면, 백성들의 정감은 어긋나지 않는다. 『시』에서는 '너의 직위를 편안하고 공손하게 하여, 정직한 자를 좋아하라.'"라고 했다.

---

1) '선(善)'자에 대하여. 『십삼경주소(十三經注疏)』 북경대 출판본에는 '선'자가 '의(義)'자로 기록되어 있고, "'의'자는 본래 '선'자로 기록되어 있었는데, 완원(阮元)의 『교감기(校勘記)』에서는 『송감본(宋監本)』・『악본(岳本)』에는 의(義)자로 기록되어 있고, 『석경(石經)』에는 처음 선(善)자로 새겼다가 이후 의(義)자로 고쳐서 새겼다. 『석문(釋文)』에도 장의(章義)라는 기록이 나오고, 『서』에서는 선(善)자로 기록했는데, 황간(皇侃)은 의(義)자는 선(善)자의 뜻이라고 했다. 『석경고문제요(石經考文提要)』에서는 『송대자본(宋大字本)』・『송본구경(宋本九經)』・『남송건상본(南宋巾箱本)』・『여인중본(余仁仲本)』・『유숙강본(劉叔剛本)』에는 모두 장의(章義)로 기록되었다고 했다. 살펴보니 의(義)자로 기록하는 것이 옳다.'"라고 했다.

2) '단(癉)'자에 대하여. 『십삼경주소(十三經注疏)』에는 '단(▼(疒/亶))'자로 기록되어 있다.

集說 鄭本作章義, 今從書作善.

번역 정현의 판본에서는 '장의(章義)'라고 기록했는데, 현재는 『서』의 기록에 따라 '의(義)'자를 선(善)자로 기록한다.

集說 呂氏曰: 章, 明也. 癉, 病也. 明之斯好之矣, 病之斯惡之矣. 善居其厚, 惡居其薄, 此所以示民厚也. 好善惡惡之分定, 民情所以不貳也. 詩, 小雅小明之篇. 引之以明章善之義.

번역 여씨가 말하길, '장(章)'자는 "밝히다[明]."는 뜻이다. '단(癉)'자는 "병폐로 여기다[病]."는 뜻이다. 밝히면 좋아하게 되고, 병폐로 여기면 싫어하게 된다. 선은 두터운 곳에 있고 악은 엷은 곳에 있으니, 이것이 백성들에게 두터운 것을 보여주는 방법이다. 선을 좋아하고 악을 싫어하는 구분이 확정되면, 백성들의 정감은 어긋나지 않는다. 『시』는 『시』「소아(小雅)·소명(小明)」편이다.[3] 이 시를 인용하여 선을 드러낸다는 뜻을 나타낸 것이다.

大全 嚴陵方氏曰: 章善而著之, 惡者恥其不若, 則惡者病矣. 夫不待刑罰, 而能使惡者知恥, 則爲上者之用心厚矣, 則民其有攜貳之情乎?

번역 엄릉방씨가 말하길, 선을 밝히고 드러내어 악한 자가 그와 같지 못함을 부끄럽게 여긴다면, 악한 자는 스스로 병통으로 여기게 된다. 형벌을 사용하지 않고도 악한 자로 하여금 부끄러움을 알게끔 할 수 있다면, 윗사람의 마음 씀이 두터운 것인데, 백성들 중 어긋나는 정감을 소유한 자가 발생하겠는가?

大全 長樂陳氏曰: 惟民生厚, 則性之本未嘗不善也. 因物有遷而習於惡, 則惡者其僞也. 有國家者, 知民性之有善, 而移於所習, 然後爲惡, 故爲善則章

---

3) 『시』「소아(小雅)·소명(小明)」: 嗟爾君子, 無恒安息. <u>靖共爾位, 好是正直</u>. 神之聽之, 介爾景福.

之, 使民知善之可爲, 爲惡則癉之, 使民知惡之可避, 以示民有生厚之善, 則民
致一於善而歸厚矣, 是以民情不貳. 靖共爾位, 好是正直, 則章善之謂也.

번역 장락진씨가 말하길, 백성들은 태어날 때에는 두텁다고 했으니, 본
성의 근본은 일찍이 선하지 않은 적이 없는 것이다. 사물에 따라 옮겨가서
악을 익히는 것이라면 악이란 거짓됨이 된다.4) 국가를 소유한 자는 백성들
의 본성에 선함이 있지만 익히는 것에 따라 옮겨간 뒤에야 악하게 됨을
알기 때문에, 선을 행하면 드러내어 백성들로 하여금 선을 시행해야함을
알게끔 한 것이고, 악을 행하면 그것을 미워하여 백성들로 하여금 악은 피
해야함을 알게끔 하니, 이를 통해 백성들에게 태어날 때부터 두터운 선을
가지고 있음을 보여준다면, 백성들은 선을 한결같이 따라 두터운 곳으로
귀의하게 된다. 이러한 까닭으로 백성들의 정감이 어긋나지 않는다. "너의
직위를 편안하고 공손하게 하여, 정직한 자를 좋아하라."라는 말은 선을
드러낸다는 뜻이다.

鄭注 章, 明也. 癉, 病也.

번역 '장(章)'자는 "밝히다[明]."는 뜻이다. '단(癉)'자는 "병폐로 여기다
[病]."는 뜻이다.

釋文 忒, 他得反, 本或作貳, 音二. 章義如字, 尙書作"善". 皇云: "義, 善
也." 癉, 丁但反.

번역 '忒'자는 '他(타)'자와 '得(득)'자의 반절음이며, 판본에 따라서는 또
한 '貳'자로도 기록하는데, 그 음은 '二(이)'이다. '章義'의 '義'자는 글자대로
읽는데, 『상서』에서는 '善'자로 기록했다. 황간5)은 "의(義)는 선(善)을 뜻한

---

4) 『서』「주서(周書)・군진(君陳)」: 惟民生厚, 因物有遷, 違上所命, 從厥攸好.
5) 황간(皇侃, A.D.488~A.D.545): =황씨(皇氏). 남조(南朝) 때 양(梁)나라의 경
학자이다. 『주례(周禮)』, 『의례(儀禮)』, 『예기(禮記)』 등에 해박하여, 『상복문
구의소(喪服文句義疏)』, 『예기의소(禮記義疏)』, 『예기강소(禮記講疏)』 등을 지

다.”라고 했다. ‘癉’자는 ‘丁(정)’자와 ‘但(단)’자의 반절음이다.

孔疏 ●“子曰”至“正直”. ○正義曰: “章善癉惡”者, 章, 明也; 癉, 病也. 言爲國者, 有善以賞章明之, 有惡則以刑癉病之也.

번역 ●經文: “子曰”~“正直”. ○경문의 “章善癉惡”에 대하여. ‘장(章)’자는 “밝히다[明].”는 뜻이며, ‘단(癉)’자는 “병폐로 여기다[病].”는 뜻이다. 국가를 통치하는 자는 선한 일을 했다면 상을 통해 그 사안을 밝게 드러내고, 악한 일을 했다면 형벌을 통해 그것을 미워한다는 뜻이다.

孔疏 ●“詩云: 靖共爾位, 好是正直”者, 此詩·小雅·小明之篇, 刺幽王之詩也. 言大夫悔仕亂世, 告語未仕之人, 言更待明君靖謀, 共其爾之祿位, 愛好正直之人, 然後事之也. 引之者, 證上民情不二爲正直之行.

번역 ●經文: “詩云: 靖共爾位, 好是正直”. ○이 시는『시』「소아(小雅)·소명(小明)」편으로, 유왕(幽王)을 풍자한 시이다. 즉 대부가 난세에 벼슬에 오른 것을 후회하여, 아직 벼슬하지 않은 사람들에게 알려주는 말이니, 재차 현명한 군주를 기다려 도모하기를 편안히 하고, 너에게 녹봉과 지위를 수여하며, 정직한 사람을 아끼는 것을 본 뒤에야 그를 섬기라는 의미이다. 이 시를 인용한 것은 위정자와 백성의 정감이 차이를 보이지 않는 것이 정직한 시행이 됨을 증명하기 위해서이다.

訓纂 呂與叔曰: 此言居位者惟正直是好, 則所好出於理義, 民德所以壹也.

번역 여여숙이 말하길, 이 문장은 지위에 오른 자가 정직한 자를 좋아하게 된다면, 좋아하는 것이 의리에서 도출되어, 백성의 덕이 한결같이 된다는 뜻을 나타낸다.

었지만, 현재는 전해지지 않는다. 그 일부가 마국한(馬國翰)의『옥함산방집일서(玉函山房輯佚書)』에 수록되어 있다.

참고 『시』「소아(小雅)·소명(小明)」

明明上天, (명명상천) : 밝고 밝으신 상천은,
照臨下土. (조임하토) : 천하를 비춰주며 살피시는구나.
我征徂西, (아정조서) : 내가 길을 떠나 서쪽으로 가서,
至于艽野. (지우구야) : 멀리 떨어진 황망한 곳에 이르렀도다.
二月初吉, (이월초길) : 2월 초하루에 길을 떠났는데,
載離寒暑. (재리한서) : 지금에 이르러 겨울의 추위와 여름의 더위를 재
　　　　　　　차 겪었노라.
心之憂矣, (심지우의) : 마음의 근심이여,
其毒大苦. (기독대고) : 그 독이 매우 쓰구나.
念彼共人, (염피공인) : 저 공경하며 자신의 직무를 따르는 동료를 생각
　　　　　　　하면,
涕零如雨. (체령여우) : 눈물이 비 오듯 내리는구나.
豈不懷歸, (기불회귀) : 어찌 돌아감을 생각하지 않으리오,
畏此罪罟. (외차죄고) : 촘촘한 형벌의 법망이 두렵도다.

昔我往矣, (석아왕의) : 예전 내가 이곳으로 온 것이,
日月方除. (일월방제) : 4월이었구나.
曷云其還, (갈운기환) : 어떻게 되돌아간다 하는가,
歲聿云莫. (세율운막) : 이 해가 이미 다 가는구나.
念我獨兮, (염아독혜) : 생각해보니 나 홀로 여러 일을 걱정하니,
我事孔庶. (아사공서) : 내 일이 매우 많구나.
心之憂矣, (심지우의) : 마음의 근심이여,
憚我不暇. (탄아불가) : 나를 괴롭혀 겨를이 없구나.
念彼共人, (염피공인) : 저 공경하며 자신의 직무를 따르는 동료를 생각
　　　　　　　하면,
睠睠懷顧. (권권회고) : 돌아가 벼슬할 것을 깊이 생각하노라.
豈不懷歸, (기불회귀) : 어찌 돌아감을 생각하지 않으리오,
畏此譴怒. (외차견노) : 성냄을 당할까 두렵도다.

昔我往矣, (석아왕의) : 예전 내가 이곳으로 온 것이,

日月方奥. (일월방오) : 막 따뜻해지는 때였구나.

曷云其還, (갈운기환) : 어떻게 되돌아간다 하는가,

政事愈蹙. (정사유축) : 정사가 더욱 급박하게 돌아가는구나.

歲聿云莫, (세율운막) : 이 해가 이미 다 가서,

采蕭穫菽. (채소확숙) : 쑥을 따고 콩을 수확했구나.

心之憂矣, (심지우의) : 마음의 근심이여,

自詒伊戚. (자이이척) : 내 스스로 이러한 슬픔을 끼쳤구나.

念彼共人, (염피공인) : 저 공경하며 자신의 직무를 따르는 동료를 생각
하면,

興言出宿. (흥언출숙) : 일어나 밖에서 잠을 자도다.

豈不懷歸, (기불회귀) : 어찌 돌아감을 생각하지 않으리오,

畏此反覆. (외차반복) : 죄를 다시 받을까 두렵도다.

嗟爾君子, (차이군자) : 아 너희 군자들아,

無恒安處. (무항안처) : 항상 안전하게 머물 수 있는 곳은 없느니라.

靖共爾位, (정공이위) : 현명한 군주가 너의 작위를 마련해줄 것이니,

正直是與. (정직시여) : 정직한 사람과 정사를 함께 함이라.

神之聽之, (신지청지) : 신명이 도와 들어준다면,

式穀以女. (식곡이녀) : 선한 자를 쓰리니 너로 하리라.

嗟爾君子, (차이군자) : 아 너희 군자들아,

無恒安息. (무항안식) : 항상 안전하게 머물 수 있는 곳은 없느니라.

靖共爾位, (정공이위) : 현명한 군주가 너의 작위를 마련해줄 것이니,

好是正直. (호시정직) : 정직한 사람과 정사를 함께 함이라.

神之聽之, (신지청지) : 신명이 도와 들어준다면,

介爾景福. (개이경복) : 너를 도와 큰 복을 주리라.

毛序　小明, 大夫悔仕於亂世也.

모서　「소명(小明)」편은 난세에 벼슬한 것을 후회하는 시이다.

장호(章好)와 신오(愼惡)

【645d】

子曰, "上人疑, 則百姓惑; 下難知, 則君長勞. 故君民者, 章
好以示民俗, 愼惡以御民之淫, 則民不惑矣. 臣儀行, 不重辭,
不援其所不及, 不煩其所不知, 則君不勞矣. 詩云, '上帝板板,
下民卒癉1).' 小雅曰, '匪其止共, 維王之邛.'"

직역　子가 曰, "上人이 疑하면, 百姓이 惑하고; 下가 知가 難하면, 君長이 勞한
다. 故로 民을 君하는 者가 好를 章하여 民에게 俗을 示하고, 惡를 愼하여 民의
淫을 御하면, 民이 不惑한다. 臣이 儀行하고, 辭를 不重하며, 그 不及한 所를 不援하
고, 그 不知한 所를 不煩하면, 君이 不勞한다. 詩에서 云, '上帝가 板板하여, 下民이
卒히 癉이라.' 小雅에서 曰, '그 共을 止함이 匪이며, 維히 王의 邛이라.'"

의역　공자가 말하길, "윗사람이 의심하게 되면 백성들이 의혹하게 된다. 아랫
사람에 대해 알기가 어렵다면 군주와 존장자는 고단하게 된다. 그러므로 백성을
다스리는 자가 좋아하는 것을 드러내어 백성들에게 좋은 풍속을 보여주고, 싫어하
는 것을 신중히 처리하여 백성들이 문란하게 되는 것을 제어한다면, 백성들이 의혹
을 품지 않는다. 신하에게 법도에 맞는 행실이 있고, 말만을 중시하지 않으며, 군주
의 능력으로 미칠 수 없는 것을 강요하지 않고, 군주의 지혜로 알 수 없는 것으로
번민하게 만들지 않는다면, 군주는 고단하게 되지 않는다. 『시』에서는 '상제가 항
상된 도리를 뒤집어 행하니, 백성들이 모두 병들었도다.'라고 했고, 「소아」에서는

---

1) '단(癉)'자에 대하여. 『십삼경주소(十三經注疏)』에는 '단(▼(疒/亶))'자로 기록
되어 있다.

'공경함에 따른 것이 아니며, 천자의 병통이 될 따름이니라.'"라고 했다.

集說 詩, 大雅板之篇. 板板, 反戾之意. 卒, 盡也. 癉, 詩作▼(疒/亶), 病也. 假上帝以言幽王反其常道, 使下民盡病也. 小雅, 巧言之篇. 邛, 病也, 言此讒人非止於敬, 徒爲王之邛病耳. 板詩證君道之失, 巧言詩證臣道之失也.

번역 『시』는 『시』「대아(大雅)·판(板)」편이다.2) '판판(板板)'은 뒤집고 어긋난다는 뜻이다. '졸(卒)'자는 모두[盡]라는 뜻이다. '단(癉)'자를 『시』에서는 '단(▼(疒/亶))'자로 기록했으니, "병들다[病]."는 뜻이다. '상제(上帝)'라는 용어를 빌려서 유왕(幽王)이 항상된 도리를 반대로 하여, 백성들로 하여금 모두가 병들게 만들었다고 말한 것이다. 「소아」는 『시』「소아(小雅)·교언(巧言)」편이다.3) '공(邛)'자는 병폐[病]를 뜻하니, 이처럼 참소하는 자는 공경함에 그쳐서 말하는 것이 아니니, 단지 천자의 병통이 될 따름이다. 「판」편의 시는 군주의 도가 실추됨을 증명한 것이며, 「교언」편의 시는 신하의 도가 실추됨을 증명한 것이다.

集說 呂氏曰: 以君之力所不能及而援其君, 則君難從; 以君之智所不能知而煩其君, 則君難聽. 徒爲難從難聽以勞其君而無益, 非所以事君也.

번역 여씨가 말하길, 군주의 힘으로 미칠 수 없는 것으로 군주를 돕는다면 군주가 따라 하기 어렵고, 군주의 지혜로 알 수 없는 것으로 군주를 번민하게 만든다면 군주가 듣기 어렵다. 단지 따라 하기 어렵고 듣기 어렵게만 하여 군주를 고단하게 만들며 보탬이 없는 것은 군주를 섬기는 방법이 아니니다.

---

2) 『시』「대아(大雅)·판(板)」: 上帝板板, 下民卒癉. 出話不然, 爲猶不遠. 靡聖管管, 不實於亶. 猶之未遠, 是用大諫.
3) 『시』「소아(小雅)·교언(巧言)」: 君子屢盟, 亂是用長. 君子信盜, 亂是用暴. 盜言孔甘, 亂是用餤. 匪其止共, 維王之邛.

集說 方氏曰: 示民不以信, 則爲上之人可疑; 可疑, 則百姓其有不惑者乎? 事君不以忠, 則爲下之人難知; 難知, 則君長其有不勞者乎? 章其所好之善, 故足以示民而成俗; 愼其所惡之惡, 故足以御民而不淫. 若是, 則上下無可疑者, 故曰民不惑矣. 臣有可儀之行, 而所重者不在乎辭, 則凡有所行者, 無僞行矣. 苟有所言者, 無虛辭矣.

번역 방씨가 말하길, 백성들에게 신의로써 보여주지 않는다면 윗사람을 의심할 수 있는데, 의심할 수 있다면 백성들 중 의혹을 품지 않는 자가 있겠는가? 군주를 충심으로 섬기지 않는다면 아랫사람을 알기가 어려운데, 알기가 어렵다면 군주와 존장자 중 고단하지 않은 자가 있겠는가? 좋아하는 선을 드러내기 때문에 백성들에게 보여주어 풍속을 완성할 수 있고, 싫어하는 악을 신중히 처리하기 때문에 백성들을 제어하여 문란하지 않게끔 할 수 있다. 이처럼 한다면 상하계층 모두 의심을 품는 자가 없게 된다. 그렇기 때문에 "백성들이 의혹을 품지 않는다."라고 했다. 신하에게 법도로 삼을 수 있는 행실이 있고, 중시하는 것이 말에 있지 않다면, 행동하는 모든 것들에 거짓된 행실이 없다. 그가 말을 한 것들에도 허황된 말이 없게 된다.

大全 馬氏曰: 君德之不一, 故曰上人疑. 上人疑, 則非所謂可望而知也, 故百姓惑. 臣德之不一, 故曰下難知. 下難知, 則非所謂可述而志也, 故君長勞. 主道, 利宣不利周, 利明不利幽, 故君民者, 章好以示民俗, 使天下之人, 曉然知吾之所好在善, 而遷善以成俗. 愼惡以御民之淫, 使天下之人, 曉然知吾之所惡在惡, 而淫僻之行, 有所不敢爲, 故民不惑矣.

번역 마씨가 말하길, 군주의 덕이 한결같지 않기 때문에 "윗사람이 의심한다."라고 했다. 윗사람이 의심한다면 "바라보면 알 수 있다."는 말에 해당하지 않는다. 그렇기 때문에 백성들이 의혹한다. 신하의 덕이 한결같지 않기 때문에 "아랫사람에 대해 알기 어렵다."라고 했다. 아랫사람에 대해 알기 어렵다면 "조술하여 뜻을 기록할 수 있다."는 말에 해당하지 않는다. 그렇기 때문에 군주와 존장자는 고단하게 된다. 군주의 도는 밝게 드러내는 것을 이롭게 여기고 은밀한 것을 이롭게 여기지 않으며, 밝은 것을 이롭게 여기고 그윽한 것을 이롭게 여기지 않는다.4) 그렇기 때문에 백성을 다스리는 자가 좋아하는 것을 드러내어 백성들에게 좋은 풍속을 보여주어, 천하의 사람들로 하여금 내가 좋아하는 것이 선에 있음을 분명히 알도록 하고, 선으로 옮겨가서 풍속을 완성하도록 만든다. 또 싫어하는 것을 신중히 처리하여 백성들이 문란하게 되는 것을 제어하고, 천하의 사람들로 하여금 내가 싫어하는 것이 악에 있음을 분명히 알도록 하고, 음란하고 치우친 행실에 대해서는 감히 하지 않으려는 마음을 갖게 하기 때문에, 백성들이 의혹을 품지 않는다.

大全 石林葉氏曰: 上以誠示人, 則百姓雖賤, 可以無惑. 下以姦罔上, 則君長雖尊, 亦必至於勞. 示之以好惡, 而使知禁, 則民無惑矣. 以行爲法, 而不重辭, 則民不勞矣.

번역 석림섭씨가 말하길, 윗사람이 진실됨으로 사람들에게 보여준다면, 백성들은 비록 미천하지만 의혹을 품지 않을 수 있다. 아랫사람이 간사함으로 윗사람을 속인다면, 군주나 존장자가 비록 존귀하더라도 또한 반드시 고단한 지경에 빠진다. 좋아하는 것과 싫어하는 것을 보여주고, 금지해야 할 것을 알게끔 한다면, 백성들 중에는 의혹을 품는 자가 없게 된다. 행동을 법도로 삼고 말만 하는 것을 중시 여기지 않는다면, 백성들이 고단하지 않게 된다.

鄭注 "難知", 有姦心也. 淫, 貪侈也. 孝經曰: "示之以好惡, 而民知禁." 儀, 當爲"義", 聲之誤也. 言臣義事君則行也. 重, 猶尙也. 援, 猶引也, 不引君所不及, 謂必使其君所行如堯舜也. 不煩以其所不知, 謂必使其知慮如聖人也. 凡告喩人, 當隨其才以誘之. 上帝, 喩君也. 板板, 辟也. 卒, 盡也. 癉, 病也. 此君使民惑之詩. 匪, 非也. 卭, 勞也. 言臣不止於恭敬其職, 惟使王之勞. 此臣使君勞之詩也.

---

4) 『순자(荀子)』「정론(正論)」: 故主道利明不利幽, 利宣不利周. 故主道明則下安, 主道幽則下危.

번역 "알기 어렵다."는 말은 간사한 마음이 있기 때문이다. '음(淫)'자는 탐내고 사치를 부린다는 뜻이다. 『효경』에서는 "좋아하고 싫어함을 보여주어 백성들이 금지할 줄 알았다."[5]라고 했다. '의(儀)'자는 마땅히 의(義)자가 되어야 하니, 소리가 비슷해서 생긴 오류이다. 신하가 의로움을 갖추고 군주를 섬기게 되면 그것을 실천한다는 뜻이다. '중(重)'자는 "숭상하다[尚]."는 뜻이다. '원(援)'자는 "당기다[引]."는 뜻이다. 군주의 능력으로 미칠 수 없는 것을 당기지 않는다는 말은 반드시 군주가 행동하는 것들을 요와 순임금처럼 하도록 만든다는 뜻이다. 알지 못하는 것으로 번민하게 만들지 않는다는 말은 반드시 알고 생각하는 것들을 성인처럼 하도록 만든다는 뜻이다. 남에게 일러주고 깨우쳐줄 때에는 마땅히 그 사람의 재질에 따라서 가르쳐주어야 한다. '상제(上帝)'는 군주를 비유하는 말이다. '판판(板板)'은 "편벽되다[辟]."는 뜻이다. '졸(卒)'자는 모두[盡]라는 뜻이다. '단(癉)'자는 "병들다[病]."는 뜻이다. 이것은 군주가 백성으로 하여금 의혹을 품도록 만들었다고 나타낸 시이다. '비(匪)'자는 비(非)자의 뜻이다. '공(卭)'자는 "고달프다[勞]."는 뜻이다. 즉 신하가 자신의 직무를 공경스럽게 처리하는데 그치지 않는 것은 천자로 하여금 고달프게 만든다는 뜻이다. 이것은 신하가 군주를 고달프게 만들었다고 나타낸 시이다.

釋文 共音恭, 本亦作恭. 好, 呼報反. 好如字, 又呼報反, 注同. 惡如字, 又烏路反, 注同. 侈, 昌氏反, 又式氏反. 行如字. 援音袁, 注同. 知慮音智. 版, 布縮反, 注同. 癉, 丁但反, 本亦作▼(疒/亶). 辟, 匹亦反, 字亦作僻, 同. 共音恭, 皇本作"躬", 云"躬, 恭也". 卭, 其恭反.

번역 '共'자의 음은 '恭(공)'이며, 판본에 따라서는 또한 '恭'자로도 기록한다. '好'자는 '呼(호)'자와 '報(보)'자의 반절음이다. '好'자는 글자대로 읽으며, 또한 '呼(호)'자와 '報(보)'자의 반절음도 되고, 정현의 주에 나오는 글자도 그 음이 이와 같다. '惡'자는 글자대로 읽고, 또 '烏(오)'자와 '路(로)'

5) 『효경』「삼재장(三才章)」: 導之以禮樂而民和睦. <u>示之以好惡而民知禁</u>.

자의 반절음도 되며, 정현의 주에 나오는 글자도 그 음이 이와 같다. '侈'자는 '昌(창)'자와 '氏(씨)'자의 반절음이며, 또한 '式(식)'자와 '氏(씨)'자의 반절음도 된다. '行'자는 글자대로 읽는다. '援'자의 음은 '袁(원)'이며, 정현의 주에 나오는 글자도 그 음이 이와 같다. '知慮'의 '知'자는 그 음이 '智(지)'이다. '版'자는 '布(포)'자와 '綰(관)'자의 반절음이며, 정현의 주에 나오는 글자도 그 음이 이와 같다. '癉'자는 '丁(정)'자와 '但(단)'자의 반절음이며, 판본에 따라서는 또한 '▼(疒/亶)'자로도 기록한다. '辟'자는 '匹(필)'자와 '亦(역)'자의 반절음이고, 그 자형은 또한 '僻'자로도 기록하는데, 음은 동일하다. '共'자의 음은 '恭(공)'이고, 『황본(皇本)』에서는 '躬'자로 기록하고, "躬은 공(恭)자이다"라고 했다. '邛'자는 '其(기)'자와 '恭(공)'자의 반절음이다.

孔疏 ●"子曰"至"之邛". ○正義曰: 此一節申明上經君臣各以情相示, 則君之與臣各得其所.

번역 ●經文: "子曰"~"之邛". ○이곳 문단은 앞의 경문에서 군주와 신하가 각각 자신의 정감을 서로에게 보여준다면, 군주는 신하와 함께 제자리를 찾게 된다는 뜻을 거듭 나타내고 있다.

孔疏 ●"上人疑"者, 謂在上之君多有疑二, 則在下百姓有疑惑也.

번역 ●經文: "上人疑". ○위정자의 입장에 있는 군주가 대체로 의심을 품게 된다면, 아랫자리에 있는 백성들은 의혹을 품게 된다는 뜻이다.

孔疏 ●"下難知則君長勞"者, 若在下之人, 心懷欺詐, 難知其心, 則在上君長治之勞苦.

번역 ●經文: "下難知則君長勞". ○만약 아랫자리에 있는 사람이 마음으로 속임수를 품고 그 마음을 알기 어렵게 만든다면, 위정자의 입장에 있는 군주와 존장자는 다스림에 고달프게 된다는 뜻이다.

孔疏 ●"故君民者, 章好以示民俗, 愼惡以御民之淫, 則民不惑矣", 覆上 "百姓惑". 淫, 貪也. 言如此則民不惑矣.

번역 ●經文: "故君民者, 章好以示民俗, 愼惡以御民之淫, 則民不惑矣". ○앞에서 "백성들이 의혹을 품는다."라고 한 뜻을 풀이한 것이다. '음(淫)' 자는 "탐내다[貪]."는 뜻이다. 이처럼 한다면 백성들이 의혹을 품지 않는 다는 뜻이다.

孔疏 ●"臣儀行, 不重辭, 不援其所不及, 不煩其所不知, 則君不勞矣"者, 覆上"君長勞". 如此則君不勞.

번역 ●經文: "臣儀行, 不重辭, 不援其所不及, 不煩其所不知, 則君不勞 矣". ○앞에서 "군주와 존장자가 고달프게 된다."라고 한 뜻을 풀이한 것이 다. 이처럼 한다면 군주가 고달프게 되지 않는다.

孔疏 ●"臣儀行"者, 儀當爲"義", 謂臣有義事則奉行之.

번역 ●經文: "臣儀行". ○'의(儀)'자는 마땅히 의(義)자가 되어야 하니, 신하에게 의로운 일이 있다면 그것을 받들어 시행해야 한다는 뜻이다.

孔疏 ●"不重辭"者, 重, 尚也. 爲臣之法, 不尙虛華之辭.

번역 ●經文: "不重辭". ○'중(重)'자는 "숭상하다[尙]."는 뜻이다. 신하 가 따르는 법도에 있어서는 허황되며 아름답게만 꾸미는 말을 숭상하지 않는다.

孔疏 ●"不援其所不及"者, 謂君才行所不能及, 臣下不須援引其君行所不 能及之事, 謂必使其君所行如堯舜也.

번역 ●經文: "不援其所不及". ○군주의 재질로 미칠 수 없는 것이라면,

신하는 군주가 실천하기에 미칠 수 없는 사안을 끌어들여 군주를 인도할 필요가 없다는 뜻이니, 반드시 군주가 행동하는 것을 요와 순임금처럼 만들어야 한다는 의미이다.

孔疏 ●"不煩其所不知"者, 謂君有所不知, 其臣不得煩亂君所不知之事, 令必行之. 臣能如此, 則君不勞苦.

번역 ●經文: "不煩其所不知". ○군주가 모르는 부분이 있다면, 신하는 군주가 모르는 사안을 끌어들여 반드시 시행토록 강요해서, 군주를 번민하게 만들거나 혼란스럽게 만들 수 없다는 뜻이다. 즉 신하가 이처럼 할 수 있다면 군주는 고달프게 되지 않는다.

孔疏 ●"詩云: 上帝板板, 下民卒癉"者, 上帝, 君也; 板板, 辟也; 卒, 盡也; 癉, 病也. 言君上邪辟, 下民盡皆困病. 引之者, 證君使民惑之事. 此詩・大雅・板之篇, 刺厲王之詩.

번역 ●經文: "詩云: 上帝板板, 下民卒癉". ○'상제(上帝)'는 군주[君]를 뜻하며, '판판(板板)'은 "편벽되다[辟]."는 뜻이고, '졸(卒)'자는 모두[盡]라는 뜻이며, '단(癉)'자는 "병들다[病]."는 뜻이다. 군주가 어긋나고 편벽된다면 백성들은 모두 병들게 된다는 의미이다. 이 시를 인용하여 군주가 백성들로 하여금 의혹을 품도록 하는 사안을 증명하였다. 이 시는『시』「대아(大雅)・판(板)」편으로, 여왕(厲王)을 풍자한 시이다.

孔疏 ●"小雅曰: 匪其止共, 惟王之邛"者, 小雅・巧言之篇, 刺幽王之詩也. 言小人在朝, 不止息於恭敬, 惟爲姦惡, 使王之邛勞. 引之者, 證臣使君勞也.

번역 ●經文: "小雅曰: 匪其止共, 惟王之邛". ○이 시는『시』「소아(小雅)・교언(巧言)」편으로, 유왕(幽王)을 풍자한 시이다. 소인이 조정에 있게 되어, 공손과 공경에서 그치지 않고, 오직 간악한 일만을 시행하여, 천자를 고달프게 만든다는 뜻이다. 이 시를 인용하여 신하가 군주를 고달프게 만드는 사안을 증명하였다.

訓纂 呂與叔曰: 臣之事上, 非禮不行, 故曰儀行. 不重辭者, 理直而不必多言以解之也.

번역 여여숙이 말하길, 신하가 주군을 섬길 때에는 예가 아니면 시행하지 않는다. 그렇기 때문에 '의행(儀行)'이라고 말한 것이다. "말을 거듭하지 않는다."는 것은 의리에 따르고 강직하여 많은 말을 해서 해명할 필요가 없다는 뜻이다.

訓纂 朱氏軾曰: 上人之疑有二, 猶豫之王用舍不斷; 綜核之君, 威福莫測. 此民所以從違莫定也. 惟章善癉惡, 法紀昭明, 則民曉然于善之當爲, 惡之必不可爲矣. 下之難知, 新進喜事, 浮誇無實, 聽其言, 天下事無不可爲. 而發而難收, 慮而無成. 如鼂錯之更令, 安石之變法, 人主一惑其言, 而國家多事矣. 責難陳善者, 人臣之義, 然有當務, 有不當務. 今援其所不及, 煩其所不知, 紛紜滋擾, 叢脞貽譏, 雖有哲后, 日不暇給矣. 大人引君當道, 正己物正, 使吾君垂裳端拱, 措天下於磐石之安, 何勞之有?

번역 주식6)이 말하길, 윗사람이 의문을 품는 경우는 두 가지가 있다. 주저하는 군왕은 쓸지 버릴지에 대해 결단을 내리지 못하고, 너무 치밀하게 살피는 군주는 위엄과 은혜를 예측할 수 없는 것이다. 이것이 백성들이 따르거나 어기는 것이 확정되지 못하는 이유이다. 오직 선을 드러내고 악을 미워하며, 법과 기강을 밝게 드러낸다면, 백성들은 선은 마땅히 시행해야 하고, 악은 반드시 해서는 안 된다는 사실을 깨우치게 된다. 아랫사람을 알기 어려움은 새로 진출한 자는 일 만드는 것을 좋아하지만 들뜨고 과장하여 실질이 없는데, 그 말을 듣게 되면 천하의 일에 대해서는 하지 못할

---

6) 주식(朱軾, A.D.1665~A.D.1735) : 청(淸)나라 때의 명신(名臣)이다. 자(字)는 약섬(若贍)·백소(伯蘇)이고, 호(號)는 가정(可亭)이다.

것이 없는 것처럼 느껴진다. 그러나 이러한 것들은 드러내면 거두기가 어렵고 심각하게 고려하더라도 이룸이 없게 된다. 조조(鼂錯)가 칙령을 고치고,[7] 왕안석의 변법과 같은 것들은 주군이 한 차례 그 말에 미혹된다면 국가에 많은 일들이 발생하게 된다. 비판하고 선을 진술하는 것은 신하의 도리이다. 그러나 마땅히 힘써야 할 것이 있고, 마땅히 힘써서는 안 될 것이 있다. 현재 미치지 못하는 것을 강요하고 알지 못하는 것으로 번민하게 만들며, 시끄럽게 소동을 일으키며 번잡하게 간언을 한다면, 비록 현명한 군주가 있더라도 그것들을 모두 처리할 겨를이 없게 된다. 대인은 군주를 이끌어서 도에 합당하게 하며,[8] 자신을 바르게 하여 다른 대상도 바르게 만드니,[9] 자신의 군주로 하여금 예법을 드리우게 하여, 천하를 안전한 반석 위로 올려둘 것이니, 어찌 고달픔이 있겠는가?

集解 疑, 謂好惡不明也. 難知, 謂陳言於君, 而其旨意不顯白也. 爲上者章其所好, 愼其所惡, 使民皆知我之好善而惡惡, 則從違定而不至於惑矣. 儀, 度也. 儀行, 儀度君之所行也. 不重辭, 不多爲辭說也. 援, 引也. 爲臣者度君之所能行而引之, 則不至援其所不及; 不多爲辭說以瀆之, 則不至煩其所不知. 如此, 則君坦然知我言之可行而不至於勞矣. 蓋爲人臣者雖當責難於君, 然時勢有難易緩急, 而君之材質又有昏明强弱, 若不量度乎此, 而遽爲高遠難行之說, 强其君以必從, 亦豈事之所可行者乎? 引板之詩, 以證君使民惑; 引巧言之詩, 以證下使上勞也.

번역 '의(疑)'자는 좋아하거나 싫어하는 것이 불명확하다는 뜻이다. '난지(難知)'는 군주에게 말을 진술하되 그 뜻이 명백하게 드러나지 않는다는 의미이다. 윗사람이 좋아하는 것을 드러내며, 싫어하는 것을 신중히 처리하여, 백성들로 하여금 모두가 자신이 선을 좋아하고 악을 싫어한다는 사실

---

7) 『한서(漢書)』「원앙조조전(爰盎晁錯傳)」: 錯所更令三十章, 諸侯讙譁.
8) 『맹자』「고자하(告子下)」: 君子之事君也, 務引其君以當道, 志於仁而已.
9) 『맹자』「진심상(盡心上)」: 孟子曰, "有事君人者, 事是君則爲容悅者也, 有安社稷臣者, 以安社稷爲悅者也, 有天民者, 達可行於天下而後行之者也, 有大人者, 正己而物正者也."

을 알게끔 한다면, 따르거나 어기는 것이 확정되어 의혹을 품는데 이르지
않는다. '의(儀)'자는 "헤아리다[度]."를 뜻한다. '의행(儀行)'은 군주가 시행
한 것을 헤아린다는 의미이다. '부중사(不重辭)'는 말을 많이 하지 않는다는
뜻이다. '원(援)'자는 "당기다[引]."는 뜻이다. 신하가 군주가 할 수 있는 것
을 헤아려서 그를 인도한다면, 그가 하지 못하는 것을 억지로 강요하는 지
경에는 이르지 않고, 말을 많이 해서 번잡하게 만들지 않는다면, 모르는
것으로 번민하게 만드는 지경에는 이르지 않는다. 이처럼 한다면 군주는
마음을 편안히 하여 내가 말한 것이 시행할 수 있는 것임을 알아서 고달프
게 되는 지경에는 이르지 않는다. 신하는 비록 군주에게 잘못을 따져야만
하지만, 그 시기와 기세에 따라서 어렵거나 쉬움 또는 늦추거나 급히 해야
하는 차이가 있고, 군주의 자질에도 어리석음과 현명함 또는 굳세거나 유
약한 차이가 있다. 만약 이러한 것들을 헤아리지 않고, 갑작스럽게 고원하
고 행하기 어려운 말들을 하여, 억지로 군주에게 반드시 따라야만 한다고
강요한다면, 또한 어찌 섬김에 있어서 행할 수 있는 일이겠는가? 『시』「판
(板)」편의 시를 인용하여 군주가 백성들을 의혹되게 만든다는 것을 증명하
였고, 『시』「교언(巧言)」편의 시를 인용하여 아랫사람이 윗사람을 고달프게
만드는 것을 증명하였다.

참고   『시』「대아(大雅)·판(板)」

上帝板板, (상제판판) : 천자가 거스르거늘,
下民卒癉. (하민졸단) : 백성들이 끝내 병드는구나.
出話不然, (출화불연) : 좋은 말을 내놓아도 시행하지 않고,
爲猶不遠. (위유불원) : 계책을 내놓은 것도 심원하지 않구나.
靡聖管管, (미성관관) : 성인의 법도가 아닌지라 따를 것이 없고,
不實於亶. (부실어단) : 진실된 말을 사용하지 못하는구나.
猶之未遠, (유지미원) : 계책이 심원하지 못하여,
是用大諫. (시용대간) : 이 때문에 크게 간하노라.

天之方難, (천지방난) : 하늘이 어려움을 내리시니,

無然憲憲. (무연헌헌) : 그처럼 기뻐하지 말지어다.

天之方蹶, (천지방궐) : 하늘이 움직이시니,

無然泄泄. (무연설설) : 그처럼 답답해하지 말지어다.

辭之輯矣, (사지집의) : 말이 조화로우니,

民之洽矣. (민지흡의) : 백성들이 화합하는구나.

辭之懌矣, (사지역의) : 말이 기쁘니,

民之莫矣. (민지막의) : 백성들이 안정되는구나.

我雖異事, (아수이사) : 내가 비록 하는 일은 다르지만,

及爾同寮. (급이동료) : 너와 같은 관리로다.

我卽爾謀, (아즉이모) : 내가 너의 계책을 취하니,

聽我囂囂. (청아효효) : 내 말을 듣고 헐뜯는구나.

我言維服, (아언유복) : 내 말은 다급한 일이니,

勿以爲笑. (물이위소) : 웃음거리로 삼지 말지어다.

先民有言, (선민유언) : 고대 현인들은 이런 말을 했으니,

詢于芻蕘. (순우추요) : 나무꾼에게도 자문을 구하라.

天之方虐, (천지방학) : 하늘이 잔악하게 하거늘,

無然謔謔. (무연학학) : 그처럼 즐거워하지 말지어다.

老夫灌灌, (노부관관) : 노부가 진실되거늘,

小子蹻蹻. (소자교교) : 소자들은 교만하구나.

匪我言耄, (비아언모) : 내 말은 늙은이의 실언이 아닌데도,

爾用憂謔. (이용우학) : 너는 근심으로 여겨야 할 말을 희언으로 여기는구나.

多將熇熇, (다장고고) : 참혹한 일을 많이 행하면,

不可救藥. (불가구약) : 구원할 수 없으리라.

天之方懠, (천지방제) : 하늘이 성내시거늘,

無爲夸毗. (무위과비) : 아첨하며 따르지 말지어다.

威儀卒迷, (위의졸미) : 위엄스러운 행동거지가 혼미해지니,

善人載尸. (선인재시) : 현자들은 시동처럼 있구나.

民之方殿屎, (민지방전시) : 백성들이 신음하거늘,
則莫我敢葵. (칙막아감규) : 우리를 헤아려주는 자가 없구나.
喪亂蔑資, (상란멸자) : 상이나 재난을 당하더라도 쓸 수 있는 재화가 없
으니,
曾莫惠我師. (증막혜아사) : 우리 백성들에게 일찍이 은혜를 베풀지 않았
구나.

天之牖民, (천지유민) : 하늘이 백성들을 인도하거늘,
如壎如篪, (여훈여지) : 훈(壎)과 같고 지(篪)와 같으며,
如璋如圭, (여장여규) : 장(璋)과 같고 규(圭)와 같으며,
如取如攜. (여취여휴) : 취함과 같고 이끎과 같아 따르는구나.
攜無曰益, (휴무왈익) : 이끎에 보탤 것이 없다고 하니,
牖民孔易. (유민공역) : 백성들을 인도함에 매우 쉽구나.
民之多辟, (민지다벽) : 백성들은 사벽한 행동을 많이 하니,
無自立辟. (무자입벽) : 스스로 사벽함을 세우지 말지어다.

价人維藩, (개인유번) : 갑옷을 입은 자는 울타리이며,
大師維垣, (대사유원) : 삼공(三公)은 담장이고,
大邦維屏, (대방유병) : 제후들은 병풍이며,
大宗維翰, (대종유한) : 대종은 줄기이다.
懷德維寧, (회덕유녕) : 너의 덕을 조화롭게 하여 나라를 편안하게 해야
하니,
宗子維城. (종자유성) : 종자는 성이다.
無俾城壞, (무비성괴) : 종자에게 화를 미쳐 성을 무너트리지 말지니,
無獨斯畏. (무독사외) : 홀로 되어 두려워하는 일을 하지 말지어다.

敬天之怒, (경천지노) : 하늘의 노여움을 공경할지니,
無敢戲豫. (무감희예) : 멋대로 즐기며 노는 짓을 하지 말지어다.
敬天之渝, (경천지투) : 하늘의 변함을 공경할지니,
無敢馳驅. (무감치구) : 제멋대로 행동하지 말지어다.
昊天曰明, (호천왈명) : 호천을 모두들 밝다고 하니,
及爾出王. (급이출왕) : 너와 함께 왕래하며 살피는구나.

昊天曰旦, (호천왈단) : 호천을 모두들 밝다고 하니,
及爾游衍. (급이유연) : 너와 함께 넘치며 살피는구나.

毛序 板, 凡伯, 刺厲王也.

모서 「판(板)」편은 범(凡)나라 백작이 유왕(厲王)을 풍자한 시이다.

• 제 12 절 •

작록(爵祿)과 형벌(刑罰)

【646b~c】

子曰, "政之不行也, 敎之不成也, 爵祿不足勸也, 刑罰不足恥也, 故上不可以褻刑而輕爵. 康誥曰, '敬明乃罰.' 甫刑曰, '播刑之不迪.'"

직역　子가 曰, "政이 不行하고, 敎가 不成이면, 爵祿은 勸하기에 不足하고, 刑罰은 恥하기에 不足하다. 故로 上은 이로써 刑을 褻하고 爵을 輕함이 不可하다. 康誥에서 曰, '乃의 罰을 敬明하라.' 甫刑에서 曰, '刑을 播함의 不迪라.'"

의역　공자가 말하길, "정치가 시행되지 않고 교화가 완성되지 않는다면 군주의 시행이 합당하지 못하기 때문이니, 작위와 녹봉도 선한 사람들을 권면하기에 부족하게 되고, 형벌도 소인들이 부끄러움을 느끼게끔 하는데 부족하게 된다. 그렇기 때문에 윗사람은 자신의 부당함을 통해 형벌을 경솔하게 사용하거나 작위를 남발해서는 안 된다. 「강고」에서는 '네가 형벌 사용하는 것을 공경스럽게 밝혀라.'라고 했고, 「보형」에서는 '형벌을 시행하여 백성들을 인도하라.'"라고 했다.

集說　康誥 · 甫刑, 皆周書. 播, 布也. 不字衍, 言伯夷布刑以啓迪斯民也.

번역　「강고」[1]와 「보형」[2]은 모두 『서』「주서(周書)」의 편명이다. '파

---

1) 『서』「주서(周書) · 강고(康誥)」 : 王曰, 嗚呼, 封. <u>敬明乃罰</u>. 人有小罪, 非眚乃惟終, 自作不典式爾, 有厥罪小, 乃不可不殺.

2) 『서』「주서(周書) · 여형(呂刑)」 : 王曰, 嗟. 四方司政典獄. 非爾惟作天牧. 今爾何監. 非時伯夷<u>播刑之迪</u>.

(播)'자는 "펼치다[布]."는 뜻이다. '불(不)'자는 연문이다. 백이가 형벌을 시행하여 백성들을 인도하였다는 뜻이다.

集說 呂氏曰: 政不行, 敎不成, 由上之人爵祿刑罰之失當也. 爵祿非其人, 則善人不足勸; 刑罰非其罪, 則小人不足恥. 此之謂褻刑輕爵.

번역 여씨가 말하길, 정치가 시행되지 않고 교화가 완성되지 않는 것은 윗사람이 작위와 녹봉 및 형벌을 시행하는 것이 합당함을 잃은 데에서 비롯된다. 작위와 녹봉이 그 사람에 걸맞지 않다면, 선한 사람에 대해서 권면할 수 없고, 형벌이 그 죄목에 걸맞지 않다면, 소인도 부끄럽게 여기지 않는다. 이것이 바로 형벌을 경솔하게 사용하고 작위를 남발한다는 뜻이다.

大全 長樂陳氏曰: 爵祿不足勸, 則輕爵以予人, 猶無益也, 故上不可以輕爵. 刑罰不足恥, 則褻刑以加物, 猶不足禁也, 故上不可以褻刑. 敬明乃罰者, 敬以致其謹, 明以致其察, 則不可褻刑之意也. 播刑之不迪, 書以爲播刑之迪, 迪之爲言, 道也. 先王之於人, 道之而弗率, 然後加刑焉.

번역 장락진씨가 말하길, 작위와 녹봉으로도 권면하기에 부족하다면, 작위를 남발하여 사람들에게 주더라도 무익하게 된다. 그렇기 때문에 윗사람은 이로써 작위를 경솔하게 남발해서는 안 된다. 형벌로도 부끄러움을 느끼기에 부족하다면, 형벌을 남발하여 다른 대상에게 내리더라도 금지하기에 부족하게 된다. 그렇기 때문에 윗사람은 이로써 형벌을 경솔하게 시행해서는 안 된다. "공경하고 밝힌 뒤에야 형벌을 내린다."는 말은 공경을 통해 조심함을 지극히 하고, 밝음을 통해 살피는 것을 지극히 한다면, 곧 형벌을 경솔하게 사용할 수 없다는 뜻이 된다. '파형지부적(播刑之不迪)'을 『서』에서는 '파형지적(播刑之迪)'이라고 기록했는데, '적(迪)'자의 뜻은 "인도하다[道]."는 뜻이다. 즉 선왕은 백성들을 인도했고 따르지 않았을 때라야 형벌을 내렸다는 의미이다.

鄭注 言政敎所以明賞罰. 康, 康叔也, 作誥, 尙書篇名也. 播, 猶施也. “不”, 衍字耳. 迪, 道也, 言施刑之道.

번역 정치와 교화는 상과 벌을 드러내는 것이다. '강(康)'은 강숙(康叔)을 뜻하고, 알려주는 글을 지었으니, 이것은 『상서』의 편명이다. '파(播)'자는 "시행하다[施]."는 뜻이다. '불(不)'자는 연문일 따름이다. '적(迪)'자는 도(道)를 뜻하니, 형벌을 시행하는 도를 의미한다.

釋文 褻, 息列反. 播, 徐補餓反. 迪音狄. 衍, 延善反.

번역 '褻'자는 '息(식)'자와 '列(렬)'자의 반절음이다. '播'자의 서음(徐音)은 '補(보)'자와 '餓(아)'자의 반절음이다. '迪'자의 음은 '狄(적)'이다. '衍'자는 '延(연)'자와 '善(선)'자의 반절음이다.

孔疏 ●“子曰”至“不迪”. ○正義曰: 此一節明愼賞罰之事.

번역 ●經文: “子曰”~“不迪”. ○이곳 문단은 상과 형벌을 신중히 처리한다는 사안을 나타내고 있다.

孔疏 ●“政之不行也, 敎之不成也”者, 皇氏云: “言在上政令所以不行, 敎化所以不成者, 祇由君上爵祿加於小人, 不足勸人爲善也. 由刑罰加於無罪之人, 不足恥其爲惡.” 由賞罰失所, 故致政之不行, 敎之不成也.

번역 ●經文: “政之不行也, 敎之不成也”. ○황간은 “윗사람이 시행하는 정령이 시행되지 않고 교화가 완성되지 않는 것은 다만 군주가 작위와 녹봉을 소인들에게만 주어 사람들이 선을 행하도록 권면할 수 없는 데에서 비롯된다. 또 형벌을 무고한 사람에게 내려서 악을 시행하는 것을 부끄럽게 여기도록 만들지 못하는 데에서 비롯된다.”라고 했다. 상과 형벌이 제자리를 잃었기 때문에 정치가 시행되지 않고 교화가 완성되지 못하는 지경을 초래했다.

孔疏 ●"故上不可以褻刑而輕爵"者, 刑爵不中, 則懲勸失所, 故君上不可輕褻之.

번역 ●經文: "故上不可以褻刑而輕爵". ○형벌과 작위가 알맞지 않다면, 징벌하고 권면하는 것이 제자리를 잃는다. 그렇기 때문에 군주는 경솔히 하거나 함부로 사용해서는 안 된다.

孔疏 ●"康誥曰: 敬明乃罰"者, 證刑罰不可褻也. 周公作康誥, 誥康叔云 "女所施刑罰, 必敬而明之也."

번역 ●經文: "康誥曰: 敬明乃罰". ○형벌을 함부로 사용해서는 안 된다는 뜻을 증명한 것이다. 주공은 「강고」편을 지어서, 강숙에게 알려주며 "네가 시행할 형벌에 대해서는 반드시 공경스러운 태도를 취하고 밝게 드러내어야 한다."라고 한 것이다.

孔疏 ●"甫刑曰: 播刑之不迪", "不"爲衍字. 迪, 道也. 此穆王戒群臣云: 今爾何監, 非是伯夷布刑之道. 言所爲監鏡者, 皆是伯夷布刑之道. 引之者, 證重刑之義也.

번역 ●經文: "甫刑曰: 播刑之不迪". ○'불(不)'자는 연문이다. '적(迪)'자는 도(道)를 뜻한다. 이것은 목왕(穆王)이 뭇 신하들에게 경계를 하며, "현재 너희들은 무엇을 볼 것인가? 백이가 형벌을 시행했던 도가 아니겠는가."라고 말한 것이다. 즉 살펴보아야 할 것은 모두 백이가 형벌을 시행했던 도에 해당한다는 의미이다. 이 글을 인용한 것은 형벌을 신중히 처리해야 한다는 뜻을 증명하기 위해서이다.

集解 播, 書作布, 又無不字.

번역 '파(播)'자를 『서』에서는 포(布)자로 기록했으며, 또한 '불(不)'자가 기록되어 있지 않다.

集解 愚謂: 刑罰必加於有罪, 則民知所恥, 民知所恥則政行; 爵祿必加於 有德, 則民知所勸, 民知所勸則敎成. 所刑者不必有罪, 則刑藝而民不恥; 所爵 者不必有德, 則爵輕而民不勸矣. 播刑之不迪者, 言民之不迪者, 乃施之以刑 也. 今書無不字.

번역 내가 생각하기에, 형벌이 반드시 죄를 지은 자에게 내려진다면 백 성들은 부끄러워할 바를 알게 되며, 백성들이 부끄러워할 바를 알게 되면 정치가 시행된다. 작위와 녹봉이 반드시 덕을 지닌 자에게 내려진다면 백 성들은 권면할 바를 알게 되며, 백성들이 권면할 바를 알게 되면 교화가 완성된다. 형벌을 받은 자가 반드시 죄를 지은 자가 아니라면, 형벌이 남발 되더라도 백성들이 부끄러움을 느끼지 않게 된다. 작위를 받은 자가 반드 시 덕을 갖춘 자가 아니라면, 작위가 남발되더라도 백성들이 권면하지 않 게 된다. '파형지부적(播刑之不迪)'이라는 말은 백성들 중 따르지 않는 자여 야만 형벌을 시행한다는 뜻이다. 현재의 『서』에는 '불(不)'자가 없다.

참고 『서』「주서(周書)·강고(康誥)」

經文 王曰, 嗚呼! 封, 敬明乃罰.

번역 천자가 말하길, 오호라! 봉(封)아, 공경스럽게 밝히고서야 형벌을 시행하라.

孔傳 歎而敕之, 凡行刑罰, 汝必敬明之. 欲其重愼.

번역 탄식하며 타일러 경계시킨 것이니, 형벌을 시행함에 있어서 너는 반드시 공경스럽게 밝혀야 한다는 뜻이다. 즉 신중하기를 바란 것이다.

經文 人有小罪, 非眚, 乃惟終, 自作不典, 式爾.

번역 사람에게 작은 죄가 있더라도, 그것이 단순한 과실이 아니라면, 종신토록 반복하여, 스스로 항상되지 못한 도를 따르며, 이를 통해 너를 범하게 되리라.

孔傳 小罪非過失, 乃惟終身行之, 自爲不常, 用犯汝.

번역 작은 죄라 하더라도 단순한 과실이 아니라면 종신토록 이러한 죄를 자행하여, 스스로 항상되지 못한 도를 따르는 것이며, 이를 통해 너를 범하게 된다.

經文 有厥罪小, 乃不可不殺. 乃有大罪, 非終, 乃惟眚災, 適爾, 旣道極厥辜, 時乃不可殺.

번역 그에게 작은 죄가 있더라도 죽이지 않을 수가 없다. 큰 죄가 있더라도, 그것을 종신토록 반복하지 않는다면 오직 실수로 인한 것으로 너를 범한 것이니, 도리를 다하여 그 죄상을 모두 드러냈다면 때에 따라 죽일 수 없는 경우도 있다.

孔傳 汝盡聽訟之理以極其罪, 是人所犯, 亦不可殺, 當以罰宥論之.

번역 네가 송사를 처리하는 이치를 다하여 그 죄상을 지극히 드러낸다면, 사람들이 범한 잘못에 대해서도 단순히 죽이기만 할 수 없고, 마땅히 벌할 것인지 아니면 용서할 것인지를 따져야 한다.

孔疏 ●"王曰嗚呼封敬"至"可殺". ○正義曰: 以上旣言明德之理, 故此又云愼罰之義, 而王言曰: 嗚呼! 封, 又當敬明汝所行刑罰, 須明其犯意. 人有小罪, 非過誤爲之, 乃惟終身自爲不常之行, 用犯汝, 如此者, 有其罪小, 乃不可不殺, 以故犯而不可赦. 若人乃有大罪, 非終行之, 乃惟過誤爲之, 以此故, 汝當盡斷獄之道以窮極其罪, 是人所犯, 乃不可以殺, 當以罰宥論之, 以誤故也.

卽原心定罪, 斷獄之本, 所以須敬明之也.

번역 ●經文: "王曰嗚呼封敬"~"可殺". ○앞에서는 이미 덕을 밝히는 이치를 설명하였기 때문에, 이곳에서는 다시 형벌을 신중히 처리하는 뜻을 말하였다. 그래서 천자가 말하길, 오호라! 봉(封)아, 또한 마땅히 네가 시행하는 형벌을 공경스럽게 여기고 밝게 드러내어, 죄를 범한 뜻을 밝혀야만 한다고 했다. 어떤 자에게 작은 죄가 있는데, 단순한 과실로 행한 것이 아니라면, 종신토록 스스로 항상되지 못한 행실을 자행하여 너를 범하게 된다. 이와 같은 경우라면, 비록 작은 죄를 지었더라도 죽이지 않을 수가 없으니, 일부러 죄를 범하여 용서할 수 없기 때문이다. 만약 어떤 자가 큰 죄를 범했는데, 종신토록 반복하지 않을 것이라면, 오직 과실로 그러한 죄를 지은 것이니, 이러한 이유 때문에 너는 마땅히 송사를 처리하는 도를 모두 드러내어 그 죄를 끝까지 밝혀야만 한다. 이러한 자가 죄를 범했다면 죽일 수 없고, 마땅히 벌을 줄 것인가 아니면 용서할 것인가를 논의해야 하니, 실수로 범했기 때문이다. 그 마음에 근원하여 죄를 확정하는 것은 송사를 처리하는 근본이니, 공경스럽게 여기고 밝혀야만 하는 이유이다.

蔡傳 此下謹罰也. 式, 用, 適, 偶也. 人有小罪, 非過誤, 乃其固爲亂常之事, 用意如此, 其罪雖小, 乃不可不殺, 卽舜典所謂刑故無小也. 人有大罪, 非是故犯, 乃其過誤, 出於不幸, 偶爾如此, 旣自稱道, 盡輸其情, 不敢隱匿, 罪雖大, 時乃不可殺, 卽舜典所謂有過無大也. 諸葛孔明治蜀, 服罪輸情者, 雖重必釋, 其旣道極厥辜, 時乃不可殺之意歟.

번역 이곳 구문으로부터 그 이하의 내용은 형벌을 조심스럽게 집행한다는 뜻을 나타내고 있다. '식(式)'자는 사용한다는 뜻이다. '적(適)'자는 우연을 뜻한다. 어떤 사람이 작은 죄를 범했는데, 단순한 과실이 아니라면, 진실로 상도(常道)를 어지럽히는 일이 되므로, 의도한 바가 이와 같다면 그 죄가 비록 작더라도 죽이지 않을 수가 없다. 이것은 곧 『서』「순전(舜典)」편에서 "고의로 범한 죄를 벌함에는 작음이 없다."라고 한 말에 해당한다. 어떤 사람이 큰 죄를 범했는데, 고의로 범한 것이 아니라면 과실로 인한 것이며 불행에서 도출 된 것으로, 우연히 이처럼 되었을 때에는 스스로 죄상을 모두 진술하여 그 실정을 모두 털어놓고 숨기지 않는다면, 죄가 비록 크더라도 죽일 수 없다. 이것은 곧 「순전」편에서 "과실로 범한 죄를 용서함에는 큼이 없다."라고 한 말에 해당한다.[3] 제갈공명이 촉나라를 다스릴 때에도 죄를 실토하고 실정을 감추지 않는 자는 비록 죄가 무겁더라도 반드시 풀어주었으니, 이것이 바로 죄상을 모두 털어놓았다면 죽이지 말라는 뜻일 것이다.

참고 『서』「주서(周書)·여형(呂刑)」

經文 王曰, 嗟! 四方司政典獄, 非爾惟作天牧?

번역 천자가 말하길, 아! 사방의 정사를 주관하고 송사를 담당하는 제후들아, 너희들은 하늘을 대신해서 백성들을 지도하는 자가 아니란 말인가?

孔傳 主政典獄, 謂諸侯也. 非汝惟爲天牧民乎? 言任重是汝.

번역 정사를 주관하고 송사를 담당한다는 말은 제후를 뜻한다. 너는 단지 하늘을 대신하여 백성들을 지도하는 자가 아니란 말인가? 너에게 중책을 맡긴다는 뜻이다.

經文 今爾何監, 非時伯夷播刑之迪?

번역 지금 너희들은 무엇을 보아야 하는가, 이백(伯夷)이 형벌을 시행했던 자취가 아니겠는가?

---

3) 『서』「우서(虞書)·대우모(大禹謨)」 : 皐陶曰, 帝德罔愆, 臨下以簡, 御衆以寬, 罰弗及嗣, 賞延于世, 宥過無大, 刑故無小, 罪疑惟輕, 功疑惟重, 與其殺不辜, 寧失不經, 好生之德, 洽于民心, 玆用不犯于有司.

孔傳 言當視是伯夷布刑之道而法之.

번역 마땅히 이백이 형벌을 시행했던 도를 살펴서 그것을 본받아야 한다는 뜻이다.

孔疏 ◎傳"言當"至"法之". ○正義曰: 伯夷典禮, 皐陶主刑, 刑禮相成以爲治. 不使視皐陶而令視伯夷者, 欲其先禮而後刑. 道之以禮, 禮不從乃刑之, 則刑亦伯夷之所布, 故令視伯夷布刑之道而法之. 王肅云, "伯夷道之以禮, 齊之以刑."

번역 ◎孔傳: "言當"~"法之". ○이백은 예법을 담당했고, 고요는 형벌을 주관했는데, 형벌과 예법은 서로를 완성시켜주어 다스림으로 삼게 된다. 고요를 살피도록 하지 않고 이백을 살피도록 한 것은 예를 우선으로 삼고 형벌을 그 다음으로 삼도록 하고자 해서이다. 예로써 인도를 하고, 예법에 따르지 않은 뒤에야 형벌을 내린다면, 그 형벌은 또한 이백이 시행했던 것이 되므로, 이백이 형벌을 시행했던 도를 살펴서 본받도록 한 것이다. 왕숙은 "이백은 예로써 인도하였고 형벌로써 가지런히 만들었다."라고 했다.

經文 其今爾何懲? 惟時苗民匪察于獄之麗.

번역 지금 너희들은 무엇을 경계해야 하는가? 묘민(苗民)이 송사를 살피지 않아서 멸망하게 된 일일 따름이다.

孔傳 其今汝何懲戒乎? 所懲戒惟是苗民非察於獄之施刑, 以取滅亡.

번역 지금 너희들은 무엇을 경계할 것인가? 경계해야 할 것은 묘민이 송사에 따라 형벌을 시행해야 함을 자세히 살피지 않아서 멸망하게 된 것일 뿐이라는 뜻이다.

孔疏 ◎傳"其今"至"滅亡". ○正義曰: 上言"非時", 此言"惟時", 文異者,

"非時"者言豈非是事也, "惟時"者言惟當是事也, 雖文異而意同. "惟是苗民非
察於獄之施刑以取滅亡"也, 言其正謂察於獄之施刑, 不當於罪以取滅亡.

번역 ◎孔傳: "其今"~"滅亡". ○앞에서는 '비시(非時)'라고 했고, 이곳
에서는 '유시(惟時)'라고 하여, 문장을 다르게 기록한 것은 '비시(非時)'는
어찌 그 일이 아니겠느냐는 뜻이고, '유시(惟時)'는 오직 이 일에 해당할
따름이라는 뜻이니, 문장은 다르지만 의미는 동일하다. 공안국이 "묘민이
송사에 따라 형벌을 시행해야 함을 자세히 살피지 않아서 멸망하게 된 것
일 뿐이다."라고 했는데, 바로 송사에 따라 형벌 시행할 것을 자세히 살피지
않아, 죄에 합당하지 않게 되었고, 이로 인해 멸망했다는 뜻이다.

經文 罔擇吉人, 觀于五刑之中, 惟時庶威奪貨.

번역 선한 사람을 택하여 오형(五刑)의 알맞음을 살펴보게 하지 않아서,
백성들은 포악한 자에게 떠맡겨서 남의 재물을 강탈하게 만들었다.

孔傳 言苗民無肯選擇善人, 使觀視五刑之中正, 惟是衆爲威虐者任之, 以
奪取人貨, 所以爲亂.

번역 묘민은 선한 자를 선발하여 오형을 알맞게 시행하는 것을 살펴보
도록 하지 않고, 오직 백성들을 포악한 자에게 떠맡겨서, 이로 인해 남의
재물을 빼앗게 만들었으니, 혼란을 초래하게 되었다.

經文 斷制五刑, 以亂無辜. 上帝不蠲, 降咎于苗.

번역 오형을 제멋대로 판결하여 무고한 자까지도 혼란스럽게 만들었다.
그리하여 상제가 그 행위를 깨끗하다고 여기지 않아서 묘민에게 재앙을
내렸다.

孔傳 苗民任奪貨姦人, 斷制五刑, 以亂加無罪. 天不潔其所爲, 故下咎罪.

謂誅之.

번역 묘민은 남의 재물을 빼앗는 간사한 무리들에게 백성들을 맡겨서, 오형을 제멋대로 판결하여 무고한 자에게까지 혼란을 가중시켰다. 하늘은 그가 시행한 일을 깨끗하다고 여기지 않았기 때문에 재앙을 내렸으니, 그를 주살했다는 의미이다.

孔疏 ◎傳"苗民"至"誅之". ○正義曰: "以亂加無罪"者, 正謂以罪加無罪, 是亂也. "鱉"訓絜也. "天不絜其所爲"者, 鄭玄云: "天以苗民所行腥臊不絜, 故下禍誅之."

번역 ◎孔傳: "苗民"~"誅之". ○공안국이 "무고한 자에게까지 혼란을 가중시켰다."라고 했는데, 죄가 없는 자에게까지 벌을 내려서 혼란스럽게 되었다는 의미이다. '견(鱉)'자는 깨끗하다는 뜻이다. 공안국이 "하늘은 그가 시행한 일을 깨끗하다고 여기지 않았다."라고 했는데, 정현은 "하늘은 묘민이 시행한 일이 비린내가 나고 불결하다고 여겼기 때문에 재앙을 내려 주살했다."라고 했다.

經文 苗民無辭于罰, 乃絶厥世.

번역 묘민은 하늘의 벌에 하소연할 말도 없어서, 요임금이 그의 대를 끊어버렸다.

孔傳 言罪重, 無以辭於天罰, 故堯絶其世. 申言之爲至戒.

번역 죄가 무거워서 하늘이 내린 벌에 하소연할 것이 없었기 때문에, 요임금이 그의 대를 끊어버렸다는 뜻이다. 거듭 말한 것은 지극히 경계한 것이다.

孔疏 ●"王曰"至"厥世". ○正義曰: 王呼諸侯戒之曰: "咨嗟! 汝四方主政

事典獄訟者諸侯之君等, 非汝惟爲天牧養民乎?" 言汝等皆爲天養民, 言任重也. "受任旣重, 當觀古成敗, 今汝何所監視乎? 其所視者, 非是伯夷布刑之道也". 言當效伯夷善布刑法, 受令名也. "其今汝何所懲創乎? 其所創者, 惟是苗民非察於獄之施刑乎?" 言當創苗民施刑不當取滅亡也. "彼苗民之爲政也, 無肯選擇善人, 使觀視於五刑之中正, 惟是衆爲威虐者任之, 以奪取人之貨賂, 任用此人, 使斷制五刑, 以亂加無罪之人. 上天不絜其所爲, 故下咎惡於苗民. 苗民無以辭於天罰, 堯乃絶滅其世. 汝等安得不懲創乎!".

번역 ●經文: "王曰"~"厥世". ○천자가 제후들을 불러 경계지침을 내리며, "아! 너희 사방에서 정사를 주관하고 송사를 담당하는 제후들아, 너희들은 하늘을 대신해서 백성들을 지도하고 길러주는 자가 아니란 말인가?"라고 했는데, 너희들은 모두 하늘을 대신해서 백성들을 기르는 자라는 뜻으로, 중책을 맡았다는 의미이다. "임무를 받은 것이 중책이므로, 마땅히 옛 사료에 나타난 성패를 살펴야 하는데, 지금 너희들은 무엇을 살펴볼 것인가? 살펴보아야 할 것은 백이가 형벌을 시행했던 도가 아니겠느냐."라고 했는데, 마땅히 백이가 형벌을 잘 시행하여 명성을 얻었던 것을 본받아야 한다는 뜻이다. "지금 너희들은 무엇을 경계해야 하는가? 경계해야 할 것은 묘민이 송사에 따라 형벌 시행하는 것을 살피지 않았던 것이 아니겠는가?"라고 했는데, 마땅히 묘민이 형벌 시행한 것이 마땅하지 않아서 멸망하게 된 것을 경계해야 한다는 뜻이다. "저 묘민이 정사를 시행함에 선한 자를 선발하여 그들로 하여금 오형이 알맞게 시행되는지 살펴보게끔 하지 않고, 백성들을 포악한 자에게 떠맡겨서 남의 재물을 빼앗게 했으며, 이러한 자를 임명하여 오형을 제멋대로 판결하게 해서 죄가 없는 자까지도 혼란스럽게 만들었다. 그래서 상천은 그 행위를 깨끗하게 여기지 않았기 때문에 묘민에게 재앙을 내렸다. 묘민이 하늘이 내린 벌에 하소연을 할 수 없어서 요임금이 그 대를 끊어버렸다. 너희들은 어찌 이것을 경계로 삼지 않을 수 있겠는가!"라고 했다.

蔡傳 司政典獄, 漢孔氏曰, 諸侯也, 爲諸侯主刑獄而言. 非爾諸侯, 爲天牧養斯民乎? 爲天牧民, 則今爾何所監懲, 所當監者, 非伯夷乎? 所當懲者, 非有苗乎? 伯夷布刑, 以啓迪斯民, 捨皐陶而言伯夷者, 探本之論也. 麗, 附也. 苗民不察於獄辭之所麗, 又不擇吉人, 俾觀于五刑之中, 惟是貴者以威亂政, 富者以貨奪法, 斷制五刑, 亂虐無罪, 上帝不蠲貸而降罰于苗, 苗民無所辭其罰, 而遂殄滅之也.

번역 '사정전옥(司政典獄)'에 대해여, 한나라 때의 공안국은 "제후를 뜻한다."라고 했으니, 제후들 중 형벌을 주관하는 자를 위해서 말한 것이다. 너희 제후들은 하늘을 대신해서 백성들을 지도하고 길러주는 자가 아닌가? 하늘을 대신해서 백성들을 지도한다면, 지금 너희들은 무엇을 살펴보고 경계로 삼아야 하는가. 살펴보아야만 하는 것은 백이가 아니겠는가? 경계로 삼아야만 하는 것은 유묘가 아니겠는가? 백이는 형벌을 시행하여 백성들을 인도하였는데, 고요를 놔두고 백이를 언급한 것은 근본을 따지는 논의이기 때문이다. '여(麗)'자는 붙는다는 뜻이다. 묘민은 송사에 관련된 것을 살피지 않고 또 길한 자를 선택하여 그들로 하여금 오형이 알맞게 시행되는지 살피게 하지 않았으니, 오직 귀한 자가 위엄으로만 정사를 혼란하게 하고, 부유한 자가 재물로 법을 문란하게 해서, 오형을 제멋대로 결정하여, 죄가 없는 자까지도 혼란스럽게 만들고 포악하게 굴었다. 그래서 상제는 용서하지 않고 묘민에게 재앙을 내렸는데, 묘민은 벌한 것에 대해 하소연할 말이 없어서, 결국 멸망하게 되었다.

그림 12-1 ■ 주공(周公)

※ **출처:**『삼재도회(三才圖會)』「인물(人物)」4권

• 제 13 절 •

대신(大臣)·이신(邇臣)·원신(遠臣)

子曰, "大臣不親, 百姓不寧, 則忠敬不足而富貴已過也. 大臣不治, 而邇臣比矣. 故大臣不可不敬也, 是民之表也. 邇臣不可不愼也, 是民之道也. 君毋以小謀大, 毋以遠言近, 毋以內圖外, 則大臣不怨, 邇臣不疾, 而遠臣不蔽矣. 葉公之顧命曰, '毋以小謀敗大作, 毋以嬖御人疾莊后, 毋以嬖御士疾莊士大夫卿士.'"

직역 子가 曰, "大臣이 不親하고, 百姓이 不寧하면, 忠敬이 不足하고 富貴가 已히 過라. 大臣이 不治하면, 邇臣이 比라. 故로 大臣은 不敬이 不可하니, 是는 民의 表이다. 邇臣은 不愼이 不可하니, 是는 民의 道이다. 君이 小로써 大를 謀하길 毋하고, 遠으로써 近을 言하길 毋하며, 內로써 外를 圖하길 毋하면, 大臣은 不怨하고, 邇臣은 不疾하며, 遠臣은 不蔽라. 葉公의 顧命에서 曰, '小謀로써 大作을 敗하길 毋하고, 嬖御人으로써 莊后를 疾하길 毋하며, 嬖御士로써 莊士大夫卿士를 疾하길 毋하라.'"

의역 공자가 말하길, "대신이 친애함과 신의를 나타내지 않고 백성들이 편안하지 않다면, 충심과 공경이 부족하고 부귀함만 너무 지나친 것이다. 대신이 자신의 직무를 다스리지 않으면 가까이에서 군주를 섬기는 신하들이 서로 연합하여 대신의 권력을 빼앗는다. 그러므로 대신은 공경하지 않을 수가 없으니, 그들의 태도는 백성들의 의표가 되기 때문이다. 또 가까이에서 섬기는 신하들은 신중하지 않을 수가 없으니, 그들의 태도는 백성들이 따르는 도가 되기 때문이다. 군주가 작은 것으로 큰 것을 계획하지 않고, 먼 것으로 가까운 것을 말하지 않으며, 내적인 것으로 외적인 것을 도모하지 않는다면, 대신들은 원망하지 않게 되고, 가까이에서 섬기는 신하들은 질시를 하지 않으며, 멀리 떨어져 있는 신하들은 가려지지 않는다.

섭공은 회고를 하며, '소신의 계획으로 대신이 벌인 일을 망치지 말고, 가까이에서 총애를 받는 첩이 바른 처를 질시하도록 하지 말며, 총애를 받는 사가 공경스러운 사·대부·경사를 질시하도록 하지 말아야 한다.'"라고 했다.

集説 大臣不見親信, 則民不服從其令, 故不寧也. 此蓋由臣之忠不足於君, 君之敬不足於臣, 徒富貴之太過而然耳. 由是邇臣之黨, 相比以奪大臣之柄, 而使之不得治其事. 故大臣所以不可不敬者, 以其爲民所瞻望之儀表也. 邇臣所以不可不愼者, 以君之好惡係焉, 乃民之所從以爲道者也. 人君不使小臣謀大臣, 則大臣不至於怨乎不以; 不使遠臣間近臣, 則近臣不至於疾其君; 不使內之寵臣圖四方宣力之士, 則遠臣之賢無所壅蔽, 而得見知於上矣. 葉公, 楚葉縣尹沈諸梁, 字子高, 僭稱公. 顧命, 臨死回顧之言也. 毋以小謀敗大作, 謂不可用小臣之謀, 而敗大臣所作之事也. 疾, 毁惡之也. 莊, 猶正也, 敬也, 君所取正而加敬之謂也.

번역 대신들이 친애함과 신의를 드러내지 않는다면, 백성들은 그 명령에 복종하지 않기 때문에 편안하지 않다. 이것은 신하의 충심이 군주에 대해 부족하고, 군주의 공경함이 신하에 대해 부족하며, 단지 부귀함만 너무 지나친 데에서 비롯되어 이처럼 된 것일 뿐이다. 이를 통해 가까운 신하의 무리들은 서로 연합하여 대신의 권력을 빼앗고, 그들로 하여금 자신의 직무를 처리할 수 없게 만든다. 그렇기 때문에 대신이 공경하지 않을 수 없는 것은 그들은 백성들이 바라보며 의표로 삼는 대상이기 때문이다. 가까운 신하가 신중하지 않을 수 없는 것은 군주의 좋아함과 싫어함이 연계되어, 곧 백성들이 따라서 도로 삼는 것이기 때문이다. 군주가 소신으로 하여금 대신의 일을 도모하지 않도록 한다면, 대신은 자신이 쓰이지 않는 것에 대해 원망을 하는 지경에 이르지 않고, 멀리 떨어져 있는 신하로 하여금 가까이 있는 신하들을 간섭하지 않도록 한다면, 가까운 신하들은 자신의 군주를 질시하는 지경에 이르지 않으며, 조정에 머물며 총애를 받는 신하로 하여금 사방에서 힘을 다해 일하고 있는 사의 일을 도모하지 않도록 한다면,

멀리 떨어져 있는 신하들 중 현명한 자들은 총애가 막혀 받지 못하는 경우가 없고, 윗사람에게 자신을 알릴 수 있다. '섭공(葉公)'은 초(楚)나라 섭현을 다스렸던 관리인 심제량(沈諸梁)으로, 자(字)는 자고(子高)인데 참람되게 공(公)이라고 지칭했다. '고명(顧命)'은 죽음을 앞두고 회고하는 말을 뜻한다. "작은 계획으로 큰 사업을 망치지 말아라."라는 말은 소신의 계획을 사용하여 대신이 벌인 사업을 망쳐서는 안 된다는 뜻이다. '질(疾)'자는 헐뜯고 미워한다는 뜻이다. '장(莊)'자는 "바르다[正]."는 뜻이며, "공경한다[敬]."는 뜻이니, 군주가 바른 자를 취하여 공경을 더한다는 뜻이다.

大全 藍田呂氏曰: 此章言大臣不信, 而小臣之比, 國之大患也. 傳曰不使大臣怨乎不以, 以大臣之任, 國之休戚繫焉. 用之, 斯信之矣, 不信之, 斯黜之矣. 未有居其位, 而不信之者也. 大臣不親, 民疑於所任, 百姓所以不寧. 蓋由臣之忠, 不足於君, 則君之敬, 不足於臣, 徒富貴之, 而無信任之意, 猶犬馬畜之而弗敬也. 事至於此, 必有邇臣嬖寵奪大臣之柄, 而不得治其事, 故曰大臣不治, 而邇臣比矣. 表者, 民所望也. 道者, 民所從也. 大臣尊嚴, 國之政令存焉, 民之所望以爲表, 不敬則國命輕矣. 邇臣寵昵, 君之好惡繫焉, 民之所從以爲道, 不愼則風俗壞矣. 使小臣謀大臣, 則大臣怨乎不以, 使遠臣間近臣, 則近臣疾其君, 使內之寵臣圖四方宣力之士, 則遠臣之賢蔽而不聞. 三者, 任臣之大害也. 葉公之顧命曰, 毋以小謀敗大作, 毋以嬖御人疾莊后, 毋以嬖御士疾莊士大夫卿士, 引此以證此三事也.

번역 남전여씨가 말하길, 이 문장의 내용은 대신이 믿지 않고 소신이 연합을 하면 나라의 큰 우환이 된다는 뜻이다. 『논어』에서는 "대신으로 하여금 써주지 않는 것을 원망하지 않게끔 한다."[1]라고 했는데, 대신의 임무는 나라의 안녕과 결부가 되기 때문이다. 따라서 그들의 의견을 따르면 믿어야 하고, 그들이 믿지 않는다면 내쳐야 한다. 이것은 아직 그 지위에 오르지 않았는데 믿지 않는 경우에 해당한다. 대신이 친애하지 않으면 백성들

---

1) 『논어』「미자(微子)」: 周公謂魯公曰, "君子不施其親, 不使大臣怨乎不以. 故舊無大故, 則不棄也. 無求備於一人!"

은 그가 맡고 있는 임무에 대해 의심하여, 백성들이 편안하지 않게 된다. 신하의 충심이 군주에 대해 부족하다면 군주의 공경도 신하에 대해 부족하게 되고, 단지 부귀하게만 해주어 믿고 임무를 맡기는 뜻이 없다는 데에서 연유하니, 이것은 마치 개나 말도 길러주지만 공경하지 않는 경우와 같다. 그 사태가 이러한 지경에 이르면 반드시 가까운 신하 중 총애를 받는 자들이 대신의 권력을 빼앗아 대신이 자신의 임무를 처리할 수 없는 일이 발생한다. 그렇기 때문에 "대신이 다스리지 못하고 가까운 신하가 연합을 한다."라고 했다. '표(表)'는 백성들이 선망하는 대상이다. '도(道)'는 백성들이 따르는 대상이다. 대신이 존엄해지면 국가의 정령도 제대로 시행되어, 백성들이 그것을 선망하여 지표로 삼는데, 만약 공경하지 않는다면 국가에서 시행하는 명령이 경시된다. 가까운 신하가 총애를 받고 친근한 것은 군주의 좋아함과 싫어함이 결부되며, 백성들이 그것을 따라 도(道)로 삼게 되는데, 신중하지 않는다면 풍속이 무너진다. 소신으로 하여금 대신의 일을 도모하게 한다면 대신은 써주지 않는 것을 원망하게 되며, 멀리 떨어져 있는 신하로 하여금 가까이 있는 신하를 간섭하게 한다면 가까이 있는 신하는 군주를 질시하게 되고, 조정에서 총애를 받는 신하로 하여금 사방에서 힘껏 일하고 있는 사의 일을 도모하게 한다면 멀리 떨어져 있는 신하들 중 현명한 자가 가려져서 그의 능력이 드러나지 않게 된다. 이러한 세 가지는 신하에게 잘못된 임무를 맡겨서 나타나는 큰 피해이다. 섭공은 회고를 하며, "소신의 계획으로 대신이 벌인 일을 망치지 말고, 가까이에서 총애를 받는 첩이 바른 처를 질시하도록 하지 말며, 총애를 받는 사가 공경스러운 사・대부・경사를 질시하도록 하지 말아야 한다."라고 했는데, 이 문장을 인용하여 이러한 세 가지 사안에 대해서 증명을 한 것이다.

大全 嚴陵方氏曰: 大臣者, 君之所尊, 待之不可不敬. 邇臣者, 君之所親, 擇之不可不愼.

번역 엄릉방씨가 말하길, 대신은 군주가 존귀하게 여기는 대상이니, 그를 대하며 공경하지 않을 수 없다. 가까운 신하는 군주가 친근하게 여기는 대상이니, 그들을 선별할 때 신중하지 않을 수 없다.

大全 馬氏曰: 民之表者, 民之所資以爲正. 民之道者, 民之所由也.

번역 마씨가 말하길, 백성들의 의표는 백성들이 바탕으로 삼아 올바름으로 여기는 것이다. 백성들의 도(道)는 백성들이 따르게 되는 대상이다.

鄭注 "忠敬不足", 謂臣不忠於君, 君不敬其臣. 邇, 近也. 言近以見遠, 言大以見小, 互言之. 比, 私相親也. "民之道", 言民循從也. 圖以²)謀也. 言凡謀之, 當各於其黨. 於其黨, 知其過審也. 大臣柄權於外, 小臣執命於內, 或時交爭, 轉相陷害. 疾, 猶非也. 葉公, 楚縣公葉公子高也, 臨死遺書曰顧命. 小謀, 小臣之謀也. 大作, 大臣之所爲也. 嬖御人, 愛妾也. 疾, 亦非也. 莊后, 適夫人齊莊得禮者. 嬖御士, 愛臣也. 莊士, 亦謂士之齊莊得禮者, 今爲大夫·卿士.

번역 충심과 공경이 부족하다는 말은 신하가 군주에 대해 충심을 다하지 않고, 군주가 자신의 신하에 대해 공경하지 않는다는 뜻이다. '이(邇)'자는 "가깝다[近]."는 뜻이다. 가까운 신하를 언급하여 멀리 떨어져 있는 신하도 드러냈고, 대신을 언급하여 소신도 드러냈으니, 상호 호환이 되도록 말한 것이다. '비(比)'자는 사적으로 서로 친애한다는 뜻이다. '민지도(民之道)'는 백성들이 순종하여 따른다는 뜻이다. '도(圖)'자 또한 "도모하다[謀]."는 뜻이다. 도모를 할 때에는 마땅히 각각 그에 걸맞은 부류와 해야 한다는 뜻이다. 걸맞은 부류와 도모를 하면 발생하게 될 과실이나 자세한 실정을 알 수 있다. 대신은 외적으로 권력을 쥐고, 소신은 내적으로 명령을 집행하는데, 혹여 때때로 서로 다투게 된다면 입장이 전도되어 상대에게 해를 끼친다. '질(疾)'자는 "비판하다[非]."는 뜻이다. '섭공(葉公)'은 초(楚)

---

2) '이(以)'자에 대하여. 『십삼경주소(十三經注疏)』 북경대 출판본에서는 "'이'자를 『민본(閩本)』·『감본(監本)』에서는 동일하게 기록하고 있는데, 『모본(毛本)』·『악본(岳本)』·『가정본(嘉靖本)』 및 위씨(衛氏)의 『집설(集說)』, 혜동(惠棟)의 『교송본(校宋本)』, 『송감본(宋監本)』에는 '역(亦)'자로 기록했고, 『예기훈찬(禮記訓纂)』에서도 '역'자로 기록했다."라고 했다.

나라 현(縣)을 맡고 있던 섭공인 자고(子高)인데, 죽음을 앞두고 글을 남긴 것을 '고명(顧命)'이라고 부른다. '소모(小謀)'는 소신의 계책을 뜻한다. '대작(大作)'은 대신이 하는 일을 뜻한다. '폐어인(嬖御人)'은 총애하는 첩을 뜻한다. '질(疾)'자 또한 "비판하다[非]."는 뜻이다. '장후(莊后)'는 정부인으로 단아하고 장엄하며 예에 맞게 행동하는 자를 뜻한다. '폐어사(嬖御士)'는 총애하는 신하를 뜻한다. '장사(莊士)' 또한 사 중에서도 단아하고 장엄하며 예에 맞게 행동하는 자를 뜻하는데, 현재 대부나 경사가 된 것이다.

釋文 治音値. 比, 毗志反, 注同, 親也. 見, 賢遍反, 下同. 毋音無, 下同. 柄音秉, 兵永反. 爭, 爭鬪之爭. 蔽, 必世反. 葉, 舒涉反, 注同. 葉公, 楚大夫沈諸梁也, 字子高, 爲葉縣尹, 僭稱公也. 敗, 補邁反. 嬖, 必惠反, 徐甫詣反, 又補弟反, 字林, 萬豉反. 賤而得幸曰"嬖", 云便嬖愛妾. 莊后, 側良反, 齊莊也, 下及注同. 適, 丁歷反. 齊莊, 側皆反, 下同.

번역 '治'자의 음은 '値(치)'이다. '比'자는 '毗(비)'자와 '志(지)'자의 반절음이며, 정현의 주에 나오는 글자도 그 음이 이와 같고, 친하다는 뜻이다. '見'자는 '賢(현)'자와 '遍(편)'자의 반절음이며, 아래문장에 나오는 글자도 그 음이 이와 같다. '毋'자의 음은 '無(무)'이며, 아래문장에 나오는 글자도 그 음이 이와 같다. '柄'자의 음은 '秉'이니, '兵(병)'자와 '永(영)'자의 반절음이다. '爭'자는 '쟁투(爭鬪)'라고 할 때의 '爭'자이다. '蔽'자는 '必(필)'자와 '世(세)'자의 반절음이다. '葉'자는 '舒(서)'자와 '涉(섭)'자의 반절음이며, 정현의 주에 나오는 글자도 그 음이 이와 같다. '葉公'은 초나라 대부인 심제량(沈諸梁)으로, 자(字)는 자고(子高)이고, 섭현(葉縣)의 윤(尹)이었는데, 참람되게 공(公)이라고 지칭한 것이다. '敗'자는 '補(보)'자와 '邁(매)'자의 반절음이다. '嬖'자는 '必(필)'자와 '惠(혜)'자의 반절음이며, 서음(徐音)은 '甫(보)'자와 '詣(예)'자의 반절음이고, 또한 '補(보)'자와 '弟(제)'자의 반절음도 되며, 『자림』3)에

---

3) 『자림(字林)』은 고대의 자서(字書)이다. 진(晉)나라 때 학자인 여침(呂忱)이 지었다. 원본은 일실되어 전해지지 않고, 다른 문헌들 속에 일부 기록들만 남아 있다.

서는 '萬(만)'자와 '豉(시)'자의 반절음이라고 했다. 신분이 미천하지만 총애를 받은 자를 '폐(嬖)'라고 부르니, 총애하는 애첩을 뜻한다. '莊后'의 '莊'자는 '側(측)'자와 '良(량)'자의 반절음이며, 엄숙하면서도 공경스럽다는 뜻이고, 아래문장 및 정현의 주에 나오는 글자도 그 음이 이와 같다. '適'자는 '丁(정)'자와 '歷(력)'자의 반절음이다. '齊莊'의 '齊'자는 '側(측)'자와 '皆(개)'자의 반절음이며, 아래문장에 나오는 글자도 그 음이 이와 같다.

孔疏 ●"子曰"至"由聖". ○正義曰: 此一節明在下群臣, 無問大小, 皆須恭敬謹愼; 又君無以小臣而謀大事也.

번역 ●經文: "子曰"~"由聖". ○이곳 문단은 아랫자리에 있는 뭇 신하들은 대신이나 소신에 상관없이 모두 공경하고 신중해야 한다는 사실을 나타내고 있고, 또 군주는 소신을 통해 중대한 일을 도모해서는 안 된다는 사실도 나타내고 있다.

孔疏 ●"大臣不親, 百姓不寧, 則忠敬不足, 富貴己過也"者, 沈氏云: 謂大臣離二, 不與上相親. 政敎煩苛, 故百姓不寧. 若其如此, 臣不忠於君, 君不敬於臣, 是忠敬不足所以致然也, 由君與臣富貴已過極也.

번역 ●經文: "大臣不親, 百姓不寧, 則忠敬不足, 富貴己過也". ○심씨가 말하길, 대신의 마음이 떠나는 것은 윗사람과 서로 친하지 않기 때문이라는 뜻이다. 정치와 교화가 번다하고 까다롭기 때문에 백성들이 편안하지 않은 것이다. 만약 이처럼 한다면 신하는 군주에 대해 충심을 다하지 않고, 군주는 신하에게 공경을 나타내지 않으니, 이것은 충심과 공경이 부족하여 이처럼 만든 것으로, 군주와 신하의 부귀함이 너무 지나친 데에서 비롯된다.

孔疏 ●"大臣不治, 而邇臣比矣"者, 大臣不肯爲君理治職事, 由邇近之臣與上相親比故也.

번역 ●經文: "大臣不治, 而邇臣比矣". ○대신이 군주를 위해 직무를 다스리는 일을 기꺼워하지 않는 것은 가깝고 친근한 신하만이 군주와 서로 친근하게 지내는 데에서 비롯된다.

孔疏 ●"邇臣不可不愼也, 是民之道也"者, 邇, 近也. 言親近之臣不可不愼擇其人. 道, 謂道路. 言邇臣是民之道路, 邇臣好則人從之好, 邇臣惡則人從之惡也.

번역 ●經文: "邇臣不可不愼也, 是民之道也". ○'이(邇)'자는 "가깝다[近]."는 뜻이다. 친근한 신하에 대해서는 그 사람을 신중히 선별하지 않을 수 없다는 뜻이다. '도(道)'자는 도로를 뜻한다. 가까운 신하는 백성들이 따르는 길이 되니, 가까운 신하가 좋아하는 것이라면 사람들도 따라서 좋아하고, 가까운 신하가 싫어하는 것이라면 사람들도 따라서 싫어하게 된다는 뜻이다.

孔疏 ●"君毋以小謀大"者, 言君無得與小臣而謀大臣之事也.

번역 ●經文: "君毋以小謀大". ○군주는 소신과 함께 대신이 할 일을 도모해서는 안 된다는 뜻이다.

孔疏 ●"毋以遠言近"者, 無得以遠臣共言近臣之事也.

번역 ●經文: "毋以遠言近". ○멀리 떨어져 있는 신하와 함께 가까운 신하가 할 일을 의논해서는 안 된다는 뜻이다.

孔疏 ●"毋以內圖外"者, 無得以內臣共圖謀外臣之事. 所以然者, 小大之臣意殊, 遠近之臣不同, 恐各爲朋黨, 彼此交爭, 轉相陷害, 故不圖謀也.

번역 ●經文: "毋以內圖外". ○조정에 있는 신하를 통해 외지에 나가 있는 신하의 일을 도모해서는 안 된다는 뜻이다. 그러한 이유는 대신과 소신의 뜻에는 차이가 있고, 멀리 떨어져 있는 신하와 가까이 있는 신하는 하는 일이 다르니, 각각 편당을 만들어 서로가 다투고 일이 전도되어 서로에게 해를 입히게 될까를 염려하기 때문이다. 그래서 그러한 일들을 도모하지 않는다.

孔疏 ●"則大臣不怨, 邇臣不疾, 而遠臣不蔽矣"者, 若能如此, 則外內情通, 小大意合, 大臣不怨恨於君也. 疾, 猶非也. 近臣不爲人所非毁, 而遠臣不被障蔽故也.

번역 ●經文: "則大臣不怨, 邇臣不疾, 而遠臣不蔽矣". ○만약 이처럼 할 수 있다면, 내신과 외신의 정감이 통하고 소신과 대신의 뜻이 부합하니, 대신은 군주에 대해서 원망하지 않는다. '질(疾)'자는 "비판하다[非]."는 뜻이다. 가까운 신하가 사람들에게 비판을 받지 않는 것은 멀리 떨어져 있는 신하의 능력도 가려지지 않았기 때문이다.

孔疏 ●"葉公之顧命曰: 毋以小謀敗大作"者, 此葉公顧命之書, 無用小臣之謀敗損大臣之作.

번역 ●經文: "葉公之顧命曰: 毋以小謀敗大作". ○이것은 섭공이 회고하며 기록한 말인데, 소신의 계획을 사용하여 대신이 시행하는 일을 망쳐서는 안 된다는 의미이다.

孔疏 ●"毋以嬖御人疾莊后"者, 莊后, 謂齊莊之后, 是適夫人也. 無得以嬖御賤人之爲非毁於適夫人.

번역 ●經文: "毋以嬖御人疾莊后". ○'장후(莊后)'는 단아하고 엄숙한 부인을 뜻하니 정부인에 해당한다. 총애하는 미천한 첩으로 인해 정부인이 비판을 받게 해서는 안 된다는 뜻이다.

孔疏 ●"毋以嬖御士疾莊士"者, 言毋得以嬖御之士非毁齊莊之士.

번역 ●經文: "毋以嬖御士疾莊士". ○총애하는 사를 통해 장엄하고 엄숙한 사를 비판해서는 안 된다는 뜻이다.

孔疏 ●"大夫·卿士"者, 覆說言"莊士", 卽大夫·卿之典事者. 士, 事也.

번역 ●經文: "大夫·卿士". ○'장사(莊士)'에 대해 재차 설명한 것이니, 곧 대부와 경이 맡고 있는 일을 의미한다. '사(士)'자는 일[事]이다.

孔疏 ◎注"言近以見遠, 言大以見小, 互言之". ○正義曰: "言近以見遠", 謂言近臣親比, 則遠臣不親比. 云"言大以見小", 謂大臣不治, 小臣治也, 故云 "互言之"也.

번역 ◎鄭注: "言近以見遠, 言大以見小, 互言之". ○정현이 "가까운 신하를 언급하여 멀리 떨어져 있는 신하도 드러냈다."라고 했는데, 가까운 신하들과 친애한다면 멀리 떨어져 있는 신하들과 친해지지 않는다는 뜻이다. 정현이 "대신을 언급하여 소신도 드러냈다."라고 했는데, 대신이 일을 처리하지 않고 소신이 일을 처리한다는 뜻이다. 그렇기 때문에 "상호 호환이 되도록 말한 것이다."라고 했다.

孔疏 ◎注"大臣"至"陷害". ○正義曰: 由大臣執權於外, 小臣執命於內, 或大臣忌小臣, 或小臣忌大臣, 所以內外交爭. 若共圖謀, 轉相陷害, 故所謀之事, "各於其黨", 與大臣謀大臣, 與小臣謀小臣, 是各於其黨中, 知其過失審悉也.

번역 ◎鄭注: "大臣"~"陷害". ○대신은 외적인 일에 대해 권력을 잡고, 소신은 내적인 일에 대해 명령을 집행하는데, 혹여 대신이 소신을 질투하거나 소신이 대신을 질투한다면, 내신과 외신이 서로 다투게 된다. 만약 함께 계획을 한다면 전도되어 서로에게 피해를 입힌다. 그렇기 때문에 도모하는 일에 대해서, "각각 그에 걸맞은 부류와 해야 한다."라고 말한 것이니, 대신과는 대신이 시행하는 일을 도모하고, 소신과는 소신이 시행하는

일을 도모하여, 각각 그 부류와 함께 해야만 발생하게 될 과실이나 자세한
실정을 알 수 있다.

孔疏 ◎注"葉公, 楚縣公葉公子高也". ○正義曰: 知"葉公子高"者, 左傳云
世本文. 云"臨死遺書曰顧命"者, 約尙書·顧命之篇.

번역 ◎鄭注: "葉公, 楚縣公葉公子高也". ○정현이 "섭공인 자고(子高)
이다."라고 했는데, 이 말이 사실임을 알 수 있는 이유는 『좌전』의 주에서
『세본』[4]의 기록이라고 했기 때문이다. 정현이 "죽음을 앞두고 글을 남긴
것을 '고명(顧命)'이라고 부른다."라고 했는데, 『서』「고명(顧命)」편과 같은
것들이다.

訓纂 楊用修曰: 此文載逸周書祭公解. 蓋祭公疾革, 告穆王之言, "祭"字
誤作"葉"耳.

번역 양용수[5]가 말하길, 이 문장은 『일주서』「제공해(祭公解)」편에 수
록되어 있다.[6] 제공(祭公)의 병이 위중하여 목왕(穆王)에게 아뢰는 말이었

---

4) 『세본(世本)』은 『세(世)』·『세계(世系)』 등으로 일컬어지기도 한다. 선진시
   대(先秦時代) 때의 사관(史官)이 기록한 문헌이라고 전해지지만, 진위여부를
   확인할 수 없다. 『세본』은 고대의 제왕(帝王), 제후(諸侯) 및 경대부(卿大夫)
   들의 세계도(世系圖)를 기록한 서적이다. 일실되어 현존하지 않지만, 후대 학
   자들이 다른 문헌 속에 남아 있는 기록들을 수집하여, 일집본(佚輯本)을 남
   겼다. 이러한 일집본에는 여덟 종류의 주요 판본이 있는데, 각 판본마다 내용
   상의 차이를 보이고 있다. 1959년에는 상무인서관(商務印書館)에서 이러한
   여덟 종류의 판본을 모아서 『세본팔종(世本八種)』을 출판하였다.
5) 양신(楊愼, A.D.1488~A.D.1559): =양용수(楊用修). 명나라 때의 학자이다.
   자(字)는 용수(用修)이고, 호(號)는 승암(升菴)이다. 저서로는 『단연총록(丹
   鉛總錄)』·『승암집(升菴集)』 등이 있다.
6) 『일주서(逸周書)』「제공해(祭公解)」: 公曰, "嗚呼! 天子, 我丕則寅哉! 寅哉! 汝
   無以戾反罪疾, 喪時二王大功, <u>汝無以嬖御固莊后, 汝無以小謀敗大作, 汝無以嬖
   御土疾莊土大夫卿土,</u> 汝無以家相亂王室, 而莫恤其外, 尙皆以時中乂萬國. 嗚
   呼! 三公, 汝念哉! 汝無泯泯芬芬, 厚顔忍醜, 時維大不弔哉! 昔在先王, 我亦維
   丕以我辟險于難, 不失于正, 我亦以免沒我世. 嗚呼! 三公, 予維不起朕疾, 汝其

는데, '제(祭)'자를 '섭(葉)'자로 잘못 기록했을 뿐이다.

訓纂 王氏念孫曰: "祭"與"蔡"古字通. 呂氏春秋音初篇"周昭王及蔡公抎於漢中", 僖四年左傳疏作"祭公", 墨子初染篇"幽王染於蔡公穀", 呂氏春秋當染篇作"祭公敦". 春秋"鄭祭仲", 易林旣濟之鼎作"蔡仲". 皆其證也. 緇衣之"祭公"作"葉公"者, 亦是"蔡"卽爲"祭", 因誤而爲葉耳.

번역 왕념손7)이 말하길, '제(祭)'자와 '채(蔡)'자는 고자에서 통용되었다.『여씨춘추』「음초(音初)」편에서는 "주나라 소왕(昭王)과 채공(蔡公)이 한수에 떨어졌다."8)라고 했고, 희공(僖公) 4년에 대한『좌전』의 소에서는 '제공(祭公)'이라고 기록했으며,『묵자』「초염(初染)」편에서는 "유왕(幽王)은 채공(蔡公)인 곡(穀)의 음탕함에 물들었다."9)라고 했고,『여씨춘추』「당염(當染)」편에서는 '제공(祭公)인 돈(敦)10)'이라고 기록했다. 또『춘추』에서는 '정나라의 제중(祭仲)'11)이라고 했는데,『역림』「기제지정(旣濟之鼎)」편에서는 '채중(蔡仲)'이라고 기록했다. 이 모두는 두 글자가 통용된다는 증거이다.「치의」편에서는 '제공(祭公)'을 '섭공(葉公)'이라고 기록했는데, '채(蔡)'자는 곧 '제(祭)'자가 되며, 이로 인해 잘못하여 '섭(葉)'이라고 기록한 것일 뿐이다.

皇敬哉! 茲皆保之. 曰, 康子之攸保勸敎誨之, 世祀無絶, 不, 我周有常刑." 王拜手稽首黨言.

7) 왕념손(王念孫, A.D.1744~A.D.1832) : 청(淸)나라 때의 학자이다. 자(字)는 회조(懷租)이고, 호(號)는 석구(石臞)이다. 부친은 왕안국(王安國)이고, 아들은 왕인지(王引之)이다. 대진(戴震)에게 학문을 배웠다. 저서로는『독서잡지(讀書雜志)』등이 있다.

8)『여씨춘추(呂氏春秋)』「음초(音初)」: 周昭王親將征荊, 辛餘靡長且多力, 爲王右. 還反涉漢, 梁敗, 王及蔡公抎於漢中.

9)『묵자(墨子)』「소염(所染)」: 夏桀染於干辛・推哆, 殷紂染於崇侯・惡來, 厲王染於厲公長父・榮夷終, 幽王染於傅公夷・蔡公穀.

10)『여씨춘추(呂氏春秋)』「당염(當染)」: 夏桀染於干辛・歧踵戎, 殷紂染於崇侯・惡來, 周厲王染於虢公長父・榮夷終, 幽王染於虢公鼓・祭公敦, 此四王者所染不當, 故國殘身死, 爲天下僇, 舉天下之不義辱人必稱此四王者.

11)『춘추』「환공(桓公) 11년」: 九月, 宋人執鄭祭仲.

集解 葉, 當作祭, 側界反.

번역 '葉'자는 마땅히 '祭'자가 되어야 하니, '側(측)'자와 '界(계)'자의 반절음이다.

集解 大臣不親者, 謂君疏其大臣, 而大臣亦自疏於其君也. 大臣者, 所以出政令以治民, 大臣疏則政令不行而百姓不寧矣. 忠, 謂待以實心也. 忠不足則疑, 敬不足則慢. 君之於大臣, 旣富貴之, 則宜敬信之. 忠敬不足, 而徒厚以富貴, 則君臣之間以利相與, 以貌相承, 此大臣之所以不親也. 大臣疏於上而不得治其職, 則壅蔽之患生, 故邇臣皆得比周以欺其君也. 大臣尊重, 民所視以爲表率, 故待之不可以不敬. 愼, 謂愼擇其人也. 邇臣朝夕左右, 所以成君德以導民, 故擇之不可以不愼. 葉當作祭, 字之誤也. 將死而言曰顧命. 祭公之顧命者, 祭公謀父將死告穆王之言也. 今見逸周書祭公解篇. 小謀, 小臣之所謀; 大作, 大臣之所爲也. 嬖御人, 謂嬖寵之妾. 莊后, 謂齊莊之后也. 嬖御士, 嬖寵之近臣也. 莊士大夫卿士, 謂齊莊之士爲大夫卿士者也.

번역 '대신불친(大臣不親)'이라는 말은 군주가 대신들을 소원하게 대하여 대신들 또한 자신의 군주에 대해서 스스로 소원하게 대한다는 뜻이다. 대신은 정령을 내려서 백성들을 다스리는 자인데, 대신들이 소원하게 대한다면 정령이 시행되지 않아서 백성들이 편안하지 못하게 된다. '충(忠)'은 진실된 마음으로 상대를 대한다는 뜻이다. 충심이 부족하면 의혹을 품고, 공경이 부족하다면 태만하게 된다. 군주가 대신에 대해서 이미 부귀하게 해주었다면, 마땅히 공경하고 믿어야 한다. 충심과 공경이 부족한데 단지 부귀함만 후하게 한다면, 군주와 신하의 관계는 이로움에 따라 서로 참여하고 겉으로만 서로를 받드는 것이니, 이것이 대신들이 친근하게 대하지 않는 이유이다. 대신이 군주와 소원하게 되어 자신의 직무를 다스릴 수 없다면, 군주의 총명함이 막히는 우환이 생긴다. 그렇기 때문에 가까운 신하들은 모두 짝을 이루어 군주를 속이게 된다. 대신이 존중을 받으면 백성들은 그것을 보고 표본으로 삼는다. 그렇기 때문에 그를 대할 때에는 불경함으로 할 수 없다. '신(愼)'은 그 사람을 신중하게 택한다는 뜻이다. 가까운 신하는 아침저녁으로 좌우에 붙어 있으니, 군주의 덕을 완성하여 백성들을 인도한다. 그렇기 때문에 그를 택할 때에는 신중하지 않음으로 할 수 없다. '섭(葉)'자는 마땅히 '제(祭)'자가 되어야 하니, 자형이 비슷해서 생긴 오류이다. 죽음을 맞이할 때 하는 말을 '고명(顧命)'이라고 부른다. 제공의 고명은 제공인 모보(謀父)가 죽음을 맞이할 때 목왕(穆王)에게 아뢰었던 말에 해당한다. 현재『일주서』「제공해(祭公解)」편에 그 기록이 나온다. '소모(小謀)'는 소신이 계획한 것이며, '대작(大作)'은 대신이 시행하는 것이다. '폐어인(嬖御人)'은 총애하는 첩을 뜻한다. '장후(莊后)'는 단아하고 엄숙한 부인을 뜻한다. '폐어사(嬖御士)'는 총애를 받는 가까운 신하이다. '장사대부경사(莊士大夫卿士)'는 단정하고 장엄한 사로 대부·경사가 된 자를 뜻한다.

그림 13-1 ▣ 초(楚)나라 섭공(葉公)의 가계도(家系圖)

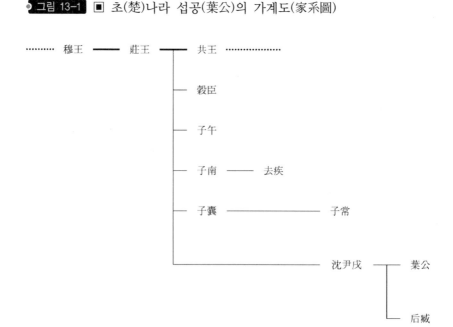

※ **출처:**『역사(繹史)』1권「역사세계도(繹史世系圖)」

그림 13-2 주(周)나라 제공(祭公)의 가계도(家系圖)

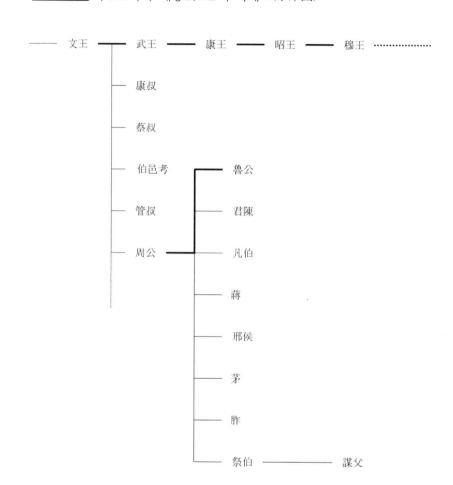

※ **출처**: 『역사(繹史)』 1권 「역사세계도(繹史世系圖)」

• 제 **14** 절 •

현(賢)과 천(賤)

【647c】

子曰, "大人不親其所賢, 而信其所賤, 民是以親失, 而教是以煩. 詩云, '彼求我則, 如不我得. 執我仇仇, 亦不我力.' 君陳曰, '未見聖, 若己弗克見. 旣見聖, 亦不克由聖.'"

직역　子가 曰, "大人이 그 賢한 所를 不親하고, 그 賤한 所를 信하면, 民은 是以로 親을 失하고, 教는 是以로 煩한다. 詩에서 云, '彼가 我를 求하여 則함에, 我를 得함을 不함과 如라. 我를 執함에 仇仇하여, 亦히 我에도 力을 不이라.' 君陳에서 曰, '聖을 未見함에, 己가 克히 見을 弗함과 若이라. 旣히 聖을 見함에, 亦히 克히 聖을 由함을 不이라.'"

의역　공자가 말하길, "대인이 현명한 자를 친근하게 대하지 않고 미천한 자를 믿는다면, 백성들은 이로 인해 친근한 자를 잃게 되고, 교화도 이로 인해 번잡하게 된다. 『시』에서는 '저 소인은 나를 찾아 법도로 삼으려 함에, 마치 나를 찾지 못할까 안절부절 못하는 것처럼 하는구나. 그러나 나를 만나고 나서는 나를 억류하며 원수처럼 대하고 또 나에 대해서 신경조차 쓰지 않는구나.'라고 했고, 「군진」편에서는 '아직 성인을 보지 못함에 마치 자신은 보지 못할 것처럼 여긴다. 그런데 이미 성인을 보았음에도 또한 성인을 따르지 못한다.'[1]"라고 했다.

---

1) 『서』「주서(周書)·군진(君陳)」: 凡人未見聖, 若不克見, 旣見聖, 亦不克由聖. 爾其戒哉. 爾惟風, 下民惟草.

集說 親善遠惡, 人心所同, 所謂擧直錯諸枉則民服. 今君旣不親賢, 故民亦不親其上, 敎令徒煩, 無益也. 詩, 小雅正月之篇. 言彼小人初用事, 求我以爲法則, 惟恐不得; 旣而不合, 則空執留之, 視如仇讐然, 不用力於我矣. 仇仇者, 言不一仇之, 無往而不忤其意也. 君陳, 周書. 兼引之, 皆爲不親賢之證.

번역 선을 친근하게 여기고 악을 멀리하는 것은 사람의 마음에서 동일하게 여기는 것이니, "정직한 사람을 등용하고 정직하지 못한 사람을 내치면 백성들이 복종한다."[2]는 뜻에 해당한다. 현재 군주가 이미 현명한 자를 친근하게 여기지 않고 있기 때문에 백성들 또한 윗사람을 친근하게 여기지 않고, 교화와 정령만 번잡하게 되어 무익하게 된다. 『시』는 『시』「소아(小雅)·정월(正月)」편이다.[3] 즉 저 소인들은 애초에 일을 벌일 때, 나를 찾아 법도로 삼고자 하여, 나를 찾지 못할까만을 염려한다. 그러나 이미 만나보고 부합하지 않는다면 공허하게 잡아두려고 하며, 마치 원수를 보는 것처럼 하며, 나에게 힘을 기울이지 않는다는 뜻이다. '구구(仇仇)'는 한결같이 원수로만 대하는 것이 아니지만 가는 곳마다 그 뜻을 거스르지 않음도 없다는 의미이다. 「군진(君陳)」은 『서』「주서(周書)」의 편명이다. 함께 인용을 한 것은 모두 현명한 자를 친근하게 여기지 않는다는 뜻을 증명하기 위해서이다.

大全 馬氏曰: 大人者, 以位言之也. 夫有天下國家者, 未嘗不欲親其所賢, 而賢未必親, 未嘗不欲疎其所賤, 而賤未必不信. 葉公之戒, 毋以嬖御人疾莊后, 毋以嬖御士疾莊士大夫卿士者, 凡以此也. 言賢則知賤者爲不肖之行也, 言賤則知賢者有可貴之德也. 上失其所親, 則下亦失其親, 雖區區於敎令之煩, 民未必從之, 蓋其令反其所好, 則民未有從之者也. 詩云, 彼求我則, 如不我得者, 言始求我之法則, 如不我得焉, 其好之心可謂篤矣. 及其執我仇仇, 亦不我力, 旣已得我, 而反不我用. 至於君陳所言, 其理亦猶此也.

---

2) 『논어』「위정(爲政)」: 哀公問曰, "何爲則民服?" 孔子對曰, "<u>擧直錯諸枉, 則民服</u>, 擧枉錯諸直, 則民不服."

3) 『시』「소아(小雅)·정월(正月)」: 瞻彼阪田, 有菀其特. 天之扤我, 如不我克. <u>彼求我則, 如不我得. 執我仇仇, 亦不我力.</u>

번역 마씨가 말하길, '대인(大人)'은 지위를 기준으로 한 말이다. 천하와 국가를 소유한 자는 일찍이 현명한 자를 친애하고자 하지 않은 적이 없지만, 현명한 자가 반드시 친하게 대하는 것은 아니며, 일찍이 미천한 자를 소원하게 대하고자 하지 않은 적이 없지만, 미천한 자가 반드시 불신하는 것은 아니다. 섭공의 훈계에서는 "가까이에서 총애를 받는 첩이 바른 처를 질시하도록 하지 말며, 총애를 받는 사가 공경스러운 사・대부・경사를 질시하도록 하지 말아야 한다."라고 했는데, 모두 이러한 이유 때문이다. 현명하다고 했다면 미천한 자가 못난 행실을 하게 됨을 알 수 있고, 미천하다고 했다면 현명한 자가 존귀하게 여길만한 덕을 갖추고 있음을 알 수 있다. 윗사람이 친하게 여겨야 할 대상을 잃는다면 아랫사람 또한 친하게 여겨야 할 대상을 잃으니, 비록 교화와 정령을 번잡하게 하여 세세하게 규정을 한다 하더라도 백성들이 반드시 따르는 것만은 아니다. 정령이 그들이 좋아하는 것을 위배한다면 백성들이 따르지 않는다.『시』에서 "저 소인은 나의 법도를 찾음에, 마치 나를 찾지 못할까 안절부절 못하는 것처럼 하는구나." 라는 말은 처음에는 나의 법도를 구하고자 함에 마치 나를 찾지 못할 것처럼 한다는 뜻으로, 좋아하는 마음이 돈독하다고 할 수 있다. 그러나 "나를 억류하며 원수처럼 대하고 또 나에게 신경조차 쓰지 않는다."고 한 것은 이미 나를 만났음에도 도리어 나를 등용하지 않는다는 뜻이다. 「군진」편에서 말한 내용에 있어도 그 이치가 또한 이와 같다.

大全 嚴陵方氏曰: 上失其所親信, 而民之化之亦然. 雖敎之, 亦將有所不勝, 秖所以爲煩而已.

번역 엄릉방씨가 말하길, 윗사람이 친애하고 믿어야 할 대상을 잃게 되어, 백성들이 그에 감화되어서 또한 그처럼 따른다. 비록 가르치더라도 또한 감당할 수 없게 되니, 단지 교화만 번잡하게 될 따름이다.

鄭注 親失, 失其所當親也. 敎煩, 由信賤也. 賤者無一德也. 言君始求我,如恐不得我. 旣得我, 持我仇仇然不堅固, 亦不力用我, 是不親信我也. 克, 能也. 由, 用也.

번역 '친실(親失)'은 마땅히 친근하게 대해야 할 대상을 잃는다는 뜻이다. 가르침이 번잡하게 되는 것은 미천한 자를 믿은 것에서 비롯된다. 미천한 자는 한결같은 덕이 없다. 군주가 처음 나를 찾을 때에는 마치 나를 찾지 못할 것처럼 염려했다. 그러나 이미 나를 찾게 되자 나를 느슨하게 대하며 견고하게 해주지 않고 또한 힘써 나를 부리려고도 하지 않는다는 뜻이니, 이것은 나를 친근하게 대하지 않고 또 나를 믿지 않는다는 의미이다. '극(克)'자는 능(能)자의 뜻이다. '유(由)'자는 "사용하다[用]."는 뜻이다.

釋文 仇音求, 爾雅云: "讎也." 陳, 本亦作古敶字. 若己弗克見, 音紀, 尙書無"己"字.

번역 '仇'자의 음은 '求(구)'이며, 『이아』에서는 "원수이다."라고 했다. '陳'자는 판본에 따라서 고자인 '敶'자로 기록하기도 한다. '若己弗克見'에서의 '己'자는 그 음이 '紀(기)'이며, 『서』에는 '己'자가 없다.

孔疏 ●"子曰"至"由聖". ○正義曰: 此節明君不信用臣也.

번역 ●經文: "子曰"~"由聖". ○이곳 문단은 군주가 신하를 믿고 등용하지 않는다는 뜻을 나타내고 있다.

孔疏 ●"不親其所賢, 而信其所賤"者, 謂在上不任其所賢有德之人, 而信用其所賤無德者.

번역 ●經文: "不親其所賢, 而信其所賤". ○윗사람이 현명하고 덕을 갖춘 자에게 임무를 맡기지 않고, 미천하고 덕이 없는 자를 신임한다는 뜻이다.

[孔疏] ●"民是以親失"者, 言以此化民, 民效於上, 失其所當親, 惟親愛群小也.

[번역] ●經文: "民是以親失". ○이를 통해 백성들을 교화하면 백성들을 윗사람을 본받아서, 마땅히 친근하게 대해야 할 대상을 잃고 오직 소인들만을 친애한다는 뜻이다.

[孔疏] ●"而敎是以煩"者, 言群小被親, 旣無一德, 政敎所以煩亂也.

[번역] ●經文: "而敎是以煩". ○소인들이 친근한 대접을 받는데, 그들은 이미 한결같은 덕이 없어서 정치와 교화가 번잡하고 문란하게 된다는 뜻이다.

[孔疏] ●"詩云: 彼求我則, 如不我得", 此詩・小雅・正月之篇, 刺幽王之詩. 言彼幽王初求我賢人, 如不得於我, 言禮命煩多也.

[번역] ●經文: "詩云: 彼求我則, 如不我得". ○이 시는 『시』「소아(小雅)・정월(正月)」편으로, 유왕(幽王)을 풍자한 시이다. 즉 저 유왕은 애초에 나와 같은 현명한 자를 구하며 마치 나를 얻지 못할 것처럼 했다는 뜻이다. 예법에 따른 초빙과 임명이 번다했다는 의미이다.

[孔疏] ●"執我仇仇, 亦不我力"者, 旣得賢人, 執留我仇仇然不堅固, 亦不於我上以力而用我. 引之者, 證"不親其所賢"也.

[번역] ●經文: "執我仇仇, 亦不我力". ○이미 현명한 자를 얻었는데, 나를 억류하며 느슨하게 대하고 확고하게 하지 않았으며, 또한 나에 대해서 힘을 써서 내 뜻을 사용하지 않았다는 뜻이다. 이 시를 인용한 것은 "현명한 자를 친근하게 대하지 않는다."라고 한 뜻을 증명하기 위해서이다.

[孔疏] ●"君陳曰: 未見聖, 若己弗克見, 旣見聖, 亦不克由聖"者, 此尙書・

君陳篇, 成王戒君陳之辭也. 言凡人未見聖道之時, 如似己不能見, 旣見聖道,
亦不能用之也.

[번역] ●經文: "君陳曰: 未見聖, 若己弗克見, 旣見聖, 亦不克由聖". ○이
문장은 『서』「군진(君陳)」편의 기록으로, 성왕(成王)이 군진을 훈계하는 말
이다. 일반인들은 성인의 도를 아직 보지 못했을 때, 마치 자신은 볼 수
없을 것처럼 여기지만, 이미 성인의 도를 보게 되었음에도 또한 그것을 사
용할 수 없다는 뜻이다.

[訓纂] 王氏念孫曰: 廣雅, "扱扱, 緩也." 扱扱, 通作仇仇. 緇衣鄭注"持我仇
仇然不堅固", 卽緩持之意, 與廣雅同, 與爾雅·毛傳·鄭箋皆異, 蓋本於三家
也. 今按, "彼求我則, 如不我得", 言求我之急也. "執我仇仇, 亦不我力", 言用
我之緩也. 三復詩詞, 則"緩於用賢"之說爲切, 而"傲賢"之意爲疏矣.

[번역] 왕념손이 말하길, 『광아』4)에서는 "'구구(扱扱)'는 느슨하다는 뜻
이다."라고 했다. '구구(扱扱)'는 '구구(仇仇)'와 통용해서 쓴다. 「치의」편에
대한 정현의 주에서는 "나를 대하며 느슨하게 대하고 확고하게 해주지 않
았다."라고 했으니, 느슨하게 대한다는 뜻으로 『광아』의 풀이와 동일하지
만, 『이아』·『모전(毛傳)』·『정전(鄭箋)』과는 모두 차이를 보이니, 각기
다른 세 학파에 그 뜻의 근본을 두고 있기 때문이다. 현재 살펴보니, "저
사람이 나를 구하여 법도로 삼고자 하길 마치 나를 얻지 못할 것처럼 한
다."는 말은 나를 찾을 때에는 다급했다는 의미이다. "나를 억류하며 느슨
하게 대하고 또한 나에게 힘을 기울이지 않는다."는 말은 나를 등용할 때에
는 느슨했다는 뜻이다. 『시』의 뜻을 되풀이하여 읽어보면, "현명한 자를

---

4) 『광아(廣雅)』는 위(魏)나라 때 장읍(張揖)이 지은 자전(字典)이다. 『박아(博
雅)』라고도 부른다. 『이아』의 체제를 계승하고, 새로운 내용을 보충하여, 경
전(經典)에 기록된 글자들을 해석한 서적이다. 본래 상·중·하 3권으로 구
성되어 있었지만, 수(隋)나라 조헌(曹憲)이 재차 10권으로 편집하였다. 한편
'광(廣)'자가 수나라 양제(煬帝)의 시호였기 때문에, 피휘를 하여, 『박아』라고
부르게 되었다.

등용하는데 느슨했다.”는 설명이 적절하고, “현명한 자에게 오만하게 대했다.”는 뜻은 다소 거리가 있다.

集解 所賢, 謂貴者, 所賤, 謂不肖者, 互言之也. 民, 謂臣下也. 蓋人君所貴者必賢, 所賤者必不肖, 賢者宜親, 不肖者宜疏, 此理之常也. 今乃反之, 則賢者不見親, 而所親者又未必賢, 此親之所以失也. 貴者之權, 賤者起而奪之, 此教之所以煩也. 引正月之詩及君陳之書, 皆以爲不親賢臣之證也.

번역 ‘소현(所賢)’은 존귀한 자를 뜻하며, ‘소천(所賤)’은 어리석은 자를 뜻하는데, 상호 호환이 되도록 말한 것이다. ‘민(民)’자는 신하를 뜻한다. 군주가 존귀하게 여겨야 할 대상은 반드시 현명한 자이며, 미천하게 대해야 할 자는 반드시 어리석은 자들이니, 현명한 자는 마땅히 친근하게 대해야 하고, 어리석은 자들은 마땅히 소원하게 대해야 하는 것은 변함없는 이치이다. 그런데 지금은 그와 반대로 하여, 현명한 자가 친애를 받지 못하고 친근하게 대해야 할 자 또한 반드시 현명한 자가 아니니, 이것은 친애함을 잃게 되는 이유이다. 존귀한 자의 권력을 미천한 자가 일어나서 그것을 빼앗으니, 이것은 교화가 번잡하게 되는 이유이다. 『시』「정월」편과 『서』「군진」편을 인용한 것은 모두 현명한 신하를 친근하게 대하지 않는다는 증거로 삼은 것이다.

참고 『시』「소아(小雅)・정월(正月)」

正月繁霜, (정월번상) : 하(夏)나라 4월에 서리가 빈번히 내리니,
我心憂傷. (아심우상) : 내 마음이 근심스럽구나.
民之訛言, (민지와언) : 백성들의 유언비어가,
亦孔之將. (역공지장) : 또한 매우 크도다.
念我獨兮, (염아독혜) : 나 홀로 나라의 정사를 걱정하니,
憂心京京. (우심경경) : 근심스러운 마음이 떠나지 않는구나.
哀我小心, (애아소심) : 슬프구나 나의 소심함이여,

癙憂以痒. (서우이양) : 이러한 근심을 접해 병이 생겼구나.

父母生我, (부모생아) : 하늘이 부모로 나를 낳게 하였는데,
胡俾我瘉. (호비아유) : 어찌하여 나로 하여금 이러한 병을 겪게 하는가.
不自我先, (부자아선) : 어찌하여 나보다 앞서서 일어나지 않았는가,
不自我後. (부자아후) : 어찌하여 나보다 뒤에 일어나지 않았는가.
好言自口, (호언자구) : 선한 말도 너의 입에서 나오고,
莠言自口. (유언자구) : 나쁜 말도 너의 입에서 나오는지라.
憂心愈愈, (우심유유) : 나라의 정사를 걱정하는 마음이 끊이지 않는데,
是以有侮. (시이유모) : 이로 인해 업신여김을 당하는구나.

憂心惸惸, (우심경경) : 근심스러운 마음에 더욱 우울한데,
念我無祿. (염아무록) : 나에게 하늘의 복이 없음을 생각하노라.
民之無辜, (민지무고) : 백성들 중 죄가 없는 자라도,
幷其臣僕. (병기신복) : 모두 노예로 전락하는구나.
哀我人斯, (애아인사) : 슬프구나 우리가 이처럼 부당함을 당함이여,
于何從祿. (우하종록) : 어디로부터 하늘의 복을 받을 수 있단 말인가.
瞻烏爰止, (첨오원지) : 저 까마귀가 모여드는 곳을 살피니,
于誰之屋. (우수지옥) : 누구의 지붕에 모일런가.

瞻彼中林, (첨피중림) : 저 숲을 보건데,
侯薪侯蒸. (후신후증) : 섶나무와 가는 섶나무만 있노라.
民今方殆, (민금방태) : 백성들은 현재 위태롭게 되었는데,
視天夢夢. (시천몽몽) : 천자를 살펴보니 정사에 몽매하구나.
旣克有定, (기극유정) : 이미 정함이 있다면,
靡人弗勝. (미인불승) : 사람이 막을 수 있는 것이 아니로다.
有皇上帝, (유황상제) : 하늘에 계신 상제께서는
伊誰云憎. (이수운증) : 대체 누구를 미워하신단 말인가.

謂山蓋卑, (위산개비) : 산을 오히려 낮다고 하는데,
爲岡爲陵. (위강위릉) : 등성이나 언덕에 대해서는 어찌하리오.
民之訛言, (민지와언) : 백성들의 유언비어를,

寧莫之懲. (영막지징) : 덕으로 그만두려고 하지 않는구나.

召彼故老, (소피고노) : 저 원로대신들을 불러다가,

訊之占夢. (신지점몽) : 꿈에 대한 해몽만 묻고 있구나.

具曰予聖, (구왈여성) : 모두들 스스로가 성인이라 하거늘,

誰知烏之雌雄. (수지오지자웅) : 그 누가 까마귀의 자웅을 가릴 수 있겠는가.

謂天蓋高, (위천개고) : 하늘이 높다고들 하는데,

不敢不局. (불감불국) : 감히 허리를 굽히지 않을 수가 없구나.

謂地蓋厚, (위지개후) : 땅이 두텁다고들 하는데,

不敢不蹐. (불감불척) : 감히 발을 조심스럽게 놀리지 않을 수가 없구나.

維號斯言, (유호사언) : 백성들이 부르짖으며 이러한 말을 하는 데에는

有倫有脊. (유륜유척) : 도리가 있고 이치가 있노라.

哀今之人, (애금지인) : 슬프구나 지금의 사람들이여,

胡爲虺蜴. (호위훼척) : 어찌하여 독충처럼 행동하는가.

瞻彼阪田, (첨피판전) : 저 비탈진 곳의 밭을 살펴보니,

有菀其特. (유울기특) : 홀로 자라나는 싹이 있구나.

天之扤我, (천지올아) : 하늘이 나를 요동치게 하니,

如不我克. (여불아극) : 마치 내가 이겨낼 수 없을 것처럼 하는구나.

彼求我則, (피구아칙) : 저 왕은 처음 나를 초빙해서 얻고자 함에는,

如不我得. (여불아득) : 마치 나를 얻지 못할 것처럼 근심하도다.

執我仇仇, (집아구구) : 나를 얻자 억류하며 헐뜯으니,

亦不我力. (역불아력) : 또한 내 역량을 따지지도 않는구나.

心之憂矣, (심지우의) : 마음의 근심스러움이여,

如或結之. (여혹결지) : 마치 맺혀 있는 것 같구나.

今茲之正, (금자지정) : 지금의 군주와 신하들은,

胡然厲矣. (호연려의) : 어찌하여 한결같이 악행을 저지르는가.

燎之方揚, (요지방양) : 불길이 확 타오를 때,

寧或滅之. (영혹멸지) : 그 누가 끌 수가 있겠는가.

赫赫宗周, (혁혁종주) : 성대하고 성대한 주나라를,

褒姒娀之. (포사혈지) : 포사가 멸망시키는구나.

終其永懷, (종기영회) : 천자의 소행을 따져보니 매우 근심스러운데,
又窘陰雨. (우군음우) : 또한 환란을 겪게 되리라.
其車旣載, (기거기재) : 그 수레에 이미 많은 짐을 싣고 있음에도,
乃棄爾輔. (내기이보) : 너의 현명한 신하들을 버리는구나.
載輸爾載, (재수이재) : 너의 짐을 버리고서야,
將伯助予. (장백조여) : 현명한 자를 찾아 도움을 구하리라.

無棄爾輔, (무기이보) : 너의 현명한 신하를 버리지 말지어다,
員于爾輻. (원우이폭) : 네 수레가 굴러가는데 도움이 되리라.
屢顧爾僕, (누고이복) : 네 수레 모는 자를 자주 살펴보아,
不輸爾載. (불수이재) : 네 짐을 떨어트리지 말지어다.
終踰絶險, (종유절험) : 마침내 험준한 곳을 건너리니,
曾是不意. (증시불의) : 일찍이 이것을 뜻하지 않았던가.

魚在于沼, (어재우소) : 물고기가 못에 있거늘,
亦匪克樂. (역비극락) : 또한 즐겁지 못하도다.
潛雖伏矣, (잠수복의) : 침잠하여 비록 숨어 있으나,
亦孔之炤. (역공지소) : 또한 매우 쉽게 드러나는구나.
憂心慘慘, (우심참참) : 근심스러운 마음이 매우 커서,
念國之爲虐. (염국지위학) : 국정이 포악해짐을 근심하노라.

彼有旨酒, (피유지주) : 저 태사(太師) 윤씨(尹氏)는 맛있는 술을 두고,
又有嘉殽. (우유가효) : 또 맛있는 술안주를 마련하는구나.
洽比其鄰, (흡비기린) : 형제와 친족들을 불러 모아 편당을 짓고,
昏姻孔云. (혼인공운) : 혼인으로 맺어진 자들과 우호를 크게 다지는구나.
念我獨兮, (염아독혜) : 나 홀로 나라의 정사를 걱정하니,
憂心慇慇. (우심은은) : 근심스러운 마음이 뼈아프구나.

佌佌彼有屋, (차차피유옥) : 저 소소한 소인들이 가옥을 소유하고,
蔌蔌方有穀. (속속방유곡) : 누추한 자들이 존귀한 작위와 녹봉을 받는

구나.

民今之無祿, (민금지무록) : 백성들은 현재 녹봉이 없거늘,

天夭是椓. (천요시탁) : 천자가 재앙을 내려 해치는구나.

哿矣富人, (가의부인) : 부자들은 괜찮거니와,

哀此惸獨. (애차경독) : 슬프구나 홀로 근심함이여.

毛序 正月, 大夫刺幽王也.

모서 「정월(正月)」편은 대부가 유왕(幽王)을 풍자한 시이다.

참고 『서』「주서(周書)·군진(君陳)」

經文 凡人未見聖, 若不克見. 旣見聖, 亦不克由聖.

번역 일반인들은 아직 성인의 도를 보지 못했을 때에는 마치 볼 수 없는 것처럼 여긴다. 그러나 이미 성인의 도를 보았음에도 성인의 도를 따를 수 없다.

孔傳 此言凡人有初無終, 未見聖道如不能得見. 已見聖道, 亦不能用之, 所以無成.

번역 이 문장의 내용은 일반인들은 시작은 있지만 끝이 없어서, 성인의 도를 아직 보지 못했을 때에는 마치 볼 수 없는 것처럼 여긴다. 그러나 이미 성인의 도를 보았음에도 그것을 사용할 수 없어서 완성이 없게 된다는 뜻이다.

經文 爾其戒哉! 爾惟風, 下民惟草.

번역 너는 이것을 경계해야 한다! 너는 바람이고, 백성들은 풀이니라.

孔傳 汝戒, 勿爲凡人之行. 民從上敎而變, 猶草應風而偃, 不可不愼.

번역 너는 이것을 경계하여 일반인들의 행실을 따르지 말라고 한 것이다. 백성들은 윗사람의 교화에 따라 변화되니, 마치 풀이 바람에 응하여 쓰러지는 것과 같으므로, 신중히 하지 않을 수가 없다.

蔡傳 未見聖, 如不能得見, 旣見聖, 亦不能由聖, 人情皆然. 君陳親見周公, 故特申戒以此. 君子之德風也, 小人之德草也. 草上之風必偃, 君陳克由周公之訓, 則商民亦由君陳之訓矣.

번역 성인을 아직 보지 못했을 때에는 볼 수 없을 것처럼 여기는데, 이미 성인을 보았음에도 성인을 따르지 못하니, 이것은 일반인들의 인정상 모두 그러하다. 군진은 직접 주공을 보았기 때문에 특별히 이로써 거듭 훈계를 한 것이다. 군자의 덕은 바람이고, 소인의 덕은 풀이다. 풀 위로 바람이 불면 풀은 반드시 쓰러지게 되니, 군진이 주공의 훈계를 따를 수 있다면 은나라 백성들 또한 군진의 훈계에 따르게 된다.

經文 圖厥政, 莫或不艱, 有廢有興. 出入自爾師虞, 庶言同則繹.

번역 그 정사를 도모함에 혹시라도 어려움을 헤아리지 않음이 없어야 하니, 폐지할 것이 있고 일으킬 것이 있다. 명령을 출납함에는 전체 의견에 따라서 헤아려야만 하고, 대중들의 의견이 동일하다면 시행해야 한다.

孔傳 謀其政, 無有不先慮其難, 有所廢, 有所起. 出納之事, 當用汝總言度之. 衆言同, 則陳而布之. 禁其專.

번역 정사를 도모할 때에는 그 어려움에 대해서 먼저 헤아리지 않음이 없어야 하니, 폐지할 것이 있고 일으킬 것이 있다. 명령을 내리고 들이는 일에 있어서는 마땅히 너는 전체 의견에 따라서 헤아려야만 한다. 대중들의 의견이 동일하다면 펼쳐서 시행한다. 자기마음대로만 하는 것을 경계한 것이다.

蔡傳 師, 衆, 虞, 度也. 言圖謀其政, 無小無大, 莫或不致其難, 有所當廢, 有所當興, 必出入反覆, 與衆共虞度之, 衆論旣同, 則又細繹而深思之, 而後行也. 蓋出入自爾師虞者, 所以合乎人之同, 庶言同則繹者, 所以斷於己之獨. 孟子曰, 國人皆曰賢然後察之, 國人皆曰可殺然後察之, 庶言同則繹之謂也.

번역 '사(師)'자는 무리를 뜻하고, '우(虞)'자는 헤아린다는 뜻이다. 즉 정사를 도모할 때에는 작은 일이나 큰일에 상관없이 혹시라도 어렵게 여기지 않음이 없어야 하며, 마땅히 폐지해야 할 것이 있거나 일으켜야 할 것이 있을 때에는 반드시 반복하여 대중들과 함께 헤아리고, 대중들의 논의가 동일하게 모아졌다면 재차 세세히 살피고 깊이 헤아린 이후에야 시행해야 한다. 반복하여 너의 무리들로부터 헤아리라는 것은 남들이 동일하게 여기는 것에 동조하는 것이며, 대중들의 의견이 동일하다면 다시 생각하라는 것은 자기 홀로 결단하는 것이다. 『맹자』에서 "나라 사람들이 모두 현명하다고 한 뒤에야 그를 살피고, 나라 사람들이 모두 죽일 만하다고 한 뒤에야 그를 살핀다."[5]라고 했으니, 대중들의 의견이 동일하다면 다시 생각하라는 뜻이다.

經文 爾有嘉謀嘉猷, 則入告爾后于內, 爾乃順之于外.

번역 너에게 선한 계책과 선한 도가 있다면, 들어가 안에서 너의 군주에게 아뢰고, 너는 밖에서 그것에 따라라.

孔傳 汝有善謀善道, 則入告汝君於內, 汝乃順行之於外.

번역 너에게 선한 계책과 선한 도가 있다면, 들어가 안에서 너의 군주에게 아뢰고, 너는 밖에서 그것에 따라 시행하라는 뜻이다.

經文 曰, "斯謀斯猷, 惟我后之德."

---

5) 『맹자』「양혜왕하(梁惠王下)」: 左右皆曰賢, 未可也, 諸大夫皆曰賢, 未可也, <u>國人皆曰賢, 然後察之</u>, 見賢焉, 然後用之. …… 左右皆曰可殺, 勿聽, 諸大夫皆曰可殺, 勿聽, <u>國人皆曰可殺, 然後察之</u>, 見可殺焉, 然後殺之. 故曰, 國人殺之也.

번역 말하길, "이러한 계책과 이러한 도는 오직 우리 군주의 덕에서 나온 것이다."라고 해야 한다.

孔傳 此善謀此善道, 惟我君之德. 善則稱君, 人臣之義.

번역 이러한 선한 계책과 이러한 선한 도는 오직 우리 군주의 덕에서 나온 것이다. 선한 것을 군주에게 돌리는 것이 신하의 도리이다.

經文 嗚呼! 臣人咸若時, 惟良顯哉!

번역 오호라! 신하가 모두 이처럼 해야만 어질고 드러날 것이니라!

孔傳 歎而美之曰: "臣於人者皆順此道, 是惟良臣, 則君顯明於世."

번역 찬미하며 말하길, "신하는 남들에 대해서 모두 이러한 도리에 따라야 하니, 이처럼 할 수 있는 자는 오직 어진 신하이며, 이처럼 한다면 군주의 명성이 세상에 드날리게 된다."라고 한 것이다.

蔡傳 言切於事, 謂之謀, 言合於道, 謂之猷. 道與事非二也, 各舉其甚者言之. 良, 以德言, 顯, 以名言. 或曰, 成王舉君陳前日已陳之善, 而歎息以美之也.

번역 말 중에서도 일에 대해 긴요한 것을 '모(謀)'라고 부르며, 말 중에서도 도에 합치되는 것을 '유(猷)'라고 부른다. 도와 일은 두 가지가 아니며, 각각 비중이 있는 것을 기준으로 말한 것이다. '양(良)'은 덕을 기준으로 말한 것이고, '현(顯)'은 명성을 기준으로 말한 것이다. 혹자는 "성왕(成王)이 이전에 군진이 진술했던 선한 말을 거론하여 탄식하며 찬미한 글이다."라고도 주장한다.

蔡傳 葛氏曰: 成王殆失斯言矣. 欲其臣善則稱君, 人臣之細行也. 然君既有是心, 至於有過, 則將使誰執哉? 禹聞善言則拜, 湯改過不吝, 端不爲此言矣. 嗚呼, 此其所以爲成王歟.

번역 갈씨가 말하길, 성왕(成王)이 한 이 말은 자못 실수를 한 것이다. 신하가 선한 것을 군주에게 돌리게끔 하려고 하는 것은 신하의 행실 중에서도 작은 것이다. 그러나 군주가 이미 이러한 마음이 있다면 잘못이 발생하게 될 때 누구로 하여금 잘못의 책임을 지우겠는가? 우임금은 선한 말을 들으면 절을 했고, 탕임금은 잘못을 고치는데 인색하지 않았으니, 결코 이러한 말을 하지 않았을 것이다. 오호라! 이것이 바로 성왕밖에 되지 못한 이유일 것이다.

• 제 15 절 •

수(水) · 구(口) · 민(民)

【648a】

子曰, "小人溺於水, 君子溺於口, 大人溺於民, 皆在其所褻也 夫水近於人而溺人, 德易狎而難親也, 易以溺人 口費而煩, 易出難悔, 易以溺人 夫民閉於人而有鄙心, 可敬不可慢, 易以溺人 故君子不可以不慎也"

직역 子가 曰, "小人은 水에 溺하고, 君子는 口에 溺하며, 大人은 民에 溺하니, 皆히 그 褻한 所에 在하다. 夫히 水는 人에 近하여 人을 溺한데, 德은 狎은 易이나 親은 難하니, 人을 溺하기가 易하다. 口는 費하여 煩한데, 出은 易이나 悔는 難하여, 人을 溺하기가 易하다. 夫히 民은 人을 閉하고 鄙心이 有하여, 敬을 可하나 慢은 不可하니, 人을 溺하기가 易하다. 故로 君子는 不慎으로 해서는 不可하다."

의역 공자가 말하길, "백성은 물에 빠지고, 사와 대부는 입에 빠지며, 천자와 제후는 백성에 빠지니, 이 모두는 매우 친근하게 여기는 것에 달려 있다. 무릇 물이라는 것은 사람과 가까워서 사람을 빠트리는데, 물의 덕은 가까이 여기기는 쉽지만 친근해지기는 어려우니, 사람을 빠트리기가 쉽다. 입은 말을 낭비하고 번잡하게 만드는데, 말은 내뱉기는 쉬워도 이후 뉘우치기는 어려우니, 사람을 빠트리기가 쉽다. 무릇 백성은 인도에 막혀서 비루한 마음을 품으니, 공경해야 하며 태만하게 대해서는 안 되니, 사람을 빠트리기가 쉽다. 그러므로 군자는 조심하지 않는 태도로 대해서는 안 된다."라고 했다.

集說 小人, 民也. 溺, 爲其所陷也. 水爲柔物, 人易近之, 然其德雖可狎, 而勢不可親, 忘險而不知戒, 則溺矣. 君子, 士大夫也. 言行君子之樞機, 出好興戎, 皆由於口. 於己費, 則於人煩, 出而召禍, 不可悔矣. 大人, 謂天子諸侯也. 國以民存, 亦以民亡, 蓋惟其蔽於情而不可以理喩, 故鄙陋而不通, 書言可畏非民, 此所以不可慢也. 棄而不保, 則離叛繼之矣. 三者皆在所藝, 故曰君子不可不愼也.

번역 ‘소인(小人)’은 백성을 뜻한다. ‘닉(溺)’자는 그로 인해 빠진다는 뜻이다. 물은 유연한 사물이니 사람들이 가까이 하기가 쉽다. 그러나 물의 덕은 비록 매우 친근하게 여길 수 있지만, 그 기세는 친근하게 대할 수 없으니, 위험함을 잊고 경계할 줄 모른다면 빠지게 된다. ‘군자(君子)’는 사와 대부를 뜻한다. 군자가 중추적인 일을 시행하며 우호를 나타내고 전쟁을 일으킬 때에는 이 모두가 입에서 나온다.[1] 자신에 대해 소비를 한다면 남에 대해서는 번잡하게 되고, 그것이 나타나 재앙을 불러오는데도 뉘우치지 못한다. ‘대인(大人)’은 천자와 제후를 뜻한다. 나라는 백성들로 인해 보존되기도 하지만 또한 백성들로 인해 망하기도 한다. 정감에 가려져서 이치로 깨우칠 수 없기 때문에 비루하고 소통이 되지 않으니, 『서』에서는 “두려워할만한 것은 백성이 아니겠는가?”라고 했다. 이것이 바로 태만하게 대할 수 없는 이유이다. 버리고 보호하지 않는다면 떠나고 배반함이 계속된다. 이 세 가지는 모두 매우 친근하게 여기는 것에 달려 있다. 그렇기 때문에 “군자는 조심하지 않을 수가 없다.”고 했다.

大全 嚴陵方氏曰: 小人以分言, 則在下, 故以溺於水爲戒. 君子以德言, 則在上, 故以溺於口爲戒. 大人以位言, 則在上, 故以溺於民爲戒. 言易出而難悔, 亦猶水之就下, 莫之能禦也. 民之爲俗, 可敎不可慢, 亦猶水之攻堅, 莫之能先也. 民可近不可慢, 若水之易以溺人, 故君子不可以不愼也. 然上兼言大人小人, 此統言君子者, 蓋君子則上下之通稱.

---

1) 『서』「우서(虞書)・대우모(大禹謨)」: 可愛非君, 可畏非民, 衆非元后何戴, 后非衆罔與守邦, 欽哉, 愼乃有位, 敬修其可願, 四海困窮, 天祿永終, 惟口出好興戎, 朕言不再.

번역 엄릉방씨가 말하길, 소인은 본분으로 말을 한다면 아랫자리에 있기 때문에 물에 빠진다는 말로 경계했다. 군자는 덕으로 말을 한다면 윗자리에 있기 때문에 입에 빠진다는 말로 경계했다. 대인은 지위로 말한다면 윗자리에 있기 때문에 백성에게 빠진다는 말로 경계했다. 말을 내뱉기는 쉬워도 뉘우치기는 어렵다고 한 것은 또한 물이 밑으로 흐름에 막을 수 없다는 것과 같다. 백성들이 형성하는 풍속은 가르쳐야 하며 태만하게 대해서는 안 되니, 이 또한 물이 굳센 벽을 부딪침에 그보다 앞설 수 없는 것과 같다. 백성들은 가까이 해야 하며 태만하게 대해서는 안 되니, 마치 물이 쉽게 사람을 빠트리는 것과 같다. 그렇기 때문에 군자는 신중하지 못한 태도로 대해서는 안 된다. 그런데 앞에서는 대인(大人)과 소인(小人)을 함께 언급했는데도, 이곳에서는 통괄적으로 '군자(君子)'라고 했다. 그 이유는 군자라는 명칭은 상하 계층을 통괄하는 말이기 때문일 것이다.

鄭注 言人不溺於所敬者. 溺, 謂覆沒不能自理出也. 言水人所沐浴自潔清者, 至於深淵·洪波, 所當畏愼也. 由近人之故, 或泳之游之, 褻慢而無戒心, 以取溺焉. 有德者亦如水矣, 初時學其近者·小者以從人事, 自以爲可, 則侮狎之, 至於先王大道, 性與天命, 則遂扞格不入, 迷惑無聞, 如溺於大水矣. "難親", 親之當肅敬, 如臨深淵. 費, 猶惠也. 言口多空言, 且煩數也. 過言一出, 駟馬不能及, 不可得悔也. 口舌所覆, 亦如溺矣. 費, 或爲"哱", 或爲"悖". 言民不通於人道, 而心鄙詐, 難卒告諭, 人君敬愼以臨之則可. 若陵虐而慢之, 分崩怨畔, 君無所尊, 亦如溺矣. 愼所可褻, 乃不溺矣.

번역 사람은 자신이 공경하는 대상에 대해서는 빠지지 않는다는 뜻이다. '닉(溺)'은 매몰되어 스스로 벗어날 수 없다는 뜻이다. 물은 사람이 목욕할 때 사용하여 청결하게 만드는 것인데, 깊은 연못이나 큰 파도에 대해서는 마땅히 두려워하고 조심해야 한다는 뜻이다. 사람과 가깝다는 이유 때문에 간혹 그곳에서 수영을 하기도 하여, 너무 가까이 대하며 태만하게 굴어 경계하는 마음이 없어서 빠지게 된다는 의미이다. 덕을 갖춘 자는 또한 물과 같으니, 처음에는 가깝고 작은 것들을 배워서 인사에 따르는데, 스스로 옳다고 여긴다면 업신여기고 버릇없이 대하게 되고, 선왕의 큰 도리나 본성과 천명에 대해서도 결국 당겨서 오도록 하지만 들어가지는 못하니, 미혹되어 명성을 없애는 것이 마치 큰물에 빠진 것과 같다. "친근하기가 어렵다."는 말은 친근하게 대할 때에는 엄숙하고 공경스럽게 대하여 마치 큰 못을 임할 때처럼 해야 한다는 뜻이다. '비(費)'자는 "베풀다[惠]."는 뜻이다. 입으로 공허한 말을 많이 하고 또 번잡하다는 의미이다. 지나친 말을 한 차례 내뱉게 되면 네 마리 말이 그는 수레도 미칠 수 없을 정도로 빠르게 퍼져 나가니 뉘우칠 수 없게 된다. 입과 혀로 덮는 것이 또한 물에 빠지는 것과 같다. '비(費)'자를 다른 판본에서는 '발(哱)'자로 기록하기도 하고 '패(悖)'자로 기록하기도 한다. 백성들은 인도에 달통하지 못하고 마음으로 비루함과 거짓됨을 일으키니, 끝내 일러주어 깨우치기가 어려워서, 군주가 공경스럽고 신중한 태도로 그들을 임한다면 옳다. 만약 업신여기고 잔학하게 굴며 태만하게 대한다면 분열되고 원망하며 배반하니, 군주에게도 존귀하게 여길 것이 없게 되어, 또한 물에 빠지는 것과 같다. 가까이 대할 수 있는 것을 신중히 대한다면 빠지지 않는다.

釋文 溺, 乃歷反. 覆, 芳服反. 近, 附近之近, 注"由近人"同. 易, 以豉反, 下同. 狎, 徐戶甲反. 淸如字, 又才性反. 洪, 本又作"鴻". 泳音詠, 潛行爲泳. 游音由. 侮, 亡甫反. 捍, 胡旦反. 格, 戶白反. 費, 芳貴反, 注同. 數, 色角反. 覆, 芳服反, 又芳又反. 哱, 或爲悖, 並布內反. 慢, 本又作"漫", 音武諫反. 卒, 寸忽反.

번역 '溺'자는 '乃(내)'자와 '歷(력)'자의 반절음이다. '覆'자는 '芳(방)'자와 '服(복)'자의 반절음이다. '近'자는 '부근(附近)'이라고 할 때의 '近'자이며, 정현의 주에 나오는 '由近人'에서의 '近'자도 이와 같다. '易'자는 '以(이)'자와 '豉(시)'자의 반절음이며, 아래문장에 나오는 글자도 그 음이 이와 같다. '狎'자의 서음(徐音)은 '戶(호)'자와 '甲(갑)'자의 반절음이다. '淸'자는 글자대로 읽고, 또 '才(재)'자와 '性(성)'자의 반절음도 된다. '洪'자는 판본에 따라서 또한 '鴻'자로도 기록한다. '泳'자의 음은 '詠(영)'이며, 물속에 잠겨서 헤엄치는 것을 '泳'이라고 한다. '游'자의 음은 '由(유)'이다. '侮'자는 '亡

(망)'자와 '甫(보)'자의 반절음이다. '捍'자는 '胡(호)'자와 '旦(단)'자의 반절음이다. '格'자는 '戶(호)'자와 '白(백)'자의 반절음이다. '費'자는 '芳(방)'자와 '貴(귀)'자의 반절음이며, 정현의 주에 나오는 글자도 그 음이 이와 같다. '數'자는 '色(색)'자와 '角(각)'자의 반절음이다. '覆'자는 '芳(방)'자와 '服(복)'자의 반절음이며, 또한 '芳(방)'자와 '又(우)'자의 반절음도 된다. '哱'자는 '悖'자로도 기록하는데, 둘 모두 '布(포)'자와 '內(내)'자의 반절음이다. '慢'자는 판본에 따라서 또한 '漫'자로도 기록하는데, 그 음은 '武(무)'자와 '諫(간)'자의 반절음이다. '卒'자는 '寸(촌)'자와 '忽(홀)'자의 반절음이다.

孔疏 ●"子曰"至"惟終". ○正義曰: 此一節戒愼言之事.

번역 ●經文: "子曰"~"惟終". ○이곳 문단은 말을 신중히 해야 한다고 경계하는 사안에 해당한다.

孔疏 ●"小人溺於水"者, 謂卑賤小人, 居近川澤者, 愛玩於水. 溺, 覆沒也. 多爲水所覆, 故云"小人溺於水".

번역 ●經文: "小人溺於水". ○미천한 소인은 하천 및 연못과 가까운 곳에 거주하는데, 물을 좋아하여 가까이 두고 보려한다는 뜻이다. '닉(溺)'자는 매몰된다는 뜻이다. 대체로 물에 의해 빠지기 때문에 "소인들은 물에 빠진다."라고 했다.

孔疏 ●"君子溺於口"者, 言卿大夫之君子, 以口傷人, 而致怨恨, 遂被覆沒, 亦如溺於水, 不能自治也.

번역 ●經文: "君子溺於口". ○경과 대부에 해당하는 군자는 말로 남을 상처 입혀서 원망을 사게 되고, 결국 그들로 인해 매몰되는데, 이것은 또한 물에 빠져서 스스로 벗어날 수 없는 경우와 같다는 뜻이다.

孔疏 ●"大人溺於民"者, 大人, 謂人君也. 由君在上陵虐下民, 則人衆離叛, 君無所尊, 故"溺於民"也.

번역 ●經文: "大人溺於民". ○'대인(大人)'은 군주를 뜻한다. 군주가 윗자리에 있으면서 백성들을 업신여기고 잔학하게 군다면, 백성들은 그를 떠나고 배반하여 군주에게도 존귀하게 여길 것이 없게 된다는 뜻이다. 그렇기 때문에 "백성에게 빠진다."라고 했다.

孔疏 ●"皆在其所褻也"者, 言小人·君子·大人等所以被沒溺者, 皆在於褻慢, 而不能敬愼, 故致溺也.

번역 ●經文: "皆在其所褻也". ○소인·군자·대인 등이 매몰되고 빠지는 것은 모두 너무 친근하게 대하고 태만하여 공경과 신중을 기울이지 못한 데에 있다는 뜻이다. 그렇기 때문에 빠지게 된다.

孔疏 ●"夫水近於人而溺人"者, 釋上三事所以致溺也. 此說水溺所由也. 水若遠於民, 則人不沒溺, 但由水近人, 則人得用之沐浴, 而日日狎習, 不復畏懼, 或泳之, 或游之, 無有誡忌. 至於洪波浪起, 亦猶習以爲常, 故致覆溺也.

번역 ●經文: "夫水近於人而溺人". ○앞의 세 사안이 빠지게 되는 이유를 풀이한 것이다. 이것은 물에 빠지는 이유를 설명한 것이다. 물이 만약 백성들과 멀리 떨어져 있다면, 사람들은 물에 빠지지 않는다. 다만 물이 사람들과 가까이 있다면, 사람들은 그것을 이용해서 목욕하며 날마다 친숙하게 사용하여, 재차 두려워할 줄 모르게 되며, 간혹 잠영을 하거나 헤엄을 쳐서 주의하는 일이 없게 된다. 큰 파도가 일어나는 것에 대해서도 여전히 익숙하게 여겨 일상적인 일로 생각하기 때문에 빠지게 된다.

孔疏 ●"德易狎而難親也, 易以溺人"者, "德易狎"者, 言有德之人, 初時學其近者·淺者, 謂言可得, 是易可親狎. 至大者·遠者, 莫測其理, 是難可親也. 初時易狎, 是易也. 終則難親, 是溺人也, 故云"易以溺人"也.

번역 ●經文: "德易狎而難親也, 易以溺人". ○경문의 "德易狎"에 대하여. 덕이 있는 사람은 최초 가깝고 얕은 것들을 익혀서, 얻을 수 있다고 말한다는 뜻으로, 친숙하게 되기가 쉽다는 의미이다. 원대한 것에 있어서는 그 이치를 헤아릴 수 없으니, 이것은 친근하게 되기가 어렵다는 의미이다. 최초 친숙해지는 것은 쉬운 것이다. 그러나 끝에 이르면 친근하게 되기가 어려우니, 이것은 사람을 빠트리는 것이다. 그렇기 때문에 "사람을 빠트리기가 쉽다."라고 했다.

孔疏 ●"口費而煩, 易出難悔, 易以溺人"者, 說德旣竟, 此還釋溺口所由. 費, 惠也. 口虛出言, 而無實從之, 是口惠也. 口惠不難, 失在煩數, 故云"而煩"也. 無以實言, 是"易出"也. 一出言, 駟馬追之不及, 是"難悔". 必爲物所憾, 所以有禍. 口費易出, 難悔被害, 是溺人也.

번역 ●經文: "口費而煩, 易出難悔, 易以溺人". ○덕을 설명하는 말이 이미 끝났으니, 이 문장은 재차 말에 빠지는 이유를 설명한 것이다. '비(費)'자는 "베풀다[惠]."는 뜻이다. 입으로 허망하게 말을 내뱉고, 진실로 그에 따르는 일이 없는 것은 입으로만 은혜를 베푸는 것이다. 입으로만 은혜를 베푸는 것은 어렵지 않은데, 그 잘못은 번잡하게 하는데 있다. 그렇기 때문에 "번잡하다."라고 했다. 진실된 말을 하지 않으니, 이것은 "내뱉기가 쉽다."는 뜻이다. 한 마디 말을 내뱉으면, 네 마리 말이 끄는 수레도 뒤쫓아 갈 수 없으니, 이것은 "뉘우치기가 어렵다."는 뜻이다. 반드시 다른 대상에게 원망을 받으니, 재앙이 발생하는 이유이다. 입으로만 은혜를 베풀 때에는 말을 내뱉기가 쉽지만, 뉘우치기는 어려워서 피해를 입으니, 이것이 사람을 빠트린다는 뜻이다.

孔疏 ●"夫民閉於人而有鄙心"者, 此釋溺民所由也. 言下民之情, 常自閉塞, 不通人道, 故云"閉於人"也. 而用心鄙詐, 故云"有鄙心".

번역 ●經文: "夫民閉於人而有鄙心". ○이것은 백성들에게 빠지는 이유를 풀이한 것이다. 백성들의 정감은 항상 스스로 닫혀 있어서 인도에 통하지 못한다. 그렇기 때문에 "인도에 닫혀 있다."라고 했다. 그리고 마음을 쓰는 것이 비루하고 거짓을 지어낸다. 그렇기 때문에 "비루한 마음이 있다."라고 했다.

孔疏 ●"可敬不可慢, 易以溺人"者, 旣閉塞人道, 而有鄙詐, 卒難告喩, 故人君當敬以臨之, 庶其漸染. 若又陵慢, 則必怨畔, 則國無民, 君道便喪溺也. 民處卑下, 易可褻慢, 終致怨畔, 是"溺人"也.

번역 ●經文: "可敬不可慢, 易以溺人". ○이미 인도에 대해 막혀 있고, 비루함과 거짓됨을 가지고 있어서, 끝내 알려주어 깨우치기가 어렵다. 그렇기 때문에 군주는 마땅히 공경스러운 태도로 그들을 임하여, 서서히 교화해야 한다. 만약 업신여기고 태만하게 군다면 반드시 원망하고 배반하게 되니, 나라에 백성들이 없게 되고, 군주의 도도 없어지고 나약하게 된다. 백성들은 낮은 곳에 처하여 너무 친숙하게 대하거나 태만하게 굴 수 있지만, 끝내 원망과 배반을 일으키게 되니, 이것은 "사람을 빠트린다."는 뜻이다.

孔疏 ◎注"難親"至"深淵". ○正義曰: 言德易狎而難親, 若其終始易親, 則全無溺人之事, 由其初則易狎, 後則難親. 當恒肅敬, 如臨深淵水. 若不肅敬, 則致陷害, 故云"溺人"也.

번역 ◎鄭注: "難親"~"深淵". ○덕은 친숙하게 되기가 쉽지만 친근하게 되기는 어려운데, 만약 시종일관 쉽게 친숙해진다면 사람을 빠트리는 일이 전혀 없게 되니, 최초 쉽게 친숙한 것으로부터 이후에 친근하게 되기가 어렵게 되기 때문이다. 따라서 항상 엄숙하고 공경하여, 마치 깊은 연못에 임하는 것처럼 해야 한다. 만약 엄숙하고 공경스럽게 하지 않는다면 재앙을 입게 된다. 그렇기 때문에 "사람을 빠트린다."라고 했다.

訓纂 王氏引之曰: 書傳無訓費爲惠者, 不得以口費爲口惠. 費, 當讀爲悖. 或本作悖者, 正字也; 作哱者, 別體也; 作費者, 字之假借也. 墨子魯問篇, "豈不悖哉?" 又曰, "豈不費哉?" 費, 卽悖也. 悖, 逆也. 煩, 擾也, 亂也. 大學, "言悖而出者, 亦悖而入." 口之所出, 逆於義理, 則是非擾亂, 而禍患隨之. 所謂 "一言僨事"也, 故曰"口悖而煩, 易出難悔."

번역 왕인지가 말하길, 전적들에는 '비(費)'자를 혜(惠)자로 풀이한 것이 없으니, '구비(口費)'는 구혜(口惠)로 풀이할 수 없다. '비(費)'자는 마땅히 '패(悖)'자로 풀이해야 한다. 다른 판본에서는 '패(悖)'자로 기록했는데, 이것은 정자에 해당하고, '발(哱)'자로 기록한 것도 있는데, 이것은 이체자이며, '비(費)'자로 기록한 것은 가차자를 쓴 것이다. 『묵자』「노문(魯問)」편에서는 "어찌 패(悖)하지 않겠는가?"2)라고 했고, 또 "어찌 비(費)하지 않겠는가?"3)라고 했다. 따라서 '비(費)'자는 패(悖)자에 해당한다. '패(悖)'자는 "거스르다[逆]."는 뜻이다. '번(煩)'자는 "시끄럽다[擾]."는 뜻이며, "어지럽다[亂]."는 뜻이다. 『대학』에서는 "말이 어긋나게 나간 것은 또한 어긋나게 들어온다."4)라고 했다. 입에서 나온 말이 의리를 거스른다면, 혼란스럽게 하여 재앙이 뒤따르게 된다. 이른바 "한 마디 말이 일을 그르친다."5)는 뜻이다. 그렇기 때문에 "입으로 도리에 어긋난 말을 하여 혼란스럽게 만드니, 내뱉기는 쉬워도 뉘우치기는 어렵다."라고 한 것이다.

訓纂 呂與叔曰: 小人, 謂民也. 君子, 謂士大夫也. 大人, 謂王公也. 凡人所以覆沒於患禍, 不能自出者, 皆在其易而褻之也. 德易狎而難親者, 謂水之德也. 民至愚至賤, 知者貴者之所易也. 惟愚也, 故閉於心而不可以理喩. 惟賤也, 故有鄙心, 爲王公者慢而不敬, 則輕身輕上; 無所不至, 此民之所以溺人也.

---

2) 『묵자(墨子)』「노문(魯問)」: 曰, "吾擊之也, 順於其父之志", 則豈不悖哉?

3) 『묵자(墨子)』「노문(魯問)」: 子墨子曰, 子欲學子之子, 今學成矣, 戰而死, 而子慍, 而猶欲䎱, 䎱䎱, 則慍也. 豈不費哉?

4) 『대학』「전(傳) 10장」: 是故言悖而出者, 亦悖而入. 貨悖而入者, 亦悖而出.

5) 『대학』「전(傳) 9장」: 一家仁, 一國興仁. 一家讓, 一國興讓. 一人貪戾, 一國作亂. 其機如此. 此謂一言僨事, 一人定國.

번역 여여숙이 말하길, '소인(小人)'은 백성을 뜻한다. '군자(君子)'는 사와 대부를 뜻한다. '대인(大人)'은 천자와 제후를 뜻한다. 사람이 재앙에 빠져서 스스로 벗어날 수 없는 것은 모두 쉽게 여기고 너무 친근하게 대하는 것에 달려 있다. "덕은 친숙해지기가 쉽지만 친근하게 대하기는 어렵다."는 말은 물의 덕을 뜻한다. 백성들은 지극히 어리석고 미천하여, 지혜로운 자와 존귀한 자가 쉽게 부릴 수 있다. 다만 어리석기 때문에 마음이 닫혀 있어서 이치로 깨우칠 수 없다. 또 미천하기 때문에 비루한 마음을 가지고 있으니, 천자나 제후가 태만하게 굴며 공경하지 않는다면, 자신을 경시하고 윗사람에게 소홀히 하며, 하지 못할 짓이 없게 된다. 이것이 백성들이 사람을 빠트리는 이유이다.

【648b~c】

"太甲曰, '毋越厥命以自覆也 若虞機張, 往省括於度則釋.' 兌命曰, '惟口起羞, 惟甲冑起兵, 惟衣裳在笥, 惟干戈省厥躬.' 太甲曰, '天作孽, 可違也 自作孽, 不可以逭' 尹吉曰,'惟尹躬 先6) 見于西邑夏, 自周有終, 相亦惟終.'"

직역 "太甲에서 曰, '厥命을 越하여 自히 覆을 毋라. 虞가 機張하면, 往하여 度에 括 함을 省하고서 釋함과 若이라.' 兌命에서 曰, '惟히 口는 羞를 起 하고, 惟히 甲冑는 兵을 起하니, 惟히 衣裳은 笥에 在 하고, 惟히 干戈는 厥躬을 省이라.' 太甲에서 曰, '天히 孽을 作함은 可히 違이다. 自히 孽을 作함은 逭하기가 不可하다.' 尹吉에서 曰, '惟히 尹이 躬히 先히 西邑의 夏를 見하니, 自히 周하여 終이 有하고, 相도 亦히 惟히 終이라.'"

---

6) '선(先)'자에 대하여. 『십삼경주소(十三經注疏)』북경대 출판본에는 '천(天)'자로 기록되어 있으며, "'천'자를 각 판본에서는 모두 동일하게 기록했는데,『방본(坊本)』에서는 '선'자로 기록했다."라고 했다.

의역 공자가 계속하여 말하길, "「태갑」편에서 말하길, '그 명을 벗어나서 스스로 전복되지 마소서. 우인이 쇠뇌를 장전했을 때 가서 화살끝이 조준선에 맞는지 살펴보고 활을 쏘는 것처럼 하소서.'7)라고 했고, 「열명」편에서는 '입은 부끄러움을 불러오고, 갑옷은 전쟁을 일으키니, 옷은 상자에 두어야 하며, 방패와 창을 쓸 때에는 자신을 성찰해야 합니다.'8)라고 했으며, 「태갑」편에서는 '하늘이 일으킨 재앙은 피할 수 있습니다. 그러나 스스로 일으킨 재앙은 피할 수 없습니다.'9)라고 했고, 「윤고」편에서는 '제가 직접 이전에 서읍의 하나라를 살펴보았는데, 선왕이 스스로 충심과 신의를 보여서 제대로 끝맺을 수 있었고, 신하 또한 제대로 끝맺을 수 있었습니다.'10)"라고 했다.

集說 舊本作天, 今從書.

번역 옛 판본에는 '유윤궁선(惟尹躬先)'에서의 '선(先)'자를 천(天)자로 기록했는데, 이곳에서는 『서』의 기록에 따른다.

集說 毋, 書作無. 伊尹告太甲, 不可顚越其命, 以自取覆亡. 虞, 虞人也. 機, 弩牙也. 括, 矢括也. 度者, 法度, 射者之所準望. 釋, 發也. 言如虞人之射, 弩機旣張, 必往察其括之合於法度, 然後發之, 則無不中也. 傅說告高宗, 謂言語所以文身, 輕出則有起羞之患; 甲胄所以衛身, 輕動則有起戎之憂. 衣裳所以命有德, 謹於在笥者, 戒輕與也; 干戈所以討有罪, 嚴於省躬者, 戒輕動也. 孽, 災也. 逭, 逃也. 夏都安邑, 在亳之西, 故曰西邑夏. 國語曰, "忠信爲周", 言夏之先王以忠信有終, 故其輔相者亦能有終也. 凡四引書, 皆明不可不愼之意.

---

7) 『서』「상서(商書)·태갑상(太甲上)」: 王惟庸罔念聞. 伊尹乃言曰, 先王昧爽丕顯, 坐以待旦, 旁求俊彦, 啓迪後人, 無越厥命以自覆. 愼乃儉德, 惟懷永圖. 若虞機張, 往省括于度, 則釋, 欽厥止, 率乃祖攸行. 惟朕以懌, 萬世有辭.

8) 『서』「상서(商書)·열명중(說命中)」: 惟口起羞, 惟甲胄起戎, 惟衣裳在笥, 惟干戈省厥躬.

9) 『서』「상서(商書)·태갑중(太甲中)」: 天作孽猶可違, 自作孽不可逭.

10) 『서』「상서(商書)·태갑상(太甲上)」: 惟尹躬先見于西邑夏, 自周有終, 相亦惟終, 其後嗣王, 罔克有終, 相亦罔終.

번역 '무(毋)'자를『서』에서는 무(無)자로 기록했다. 이윤이 태갑에게 아뢰며 그 명령을 뒤엎고 벗어나서 스스로 엎어지거나 망하게 해서는 안 된다고 한 것이다. '우(虞)'자는 우인(虞人)[11]을 뜻한다. '기(機)'자는 쇠뇌의 톱니바퀴이다. '괄(括)'자는 화살끝이다. '도(度)'자는 법도를 뜻하니, 활을 쏘는 자가 기준선으로 보게 되는 곳이다. '석(釋)'자는 "발사하다[發]."는 뜻이다. 우인이 활을 쏠 때 쇠뇌의 톱니바퀴를 늘어트리게 되면, 반드시 가서 화살끝이 기준점에 맞는지를 살펴보고, 그런 뒤에 발사한다면 적중하지 않는 일이 없다는 뜻이다. 부열은 고종에게 아뢰어, 말은 자신을 꾸미는 것인데, 경솔하게 내뱉는다면 부끄러움을 받게 되는 우환이 생기고, 갑옷은 자신을 보호하는 것인데, 경솔하게 행동한다면 전쟁을 일으키는 우환이 생긴다고 한 것이다. 상의와 하의는 덕을 갖춘 자에게 명(命)의 등급을 내리는 것이라서 상자에 두어 조심히 다뤄야 하니, 경솔하게 수여하는 것을 경계한 말이다. 방패와 창은 죄를 지은 자를 토벌하는 것이라서 자신을 성찰하는 일에 엄격해야 하니, 경솔하게 행동하는 것을 경계하는 말이다. '얼(孼)'자는 재앙[災]을 뜻한다. '환(逭)'자는 "피하다[逃]."는 뜻이다. 하나라의 안읍(安邑)에 도읍을 정했으니, 박(亳) 땅의 서쪽에 있다. 그렇기 때문에 '서읍인 하'라고 했다.『국어』에서는 "충심과 신의는 주(周)가 된다."[12]라고 했으니, 하나라의 선왕은 충심과 신의를 통해 제대로 끝을 맺었기 때문에 보필하는 신하 또한 제대로 끝을 맺을 수 있었다는 뜻이다. 총 네 차례『서』의 문장을 인용했는데, 이 모두는 신중히 하지 않을 수가 없다는 뜻을 드러낸 것이다.

大全 藍田呂氏曰: 引太甲, 言爲政者, 如虞人射禽, 張機省括奠, 而後發, 有是心也, 安有溺於民之患哉? 說命, 言庶政不可不愼也. 太甲, 言禍患之溺, 莫非自取也. 尹告, 言君以忠信有終, 皆君所自致也. 此引書爲證, 與書文小不

---

11) 우인(虞人)은 산림(山林)을 관장하는 관리이다.『여씨춘추(呂氏春秋)』「계하(季夏)」편에는 "乃命虞人入山行木."이라는 기록이 있고, 이에 대한 고유(高誘)의 주에서는 "虞人, 掌山林之官."이라고 풀이하였다.
12)『국어(國語)』「노어하(魯語下)」: 臣聞之曰, "懷和爲每懷, 咨才爲諏, 咨事爲謀, 咨義爲度, 咨親爲詢, 忠信爲周."

同, 義無所害.

번역 남전여씨가 말하길, 『서』「태갑(太甲)」편을 인용한 것은 정치를 시행하는 자가 우인이 짐승을 잡기 위해 활을 쏘는 것처럼 장전하고 화살끝이 제대로 놓여 있는 것을 살핀 뒤에 발사하는 것처럼 해야 하니, 이러한 마음을 가지고 있다면 어찌 백성들에게 빠지는 우환이 발생하겠느냐는 의미이다. 『서』「열명(說命)」편을 인용한 것은 각종 정무에 대해서는 신중히 처리하지 않을 수 없다는 것을 뜻한다. 「태갑」편을 인용한 것은 우환에 빠지는 것은 스스로 자초하지 않은 것이 없다는 것을 뜻한다. 「윤고」편을 인용한 것은 군주는 충심과 신의로 제대로 끝맺을 수 있으니, 이 모두는 군주 스스로가 자초한 것이라는 뜻이다. 이곳에서는 『서』의 내용을 인용하여 증명을 했는데, 『서』의 본문과는 다소 차이를 보이지만, 의미에 있어서는 저해될 것이 없다.

鄭注 越之言蹶也. 厥, 其也. 覆, 敗也. 言無自顚蹶女之政教, 以自毁敗. 虞, 主田獵之地者也. 機, 弩牙也. 度, 謂所擬射也. 虞人之射禽, 弩已張, 從機間視括與所射參相得, 乃後釋弦發矢. 爲政亦當以己心參於群臣及萬民, 可乃後施也. 兌, 當爲"說", 謂殷高宗之臣傅說也, 作書以命高宗, 尙書篇名也. 羞, 猶辱也. 衣裳, 朝祭之服也. 惟口起辱, 當愼言語也. 惟甲胄起兵, 當愼軍旅之事也. 惟衣裳在笥, 當服以爲禮也. 惟干戈省厥躬, 當恕己不尙害人也. 違, 猶辟也. 逭, 逃也. 尹吉, 亦"尹誥"也. 天, 當爲"先", 字之誤. 忠信爲"周". 相, 助也, 謂臣也. 伊尹言: 尹之先祖, 見夏之先君臣, 皆忠信以自終. 今天絶桀者, 以其自作孼. 伊尹始仕於夏, 此時就湯矣. 夏之邑在亳西. 見, 或爲敗. 邑, 或爲予.

번역 '월(越)'자는 "넘어뜨리다[蹶]."는 뜻이다. '궐(厥)'자는 그[其]를 뜻한다. '복(覆)'자는 "무너뜨리다[敗]."는 뜻이다. 스스로 너의 정치와 교화를 전복시켜서 스스로 무너뜨리지 말라는 뜻이다. '우(虞)'는 사냥터를 담당하는 자이다. '기(機)'는 쇠뇌의 톱니이다. '도(度)'자는 활을 조준하는 것이다. 우인이 짐승을 활로 잡을 때, 쇠뇌를 장전하면 가서 톱니 사이에 화살끝과 조준선이 일치했는가를 살피고, 그런 뒤에 시위를 놓아 화살을 쏜다. 정치를 시행할 때에도 마땅히 자신의 마음을 통해 신하들과 백성들의 의견을 살펴야만, 그런 뒤에 시행할 수 있다. '태(兌)'자는 마땅히 '열(說)'자가 되어야 하니, 은나라 고종의 신하였던 부열을 의미하며, 그는 이러한 글을 지어 고종에게 아뢰었기 때문에 '열명(說命)'을 『상서』의 편명으로 삼은 것이다. '수(羞)'자는 "수치스럽다[辱]."는 뜻이다. '의상(衣裳)'은 조정에 참관하거나 제사를 지낼 때 착용하는 복장이다. 입은 수치를 일으키니, 마땅히 말을 신중히 해야 한다. 갑옷은 전쟁을 일으키니, 마땅히 군대를 동원하는 일은 신중히 해야 한다. 의복은 상자에 두니, 마땅히 그 복장을 착용하고 예법에 따라야 한다. 방패와 창은 그 자신을 살펴야 하니, 마땅히 자신을 살펴 이해해야 하며 남에게 피해 입히는 것을 숭상하지 말아야 한다. '위(違)'자는 "피하다[辟]."는 뜻이다. '환(逭)'자는 "도망치다[逃]."는 뜻이다. '윤길(尹吉)' 또한 윤고(尹誥)를 뜻한다. '천(天)'자는 마땅히 선(先)자가 되어야 하니, 자형이 비슷해서 생긴 오류이다. 충심과 신의는 '주(周)'가 된다. '상(相)'자는 "돕다[助]."는 뜻이니, 신하를 의미한다. 이윤의 말은 다음과 같다. 이윤의 선조가 하나라의 선대 군주 및 신하를 살펴보니, 모두 충심과 신의로 스스로 제대로 끝맺었다. 그런데 지금 하늘이 걸임금의 뒤를 끊은 것은 바로 스스로 재앙을 일으켰기 때문이다. 이윤은 처음 하나라에서 벼슬살이를 했으니, 이 시기에 탕임금에게 나아간 것이다. 하나라의 도읍은 박(亳) 땅의 서쪽에 있었다. '견(見)'자를 다른 판본에서는 '패(敗)'자로 기록하기도 한다. '읍(邑)'자를 다른 판본에서는 '여(予)'자로 기록하기도 한다.

釋文 大音泰. 覆, 芳服反, 注同. 括, 古活反. 于厥度, 如字, 又大各反, 注同. 尙書無"厥"字. 蹶, 其厥反, 又紀衛反, 一音厥. 女音汝. 儗, 魚起反, 本亦作擬. 射, 食亦反, 下同. 兌, 依注作說, 本亦作"說". 兵, 尙書作"戎". 笥, 司吏反. 爲說音悅, 下傅說同. 朝, 直遙反. 孽, 魚列反, 下同. 尙書作"天作孽, 猶可違也". 不可以逭, 本又作逭, 乎亂反, 尙書作"弗可逭", 無"以"字. 辟音避. 吉音誥, 出注, 羔報反. 天, 依注作先, 西田反. 相, 息亮反. 亳, 步各反.

번역 '大'자의 음은 '泰(태)'이다. '覆'자는 '芳(방)'자와 '服(복)'자의 반절
음이며, 정현의 주에 나오는 글자도 그 음이 이와 같다. '括'자는 '古(고)'자
와 '活(활)'자의 반절음이다. '于厥度'에서의 '度'자는 글자대로 읽으며, 또한
'大(대)'자와 '各(각)'자의 반절음이며, 정현의 주에 나오는 글자도 그 음이
이와 같다. 『서』에는 '厥'자가 없다. '蹶'자는 '其(기)'자와 '厥(궐)'자의 반절
음이며, 또한 '紀(기)'자와 '衛(위)'자의 반절음도 되고, 다른 음은 '厥(궐)'이
다. '女'자의 음은 '汝(여)'이다. '嶷'자는 '魚(어)'자와 '起(기)'자의 반절음이
며, 판본에 따라서는 또한 '擬'자로도 기록한다. '射'자는 '食(식)'자와 '亦(역)'
자의 반절음이며, 아래문장에 나오는 글자도 그 음이 이와 같다. '兌'자는 정현
의 주에 따르면 '說'자로 기록하고, 판본에 따라서는 또한 '說'자로도 기록한
다. '兵'자는 『서』에 '戎'자로 기록되어 있다. '笱'자는 '司(사)'자와 '吏(리)'자의
반절음이다. '爲說'에서의 '說'자는 그 음이 '悅(열)'이며, 아래문장에 나오는
'傅說'에서의 '說'자도 그 음이 이와 같다. '朝'자는 '直(직)'자와 '遙(요)'자의
반절음이다. '孼'자는 '魚(어)'자와 '列(렬)'자의 반절음이며, 아래문장에 나오
는 글자도 그 음이 이와 같다. 『서』에서는 '天作孼, 猶可違也'라고 기록했다.
'不可以踏'에서의 '踏'자는 판본에 따라서 또한 '逌'자로도 기록하니, '乎(호)'
자와 '亂(란)'자의 반절음이고, 『서』에서는 '弗可逌'이라고 기록하여, '以'자가
없다. '辟'자의 음은 '避(피)'이다. '吉'자의 음은 '誥'이니, 정현의 주에 따른 것
이며, '羔(고)'자와 '報(보)'자의 반절음이다. '天'자는 정현의 주에 따르면 '先'
자가 되니, '西(서)'자와 '田(전)'자의 반절음이다. '相'자는 '息(식)'자와 '亮(량)'
자의 반절음이다. '毫'자는 '步(보)'자와 '各(각)'자의 반절음이다.

孔疏 ●"大甲曰: 毋越厥命, 以自覆也"者, 伊尹戒大甲辭. 言無得顚越其
教命, 以自覆敗也.

번역 ●經文: "大甲曰: 毋越厥命, 以自覆也". ○이윤이 태갑에게 경계를
시켰던 말이다. 즉 가르침과 명령을 전복시켜서 스스로 무너트려서는 안
된다는 뜻이다.

孔疏 ●"若虞機張"者, 虞, 謂虞人. 機, 謂弩牙. 言爲政之道, 如虞人射獸, 先弩牙以張也.

번역 ●經文: "若虞機張". ○'우(虞)'자는 우인(虞人)을 뜻한다. '기(機)' 자는 쇠뇌의 톱니이다. 정치를 시행하는 도는 우인이 짐승을 활로 쏘아 잡는 것과 같으니, 우선 쇠뇌의 톱니를 늘려서 장전을 한다는 의미이다.

孔疏 ●"往省括于厥度則釋"者, 謂己心往機間省視箭括, 當於所射之度, 乃釋弦而發矢, 故云"則釋". 言爲政之道, 政教已陳, 當以己心省此所施政教, 合於群下, 然後乃施之也.

번역 ●經文: "往省括于厥度則釋". ○자기의 마음으로 장전한 곳으로 가서 화살끝이 걸려 있는 것이 활 쏘는 조준선에 합치되었는가를 살핀 뒤에 시위를 풀어서 화살을 발사한다는 뜻이다. 그렇기 때문에 "곧 쏜다."라고 했다. 정치를 시행하는 도도 정치와 교화를 이미 펼친 뒤에는 마땅히 자신의 마음으로 시행된 정치와 교화가 백성들에게 부합되는가를 살핀 뒤에야 시행해야 한다는 뜻이다.

孔疏 ●"兌命曰: 惟口起羞, 惟甲冑起兵"者, 此尙書篇名, 傅說戒高宗之辭. 口爲榮辱之主. 若出言不當, 則被人所賤, 故起羞辱也. 甲冑, 罰罪之器. 若所罰不當, 反被兵戎所害, 故"甲冑起兵"也.

번역 ●經文: "兌命曰: 惟口起羞, 惟甲冑起兵". ○이것은 『서』의 편명으로, 부열이 고종에게 경계를 시켰던 말이다. 입은 영예와 치욕을 일으키는 주된 기관이다. 만약 말을 내뱉은 것이 마땅하지 않다면 사람들에게 천시를 받는다. 그렇기 때문에 치욕을 불러일으킨다. '갑주(甲冑)'는 죄를 벌하는 기구이다. 만약 형벌을 내린 것이 마땅하지 않다면 도리어 병장기로 인해 피해를 당한다. 그렇기 때문에 "갑옷은 전쟁을 일으킨다."고 했다.

孔疏 ●"惟衣裳在笥, 惟干戈省厥躬"者, 衣裳在篋笥, 當服之以行禮, 不可妄與於人. 惟所施干戈之事, 當自省己身, 不可妄加無罪, 浪以害人.

번역 ●經文: "惟衣裳在笥, 惟干戈省厥躬". ○의복을 상자에 두는 것은 마땅히 그것을 착용하여 예법에 따라 시행해야 하며, 망령스럽게 남에게 줄 수 없기 때문이다. 방패나 창을 사용하는 일에 있어서는 마땅히 스스로 자신을 성찰해야 하며, 망령스럽게 무고한 자에게 사용하여 제멋대로 사람을 해쳐서는 안 된다.

孔疏 ●"大甲曰: 天作孼, 可違也"者, 若水旱災荒, 自然而有, 非由人失所致, 故云"天作孼". 亦可從移辟災, 是"可違也".

번역 ●經文: "大甲曰: 天作孼, 可違也". ○만약 수재나 화재와 같은 경우라면 자연적으로 발생한 것이며, 사람의 잘못으로 일으킨 것이 아니다. 그렇기 때문에 "하늘이 재앙을 일으켰다."라고 했다. 그리고 이것은 또한 옮겨서 재앙을 피할 수 있다. 이것이 바로 "피할 수 있다."는 뜻이다.

孔疏 ●"自作孼, 不可以逭"者, 己自作禍, 物皆怨恨, 所在而致禍害, 故不可逃也.

번역 ●經文: "自作孼, 不可以逭". ○자신이 스스로 재앙을 일으켜서 다른 대상들이 모두 원한을 품으니, 그가 있는 곳에서 재앙을 일으키기 때문에 피할 수 없다.

孔疏 ●"自周有終, 相亦惟終"者, 周, 謂忠信. 言夏之先君, 有能忠信, 得自有其終, 其輔相之臣, 亦如先君, 亦得終久也. 引者, 證人君若脩德行善, 則能終.

번역 ●經文: "自周有終, 相亦惟終". ○'주(周)'자는 충심과 신의를 뜻한다. 하나라의 선대 군주들은 충심과 신의를 발휘할 수 있어서, 스스로 제대로 끝맺을 수 있었고, 그를 보필했던 신하 또한 선대 군주처럼 하여 끝을 제대로 맺을 수 있었다. 이 말을 인용하여 군주가 만약 덕을 수양하고 선을 시행한다면 제대로 끝맺을 수 있음을 증명하였다.

孔疏 ◎注“兌當爲說”. ○正義曰: 尙書序云: “高宗夢得說, 使百工營求諸野, 得諸傅岩, 作說命三篇.” 是高宗之臣傅說也, 說作書以戒高宗也.

번역 ◎鄭注: “兌當爲說”. ○『서』의 「소서(小序)」에서는 “고종이 꿈에 부열을 보아서, 모든 관리들로 하여금 외지에서 그를 찾도록 강구하라고 시켰고, 마침내 부암(傅岩)에서 찾아 「열명」 3편을 지었다.”[13]라고 했다. 이것은 고종의 신하였던 부열을 뜻하는데, 부열은 이러한 글을 지어 고종을 경계시켰다.

孔疏 ◎注“尹吉”至“亳西”. ○正義曰: 云“尹吉”者, 上經已解“尹吉”爲“尹告”, 故此云“亦誥”也. 云“天當爲先”者, 以“天”字與“先”相似, 故爲“先”也. 云“忠信爲周”者, 國語文也. 云“伊尹言, 尹之先祖”者, 鄭君不見古文尙書, 故云“伊尹之先祖”. 據尙書是大甲之篇, 言尹之往先見夏之先君. 是身之往先見, 非謂尹之先祖也. 云“伊尹始仕於夏, 此時就湯矣”者, 書序云: “伊尹去亳適夏, 旣醜有夏, 復歸于亳.” 是始仕於夏也. 經云“先見西邑夏”, 故知爲誥之時就湯矣. 以鄭不見古文, 謂言尹誥是伊尹告成湯, 故云“此時就湯矣”. 與尙書同. 云“夏之邑在亳西”者, 按世本及汲冢古文並云禹都咸陽城, 正當亳西也. 及後乃徙安邑. 鄭以爲湯都偃師爲亳邑, 則是安邑亦在亳西也.

번역 ◎鄭注: “尹吉”～“亳西”. ○‘윤길(尹吉)’에 대해서는 앞의 경문에서 이미 ‘윤길(尹吉)’은 윤고(尹告)가 된다고 풀이했다. 그렇기 때문에 이곳에서는 “또한 고(誥)가 된다.”라고 했다. 정현이 “‘천(天)’자는 마땅히 선(先)자가 되어야 한다.”라고 했는데, ‘천(天)’자는 선(先)자와 자형이 유사하다. 그렇기 때문에 ‘선(先)’이 된다. 정현이 “충심과 신의는 ‘주(周)’가 된다.”라고

---

13) 『서』「상서(商書)·열명상(說命上)」: 高宗夢得說, 使百工營求諸野, 得諸傅巖, 作說命三篇.

했는데, 이것은『국어』의 문장이다. 정현이 "이윤의 말은 다음과 같다. 이윤의 선조가"라고 했는데, 정현은『고문상서』를 보지 않았기 때문에 '이윤의 선조'라고 한 것이다.『서』의 기록에 따르면 이것은「태갑」편에 해당하는데, 이윤이 가서 앞서 하나라의 선대 군주들을 보았다는 뜻이다. 이것은 본인이 찾아가서 우선적으로 보았다는 뜻으로, 이윤의 선조가 갔다는 뜻이 아니다. 정현이 "이윤은 처음 하나라에서 벼슬살이를 했으니, 이 시기에 탕임금에게 나아간 것이다."라고 했는데,『서』「소서(小序)」에서는 "이윤은 박(亳) 땅을 떠나 하나라로 찾아갔는데, 하나라가 이미 부패한 것을 보고 다시 박으로 되돌아왔다."[14]라고 했다. 이것은 처음 하나라에서 벼슬을 했다는 뜻을 나타낸다. 경문에서는 "앞서 서읍인 하를 살펴보았다."라고 했다. 그렇기 때문에 이러한 경계지침을 아뢸 때에는 탕임금에게 나아간 것임을 알 수 있다. 정현은『고문상서』를 보지 않아서,「윤고」가 이윤이 탕임금에게 아뢴 말이라고 했다. 그렇기 때문에 "이 시기에 탕임금에게 나아간 것이다."라고 했다. 이것은『서』의 기록과 동일하다. 정현이 "하나라의 도읍은 박(亳) 땅의 서쪽에 있었다."라고 했는데,『세본』과『급총고문』에서는 모두 우임금의 도읍은 함양성(咸陽城)에 있다고 했으니, 바로 박의 서쪽에 해당한다. 그 이후에 안읍(安邑)으로 옮겼다. 정현은 탕임금이 언사(偃師)에 도읍을 정하고 박읍(亳邑)으로 삼았다고 여겼으니, 안읍은 또한 박의 서쪽이 된다.

訓纂 王氏念孫曰: 越, 輕易也. 言毋輕發女之政令以自敗也, 必度於道而後行之, 若射之省矢括於其度而後釋, 見發令之不可輕易也. 上文"在其所蓻", "易以溺人", 皆戒其輕易也. 說文, "▼(女+戉), 輕也." 古通作越. 荀子非相篇 "筋力越勁", 謂輕勁也. 說文, "輕勁有材力", 是也.

번역 왕념손이 말하길, '월(越)'자는 가볍게 여기고 쉽게 여긴다는 뜻이다. 너의 정령을 경솔하게 내려서 스스로 패망하지 말라는 뜻이니, 반드시 도리에서 헤아린 이후에 시행해야 하며, 이것은 마치 활을 쏠 때 화살끝이

14)『서』「하서(夏書)·윤정(胤征)」: 作湯征, <u>伊尹去亳適夏. 既醜有夏, 復歸于亳.</u>

조준선에 맞는지 살핀 이후에 활을 쏘는 것과 같으며, 명령을 내릴 때에는 경솔하게 할 수 없음을 드러낸 것이다. 앞에서 "너무 친근하게 대하는 데에 있다."라고 했고, "사람을 빠트리기가 쉽다."라고 했는데, 이 모두는 가볍게 여기고 쉽게 여기는 것을 경계한 것이다. 『설문』에서는 "'▼(女+戉)'자는 가볍게 여긴다는 뜻이다."라고 했다. 고자에서는 '월(越)'자와 통용되었다. 『순자』「비상(非相)」편에서는 "힘이 뛰어났다."[15]라고 했는데, 이것은 물이 경쾌하게 흐르는 것처럼 힘이 넘친다는 의미이다. 『설문』에서 "넘치도록 재능이 있다."라고 한 말이 바로 이러한 뜻을 나타낸다.

참고 『서』「상서(商書)·태갑상(太甲上)」

經文 王惟庸, 罔念聞.

번역 왕은 오직 상도를 지켜서 듣고서 유념할 생각이 없었다.

孔傳 言太甲守常不改, 無念聞伊尹之戒.

번역 태갑은 상도(常道)를 지키며 고치지 않아서, 이윤의 경계를 듣고 유념하려는 마음이 없었다.

蔡傳 庸, 常也. 太甲惟若尋常於伊尹之言, 無所念聽, 此史氏之言.

번역 '용(庸)'자는 일반적이라는 뜻이다. 태갑은 이윤의 말을 일반적인 말로 여겨서 그것에 대해 유념하여 들을 생각이 없었으니, 이것은 사관이 기록한 말이다.

---

15) 『순자(荀子)』「비상(非相)」 : 筋力越勁, 百人之敵也, 然而身死國亡, 爲天下大 僇, 後世言惡, 則必稽焉.

經文 伊尹乃言曰, 先王昧爽丕顯, 坐以待旦.

번역 이윤이 마침내 말하길, 선왕께서는 밤이나 낮이나 덕을 크게 드러 낼 것을 생각하여, 앉아서 아침이 오기를 기다리셨습니다.

孔傳 爽·顯, 皆明也. 言先王昧明思大明其德, 坐以待旦而行之.

번역 '상(爽)'자와 '현(顯)'자는 모두 밝다는 뜻이다. 즉 선왕은 밤이나 낮이나 그 덕을 크게 밝히기를 생각하여, 앉아서 아침이 오기를 기다린 뒤 에 시행했다.

孔疏 ◎傳"爽顯"至"行之". ○正義曰: 昭七年左傳云: "是以有精爽至於神 明", 從"爽"以至於"明", 是"爽", 謂未大明也. "昧"是晦冥, "爽"是未明, 謂夜 向晨也. 釋詁云: "丕, 大也. 顯, 光也."光亦明也. 於夜昧冥之時, 思欲大明其 德, 旣思得之, 坐以待旦而行之. 言先王身之勤也.

번역 ◎孔傳: "爽顯"~"行之". ○소공(昭公) 7년에 대한 『좌전』의 기록 에서는 "그러므로 정신[精爽]이 신명의 경지에 도달하는 경우가 있습니 다."[16]라고 하여, '상(爽)'으로부터 '명(明)'의 단계로 도달한다고 했으니, '상(爽)'은 아직 크게 밝지 않은 단계임을 나타낸다. '매(昧)'는 어두컴컴한 때를 뜻하고, '상(爽)'은 아직 밝아지지 않은 때이니, 밤에서 새벽으로 바뀌 는 시기를 뜻한다. 『이아』「석고(釋詁)」편에서는 "비(丕)자는 크다는 뜻이 다."[17]라고 했고, "현(顯)자는 빛난다는 뜻이다."[18]라고 했다. '광(光)'자 또 한 명(明)자의 뜻이 된다. 어두컴컴한 밤에 그 덕을 크게 밝히고자 생각하

---

16) 『춘추좌씨전』「소공(昭公) 7년」: 子産曰, 能. 人生始化曰魄, 旣生魄, 陽曰魂. 用物精多, 則魂魄强, 是以有精爽至於神明.

17) 『이아』「석고(釋詁)」: 弘·廓·宏·溥·介·純·夏·幠·厖·墳·嘏·丕·弈· 洪·誕·戎·駿·假·京·碩·濯·訏·宇·穹·壬·路·淫·甫·景·廢· 壯·冢·簡·箌·昄·晊·將·業·席, 大也.

18) 『이아』「석고(釋詁)」: 緝熙·烈·顯·昭·晧·熲, 光也.

였고, 생각하여 그 방법을 터득해서 앉아 아침이 오기를 기다린 뒤에 시행하는 것이다. 즉 선왕은 몸소 실천하는 일에 열심히 했다는 뜻이다.

經文 旁求俊彦, 啓迪後人.

번역 사방으로 뛰어나고 미덕을 갖춘 선비를 구하여 후세 사람들을 계도하였습니다.

孔傳 旁非一方. 美士曰彦. 開道後人. 言訓戒.

번역 '방(旁)'은 한쪽 방향만이 아니라는 뜻이다. 미덕을 갖춘 선비를 '언(彦)'이라고 부른다. 후세 사람들을 계도한다는 뜻이다. 즉 훈계했다는 의미이다.

孔疏 ◎傳"旁非"至"訓戒". ○正義曰: "旁"謂四方求之, 故言"非一方"也. "美士曰彦", 釋訓文. 舍人曰: "國有美士, 爲人所言道也."

번역 ◎孔傳: "旁非"~"訓戒". ○'방(旁)'자는 사방으로 찾았다는 뜻이다. 그렇기 때문에 "한쪽 방향만이 아니라는 뜻이다."라고 했다. 공안국이 "미덕을 갖춘 선비를 '언(彦)'이라고 부른다."라고 했는데, 이것은 『이아』「석훈(釋訓)」편의 문장이다.19) 『주례』「사인(舍人)」편에서는 "나라에 미덕을 갖춘 선비가 있으니, 남들이 도를 갖췄다고 말하는 자이다."라고 했다.

經文 無越厥命以自覆.

번역 그 명령을 어겨서 스스로 전복되지 마십시오.

孔傳 越, 墜失也. 無失亡祖命而不勤德, 以自顚覆.

---

19) 『이아』「석훈(釋訓)」: 美士爲彦.

번역 '월(越)'자는 실추시킨다는 뜻이다. 선조의 명령을 실추시키고 덕을 밝히는데 노력하지 않아서 스스로 전복되지 말라는 뜻이다.

蔡傳 昧, 晦, 爽, 明也. 昧爽云者, 欲明未明之時也. 丕, 大也. 顯, 亦明也. 先王於昧爽之時, 洗濯澡雪, 大明其德, 坐以待旦而行之也. 旁求者, 求之非一方也. 彦, 美士也. 言湯孜孜爲善, 不遑寧處如此, 而又旁求俊彦之士, 以開導子孫, 太甲毋顚越其命, 以自取覆亡也.

번역 '매(昧)'자는 어둡다는 뜻이며, '상(爽)'자는 밝다는 뜻이다. '매상(昧爽)'이라는 말은 밝아지려고 하지만 아직 밝아지지 않은 때를 뜻한다. '비(丕)'자는 크다는 뜻이다. '현(顯)'자 또한 밝다는 뜻이다. 선왕은 아직 밝아지지 않았을 때 몸을 씻고 덕을 크게 밝혀, 앉아서 아침을 기다렸다가 시행했다는 뜻이다. '방구(旁求)'는 한쪽 방면으로만 구하지 않았다는 뜻이다. '언(彦)'자는 미덕을 갖춘 선비를 뜻한다. 즉 탕임금은 부지런히 신을 실천하는데 힘써서 이처럼 편안히 거처할 겨를이 없었고, 또 다방면으로 뛰어나고 미덕을 갖춘 선비를 구하여 자손들을 계도하였으니, 태갑은 그 명령을 뒤집고 뛰어넘어 스스로 패망하지 말라고 한 것이다.

經文 愼乃儉德, 惟懷永圖.

번역 신중을 기해 검소함을 덕으로 삼고, 장구하게 영위할 계책을 생각하십시오.

孔傳 言當以儉爲德, 思長世之謀.

번역 마땅히 검소함을 덕으로 삼아서 세대를 장구하게 이어갈 계책을 생각해야 한다는 뜻이다.

蔡傳 太甲欲敗度, 縱敗禮, 蓋奢侈失之, 而無長遠之慮者. 伊尹言當謹其儉約之德, 惟懷永久之謀, 以約失之者鮮矣. 此太甲受病之處, 故伊尹特言之.

번역 태갑은 욕심으로 법도를 무너트리고 제멋대로 해서 예법을 무너트렸으니, 사치로 인해 실추되어 장구하게 이어갈 생각이 없는 자였다. 이윤은 마땅히 검약한 덕으로 조심하여 영구히 이어나갈 계책을 생각해야 한다고 말했는데, 검약으로 잘못을 저지르는 자는 드물기 때문이다. 이것은 태갑이 병폐로 여기던 부분이었기 때문에, 이윤이 특별히 언급한 것이다.

經文 若虞機張, 往省括于度, 則釋.

번역 쇠뇌의 톱니바퀴에는 기준점이 있어서 화살끝이 조준선에 맞는지 살펴보고 활을 쏘는 것처럼 하소서.

孔傳 機, 弩牙也. 虞, 度也. 度機, 機有度以準望, 言修德夙夜思之, 明旦行之, 如射先省矢括于度, 釋則中.

번역 '기(機)'자는 쇠뇌의 톱니바퀴이다. '우(虞)'자는 법도를 뜻한다. '도기(度機)'는 톱니바퀴에는 기준점이 있어서 이것을 준칙으로 삼아 조준하게 되니, 덕을 닦고 밤낮으로 생각하여 날이 밝으면 시행하니, 마치 활을 쏠 때 우선적으로 화살 끝이 기준점에 있는지를 살피고서 쏘면 적중하게 됨과 같다는 뜻이다.

孔疏 ◎傳"機弩"至"則中". ○正義曰: "括"謂矢末, "機張"·"省括", 則是以射喩也. "機"是轉關, 故爲弩牙. "虞"訓度也. 度機者, 機有法度, 以準望所射之物, "準望"則解經"虞"也. 如射者弩以張訖機關, 先省矢括與所射之物, 三者於法度相當, 乃後釋弦發矢, 則射必中矣. 言爲政亦如是也.

번역 ◎孔傳: "機弩"~"則中". ○'괄(括)'자는 화살의 끝을 뜻하며, '기장(機張)'과 '성괄(省括)'은 활쏘기를 통해 비유를 한 것이다. '기(機)'자는 움직임을 제어하는 것이다. 그렇기 때문에 쇠뇌의 톱니바퀴가 된다. '우(虞)'

자는 법도를 뜻한다. '도기(度機)'는 톱니바퀴에 법도가 있어서, 이것을 활을 쏠 때의 기준점으로 삼는데, '준망(準望)'이란 곧 경문에 나온 '우(虞)'자를 풀이한 것이다. 만약 활을 쏘는 자가 쇠뇌의 시위를 벌려 톱니바퀴에 걸었다면, 우선적으로 화살의 끝이 쏘는 대상과 일치하는지 살피는데, 세 가지가 법도에 합당하다면 그런 뒤에야 시위를 풀어 화살을 쏘니, 이처럼 하게 되면 활을 쏜 것이 반드시 적중하게 된다. 즉 정치를 시행할 때에도 이처럼 해야 한다는 의미이다.

經文 欽厥止, 率乃祖攸行.

번역 머물 것을 공경하여, 그대 선조께서 시행하신 것을 따르십시오.

孔傳 止謂行所安止, 君止於仁, 子止於孝.

번역 '지(止)'는 편안하게 여겨 머무는 것을 시행한다는 뜻이니, 군주는 인(仁)에 머물고 자식은 효(孝)에 머문다.

經文 惟朕以懌, 萬世有辭.

번역 저도 기뻐할 것이며, 만세에 기리는 말이 있을 것입니다.

孔傳 言能循汝祖所行, 則我喜悅, 王亦見歎美無窮.

번역 너의 선조가 시행한 것을 따를 수 있다면 나는 기뻐할 것이며, 왕 또한 끊임없는 찬미를 받게 될 것이라는 의미이다.

孔疏 ●"伊尹"至"有辭". ○正義曰: 伊尹作書以告, 太甲不念聞之. 伊尹乃又言曰: 先王以昧爽之時, 思大明其德, 旣思得其事, 則坐以待旦, 明則行之. 其身旣勤於政, 又乃旁求俊彦之人, 置之於位, 令以開導後人. 先王之念子孫, 其憂勤若是, 嗣王今承其後, 無得墜失其先祖之命, 以自覆敗. 王當愼汝儉約之德, 令其以儉爲德而謹愼守之, 惟思其長世之謀. 謀爲政之事, 譬若以弩射也. 可準度之機已張之, 又當以意往省視矢括, 當於所度, 則釋而放之. 如是而射, 則無不中矣. 猶若人君所修政教, 欲發命也, 當以意夙夜思之, 使當於民心, 明旦行之, 則無不當矣. 王又當敬其身所安止, 循汝祖之所行. 若能如此, 惟我以此喜悅, 王于萬世常有善辭, 言有聲譽, 亦見歎美無窮也.

번역 ●經文: "伊尹"~"有辭". ○이윤은 글을 작성하여 아뢰었는데, 태갑이 유심히 듣지 않았다. 이윤은 재차 말하여, 선왕은 날이 밝아올 무렵 덕을 크게 밝히고자 생각하였고, 그 시행방안을 터득했다면 앉아서 아침이 오기를 기다렸으며, 날이 밝으면 그것을 시행했다. 그 본인은 이미 정사를 시행하는 데 열심히 노력하였는데, 재차 다방면에서 뛰어나고 미덕을 갖춘 사람을 구하여 관직에 앉혔고, 그로 하여금 후세 사람들을 계도하도록 시켰다. 선왕이 자손을 생각함에, 근심하고 노력함이 이와 같았으니, 현재 천자는 그 후세를 이었으므로, 선조의 명령을 실추시켜 스스로 패망하는 일이 없어야 한다. 천자는 마땅히 자신에게 신중을 기해 검약의 덕을 갖추어야 하니, 검소함을 덕으로 삼아 열심히 노력하고 신중을 기해 그것을 지켜야 하고, 장구하게 세상을 영위할 계책을 생각해야만 한다. 정사를 시행한 일들을 계책함은 비유하자면 쇠뇌로 활을 쏘는 것과 같다. 기준으로 삼을 톱니바퀴가 이미 장전되었다면 또한 마땅히 찾아가서 화살의 끝이 기준선에 일치하는가를 살피고, 그런 뒤에 시위를 풀어 화살을 쏘아야 한다. 이처럼 활을 쏘게 되면 적중하지 않는 경우가 없다. 즉 군주가 정치와 교화를 닦아서 명령을 내리고자 할 때에는 마땅히 밤낮으로 생각하여 민심에 부합되도록 해야 하고, 날이 밝아 시행하면 부합되지 않는 경우가 없게 된다. 천자는 또한 자신이 머물 단계를 공경하여 선조가 시행했던 일을 따라야만 한다. 만약 이처럼 할 수 있다면 나는 이것을 기쁨으로 삼을 것이며, 천자도 영원토록 칭송하는 말이 있게 될 것이니, 명예가 생기며 또한 끊임없이 찬사를 받게 된다는 의미이다.

蔡傳 虞, 虞人也. 機, 弩牙也. 括, 矢括也. 度, 法度, 射者之所準望者也. 釋, 發也. 言若虞人之射, 弩機旣張, 必往察其括之合於法度, 然後發之, 則發

無不中矣. 欽者, 肅恭收斂. 止, 見虞書. 率, 循也. 欽厥止者, 所以立本, 率乃祖
者, 所以致用, 所謂省括于度則釋也. 王能如是, 則動無過擧, 近可以慰悅尹
心, 遠可以有譽於後世矣. 安汝止者, 聖君之事, 生而知者也. 欽厥止者, 賢君
之事, 學而知者也.

번역 '우(虞)'자는 우인(虞人)을 뜻한다. '기(機)'자는 쇠뇌의 톱니바퀴이
다. '괄(括)'자는 화살의 끝이다. '도(度)'자는 법도를 뜻하니, 화살을 쏘는 자
가 기준으로 보게 되는 곳이다. '석(釋)'자는 쏜다는 뜻이다. 즉 우인이 활을
쏠 때, 쇠뇌의 톱니바퀴를 장전하면, 반드시 찾아가서 화살의 끝이 기준점에
맞는가를 살피고 그런 뒤에 발사하면 화살을 쏜 것이 적중하지 않는 경우가
없는 것과 같다는 뜻이다. '흠(欽)'자는 공손하고 자신을 단속한다는 뜻이다.
'지(止)'자에 대한 설명은 『서』「우서(虞書)」에 나온다. '솔(率)'자는 따른다는
뜻이다. 그 그침을 공경한다는 것은 근본을 세우는 것이며, 네 선조를 따른다
는 것은 작용을 지극히 하는 것이니, 화살 끝이 기준점에 맞는가를 살피고서
쏘라는 의미이다. 천자가 이처럼 할 수 있다면 행동함에 지나친 거동이 없어
서, 가까이로는 이윤의 마음을 위로하고 기쁘게 만들 수 있으며, 멀리로는
후세에 명예를 드리울 수 있다. 네가 그칠 것을 편안히 한다는 것은 성군의
일이자, 태어나면서부터 아는 자에게 해당하는 일이다. 그 그칠 것을 공경한
다는 것은 현군의 일이자 배워서 아는 자에게 해당하는 일이다.

참고 『서』「상서(商書)·열명중(說命中)」

經文 惟口起羞, 惟甲冑起戎.

번역 입은 부끄러움을 일으키고, 갑옷과 투구는 전쟁을 일으킵니다.

孔傳 甲, 鎧. 冑, 兜鍪也. 言不可輕教令, 易用兵.

번역 '갑(甲)'자는 갑옷을 뜻한다. '주(冑)'자는 투구를 뜻한다. 경솔하게

교령을 내리거나 경솔하게 병사를 일으켜서는 안 된다는 뜻이다.

孔疏 ◎傳“甲鎧”至“用兵”. ○正義曰: 經傳之文無“鎧”與“兜鍪”, 蓋秦漢已來始有此名, 傳以今曉古也. 古之甲胄皆用犀兕, 未有用鐵者, 而“鍪”·“鎧”之字皆從金, 蓋後世始用鐵耳. 口之出言爲教令, 甲胄興師乃用之, 言不可輕教令, 易用兵也. “易”亦輕也. 安危在出令, 令之不善, 則人違背之, 是“起羞”也. 靜亂在用兵, 伐之無罪, 則人叛違之, 是“起戎”也.

번역 ◎孔傳: “甲鎧”~“用兵”. ○경문과 전문의 문장에는 '개(鎧)'나 '두무(兜鍪)'라는 기록이 없는데, 아마도 진나라와 한나라 이후 처음으로 이러한 명칭이 나왔던 것이며, 공안국의 전문에서는 지금의 용어를 이끌어서 옛 낱말을 풀이한 것이다. 고대의 갑옷과 투구는 모두 소가죽으로 만들었고, 철기를 사용하지 않았는데, '무(鍪)'자와 '개(鎧)'자는 모두 '금(金)'자를 부수로 삼고 있으니, 후세가 되어서야 비로소 철을 사용했기 때문이다. 입으로는 말을 내뱉어서 교령으로 삼고, 갑옷과 투구로는 군대를 일으킬 때 사용하니, 경솔하게 교령을 내리거나 경솔하게 병사를 일으켜서는 안 된다는 뜻이다. '이(易)'자 또한 경솔하다는 뜻이다. 안전과 위태로움은 교령을 내놓는데 달려 있으니, 교령이 선하지 못하다면 사람들이 그것을 위배하게 되므로, 이것이 부끄러움을 일으킨다는 뜻이다. 평화와 혼란은 병사를 부리는데 달려 있는데, 무죄한 자를 벌하게 된다면 사람들이 배반하게 되니 이것이 전쟁을 일으킨다는 뜻이다.

經文 惟衣裳在笥, 惟干戈省厥躬.

번역 의복은 상자에 있어야 하며, 방패와 창은 그 사람을 살펴보아야 합니다.

孔傳 言服不可加非其人, 兵不可任非其才.

번역 의복은 그에 걸맞은 사람이 아닌 자에게 주어서는 안 되며, 병사는 그에 걸맞은 재능이 없는 자에게 맡겨서는 안 된다는 뜻이다.

孔疏 ◎傳"言服"至"其才". ○正義曰: ."非其人"·"非其才", 義同而互文也. 周禮·大宗伯: "以九儀之命正邦國之位, 一命受職, 再命受服, 三命受位, 四命受器, 五命賜則, 六命賜官, 七命賜國, 八命作牧, 九命作伯." 鄭云: "一命始見命爲正吏. 受職, 治職事也. 列國之士一命, 王之下士亦一命. 再命受服, 受玄冕之服. 列國之大夫再命, 王之中士亦再命." 然則"再命"已上始受衣服, 未賜之時在官之篋笥也. 甲胄干戈俱是軍器, 上言不可輕用兵, 此言不可妄委人, 雖文重而意異也.

번역 ◎孔傳: "言服"~"其才". ○"그에 걸맞은 사람이 아니다."라는 말과 "그에 걸맞은 재능이 없는 자이다."라고 한 말은 그 의미가 동일하니, 상호 호환이 되도록 기록한 문장이다. 『주례』「대종백(大宗伯)」편에서는 "구의(九儀)의 명령으로 나라의 지위를 바르게 하니, 1명(命)에는 직무를 받고, 2명(命)에는 의복을 받으며, 3명(命)에는 지위를 받고, 4명(命)에는 기물을 받으며, 5명(命)에는 땅을 받고, 6명(命)에는 신하를 둘 수 있는 권리를 받으며, 7명(命)에는 제후국을 받고, 8명(命)에는 제후들을 통솔하는 목(牧)이 되며, 9명(命)에는 제후들의 수장인 백(伯)이 된다."[20]라고 했다. 정현은 "1명(命)은 처음으로 명(命)의 등급을 받아서 정식 관리가 되는 것이다. 직무를 받는다는 말은 직무를 다스린다는 뜻이다. 제후국의 사는 1명(命)의 등급이고, 천자에게 소속된 하사(下士) 또한 1명(命)의 등급이다. 2명(命)에는 의복을 받는다고 했는데, 현면(玄冕)[21] 등의 의복을 받는 것이

---

20) 『주례』「춘관(春官)·대종백(大宗伯)」: 以九儀之命正邦國之位. 壹命受職. 再命受服. 三命受位. 四命受器. 五命賜則. 六命賜官. 七命賜國. 八命作牧. 九命作伯.

21) 현면(玄冕)은 현의(玄衣)와 면류관을 뜻한다. 본래 천자 및 제후의 제사복장으로, 비교적 중요성이 덜한 제사 때 입는다. '현의' 중 상의에는 무늬가 들어가지 않고, 하의에만 불(黻)을 수놓는다. 『주례』「춘관(春官)·사복(司服)」편에는 "祭群小祀則玄冕."이라는 기록이 있고, 이에 대한 정현의 주에서는 "玄

다. 제후국의 대부는 2명(命)의 등급이고, 천자에게 소속된 중사(中士) 또한 2명(命)의 등급이다."라고 했다. 그렇다면 2명(命)의 등급을 받게 되면 비로소 의복을 받는다고 했는데, 아직 하사를 하기 이전에는 관부의 상자에 보관되어 있는 것이다. 갑옷과 투구 및 방패와 창은 모두 병장기인데, 앞에서 경솔하게 병사를 동원할 수 없다고 했고, 이곳에서는 함부로 남에게 맡길 수 없다고 말한 것인데, 비록 문장이 중첩되지만 의미는 차이를 보인다.

經文 王惟戒茲, 允茲克明, 乃罔不休.

번역 천자께서 이것을 경계하시어, 이것을 믿어 밝힐 수 있다면, 정사에 아름답지 못한 일이 없게 될 것입니다.

孔傳 言王戒愼此四惟之事, 信能明, 政乃無不美.

번역 천자가 이러한 네 가지 사안에 대해 경계하고 신중히 하여, 믿어서 밝힐 수 있다면, 정사에는 아름답지 못한 것이 없게 된다는 뜻이다.

孔疏 ●"惟口"至"厥躬". ○正義曰: 言王者法天施化, 其擧止不可不愼. 惟口出令不善, 以起羞辱; 惟甲冑伐非其罪, 以起戎兵, 言不可輕敎令, 易用兵也. 惟衣裳在篋笥, 不可加非其人, 觀其能足稱職, 然後賜之. 惟干戈在府庫, 不可任非其才, 省其身堪將帥, 然後授之. 上二句事相類, 下二句文不同者, 衣裳言在篋笥, 干戈不言所在, 干戈云"省厥躬", 衣裳不言視其人, 令其互相足也.

번역 ●經文: "惟口"~"厥躬". ○천자는 하늘을 본받아서 교화를 시행하니, 행동거지를 신중히 하지 않을 수가 없다는 뜻이다. 입을 통해 교령을 내놓은 것이 선하지 않으면 치욕을 일으키게 되고, 갑옷과 투구로 그의 죄

者, 衣無文, 裳刺黻而已, 是以謂玄焉."이라고 풀이했다.

가 아닌데도 정벌을 하면 전쟁을 일으킨다. 즉 경솔하게 교령을 내리거나 병사를 동원해서는 안 된다는 뜻이다. 의복은 상자에 보관하니 그에 걸맞지 않은 사람에게 주어서는 안 되고, 그의 능력이 해당 직무를 처리하기에 적합한 것을 살펴본 뒤에야 하사해야 한다. 방패와 창은 관부의 창고에 보관하니 그에 걸맞은 재능이 없는 자에게 맡겨서는 안 되고, 그가 장수의 임무를 감당할 수 있는지를 살펴본 뒤에야 맡겨야 한다. 앞에 나온 두 구문은 그 사안이 서로 유사한데, 뒤의 두 구문은 문맥이 서로 다르다. 의복에 대해서는 상자에 보관한다고 했는데, 방패와 창에 대해서는 보관하는 장소를 언급하지 않았다. 또 방패와 창에 대해서는 "그 사람을 살펴본다."라고 했는데 의복에 대해서는 그 사람을 살핀다고 말하지 않았으니, 상호 그 뜻을 보환하도록 기록한 것이다.

蔡傳 言語, 所以文身也, 輕出則有起羞之患, 甲冑所以衛身也, 輕動則有起戎之憂. 二者所以爲己, 當慮其患於人也. 衣裳所以命有德, 必謹於在笥者, 戒其有所輕予, 干戈所以討有罪, 必嚴於省躬者, 戒其有所輕動, 二者所以加人, 當審其用於己也. 王惟戒此四者, 信此而能明焉, 則政治無不休美矣.

번역 언어는 자신을 꾸미는 것인데, 경솔하게 내뱉으면 부끄러움을 일으키는 우환이 생긴다. 갑옷과 투구는 자신을 보호하는 것인데, 경솔하게 움직인다면 전쟁을 일으키는 우환이 생긴다. 두 가지는 자신을 위한 것이니, 남에게 우환을 주게 될까를 염려해야만 한다. 의복은 덕을 갖춘 자에게 명령을 내리는 수단이니, 반드시 상자에 두어서 삼가야 하는 것으로, 경솔하게 수여하게 됨을 경계한 것이다. 방패와 창은 죄가 있는 자를 토벌하는 수단이니, 반드시 자신을 살피는데 엄중히 해야 하는 것으로, 경솔하게 움직임을 경계한 것이다. 두 가지는 남에게 적용하는 것이니, 마땅히 자신에게 있어서 그 활용에 대해 상세히 살펴야만 한다. 천자가 이러한 네 가지를 경계하여, 이것을 믿고 밝힐 수 있다면, 정치에는 아름답지 못한 것이 없게 된다.

참고 『서』「상서(商書)・태갑중(太甲中)」

經文 王拜手稽首, 曰, 予小子不明于德, 自底不類.

번역 천자가 손을 모아 절하고 머리를 조아리며 말하길, 나는 덕을 밝히지 못하여 스스로 불선을 저질렀습니다.

孔傳 君而稽首於臣, 謝前過. 類, 善也. 闇於德, 故自致不善.

번역 군주이면서도 신하에게 머리를 조아린 것은 이전에 범한 잘못을 사과했기 때문이다. '유(類)'자는 선(善)을 뜻한다. 덕에 대해 어두웠기 때문에 스스로 불선함을 저질렀다는 뜻이다.

經文 欲敗度, 縱敗禮, 以速戾于厥躬.

번역 욕심이 법도를 무너트리고 방종이 예법을 무너트려서 자신이 죄를 범하도록 했습니다.

孔傳 速, 召也. 言己放縱情欲, 毁敗禮儀法度, 以召罪於其身.

번역 '속(速)'자는 불러왔다는 뜻이다. 자신이 제멋대로 하고 정감과 욕심대로 따라서 예의와 법도를 무너트려서, 자신에게 죄를 불러왔다는 뜻이다.

孔疏 ◎傳"速召"至"其身". ○正義曰: 釋言云: "速, 徵也. 徵, 召也." 轉以相訓, 故"速"爲召也. "欲"者本之於情, "縱"者放之於外, 有欲而縱之, "縱"・"欲"爲一也. 準法謂之"度", 體見謂之"禮", "禮"・"度"一也. 故傳並釋之, "言己放縱情欲, 毁敗禮儀法度, 以召罪於其身"也.

번역 ◎孔傳: "速召"~"其身". ○『이아』「석언(釋言)」편에서는 "속(速)자는 부르다는 뜻이다. 징(徵)자는 불러온다는 뜻이다."라고 했다. 상호 그 뜻이 되기 때문에 '속(速)'자를 불러온다는 뜻으로 여겼다. 욕심이라는 것은 정감에 근본을 두고 있고, 방종은 겉으로 제멋대로 하는 것이니, 욕심이 있어 제멋대로 하는 것으로, 방종과 욕심은 동일한 것이다. 준칙과 법도를 '도(度)'라고 부르며, 본체가 되어 드러나는 것을 '예(禮)'라고 부르니, 예법과 법도는 동일한 것이다. 그렇기 때문에 공안국의 전문에서는 함께 풀이하여, "자신이 제멋대로 하고 정감과 욕심대로 따라서 예의와 법도를 무너트려서, 자신에게 죄를 불러왔다는 뜻이다."라고 했다.

經文 天作孽, 猶可違. 自作孽, 不可逭.

번역 하늘이 내린 재앙은 오히려 피할 수 있습니다. 그러나 스스로 자초한 재앙은 피할 수 없습니다.

孔傳 孽, 災. 逭, 逃也. 言天災可避, 自作災不可逃.

번역 '얼(孽)'자는 재앙을 뜻한다. '환(逭)'자는 피한다는 뜻이다. 하늘이 내린 재앙은 피할 수 있지만, 스스로 일으킨 재앙은 피할 수 없다는 뜻이다.

孔疏 ◎傳"孽災"至"可逃". ○正義曰: 洪範五行傳有妖·孽·眚·祥, 漢書·五行志說云: "凡草物之類謂之妖, 妖猶夭胎, 言尙微也. 蟲豸之類謂之孽, 孽則牙孽矣. 甚則異物生, 謂之眚. 自外來謂之祥." 是"孽"爲災初生之名, 故爲災也. "逭, 逃也", 釋言文. 樊光云: "行相避逃謂之逭, 亦行不相逢也." 天作災者, 謂若太戊桑穀生朝, 高宗雊雉升鼎耳. 可修德以禳之, 是"可避"也. "自作災"者, 謂若桀放鳴條, 紂死宣室, 是"不可逃"也. 據其將來, 修德可去; 及其已至, 改亦無益. 天災自作, 逃否亦同. 且天災亦由人行而至, 非是橫加災也. 此太甲自悔之深, 故言自作甚於天災耳.

번역 ◎孔傳: "孽災"~"可逃". ○『홍범오행전』에는 요(妖)·얼(孽)·생(眚)·상(祥)이 나오고, 『한서』「오행지(五行志)」편에서는 "동식물에 재앙

이 발생하는 부류를 요(妖)라고 부르니, 요(妖)는 이제 막 태어났거나 잉태
한 상태를 뜻하므로, 아직은 은미한 경우를 의미한다. 해충의 재앙이 발생
하는 부류를 얼(孽)이라고 부르니, 얼(孽)은 사악하고 흉한 것이다. 더 심해
지면 기이한 사물이 생겨나니 이것을 생(眚)이라고 부른다. 외부로부터 오
는 것을 상(祥)이라고 부른다."22)라고 했다. 이것은 '얼(孽)'이 재앙이 처음
발생했을 때를 뜻하는 명칭임을 뜻한다. 그렇기 때문에 재앙이 된다. 공안
국이 "'환(逭)'자는 피한다는 뜻이다."라고 했는데, 이것은 『이아』「석언(釋
言)」편의 문장이다.23) 번광은 "움직여서 서로 피하는 것을 환(逭)이라고
부르니 또한 움직임에 서로 만나지 않는 것이다."라고 했다. 하늘이 내린
재앙은 마치 태무 때 상(桑)나무와 곡(穀)나무가 조정에서 자라나고,24) 고
종 때 야생 꿩이 날아들어 솥의 귀로 올라간 것 등을 뜻한다.25) 이러한 것들
은 덕을 수양하여 물리칠 수 있으니, 이것이 피할 수 있다는 뜻이다. 스스로
자초한 재앙은 마치 걸임금이 명조(鳴條) 땅으로 추방당한 것이나 주임금
이 선실(宣室)에서 죽은 것 등을 뜻하니, 이것은 피할 수 없다는 의미이다.
앞으로 오게 될 것을 기준으로 두면 덕을 수양하여 제거할 수 있는데, 이미
도달한 것은 고쳐도 무익하다. 하늘이 내린 재앙은 자연적으로 발생하는데
피하거나 그렇지 않는 것 또한 동일하다. 또 하늘이 내린 재앙은 사람의
행실로 인해 발생하기도 하는데, 이것은 비정상적으로 재앙이 내린 것은
아니다. 이 내용은 태갑이 스스로 뉘우치는 것이 깊었다는 뜻이다. 그렇기
때문에 스스로 일으킨 잘못이 하늘이 내린 재앙보다 심하다고 말한 것일
따름이다.

---

22) 『한서(漢書)』「오행지(五行志)」 : 說曰, 凡草物之類謂之妖. 妖猶夭胎, 言尙微. 蟲
豸之類謂之孽. 孽則牙孽矣. 及六畜, 謂之禍, 言其著也. 及人, 謂之痾. 痾, 病貌.
言浸深也. 甚則異物生, 謂之眚. 自外來, 謂之祥. 祥猶禎也. 氣相傷, 謂之沴. 沴猶
臨莅, 不和意也. 每一事云時則以絶之, 言非必俱至, 或有或亡, 或在前或在後也.
23) 『이아』「석언(釋言)」 : 逭, 逃也.
24) 『서』「상서(商書)・함유일덕(咸有一德)」 : 伊陟相大戊, 亳有祥桑穀共生于朝,
伊陟贊于巫咸, 作咸乂四篇.
25) 『서』「상서(商書)・고종융일(高宗肜日)」 : 高宗祭成湯, 有飛雉升鼎耳而雊, 祖
己訓諸王, 作高宗肜日, 高宗之訓.

經文 旣往背師保之訓, 弗克于厥初, 尙賴匡救之德, 圖惟厥終.

번역 이전에는 그대의 가르침을 따르지 않아서 애초부터 덕을 수양하지 못했지만, 이제는 바로잡아 주는 덕에 힘입어 끝을 선으로 마치길 도모하고자 합니다.

孔傳 言己已往之前, 不能修德於其初, 今庶幾賴敎訓之德, 謀終於善. 悔過之辭.

번역 본인은 이전에 애초부터 덕을 수양할 수 없었지만, 현재는 가르침의 덕에 힘입어 선으로 끝마치기를 도모하고자 바란다는 뜻이다. 과오를 뉘우치는 말에 해당한다.

蔡傳 拜手, 首至手也. 稽首, 首至地也. 太甲致敬於師保, 其禮如此. 不類, 猶不肖也. 多欲則興作而亂法度, 縱肆則放蕩而隳禮儀. 度, 就事言之也. 禮, 就身言之也. 速, 召之急也. 戾, 罪, 孼, 災, 逭, 逃也. 旣往, 已往也. 已往, 旣不信伊尹之言, 不能謹之於始, 庶幾正救之力, 以圖惟其終也. 當太甲不惠阿衡之時, 伊尹之言, 惟恐太甲不聽, 及太甲改過之後, 太甲之心, 惟恐伊尹不言, 夫太甲, 固困而知之者. 然昔之迷, 今之復, 昔之晦, 今之明, 如日月昏蝕, 一復其舊, 而光采炫耀, 萬景俱新, 湯武不可及己, 豈居成王之下乎?

번역 '배수(拜手)'는 머리를 손까지 댄다는 뜻이다. '계수(稽首)'는 머리를 땅까지 댄다는 뜻이다. 태갑은 사보에게 공경을 지극히 하여 그 예가 이와 같았다. '불류(不類)'는 불초하다는 뜻이다. 욕심이 많으면 제멋대로 일으켜서 법도를 문란하게 만들고, 방종하면 방탕하게 되어 예의를 무너트린다. 법도는 일을 기준으로 말한 것이다. 예법은 그 자신을 기준으로 말한 것이다. '속(速)'은 불러들이는 것이 빠르다는 뜻이다. '여(戾)'자는 죄를 뜻하고, '얼(孼)'자는 재앙을 뜻하며, '환(逭)'자는 피한다는 뜻이다. '기왕(旣往)'은 이미 지난날을 뜻한다. 이전에는 이윤의 말을 믿지 않았고, 처음에 삼가지 못하였지만 바로잡고 구제하려는 힘으로 인해 제대로 끝마치기를 도모한다는 뜻이다. 태갑이 아형의 말을 따르지 않았을 때, 이윤의 말은 태갑이 들어주지 않을까를 염려했는데, 태갑이 잘못을 고친 뒤에는 태갑의 마음은 이윤이 말을 해주지 않을까 염려했다. 따라서 태갑은 진실로 곤궁하여 안 자에 해당한다. 그러나 예전에는 혼미했지만 지금은 회복되었고, 예전에는 어리석었지만 지금은 밝아졌으니, 마치 해와 달이 어두워지고 침식을 당했지만 한 차례 옛 모습을 회복하니 광채가 찬란하게 빛나서 모든 경치가 새로워지는 것과 같으니, 탕임금이나 무왕에는 미칠 수 없지만, 어찌 성왕보다 아래라 할 수 있겠는가?

참고 『서』「상서(商書)・태갑상(太甲上)」

經文 肆嗣王丕承基緒.

번역 그러므로 사왕(嗣王)[26]께서는 선조께서 쌓으신 기틀과 왕업을 크게 받드셔야 합니다.

孔傳 肆, 故也. 言先祖勤德, 致有天下, 故子孫得大承基業, 宜念祖修德.

번역 '사(肆)'자는 고(故)자의 뜻이다. 선조가 덕을 닦는데 노력하여 천하를 소유하게 되었다. 그렇기 때문에 자손들이 기틀과 왕업을 크게 받들 수 있었으니, 마땅히 선조가 덕을 닦았던 일을 유념해야 한다는 뜻이다.

經文 惟尹躬先見于西邑夏, 自周有終, 相亦惟終.

---

26) 사왕(嗣王)은 본래 '효왕(孝王)'과 마찬가지로 군주가 제사 때 자신을 지칭하는 용어이다. 다만 제사 대상이 천지(天地) 등의 외신(外神)일 때 사용한다. '왕위를 계승한 자'라는 의미이다. 또한 천자 및 이전 군왕에 뒤이어 제위에 오르는 자를 가리키는 용어로도 사용된다.

번역 제가 직접 서읍인 하나라의 도읍에 찾아가서 살펴보았는데, 충심과 신의를 갖춰 제대로 끝맺게 되자, 보필하는 신하들 또한 끝맺을 수 있었습니다.

孔傳 周, 忠信也. 言身先見夏君臣用忠信有終. 夏都在亳西.

번역 '주(周)'자는 충심과 신의를 뜻한다. 자신이 이전에 하나라에서 군주와 신하가 충심과 신의에 따라 제대로 끝맺음을 갖출 수 있었음을 보았다는 뜻이다. 하나라의 도읍은 박(亳) 땅의 서쪽에 있다.

蔡傳 夏都安邑, 在亳之西, 故曰西邑夏. 周, 忠信也. 國語曰忠信爲周.

번역 하나라는 안읍(安邑)에 도읍을 세웠는데, 박(亳) 땅의 서쪽에 해당한다. 그렇기 때문에 '서읍인 하나라'라고 말했다. '주(周)'자는 충심과 신의를 뜻한다. 『국어』에서는 "충심과 신의는 주(周)가 된다."27)라고 했다.

經文 其後嗣王, 罔克有終, 相亦罔終.

번역 그러나 후대에 왕위를 계승한 천자가 제대로 끝맺을 수 없어서, 보필하는 신하들 또한 끝맺을 수 없었습니다.

孔傳 言桀君臣滅先人之道德, 不能終其業, 以取亡.

번역 걸임금 때 군주와 신하가 선대 조상들의 도와 덕을 없애서, 왕업을 끝맺지 못해 결국 망하게 되었다는 뜻이다.

經文 嗣王戒哉! 祗爾厥辟, 辟不辟, 忝厥祖.

---

27) 『국어(國語)』「노어하(魯語下)」: 懷和爲每懷, 咨才爲諏, 咨事爲謀, 咨義爲度, 咨親爲詢, <u>忠信爲周</u>.

번역 왕위를 계승한 천자시여 경계하소서! 그대가 군주노릇 함을 공경할지니, 군주가 군주답지 못하다면 조상을 욕보이게 됩니다.

孔傳 以不終爲戒愼之至, 敬其君道, 則能終. 忝, 辱也. 爲君不君, 則辱其祖.

번역 제대로 마치지 못한다는 것으로 경계하고 신중히 함을 지극히 나타낸 것이니, 군주의 도를 공경한다면 제대로 마칠 수 있다. '첨(忝)'자는 욕보인다는 뜻이다. 군주가 되어서 군주답지 못하다면 조상을 욕보이게 된다.

蔡傳 施氏曰: 作僞心勞日拙, 則缺露而不周, 忠信則無僞, 故能周而無缺. 夏之先王, 以忠信有終, 故其輔相者, 亦能有終. 其後夏桀, 不能有終, 故其輔相者, 亦不能有終. 嗣王其以夏桀爲戒哉, 當敬爾所以爲君之道, 君而不君, 則忝辱成湯矣. 太甲之意, 必謂伊尹, 足以任天下之重, 我雖縱欲, 未必遽至危亡, 故伊尹以相亦罔終之言, 深折其私, 而破其所恃也.

번역 사씨가 말하길, 거짓을 시행하여 마음이 수고롭고 날로 졸렬해지면, 결점이 드러나서 충심과 신의를 지키지 못하는데, 충심과 신의를 지킨다면 거짓됨이 없다. 그렇기 때문에 충심과 신의를 지켜서 결점이 없을 수 있다. 하나라의 선왕은 충심과 신의를 통해 제대로 마무리를 지을 수 있었다. 그렇기 때문에 보필하는 신하들 또한 마무리를 지을 수 있었다. 그러나 그 이후 하나라의 걸왕은 제대로 마무리를 지을 수 없었기 때문에 보필하는 신하들 또한 마무리를 지을 수 없었다. 왕위를 계승한 천자는 하나라의 걸왕을 경계로 삼아야 하니, 마땅히 그대가 군주가 된 도를 공경해야 하며, 군주가 되었음에도 군주노릇을 할 수 없다면, 탕임금을 욕보이게 된다는 뜻이다. 태갑의 의중은 분명 이윤은 충분히 천하의 중책을 맡을 수 있으니, 내가 비록 욕심대로 행동하더라도 갑작스럽게 패망하는 지경에는 반드시 이르지 않을 것이라고 여겼다. 그렇기 때문에 이윤은 보필하는 신하 또한 제대로 마칠 수 없었다는 말로 사사로운 뜻을 단호하게 꺾고, 그가 맹신했던 것을 깨뜨린 것이다.

그림 15-1   ■ 은(殷)나라 고종(高宗)

※ 출처: 『삼재도회(三才圖會)』「인물(人物)」 1권

■ 그림 15-2 ▣ 부열(傅說)

※ 출처: 『삼재도회(三才圖會)』「인물(人物)」 4권

그림 15-3 ▣ 좌이대단도(坐以待旦圖)

※ **출처:** 『흠정서경도설(欽定書經圖說)』14권

그림 15-4 ▣ 약우기장도(若虞機張圖)

※ 출처: 『흠정서경도설(欽定書經圖說)』 14권

그림 15-5 ◼ 노(弩)

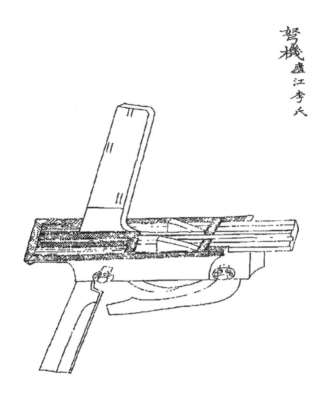

※ 출처: 『고고도(考古圖)』 6권

그림 15-6 ◾ 갑주기융도(甲胄起戎圖)

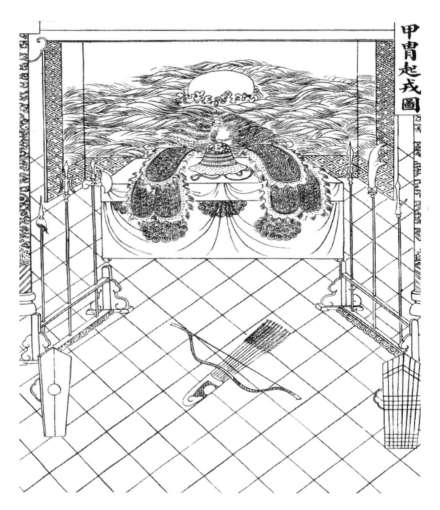

※ 출처:『흠정서경도설(欽定書經圖說)』17권

그림 15-7 ■ 군신배언도(君臣拜言圖)

※ **출처:**『흠정서경도설(欽定書經圖說)』14권

그림 15-8 ▣ 궁견서읍도(躬見西邑圖)

※ 출처: 『흠정서경도설(欽定書經圖說)』 14권

그림 15-9 ▣ 하(夏)나라의 안읍(安邑)

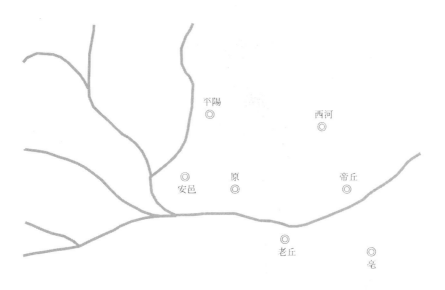

※ **출처:**『중국역사지도집(中國歷史地圖集)』1권

●그림 15-10 ▣ 현면(玄冕)

※ **출처:** 『삼례도집주(三禮圖集注)』 1권

▣그림 15-11 ▣ 경(卿)과 대부(大夫)의 현면(玄冕)

※ 출처: 『삼례도집주(三禮圖集注)』 1권

그림 15-12 ▣ 정(鼎)

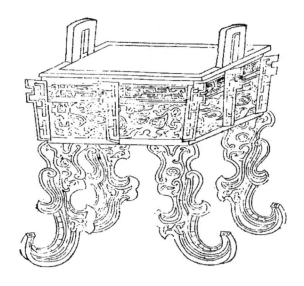

※ **출처:** 『삼재도회(三才圖會)』「기용(器用)」 1권

• 제 16 절 •

군(君) · 민(民)과 심(心) · 체(體)

【648d∼649a】

子曰, "民以君爲心, 君以民爲體 心莊則體舒, 心肅則容敬 心好之, 身必安之 君好之, 民必欲之 心以體全, 亦以體傷. 君以民存, 亦以民亡. 詩云,'昔吾有先正, 其言明且清. 國家以寧, 都邑以成, 庶民以生. 誰能秉國成? 不自爲正, 卒勞百姓.'君雅曰, '夏日暑雨, 小民惟曰怨資. 冬祈1)寒, 小民亦惟曰怨.'"

직역 子가 曰, "民은 君으로 心을 爲하고, 君은 民으로 體를 爲한다. 心이 莊하면 體가 舒하고, 心이 肅하면 容이 敬한다. 心으로 好하면, 身은 必히 安한다. 君이 好하면, 民은 必히 欲한다. 心은 體로써 全하고, 亦히 體로써 傷한다. 君은 民으로써 存하고, 亦히 民으로써 亡한다. 詩에서 云, '昔에 吾는 先正이 有하여, 그 言이 明하고 且히 清이라. 國家가 이로써 寧하고, 都邑이 이로써 成하며, 庶民이 이로써 生이라. 誰히 能히 國成을 秉하리오? 自히 正을 爲함을 不하고, 卒히 百姓을 勞라.' 君雅에서 曰, '夏日에 暑雨하면, 小民은 惟히 怨資라 曰한다. 冬에 祈寒하면, 小民은 亦히 惟히 怨이라 曰한다.'"

---

1) '기(祈)'자에 대하여. 『십삼경주소(十三經注疏)』 북경대 출판본에는 '기(祈)'자가 '기(祁)'자로 기록되어 있으며, "'기(祁)'자는 혜동(惠棟)의 『교송본(校宋本)』・『송감본(宋監本)』・『석경(石經)』・『악본(岳本)』에는 동일하게 기록되어 있다. 『가정본(嘉靖本)』・『민본(閩本)』・『감본(監本)』・『모본(毛本)』에는 '기(祈)'자로 기록되어 있다. 『석문(釋文)』에는 기한(祁寒)이라는 용어가 나온다. 『석경고문제요(石經考文提要)』에서는 '『송대자본(宋大字本)』・『남송건상본(南宋巾箱本)』에는 모두 기(祁)자로 기록되어 있다.'"라고 했다.

의역 공자가 말하길, "백성은 군주를 마음으로 삼고, 군주는 백성을 몸으로 삼는다. 마음이 장엄하게 되면 몸이 펴지고, 마음이 엄숙하게 되면 용모가 공경스럽게 된다. 마음이 좋아하면 몸은 반드시 편안하게 된다. 군주가 좋아하면 백성은 반드시 그것을 하고자 한다. 마음은 몸을 통해 온전하게 되며 또한 몸을 통해 상처를 받기도 한다. 군주는 백성을 통해 보존되고 또한 백성을 통해 망하기도 한다. 『시』에서는 '예전 나에게는 선대의 현명한 신하가 있어서, 그의 말은 밝고도 맑았다. 국가는 그를 통해 편안하게 되었고, 도읍은 그를 통해 완성되었으며, 백성은 그를 통해 생활하게 되었다. 누가 이러한 국가의 완성된 법도를 잡을 수 있겠는가? 스스로 바름을 시행하지 않아서 끝내 백성들만 고달프게 만들었다.'라고 했고, 「군아」편에서는 '여름날 덥고 비가 내리면 일반 백성들은 원망하고 한탄한다. 겨울에 혹독하게 추우면 일반 백성들은 원망하고 한탄한다.'"라고 했다.

集說 此承上文大人溺於民之意而言. 昔吾有先正以下五句, 逸詩也. 下三句, 今見小雅節南山之篇. 言今日誰人秉持國家之成法乎? 師尹實秉持之, 乃不自爲政, 而信任群小, 終勞苦百姓也. 君牙, 周書. 資, 書作咨, 此傳寫之誤, 而下復缺一咨字, 鄭不取書文爲定, 乃讀資爲至. 今從書, 以資字屬上句.

번역 이 문장은 앞에서 대인이 백성에게 빠진다고 했던 뜻을 이어서 한 말이다. "예전에 나에게는 이전 시대의 현명한 신하가 있었다."라고 한 구문으로부터 이하의 5개 구문은 『일시』에 해당한다. 그 뒤의 세 구문은 현행본 『시』「소아(小雅)·절남산(節南山)」편에 나온다.[2] 즉 "오늘날 누가 국가의 완성된 법도를 지닐 수 있겠는가? 태사 윤씨가 실제로 법도를 잡았지만, 스스로 정치를 시행하지 못하고, 소인들을 신임하여 결국 백성들을 고달프게 했다."는 뜻이다. 「군아」는 『서』「주서(周書)」편이다.[3] '자(資)'자를 『서』에서는 자(咨)자로 기록했으니, 이것은 필사하는 과정에 나타난 잘못이며,

---

2) 『시』「소아(小雅)·절남산(節南山)」: 不弔昊天, 亂靡有定. 式月斯生, 俾民不寧. 憂心如酲, 誰秉國成. 不自爲政, 卒勞百姓.
3) 『서』「주서(周書)·군아(君牙)」: 夏暑雨, 小民惟曰怨咨, 冬祁寒, 小民亦惟曰怨咨.

그 뒤의 구문에도 '자(咨)'자가 빠져 있는데, 정현은 『서』의 기록을 가져다가 바로잡지 않아서 곧 '자(資)'자를 "~에 이르다[至]."는 뜻으로 풀이했다. 이곳에서는 『서』의 기록에 따라서 '자(資)'자를 앞의 구문에 연결해서 읽는다.

集說 方氏曰: 民以君爲心者, 言好惡從於君也. 君以民爲體者, 言休戚同於民也. 體雖致用於外, 然由於心之所使, 故曰心好之, 身必安之. 心雖爲主於內, 然資乎體之所保, 故曰心以體全, 亦以體傷.

번역 방씨가 말하길, "백성들은 군주를 마음으로 삼는다."는 말은 좋아함과 싫어함을 군주의 것대로 따른다는 뜻이다. "군주는 백성들을 몸으로 삼는다."는 말은 기쁨과 슬픔을 백성들과 동일하게 느낀다는 뜻이다. 몸은 비록 외적으로 작용을 드러내지만 마음이 부리는 것에서 비롯된다. 그렇기 때문에 "마음이 좋아하면 몸은 반드시 편안하게 된다."라고 했다. 마음은 비록 내적인 것을 위주로 하지만 몸이 보호하는 것에 힘입게 된다. 그렇기 때문에 "마음은 몸을 통해 온전하게 되고 또 몸을 통해 상처를 받는다."라고 했다.

大全 長樂陳氏曰: 體從心者也, 民從君者也, 故上臨之以莊, 則下亦舒矣, 上臨之以肅, 則下亦敬矣. 心以體率, 心不在焉, 則視而弗見, 聽而弗聞, 豈非心好之身必安之之謂乎? 君所以率民者也, 君好仁, 則下莫不仁, 君好義, 則下莫不義. 苟君不爲之, 則民無從焉. 體衛心者也, 體全則心與之全, 體傷則心與之傷, 故曰心以體全, 亦以體傷. 民衛君者也, 民歸之, 然後可以君天下, 民去之, 則亦不能以獨君矣, 故曰君以民存, 亦以民亡. 觀此則治民者, 可不謹其所以懷來之道乎? 昔吾有先正, 則居人上者, 其言明且淸, 則人可得而法也. 爲人上, 謂之先正, 以其正身, 而後正天下故也. 惟能正身以率之, 故國家以寧, 都邑以成, 庶民以生. 幽王不然, 權移於下, 故詩人傷之, 則曰誰能秉國成, 不能秉國成, 則政出多門, 而不自爲政矣. 政多門則多事, 多事則百姓所以勞, 此幽王不明所以懷來之道也. 天之於民厚矣, 而寒暑之過正, 雨暘之失中, 民猶怨咨, 則爲上者可不敬乎?

번역 장락진씨가 말하길, 몸은 마음을 따르는 존재이고, 백성은 군주를 따르는 존재이다. 그렇기 때문에 윗사람이 장엄함으로 임한다면 아랫사람 또한 펼칠 수 있게 되고, 윗사람이 엄숙함으로 임한다면 아랫사람 또한 공경스럽게 된다. 마음은 몸을 통해 통솔되는데, 마음이 없다면 보아도 보지 못하고 들어도 듣지 못하니, 어찌 마음이 좋아하면 몸이 반드시 편안해진다고 말하지 않겠는가? 군주는 백성을 통솔하는 자인데, 군주가 인(仁)을 좋아한다면 백성들 중 인(仁)을 시행하지 않는 자가 없게 되고, 군주가 의(義)를 좋아한다면 백성들 중 의(義)를 시행하지 않는 자가 없게 된다. 만약 군주가 이처럼 시행하지 않는다면 백성들은 따르지 않는다. 몸은 마음을 보호하는 것인데, 몸이 온전하다면 마음은 몸과 함께 온전해지고, 몸이 상처를 받게 되면 마음은 몸과 함께 상처를 받는다. 그렇기 때문에 "마음은 몸을 통해 온전해지고 또 몸을 통해 상처를 입는다."라고 했다. 백성은 군주를 보호하는 자인데, 백성이 귀의한 뒤에야 천하를 통치할 수 있고, 백성이 떠나게 된다면 또한 홀로 군주노릇을 할 수 없다. 그렇기 때문에 "군주는 백성을 통해 보존되고 또한 백성을 통해 망한다."라고 했다. 이것을 살펴보면 백성을 다스리는 자가 품어주고 찾아오게끔 하는 도에 대해 신중을 기하지 않을 수 있겠는가? 예전 나에게는 선정(先正)이 있었다고 했는데, 남들의 윗자리에 있는 자가 그 말이 밝고도 맑다면, 사람들은 그를 본받을 수 있다. 남들의 윗자리에 있는 자를 '선정(先正)'이라고 부르는 것은 자신을 올바르게 한 뒤에야 천하를 올바르게 할 수 있기 때문이다. 오직 자신을 올바르게 하여 통솔하기 때문에, 국가는 이를 통해 편안하게 되고 도읍은 이를 통해 완성되며 백성은 이를 통해 생활하게 된다. 유왕(幽王)은 이처럼 하지 못하여, 그 권력이 아랫사람에게 이동하였다. 그렇기 때문에 이 『시』를 지은 자가 그것을 슬프게 여겨서, "누가 국가를 다스리는 권력을 잡을 수 있는가?"라고 한 것이니, 국가를 다스리는 권력을 잡을 수 없다면, 정령이 여러 곳에서 나와 스스로 정치를 시행할 수 없게 된다. 정치가 여러 곳에서 나온다면 일들이 많아지고 일들이 많아지면 백성들이 고달프게 된다. 이것은 유왕이 백성들을 품어주고 찾아오게끔 하는 도에 밝지 못했기 때문이다. 하늘은 백성에게 후하게 대하지만, 추위와 더위가 정도를 벗어나고 비와 빛이 알맞음을 잃게 되면, 백성들도 오히려 원망하니, 윗사람이 공경하지 않을 수 있겠는가?

鄭注 莊, 齊莊也. 先正, 先君長也. "誰能秉國成", 傷今無此人也. 成, 邦之 "八成"也. 誰能秉行之, 不自以所爲者正, 盡勞來百姓憂念之者與? 疾時大臣 專功爭美. "雅", 書序作"牙", 假借字也. 君雅, 周穆王司徒作, 尙書篇名也. 資, 當爲"至", 齊魯之語, 聲之誤也. 祁之言"是"也, 齊西偏之語也. 夏日暑雨, 小 民怨天, 至冬是寒, 小民又怨天, 言民恒多怨, 爲其君難.

번역 '장(莊)'자는 엄숙하고 공경스럽다는 뜻이다. '선정(先正)'은 선대의 군주와 존장자를 뜻한다. "누가 나라의 권력을 잡을 수 있는가?"라는 말은 현재 그러한 사람이 없다는 사실을 슬퍼한 것이다. '성(成)'자는 국가의 '팔성(八成)'[4]을 뜻한다. 누가 이러한 권력을 잡아서 시행할 수 있느냐는 말은 스스로 시행하는 것들을 올바르게 할 수 없는데, 백성들을 위로해주고 근심하며 염려할 수 있겠느냐는 의미이다. 즉 당시의 대신들이 공을 독차지하고 아름다운 명성을 쌓는데 앞 다투었던 것을 비판한 말이다. '아(雅)'를 『서』「소서(小序)」에서는 '아(牙)'자로 기록했으니, 가차자이다. 「군아」편은 주나라 목왕(穆王)의 사도가 지었으니, 『서』의 편명이다. '자(資)'

---

4) 팔성(八成)은 고대의 관부(官府)에서 정무를 다스리는 여덟 가지 규칙을 뜻한다. 첫 번째는 호적장부를 통해 세금과 노역을 부여하는 것이다. 두 번째는 병사 및 병장기 등을 조사하여 전쟁과 사냥의 일들을 처리하는 것이다. 세 번째는 호적장부와 지도를 통해 땅에 대한 분쟁을 처리하는 것이다. 네 번째는 증빙서류를 통해 채무와 관련된 분쟁을 처리하는 것이다. 다섯 번째는 예법관련 규정과 군왕의 칙명을 통해 녹봉과 지위를 규정하는 것이다. 여섯 번째는 서약한 문서를 통해 거두거나 수여하는 일을 처리한다. 일곱 번째는 서약한 문서를 통해 무역과 관련된 일을 처리한다. 여덟 번째는 회계를 통해 출납과 관련된 일을 처리한다. 『주례』「천관(天官)·소재(小宰)」편에서는 "以官府之八成 經邦治: 一曰聽政役以比居, 二曰聽師田以簡稽, 三曰聽閭里以版圖, 四曰聽稱責 以傅別, 五曰聽祿位以禮命, 六曰聽取予以書契, 七曰聽賣買以質劑, 八曰聽出入 以要會."라고 했다.

자는 마땅히 지(至)자가 되어야 하니, 제(齊)나라와 노(魯)나라 지역에서 사용하는 말로, 소리가 비슷해서 생긴 오류이다. '기(祁)'자의 뜻은 시(是)이니, 제나라 서쪽 변경에서 사용하는 말이다. 여름에 덥고 비가 내리면 일반 백성들은 하늘을 원망하고, 겨울이 되어 추워지면 일반 백성들은 재차 하늘을 원망하니, 백성들은 항상 원망하는 마음이 많아서 그들을 통치하기가 어렵다는 뜻이다.

釋文 好, 呼報反. 齊, 側皆反. "昔吾有先正", 從此至"庶民以生", 總五句, 今詩皆無此語, 餘在小雅·節南山篇, 或皆逸詩也. 淸, 舊才性反, 一云此詩協韻, 宜如字, 上先正, 當音征. "誰能秉國成", 毛詩無"能"字. 勞, 力報反, 注"勞來"同, 詩依字讀. 長, 丁丈反. 來, 力再反. 與音餘. 雅音牙, 注同, 尙書作"牙". 夏日, 戶嫁反, 注同, 尙書無"日"字. 資, 依注音至, 尙書作"咨", 連上句云"怨咨". 祁, 巨依反, 徐巨尸反, 字林上尸反.

번역 '好'자는 '呼(호)'자와 '報(보)'자의 반절음이다. '齊'자는 '側(측)'자와 '皆(개)'자의 반절음이다. '昔吾有先正'이라는 구문부터, '庶民以生'이라는 구문까지는 총 5개 구문이 되는데, 현행본『시』에는 모두 이러한 말이 없고, 나머지 구문은『시』「소아(小雅)·절남산(節南山)」편에 나오고, 그것이 아니라면 혹여 이 모든 구문은『일시』가 될 것이다. '淸'자의 구음(舊音)은 '才(재)'자와 '性(성)'자의 반절음인데, 한편에서는 이것이『시』에서 운을 맞춘 것이라고 하여, 마땅히 글자대로 읽어야 하며, 앞에 나오는 '先正'의 '正'자는 마땅히 그 음이 '征(정)'이 되어야 한다고 말한다. '誰能秉國成'에 있어서『모시』에는 '能'자가 없다. '勞'자는 '力(력)'자와 '報(보)'자의 반절음이며, 정현의 주에 나오는 '勞來'에서의 '勞'자도 그 음이 이와 같은데,『시』에서는 글자에 따라 풀이하였다. '長'자는 '丁(정)'자와 '丈(장)'자의 반절음이다. '來'자는 '力(력)'자와 '再(재)'자의 반절음이다. '與'자의 음은 '餘(여)'이다. '雅'자의 음은 '牙(아)'이며, 정현의 주에 나오는 글자도 그 음이 이와 같고,『서』에서는 '牙'자로 기록했다. '夏日'에서의 '夏'자는 '戶(호)'자와 '嫁(가)'자의 반절음이며, 정현의 주에 나오는 글자도 그 음이 이와 같은데,『서』에는 '日'자가 없다. '資'자는 정현의 주에 따르면 그 음이 '至(지)'인데, 『서』에는 '咨'자로 기록했고, 앞의 구문과 연결하여 '怨咨'라고 했다. '祁'자는 '巨(거)'자와 '依(의)'자의 반절음이며, 서음(徐音)은 '巨(거)'자와 '尸(시)'자의 반절음이고, 『자림』에서는 '上(상)'자와 '尸(시)'자의 반절음이라고 했다.

孔疏 ●"子曰"至"曰怨". ○正義曰: 此論君人相須, 言養人之道, 不可不愼也.

번역 ●經文: "子曰"~"曰怨". ○이 문장은 군주와 백성은 서로 필요로 한다는 사실을 논의하였으니, 백성들을 길러주는 도에 대해서는 신중히 하지 않을 수가 없다는 뜻이다.

孔疏 ●"詩云: 昔吾有先正, 其言明且淸"者, 此逸詩也. 正, 長也. 詩人稱昔吾之有先君正長, 其敎令之言, 分明且淸絜, 國家所以安也, 都邑所以成也, 庶人所以生也.

번역 ●經文: "詩云: 昔吾有先正, 其言明且淸". ○이 시는 『일시』이다. '정(正)'자는 존장자[長]를 뜻한다. 이 시를 지은 자는 예전 나에게는 선대의 군주와 올바른 존장자가 있었는데, 그들이 내리는 교화와 정령의 말들은 분명하면서도 청렴해서, 국가가 편안하게 되었고, 도읍이 완성되었으며, 백성이 생활하게 되었다고 칭송한 것이다.

孔疏 ●"誰能秉國成, 不自爲正, 卒勞百姓"者, 卒, 益也, 言詩人傷今無復有先正之賢, 故云今日誰能執國之八成, 又當謙退之.

번역 ●經文: "誰能秉國成, 不自爲正, 卒勞百姓". ○'졸(卒)'자는 더욱[益]이라는 뜻이다. 이 시를 지은 자는 현재 이러한 선대의 올바른 현자들이 다시 나타나지 않는 것을 상심했다는 뜻이다. 그렇기 때문에 "오늘날 누가 나라의 팔성(八成)을 잡을 수 있겠는가? 또한 마땅히 겸손하게 사양

해야 한다."라고 한 것이다.

孔疏 ●"不自爲正"者, 得其正道, 能用仁恩, 盡勞來百姓, 言今無復有如此之人. 疾時大臣, 惟專功爭美, 各自爲是也.

번역 ●經文: "不自爲正". ○올바른 도를 얻어서 인(仁)과 은혜를 펼칠 수 있다면 백성들을 위로하게 되는데, 현재 이러한 사람이 다시는 나타나지 않았다는 뜻이다. 당시의 대신들은 공만을 독차지하고 아름다운 명성만 다퉈서 각각 자신이 옳다고 여겼던 것을 비판한 말이다.

孔疏 ●"君雅曰: 夏日暑雨, 小民惟曰怨"者, 此穆王命君牙之辭也. 言民心難稱, 所怨恒多, 夏日暑熱及雨, 天之常道, 細小之人, 惟曰怨資也.

번역 ●經文: "君雅曰: 夏日暑雨, 小民惟曰怨". ○이것은 목왕(穆王)이 군아에게 명령하는 말에 해당한다. 민심은 헤아리기 어렵고 원망하는 바가 항상 많아서, 여름에 덥거나 비가 오는 것은 하늘의 일상적인 도리인데, 일반 백성들은 원망하고 한탄한다는 뜻이다.

孔疏 ●"資冬祈寒, 小民亦惟曰怨"者, 至於冬日, 是大寒之時, 小人亦惟曰怨. 猶言君政雖曰得當, 人怨之不已, 是治民難也.

번역 ●經文: "資冬祈寒, 小民亦惟曰怨". ○겨울철이 되면 크게 추워질 시기인데 소인들은 또한 원망한다. 이것은 군주가 정치를 시행할 때 비록 타당하더라도 사람들이 끊임없이 원망하는 것과 같으니, 백성들을 다스리기가 어렵다는 사실을 뜻한다.

孔疏 ◎注"成, 邦之八成也". ○正義曰: 按周禮·小宰職云: "掌以官府之八成, 經邦治: 一曰聽政役以比居, 二曰聽師田以簡稽, 三曰聽閭里以版圖, 四曰聽稱責以傅別, 五曰聽祿位以禮命, 六曰聽取予以書契, 七曰聽賣買以質劑,八曰聽出入以要會." 皆成事品式, 以聽治於人.

번역 ◎鄭注: "成, 邦之八成也". ○『주례』「소재(小宰)」편의 직무 기록을 살펴보면, "관부의 팔성(八成)을 통해 나라의 정사를 경륜하는 일을 담당한다. 첫 번째는 호적장부를 통해 세금과 노역을 부여하는 것이다. 두 번째는 병사 및 병장기 등을 조사하여 전쟁과 사냥의 일들을 처리하는 것이다. 세 번째는 호적장부와 지도를 통해 땅에 대한 분쟁을 처리하는 것이다. 네 번째는 증빙서류를 통해 채무와 관련된 분쟁을 처리하는 것이다. 다섯 번째는 예법관련 규정과 군왕의 칙명을 통해 녹봉과 지위를 규정하는 것이다. 여섯 번째는 서약한 문서를 통해 거두거나 수여하는 일을 처리하는 것이다. 일곱 번째는 서약한 문서를 통해 무역과 관련된 일을 처리하는 것이다. 여덟 번째는 회계를 통해 출납과 관련된 일을 처리하는 것이다."[5]라고 했다. 이 모두는 법도와 규정을 통해서 백성들에 대한 일을 처리하는 것이다.

孔疏 ◎注"雅書"至"字也". ○正義曰: 言古牙字假雅字以爲牙, 故尙書以爲"君牙", 此爲"君雅". 按尙書云: "小民惟曰怨咨." 今此本作"資"字, 鄭又讀資當爲"至", 以鄭不見古文尙書故也.

번역 ◎鄭注: "雅書"~"字也". ○고자(古字)에서의 '아(牙)'자는 아(雅)자를 가차하여 아(牙)자로 한 것이다. 그렇기 때문에 『서』에서는 '군아(君牙)'라고 했고, 이곳에서는 '군아(君雅)'라고 했다. 『서』를 살펴보면, "일반 백성들은 원망하고 탄식한다."라고 했다. 이곳 판본에서는 '자(資)'자로 기록했고, 정현은 또한 '자(資)'자는 마땅히 지(至)자가 된다고 했는데, 정현이 『고문상서』를 보지 않았기 때문이다.

訓纂 方性夫曰: 荀子曰, "君, 舟也, 庶民, 水也. 水能載舟, 亦能覆舟." 君

---

5) 『주례』「천관(天官)·소재(小宰)」: 以官府之八成經邦治: 一曰聽政役以比居, 二曰聽師田以簡稽, 三曰聽閭里以版圖, 四曰聽稱責以傅別, 五曰聽祿位以禮命, 六曰聽取予以書契, 七曰聽賣買以質劑, 八曰聽出入以要會.

以民存, 亦以民亡之謂也

번역 방성부가 말하길, 『순자』에서는 "군주는 배이고 백성은 물이다. 물은 배를 띄울 수 있고 또한 배를 전복시킬 수 있다."[6]라고 했다. 즉 군주는 백성을 통해 보존되고 또한 백성을 통해 망할 수 있다는 뜻이다.

集解 按: 小民亦惟曰怨, 尙書怨下有咨字.

번역 살펴보니, '소민역유왈원(小民亦惟曰怨)'이라고 했는데, 『서』에는 원(怨)자 뒤에 '자(咨)'자가 기록되어 있다.

集解 民之欲惡由於君, 而君之存亡係於民. 然則君之所好, 其公私得失之間, 乃存亡之所由分也, 可不謹與? 詩, 逸詩. 先正, 先世之賢臣也. 國成, 邦之八成也.

번역 백성들이 바라고 싫어하는 것은 군주에게서 비롯되고, 군주의 존망은 백성과 결부된다. 그렇다면 군주가 좋아하는 것이 공적이냐 아니면 사적이냐, 또는 타당한가 아니면 잘못되었는가에 따라서 존망이 나뉘게 되는데, 신중히 하지 않을 수 있겠는가? 『시』는 『일시』이다. '선정(先正)'은 선대 때의 현명한 신하이다. '국성(國成)'은 나라의 팔성(八成)이다.

集解 呂氏大臨曰: 心體之說, 姑以爲譬, 然求之實理, 則非譬也. 體完則心說, 猶有民則有君也. 體傷則心憯, 猶民病則君憂也. 引詩, 言君不正, 民之所以勞也. 引君雅, 言天之寒暑, 小民且怨之, 況君之政敎乎?

번역 여대림이 말하길, 마음과 몸에 대한 설명은 비유를 든 것인데, 실리를 따지는 것은 비유가 아니다. 몸이 완전하면 마음이 기뻐하니, 이것은 백성이 있어야 군주도 있다는 뜻이다. 몸이 상하면 마음이 슬프니, 이것은

---

6) 『순자(荀子)』「애공(哀公)」: 君者, 舟也; 庶人者, 水也. 水則載舟, 水則覆舟, 君以此思危, 則危將焉而不至矣.

백성이 아프면 군주가 근심한다는 뜻이다.『시』를 인용한 것은 군주가 바르지 못하면 백성들이 고달프게 됨을 뜻한다.「군아」편을 인용한 것은 하늘의 추위와 더위에 대해서 일반 백성들은 원망을 하는데, 하물며 군주의 정치와 교화에 대해서는 어떻겠냐는 뜻이다.

참고 『서』「주서(周書)·군아(君牙)」

經文 今命爾予翼, 作股肱心膂.

번역 지금 너에게 명령하니 나를 보좌하여, 다리나 팔 마음이나 몸체와 같은 신하가 되어라.

孔傳 今命汝爲我輔翼股肱心體之臣. 言委任.

번역 지금 너에게 명령하여 나를 보좌하는 다리나 팔 마음이나 몸체와 같은 신하가 되어라. 즉 위임한다는 의미이다.

孔疏 ◎傳"今命"至"委任". ○正義曰: "股", 足也. "肱", 臂也. "膂", 背也. 汝爲我輔翼, 當如我之身, 故擧四支以喩爲股肱心體之臣, 言委任如身也. 傳以"膂"爲體, 以見四者皆體, 非獨"膂"爲體也. 禮記·緇衣云, "民以君爲心, 君以民爲體." 此擧四體, 今以臣爲心者, 君臣合體, 則亦同心. 詩云: "赳赳武夫, 公侯腹心", 是臣亦爲君心也.

번역 ◎孔傳: "今命"~"委任". ○'고(股)'자는 다리를 뜻한다. '굉(肱)'자는 팔을 뜻한다. '여(膂)'자는 등을 뜻한다. 너는 나를 보좌하는 신하가 되어, 마땅히 나의 신체처럼 활동해야 한다. 그렇기 때문에 사지를 들어 비유해서, 다리나 팔 마음이나 몸과 같은 신하가 되라고 한 것이니, 자신을 맡기듯 위임을 한다는 의미이다. 공안국의 전문에서는 '여(膂)'자를 몸체로 여겼는데, 네 가지로 드러나는 것들은 모두 몸체에 해당하니, 유독 '여(膂)'만을 몸체로 여긴 것은 아니다. 『예기』「치의」편에서는 "백성들은 군주를 마음으로 삼고, 군주는 백성들을 몸체로 삼는다."라고 했다. 이곳에서는 사지를 제시하였고, 현재 신하를 마음으로 삼는다고 했는데, 군주와 신하는 동체가 되므로 또한 마음도 같게 된다. 『시』에서는 "굳세고 굳센 무인이여, 공후의 배와 심장이로다."[7]라고 했는데, 이 또한 신하가 군주의 마음에 해당함을 나타낸다.

蔡傳 膂, 脊也.

번역 '여(膂)'자는 등뼈를 뜻한다.

經文 纘乃舊服, 無忝祖考, 弘敷五典, 式和民則.

번역 너의 선조가 복무했던 일을 계승하여, 선조에게 욕됨이 없도록 하고, 오전(五典)[8]을 널리 시행하여 이를 통해 백성들을 교화하고 법도를 갖추어라.

孔傳 繼汝先祖故所服, 忠勤無辱累祖考之道, 大布五常之敎, 用和民令有法則.

---

7) 『시』「주남(周南)·토저(兔罝)」 : 肅肅兔罝, 施于中林. 赳赳武夫, 公侯腹心.
8) 오전(五典)은 다섯 종류의 윤리 덕목을 뜻한다. 『서』「우서(虞書)·순전(舜典)」 편에는 "愼徽五典, 五典克從."이라는 기록이 있는데, 이에 대한 공안국(孔安國)의 전(傳)에서는 "五典, 五常之敎. 父義·母慈·兄友·弟恭·子孝."라고 풀이했다. 즉 '오전'이란 오상(五常)에 따른 가르침으로, 부친의 의로움, 모친의 자애로움, 형의 우애로움, 동생의 공손함, 자식의 효성스러움을 뜻한다. 또 채침(蔡沈)의 『집전(集傳)』에서는 "五典, 五常也. 父子有親, 君臣有義, 夫婦有別, 長幼有序, 朋友有信是也."라고 풀이했다. 즉 '오전'이란 오상(五常)으로, 부자관계에 친애함이 있고, 군신관계에 의로움이 있으며, 부부사이에 유별함이 있고, 장유관계에 질서가 있고, 붕우관계에 신의가 있음을 뜻한다.

번역 너의 선조가 예전 복무했던 것을 계승하고, 충심과 노력을 다하여 조상의 도에 욕됨이 없도록 하고, 오상(五常)[9]의 가르침을 크게 펼쳐서 이를 통해 백성들을 교화하고 교령에 법도가 갖춰지게끔 하라는 의미이다.

蔡傳 舊服, 忠貞服勞之事. 忝, 辱也. 欲君牙, 以其祖考事先王者, 而事我也. 弘敷者, 大而布之也. 式和者, 敬而和之也. 則, 有物有則之則, 君臣之義, 父子之仁, 夫婦之別, 長幼之序, 朋友之信, 是也. 典, 以設敎言, 故曰弘敷. 則, 以民彛言, 故曰式和. 此司徒之敎也, 然敎之本, 則在君牙之身.

번역 '구복(舊服)'은 충심과 정직으로 수고로운 일에 복무한다는 뜻이다. '첨(忝)'자는 욕됨을 뜻한다. 군아로 하여금 그의 선조가 선왕을 섬겼던 것을 통해 자신을 섬기도록 바란 것이다. '홍부(弘敷)'는 크게 펼친다는 뜻이다. '식화(式和)'는 공경하여 조화롭게 한다는 뜻이다. '칙(則)'자는 "사물이 있으면 그에 대한 법칙이 있다."[10]라고 했을 때의 법칙[則]을 뜻하니, 군주와 신하 사이의 의로움, 부모와 자식 사이의 인자함, 부부사이의 유별함, 장유관계에서의 질서, 붕우관계에서의 신의가 이것에 해당한다. '전(典)'자는 교화를 펼치는 것을 기준으로 한 말이다. 그렇기 때문에 "널리 베푼다."라고 했다. '칙(則)'자는 백성들의 상도(常道)를 기준으로 한 말이다. 그렇기 때문에 "공경하여 조화롭게 한다."라고 했다. 이것은 사도(司徒)가 시행하는 교화인데, 교화의 근본은 군아 자신에게 달려 있다.

經文 爾身克正, 罔敢弗正, 民心罔中, 惟爾之中.

번역 네 자신을 바르게 할 수 있다면 백성들 중에는 감히 바르지 못한 자가 없게 되고, 백성들의 마음에는 중정한 도가 없으니, 오직 너를 통해 중정한 도를 따르게끔 하라.

---

9) 오교(五敎)는 오상(五常)이라고도 부른다. 부의(父義), 모자(母慈), 형우(兄友), 제공(弟恭), 자효(子孝) 등의 다섯 가지 가르침을 뜻한다.

10) 『시』「대아(大雅)·증민(烝民)」: 天生烝民, <u>有物有則</u>. 民之秉彛, 好是懿德. 天監有周, 昭假于下, 保茲天子, 生仲山甫.

孔傳 言汝身能正, 則下無敢不正. 民心無中, 從汝取中. 必當正身示民以中正.

번역 너 자신을 바르게 할 수 있다면 백성들 중에는 감히 바르지 못한 자가 없게 된다. 백성들의 마음에는 중도가 없으니, 너를 통해 중도를 취하게끔 하라는 뜻이다. 즉 자신을 바르게 해서 백성들에게 알맞고 바른 도를 보여주어야만 한다는 의미이다.

蔡傳 正也中也, 民則之體, 而人之所同然也. 正, 以身言, 欲其所處, 無邪行也. 中, 以心言, 欲其所存, 無邪思也. 孔子曰, 子率以正, 孰敢不正. 周公曰, 率自中. 此告君牙以司徒之職也.

번역 바르고 알맞다는 것은 백성들이 법도로 삼는 본체이고, 사람들이 모두 동일하게 여기는 것이다. '정(正)'은 몸을 기준으로 말한 것이니, 처한 곳에서 사벽한 행실이 없고자 한 것이다. '중(中)'은 마음을 기준으로 말한 것이니, 마음에 보존하고 있는 것 중 사벽한 생각이 없고자 한 것이다. 공자는 "그대가 바름으로 이끈다면 누가 감히 바르지 않겠는가?"11)라고 했고, 주공은 "통솔하길 알맞음으로써 하라."12)라고 했다. 이것은 군아에게 사도의 직책을 알려준 것이다.

經文 夏暑雨, 小民惟曰怨咨.

번역 여름에 무덥고 비가 내리면 백성들은 원망하고 탄식한다.

孔傳 夏月暑雨, 天之常道, 小人惟曰怨歎咨嗟. 言心無中也.

---

11) 『논어』「안연(顏淵)」: 季康子問政於孔子. 孔子對曰, "政者, 正也. 子帥以正, 孰敢不正?"
12) 『서』「주서(周書)・채중지명(蔡仲之命)」: 率自中, 無作聰明, 亂舊章, 詳乃視聽, 罔以側言改厥度.

번역 여름철에는 무덥고 비가 많이 내리는데, 이것은 하늘의 일상적인 도이다. 그런데도 소인들은 원망하고 탄식한다. 즉 마음에 중정한 도가 없다는 뜻이다.

經文 冬祁寒, 小民亦惟曰怨咨.

번역 겨울에 매우 추우면 백성들은 또한 원망하고 탄식한다.

孔傳 冬大寒, 亦天之常道, 民猶怨咨.

번역 겨울철에는 매우 추운데, 이것 또한 하늘의 일상적인 도이다. 그런데도 백성들은 오히려 원망하고 탄식한다.

孔疏 ◎傳"冬大"至"怨嗟". ○正義曰: 傳以"祁"爲大, 故云"冬大寒". 寒言大, 則夏暑雨是大雨, 於此言"祁"以見之. 上言"暑雨", 此不言"寒雪"者, 於上言"雨"以見之, 互相備也.

번역 ◎孔傳: "冬大"~"怨嗟". ○공안국의 전문에서는 '기(祁)'자를 크다는 뜻으로 풀이했다. 그렇기 때문에 '동대한(冬大寒)'이라고 풀이한 것이다. 추위에 대해서 크다고 말했다면 여름철에 덥고 비가 내리는 것도 큰 비가 내리는 것을 뜻하니, 이곳 문장에서 '기(祁)'자를 기록하여 그 사실을 드러내었다. 앞에서는 "덥고 비가 온다."라고 했는데, 이곳에서는 "춥고 눈이 온다."라고 말하지 않았다. 그 이유는 앞에서 '우(雨)'라고 말하여 겨울에 눈이 오는 것을 드러냈기 때문이니, 상호 호환이 되도록 기록한 문장이다.

蔡傳 祁, 大也. 暑雨祁寒, 小民怨咨, 自傷其生之艱難也.

번역 '기(祁)'자는 크다는 뜻이다. 덥고 비가 내리며 매우 추운 것은 백성들이 원망하는 대상이니, 스스로 자신의 삶이 어려워짐을 서글퍼한 것이다.

經文 厥惟艱哉! 思其艱以圖其易, 民乃寧.

번역 백성들을 다스리기가 어려운 것이다! 어려운 점을 고려하여 쉽게 해줄 것을 도모한다면, 백성들은 편안하게 된다.

孔傳 天不可怨, 民猶怨嗟, 治民其惟難哉! 當思慮其難以謀其易, 民乃安.

번역 하늘에 대해서는 원망할 수 없는데도 백성들은 오히려 원망하고 탄식하니, 백성들을 다스리기가 이처럼 어려운 것이다! 따라서 마땅히 어려운 점을 깊이 고려하여 쉽게 해줄 것을 도모한다면, 백성들은 편안하게 된다.

孔疏 ●"今命"至"乃寧". ○正義曰: 王言我以危懼之故, 今命汝爲大司徒, 汝當作我股肱心膂. 言將任之如己身也. 繼汝先世舊所行服, 亦如父祖忠勤, 無爲不忠, 辱累汝祖考. 當須大布五常之敎, 用和天下兆氏, 令有法則. 凡欲率下, 當先正身, 汝身能正, 則下無敢不正. 民心無能中正, 惟取汝之中正, 汝當正身心以率之. 夏月大暑大雨, 天之常也, 小民惟曰怨恨而咨嗟. 冬月大寒, 亦天之常也, 小民亦惟曰怨恨而咨嗟. 天不可怨, 民尙怨之, 治民欲使無怨, 其惟難哉! 思慮其難, 以謀其易, 爲治不違道, 不逆民, 民乃安矣.

번역 ●經文: "今命"~"乃寧". ○천자가 말하길, 나는 위태롭고 두려운 까닭으로 지금 너에게 대사도(大司徒)의 임무를 맡기니, 너는 마땅히 다리나 팔 마음이나 몸체와 같은 신하가 되어야 한다. 즉 내 분신과도 같은 너에게 임무를 맡긴다는 뜻이다. 너의 선조들이 예전에 복무했던 일을 계승하여, 또한 너의 부친과 조부가 충심과 노력을 다했던 것처럼 하며, 불충을 저질러 너의 선조를 욕되게 하지 말아야 한다. 마땅히 오상(五常)의 가르침을 크게 펼치고 이를 통해 천하의 백성들을 조화롭게 하며 교령에 법칙이 갖춰지게끔 해야만 한다. 백성들을 통솔하고자 할 때에는 우선적으로 자신을 바르게 해야만 하니, 너 자신을 바르게 할 수 있다면 백성들 중에는 감히

바르지 못한 자가 없게 된다. 백성의 마음에는 알맞고 바른 도를 갖출 수
없으니, 오직 너의 알맞고 바른 도를 따를 뿐이므로, 너는 마땅히 자신의
몸과 마음을 바르게 해서 그들을 통솔해야만 한다. 여름철은 크게 덥고 비
가 많이 내리는데, 이것은 하늘의 일상적인 도이다. 그런데도 백성들은 원
망하고 탄식한다. 겨울철에 크게 추운 것 또한 하늘의 일상적인 도이다.
그런데도 백성들은 원망하고 탄식한다. 하늘에 대해서는 원망할 수 없는데
도, 백성들은 오히려 원망하니, 백성들을 다스림에 그들로 하여금 원망이
없게끔 하는 일은 매우 어려운 일이다! 따라서 어려운 점을 깊이 고려하여
쉽게 해줄 것을 도모하며, 이를 통해 다스림을 시행하여 도리를 어기지 않
고 백성들의 마음을 거스르지 않는다면, 백성들은 편안하게 된다.

蔡傳 厥惟艱哉者, 嘆小民之誠爲艱難也, 思念其難, 以圖其易, 民乃安也.
艱者, 飢寒之艱, 易者, 衣食之易. 司徒, 敷五典, 擾兆民, 兼敎養之職, 此又告
君牙以養民之難也.

번역 "그 어려울 것이다."라고 한 말은 백성들에게는 진실로 어려움이
됨을 탄식한 것으로, 어려움을 생각하여 쉽게 해줄 것을 도모한다면, 백성
들은 편안하게 된다. '간(艱)'은 기근이나 추위에 대한 어려움이며, '이(易)'
는 의복과 음식을 얻기 쉬움이다. '사도(司徒)'는 오전(五典)을 펼치고 백성
들을 길들이며, 가르치고 길러주는 직책도 겸하고 있는데, 이 또한 군아에
게 백성을 길러주는 직무의 어려움을 알려준 것이다.

그림 16-1 ■ 민원서우도(民怨暑雨圖)

※ **출처:**『흠정서경도설(欽定書經圖說)』45권

그림 16-2 ◙ 민원기한도(民怨祁寒圖)

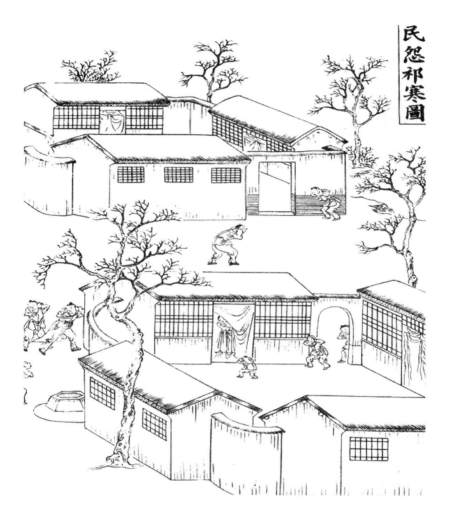

※ **출처:**『흠정서경도설(欽定書經圖說)』45권

• 제 17 절 •

의(義)·행(行)과 다문(多聞)·다지(多志)·정지(精知)

【649c~d】

子曰, "下之事上也, 身不正, 言不信, 則義不壹, 行無類也." 子曰, "言有物而行有格也, 是以生則不可奪志, 死則不可奪名. 故君子多聞, 質而守之; 多志, 質而親之; 精知, 略而行之. 君陳曰, '出入自爾師虞, 庶言同.' 詩云, '淑人君子, 其儀一也'"

직역 子가 曰, "下가 上을 事함에, 身이 不正하고, 言이 不信하면, 義가 不壹하고, 行에 類가 無하다." 子가 曰, "言에 物이 有하고 行에 格이 有라, 是以로 生에는 志를 奪하길 不可하며, 死에는 名을 奪하길 不可라. 故로 君子는 多히 聞하고, 質하여 守하고; 多히 志하여, 質하여 親하며; 精히 知하여, 略하여 行한다. 君陳에서 曰, '出入에 爾의 師로 自하여 虞하고, 庶言이 同이라.' 詩에서 云, '淑人한 君子여, 그 儀가 一이라.'"

의역 공자가 말하길, "아랫사람이 윗사람을 섬길 때, 몸이 바르지 않고 말이 미덥지 못하면 뜻이 한결같지 않고, 행동에 법도가 없다."라고 했다. 공자가 말하길, "말에 진실됨이 있고 행동에 격식이 있다면 이로써 생전에는 그 뜻을 빼앗을 수 없게 되고 죽어서도 그 명성을 빼앗을 수 없게 된다. 그러므로 군자는 많이 듣고 그것을 대중들에게 질정하고서 지키고, 많이 기록하고 그것을 대중들에게 질정하고서 친숙하게 하며, 아는 것을 정밀히 하고 핵심적인 것을 추려내서 시행한다. 「군진」편에서는 '정령을 내놓고 들일 때에는 네 무리들을 통해 헤아려서 여러 의견이 동일하게 된다.'라고 했고, 『시』에서는 '저 선한 군자여, 그 위엄스러운 거동이 한결같구나.'"라고 했다.

集說 義不壹, 或從或違也. 行無類, 或善或否也. 君陳, 書言謀政事者, 當出入反覆與衆人共虞度其可否, 而觀庶言之同異也. 詩, 曹風鳲鳩之篇, 引以證義壹行類.

번역 "의(義)가 한결같지 않다."는 말은 어떤 때에는 따르고 어떤 때에는 거스른다는 뜻이다. "행동에 유(類)가 없다."는 말은 어떤 때에는 선하고 어떤 때에는 그렇지 않다는 뜻이다. 「군진」편의 내용에 대해서 『서』에서는 정사를 도모할 때에는 마땅히 내놓고 들이며 반복하여 여러 사람들과 함께 가부를 따져보고, 여러 의견의 동이를 살펴야만 한다고 했다.[1] 『시』는 『시』 「조풍(曹風)·시구(鳲鳩)」편으로,[2] 이 시를 인용하여 뜻이 한결같고 행동에 항상된 법도가 있어야 함을 증명하였다.

集說 呂氏曰: 有物則非失實之言, 有格則無踰矩之行, 歸於一而不可變, 生乎由是, 死乎由是, 故志也名也, 不可得而奪也. 多聞, 所聞博也. 多志, 多見而識之者也. 質, 正也. 不敢自信, 而質正於衆人之所同, 然後用之也. 守之者, 服膺勿失也. 親之者, 問學不厭也. 雖由多聞多知而得之, 又當精思以求其至約而行之. 略者, 約也. 此皆義壹行類之道也.

번역 여씨가 말하길, 물(物)이 있다면 실정에 어긋나는 말이 아니며, 격(格)이 있다면 법도를 벗어나는 행실이 없으니, 한결같음으로 회귀하여 변하지 않는다. 살아감도 이로부터 말미암고 죽음도 이로부터 말미암기 때문에 뜻과 명성을 빼앗을 수 없다. 많이 듣는 것은 듣는 것이 폭넓다는 뜻이다. 많이 기록한다는 것은 많이 보아서 아는 것이다. '질(質)'자는 "바르다[正]."는 뜻이다. 감히 자신하지 않고 대중들이 공감하는 것에 따라 질정한 뒤에야 사용한다. 지킨다는 것은 마음에 품어서 잃지 않는 것이다. 친하게

---

1) 『서』「주서(周書)·군진(君陳)」: 圖厥政, 莫或不艱. 有廢有興, <u>出入自爾師虞, 庶言同則繹.</u>
2) 『시』「조풍(曹風)·시구(鳲鳩)」: 鳲鳩在桑, 其子七兮. <u>淑人君子, 其儀一兮.</u> 其儀一兮, 心如結兮.

한다는 것은 묻고 배우는 일에 싫증을 느끼지 않는 것이다. 비록 많이 듣고 많이 알아서 터득을 했더라도 또한 마땅히 생각을 정밀히 하여 지극히 핵심적인 것을 찾아서 시행해야 한다. '약(略)'은 요약[約]을 뜻한다. 이것들은 모두 뜻이 한결같고 행동에 법식이 있는 도에 해당한다.

大全　長樂陳氏曰: 下之事上, 以身爲本, 而信以成之也. 身正然後無好異之行, 是以行有類. 言信然後有不可移之義, 是以義主於壹. 身不正, 則動皆反常矣. 其形於可見之行者, 斯無類. 言不信, 則德二三矣. 其見於事君之義者, 斯不壹. 行無類, 則非所謂行有格也. 義不壹, 則非所謂言有物也. 志者, 言行之所由出, 名者, 言行之所自成. 言有物, 行有格, 則志之所守者堅, 而名之所成者著, 是以生則不可奪志, 死則不可奪名也. 君陳曰, 出入自爾師虞, 庶言同則繹者, 成王戒君陳以政之廢興, 而安危治亂之所係, 故出入之際, 當以衆智而虞度之, 庶言雖同, 又當繹其是非也. 言此者, 所以明行之有格也.

번역　장락진씨가 말하길, 아랫사람이 윗사람을 섬길 때에는 몸을 근본으로 하며 신의를 통해 완성한다. 몸이 바르게 된 이후에야 괴이한 것을 좋아하는 행실이 없게 되니, 이로써 행실에 법도가 있게 된다. 말이 미덥게 된 이후에야 바꿀 수 없는 뜻이 생기니, 이로써 뜻은 한결같음을 위주로 하게 된다. 몸이 바르지 않다면 행동이 모두 항상된 도리를 거스르게 된다. 따라서 볼 수 있는 행동으로 드러나는 것들에 법도가 없게 된다. 말이 미덥지 못하면 덕에 차이가 생긴다. 따라서 군주를 섬기는 뜻으로 드러나는 것들이 한결같지 않게 된다. 행실에 법도가 없다면 이른바 행동에 격식이 있다는 뜻이 아니다. 뜻이 한결같지 않다면 이른바 말에 진실됨이 있다는 뜻이 아니다. 뜻이라는 것은 말과 행동이 도출되는 근원이고, 명성은 말과 행실을 통해 이루는 것이다. 말에 진실됨이 있고 행동에 격식이 있다면, 지키고 있는 뜻이 견고하고 이룬 명성도 드러나는 것이다. 이러한 까닭으로 생전에는 그 뜻을 빼앗을 수 없고, 죽어서도 그 명성을 빼앗을 수 없다. 「군진」편에서는 "내놓고 들일 때 너의 무리를 통해 헤아리고 여러 의견이 같으면 다시 생각하라."라고 했는데, 성왕(成王)이 군진에게 정치의 성패에는 국가의 안위 및 치세와 난세가 결부되어 있다고 경계한 것이다. 그렇기 때문에 정령을 내놓고 들일 때에는 마땅히 여러 사람들의 지혜를 통해 헤아리고, 여러 사람의 의견이 비록 같더라도 또한 그 시비를 재차 따져보아야만 한다고 한 것이다. 이것을 말한 이유는 행동에 격식이 있다는 뜻을 드러내기 위해서이다.

鄭注 類, 謂比式. 物, 謂事驗也. 格, 舊法也. 質, 猶少也. 多志, 謂博交汎愛人也. 精知, 孰慮於衆也. 精, 或爲"淸". 自, 由也. 師·庶, 皆衆也. 虞, 度也. 言出內政敎, 當由女衆之所謀度, 衆言同, 乃行之, 政敎當由一也.

번역 '유(類)'는 법식에 견준다는 뜻이다. '물(物)'은 사안을 통한 징험을 뜻한다. '격(格)'은 오래된 법도를 뜻한다. '질(質)'자는 "적다[少]."는 뜻이다. '다지(多志)'는 널리 대중들과 교류하고 사람을 친애한다는 뜻이다. '정지(精知)'는 대중들을 통해서 충분히 생각한다는 뜻이다. '정(精)'자를 다른 판본에서는 청(淸)자로 기록하기도 한다. '자(自)'자는 '~를 통해서[由]'라는 뜻이다. '사(師)'자와 '서(庶)'자는 모두 무리[衆]를 뜻한다. '우(虞)'자는 "헤아리다[度]."는 뜻이다. 정령과 교화를 내놓고 들일 때에는 마땅히 너의 무리들이 계획하고 헤아린 것을 통해서 하고, 대중들의 의견이 동일하게 되면 시행해야 한다는 뜻이니, 정령과 교화는 마땅히 일치된 의견에서 나와야 한다는 의미이다.

釋文 行, 下孟反, 下"行有格"同. 比式如字, 比方法式. 是故, 一本作"以". 知, 如字, 一音智, 注同. 汎音氾. 度, 待洛反, 下同.

번역 '行'자는 '下(하)'자와 '孟(맹)'자의 반절음이며, 아래문자에 나오는 '行有格'에서의 '行'자도 그 음이 이와 같다. '比式'은 글자대로 읽으며, 법식에 대조해본다는 뜻이다. '是故'를 다른 판본에서는 '以'자로 기록하기도 한다. '知'자는 글자대로 읽으며, 다른 음은 '智(지)'이고, 정현의 주에 나오는 글자도 이와 같다. '汎'자의 음은 '氾(범)'이다. '度'자는 '待(대)'자와 '洛(낙)'

자의 반절음이며, 아래문장에 나오는 글자도 그 음이 이와 같다.

孔疏 ●“子曰”至“一也”. ○正義曰: 此一節明下之事上, 當守其一.

번역 ●經文: “子曰”~“一也”. ○이곳 문단은 아랫사람이 윗사람을 섬길 때에는 마땅히 한결같음을 고수해야 한다고 나타내고 있다.

孔疏 ●“則義不一, 行無類也”者, 若身之不正, 言之不信, 則於義事不能齊一, 行無有比類. 言行之無恒, 不可比類也.

번역 ●經文: “則義不一, 行無類也”. ○만약 몸이 바르지 않고 말이 미덥지 못하다면, 뜻과 일에 있어서 한결같이 할 수 없고, 행동에는 법식에 따른 것이 없게 된다. 말과 행동에 항상됨이 없으므로 법식에 따져볼 수 없다.

孔疏 ●“言有物而行有格也”, 物, 謂事之徵驗; 格, 謂舊有法式. 言必須有徵驗, 行必須有舊法式. 旣言行不妄, 守死善道, 故“生則不可奪志, 死則不可奪名”. 言名·志俱善, 欲奪不可也.

번역 ●經文: “言有物而行有格也”. ○‘물(物)’자는 사안을 통한 징험을 뜻하며, ‘격(格)’자는 오래전부터 있어왔던 법식을 뜻한다. 말에는 반드시 징험한 것이 있어야 하며, 행동에는 반드시 오래전부터 지켜왔던 법식이 있어야 한다. 이미 말과 행동이 망령스럽지 않고, 죽을 때까지 선한 도를 고수하기 때문에 “생전에는 뜻을 빼앗을 수 없고 죽어서도 명성을 빼앗을 수 없다.”라고 했다. 명성과 뜻이 모두 선하여 빼앗고자 하더라도 할 수 없다는 뜻이다.

孔疏 ●“故君子多聞, 質而守之”者, 雖多聞前事, 當簡質而守之.

번역 ●經文: “故君子多聞, 質而守之”. ○비록 이전 사안들에 대해서 많이 듣더라도 마땅히 간략하게 줄여서 핵심적인 것을 지켜야 한다는 뜻이다.

孔疏 ●“多志, 質而親之”者, 謂多以志意博交氾愛, 亦質少而親之.

번역 ●經文: “多志, 質而親之”. ○진실된 뜻으로 널리 교류하고 친애하는 것을 많이 하지만, 또한 줄이고 핵심적인 것을 친숙하게 해야 한다는 뜻이다.

孔疏 ●“精知, 略而行之”者, 謂精細而知, 孰慮於衆, 要略而行之. 此皆謂聞見雖多, 執守簡要也.

번역 ●經文: “精知, 略而行之”. ○정밀하고 세밀하게 하여 알고, 대중들을 통해 충분히 생각하며, 핵심을 간추려서 시행한다는 뜻이다. 이것은 모두 듣고 보는 것이 비록 많더라도 핵심적인 것을 고수해야 한다는 뜻이다.

孔疏 ●“君陳曰: 出入自爾, 師虞庶言同”者, 自, 由也; 師, 衆也; 虞, 度也; 庶, 衆也. 成王戒君陳云, 言出入政敎, 當由女衆人共知謀度. 若衆言皆同, 乃行之, 言政敎當由一也.

번역 ●經文: “君陳曰: 出入自爾, 師虞庶言同”. ○‘자(自)’자는 ‘~를 통해서[由]’라는 뜻이며, ‘사(師)’자는 무리[衆]를 뜻하고, ‘우(虞)’자는 “헤아리다[度].”는 뜻이며, ‘서(庶)’자는 무리[衆]를 뜻한다. 성왕(成王)이 군진에게 경계를 시키며 한 말이니, 정령과 교화를 내놓고 들일 때에는 마땅히 너의 무리들을 통해서 함께 계획하고 헤아려야 한다. 만약 대중들의 의견이 모두 동일하게 된다면 그제야 시행한다는 뜻이다. 즉 정치와 교화는 마땅히 일치된 의견에서 나와야 한다는 의미이다.

孔疏 ●“詩云: 淑人君子, 其儀一也”者, 此曹風·鳲鳩之篇, 刺曹公不均平也. 言善人君子, 其威儀齊一也. 引之者, 證爲政之道須齊一也.

번역 ●經文: “詩云: 淑人君子, 其儀一也”. ○이 시는 『시』「조풍(曹風)·시구(鳲鳩)」편으로 조공(曹公)이 균평하지 못한 것을 풍자한 시이다. 즉 선한 군자는 위엄스러운 행동이 일치된다는 뜻이다. 이 시를 인용한 것은 정치를 시행하는 도는 한결같아야 함을 증명하기 위해서이다.

訓纂 方性夫曰: 身不正, 故義不壹; 言不信, 故行無類. 不壹, 謂不能專於其身也. 無類, 謂無以副於其言也.

번역 방성부가 말하길, 몸이 바르지 않기 때문에 뜻이 한결같지 않으며, 말이 미덥지 않기 때문에 행동에 법도가 없다. 한결같지 않다는 말은 그 몸을 오로지 하지 못한다는 뜻이다. 법도가 없다는 말은 그 말에 버금가도록 할 수 없다는 뜻이다.

訓纂 王氏引之曰: 義, 亦讀爲儀, 謂威儀不齊壹也. 下文引詩, 正以爲儀壹之證.

번역 왕인지가 말하길, '의(義)'자는 또한 의(儀)자로 풀이해야 하니, 위엄스러운 거동이 한결같지 않다는 뜻이다. 아래문장에서 『시』를 인용한 것은 바로 위엄스러운 거동이 한결같다는 뜻을 증명하기 위해서이다.

訓纂 胡邦衡曰: 言有物, 猶"仁人不過乎物"之物. 格, 至道也. 祖己曰, "惟先格王." 志者, 終身所尙, 故生不奪志; 名欲立於後世, 故死不奪名.

번역 호방형이 말하길, 말에 물(物)이 있다고 했는데, 이것은 "인(仁)한 자는 사물의 이치에서 벗어나지 않는다."3)라고 했을 때의 '물(物)'과 같다. '격(格)'자는 지극한 도를 뜻한다. 조기는 "우선적으로 왕을 지극한 도에 따라 바로잡겠다."4)라고 했다. '지(志)'는 종신토록 숭상하는 것이다. 그렇

---

3) 『예기』「애공문(哀公問)」【597c】: 孔子蹴然辟席而對曰, "仁人不過乎物, 孝子不過乎物. 是故仁人之事親也如事天, 事天如事親. 是故孝子成身." 公曰, "寡人旣聞此言也, 無如後罪何?" 孔子對曰, "君之及此言也, 是臣之福也."

4) 『서』「상서(商書)・고종융일(高宗肜日)」: 高宗肜日, 越有雊雉, 祖己曰, 惟先格王, 正厥事.

기 때문에 생전에는 그 뜻을 빼앗을 수 없다. 명성은 후세에 전해지도록
함이다. 그렇기 때문에 죽어서는 명성을 빼앗을 수 없다.

訓纂 今詩經"也"作"兮".

번역 현행본 『시경』에는 '야(也)'자가 혜(兮)자로 기록되어 있다.

集解 呂氏大臨曰: 義重於生, 舍生而取義, 不義之名, 君子所不受也.

번역 여대림이 말하길, 의리는 생명보다 중요하니, 목숨을 던져서라도
의리를 취하며, 의롭지 못한 명성은 군자가 받아들이지 않는다.

集解 愚謂: 鶴山魏氏引"侵敗王略"·"封畛土略", 證此"略"字之義, 是也.
"略"字從田從各, 乃土田之界別, 故此借以爲分別之義. 蓋多聞多志, 則所以
考之於古者博矣. 質而守之, 質而親之, 則所以辨之於人者審矣. 於是又反之
於己, 而體驗之, 思索之, 使所知者極其精, 然後分別其可否而行之. 如此, 必
無無物之言, 踰格之行矣. 引書, 以明凡事必度之於衆, 所謂"質而守之, 質而
親之"也. 引詩, 言儀度當歸於純一, 所謂略而行之也.

번역 내가 생각하기에, 학산위씨5)는 "왕이 정한 경계를 어긴다."6)라는
말과 '봉토의 경계'7)라고 한 말을 인용하여 이곳에 나온 '약(略)'자의 뜻을
증명하였는데, 그 주장이 옳다. '약(略)'자는 전(田)자와 각(各)자로 구성되

---

5) 위료옹(魏了翁, A.D.1178~A.D.1237): =학산위씨(鶴山魏氏). 남송 때의 학자
이다. 자(字)는 화보(華父)이고, 호(號)는 학산(鶴山)이며, 시호(諡號)는 문정
(文靖)이다. 저서로는 『경외잡초(經外雜鈔)』·『구경요의(九經要義)』·『학산
집(鶴山集)』 등이 있다.
6) 『춘추좌시전』「성공(成公) 2년」: 王親受而勞之, 所以懲不敬·勸有功也. 兄弟
甥舅, 侵敗王略, 王命伐之, 告事而已, 不獻其功, 所以敬親暱·禁淫慝也.
7) 『춘추좌씨전』「정공(定公) 4년」: 分康叔以大路·少帛·綪茷·旃旌·大呂, 殷
民七族, 陶氏·施氏·繁氏·錡氏·樊氏·饑氏·終葵氏; 封畛土略, 自武父以
南及圃田之北竟, 取於有閻之土以共王職; 取於相土之東都以會王之東蒐.

어 있으니, 토지의 경계를 뜻한다. 그렇기 때문에 이러한 글자를 빌려서 분별의 뜻으로 삼은 것이다. 많이 듣고 많이 기록한다는 것은 이전 것들에 대해 널리 고찰하는 것이다. 질정하여 지키고 질정하여 친숙하게 하는 것은 여러 사람들의 의견을 통해 심도 있게 변별하는 것이다. 이처럼 하게 되면 또한 자신과 반대가 되는 의견도 나오니, 직접 증험하고 깊이 생각하여 알고 있는 것을 정밀히 한 뒤에야 가부를 판별하여 시행한다. 이처럼 한다면 반드시 증험하지 못한 말이 없게 되고, 분별에서 벗어난 행동이 없게 된다. 『서』를 인용하여 모든 사안에 대해서는 반드시 대중을 통해서 헤아려야 한다는 뜻을 나타낸 것이니, 바로 "질정하여 지키고 질정하여 친숙하게 한다."는 뜻이다. 『시』를 인용한 것은 격식과 법도는 순일한 곳으로 회귀해야 한다는 뜻이니, 바로 "분별하여 행동한다."는 의미이다.

• 제 18 절 •

군자(君子)와 정(正)

子曰, "唯君子能好其正, 小人毒其正. 故君子之朋友有鄉, 其惡有方. 是故邇者不惑, 而遠者不疑也. 詩云,'君子好仇'"

직역 子가 曰, "唯히 君子라야 能히 그 正을 好하니, 小人은 그 正을 毒이라. 故로 君子의 朋友에는 鄉이 有하고, 그 惡에는 方이 有하다. 是故로 邇者는 不惑하고, 遠者는 不疑한다. 詩에서 云, '君子의 好仇라.'"

의역 공자가 말하길, "오직 군자라야 정도를 좋아할 수 있으니, 소인은 정도에 해를 끼치려고 한다. 그러므로 군자는 도를 함께 하는 자를 사귀어, 벗을 사귐에 지향점이 있고, 또 그가 싫어함에는 공정한 방향이 있다. 이러한 까닭으로 가까운 자는 의혹을 품지 않고, 멀리 떨어져 있는 자도 의심하지 않는다. 『시』에서는 '군자의 좋은 짝이로다.'"라고 했다.

集說 舊讀正爲匹, 今從呂氏說讀如字. 蓋君子與君子以同道爲朋, 小人與小人以同利爲朋. 君子固好其同道之朋矣, 小人亦未嘗不好其同利之朋. 不當言毒害其匹也, 小人視君子如仇讎, 常有禍之之心, 此所謂毒其正也. 君子所好不可以非其人, 故曰朋友有鄉; 所惡不可以及善人, 故曰其惡有方. 前章言章善癉惡以示民厚, 則民情不貳, 今好惡旣明, 民情歸一, 故邇者遠者不惑不疑也. 詩, 周南關雎之篇, 言君子有良善之仇匹, 引以證同道之朋.

번역 옛 주석에서는 '정(正)'자를 짝[匹]이라고 풀이했는데, 지금은 여씨의 주장에 따라 글자대로 풀이한다. 군자는 군자와 도를 함께 하여 벗으로 삼지만, 소인은 소인과 이로움을 함께 하여 벗으로 삼기 때문이다. 군자는 진실로 도를 함께 하는 벗을 좋아하는데, 소인은 또한 이로움을 함께 하는 벗을 일찍이 좋아하지 않은 적이 없다. 따라서 "그 짝에게 해를 입힌다."라고 말해서는 안 되니, 소인은 군자를 원수처럼 보아서 항상 그에게 해를 끼치려는 마음을 갖는다. 이것이 바로 "그 바름에 해를 끼친다."는 뜻이다. 군자는 좋아하는 것으로 남을 비판하지 않는다. 그렇기 때문에 "벗을 사귐에 지향점이 있다."라고 했다. 또 싫어하는 것을 선한 사람에게까지 적용하지 않는다. 그렇기 때문에 "그가 싫어하는 것에 방향이 있다."라고 했다. 앞에서는 "선을 드러내고 악을 미워하여 백성들에게 두터이 할 것을 보여준다면, 백성들의 정감은 어긋나지 않는다."라고 했으니, 현재의 상태는 좋아하고 싫어함이 이미 밝게 드러나서 백성들의 정감이 한결같음으로 귀의한 것이다. 그렇기 때문에 가까이 있는 자와 멀리 떨어져 있는 자가 의혹을 품거나 의심하지 않는다. 『시』는 『시』「주남(周南)・관저(關雎)」편으로,[1] 군자에게는 선량한 짝이 있다는 뜻이니, 이 시를 인용하여 도를 함께 하는 벗을 증명하였다.

大全 嚴陵方氏曰: 君子非特其身正而已, 於正人又能好而與之. 小人非特身不正而已, 於正人又且毒而害之. 此君子小人好惡之辨也.

번역 엄릉방씨가 말하길, 군자는 자신을 바르게 할뿐만 아니라 바른 사람에 대해서도 좋아하여 함께 할 수 있다. 소인은 자신을 바르게 하지 않을뿐만 아니라 바른 사람에 대해서도 해를 끼친다. 이것이 군자와 소인의 좋아함과 싫어함이 구별되는 이유이다.

大全 馬氏曰: 君子之朋友有鄉, 所謂直也諒也多聞也. 其惡有方, 所謂便辟也善柔也便佞也. 朋友有鄉, 君子所以致其好也. 其惡有方, 君子所以致其惡也.

---

1) 『시』「주남(周南)・관저(關雎)」: 關關雎鳩, 在河之洲. 窈窕淑女, <u>君子好逑</u>.

번역 마씨가 말하길, 군자가 벗을 사귐에 지향점이 있다는 말은 이른바 곧고 성실하며 식견이 많은 자를 사귄다는 뜻이다. 또 싫어함에는 방향이 있다는 말은 이른바 외모에만 치중하고 유순하기만 잘하며 말을 잘 꾸미는 자를 사귀지 않는다는 뜻이다.[2] 벗을 사귐에 지향점이 있는 것은 군자가 좋아함을 지극히 하는 방법이다. 싫어함에 방향이 있는 것은 군자가 싫어함을 지극히 하는 방법이다.

鄭注 正, 當爲"匹", 字之誤也, 匹謂知識朋友. "鄕"·"方", 喩輩·類也. 小人徼利, 其交無常也. 言其可望而知. 邇, 近也. 仇, 匹也.

번역 '정(正)'자는 마땅히 필(匹)자가 되어야 하니, 자형이 비슷해서 생긴 오류이며, '필(匹)'자는 식견이 많은 벗을 뜻한다. '향(鄕)'자와 '방(方)'자는 무리[輩]와 부류[類]를 비유한다. 소인은 이로움을 탐하기 때문에 그의 사귐에는 항상된 도리가 없다. 의혹을 하지 않는다는 말은 바라보면 알 수 있다는 뜻이다. '이(邇)'자는 "가깝다[近]."는 뜻이다. '구(仇)'자는 짝[匹]을 뜻한다.

釋文 好, 呼報反, 下皆同. 正音匹, 出注, 下同. 鄕, 許亮反, 又音香, 注同. 輩, 布內反. 徼, 古堯反, 下同.

번역 '好'자는 '呼(호)'자와 '報(보)'자의 반절음이며, 아래문장에 나오는 이 글자는 모두 그 음이 이와 같다. '正'자는 그 음이 '匹(필)'이니, 정현의 주에 따른 것이며, 아래문장에 나오는 글자도 그 음이 이와 같다. '鄕'자는 '許(허)'자와 '亮(량)'자의 반절음이며, 다른 음은 '香(향)'이고, 정현의 주에 나오는 글자도 그 음이 이와 같다. '輩'자는 '布(포)'자와 '內(내)'자의 반절음이다. '徼'자는 '古(고)'자와 '堯(요)'자의 반절음이며, 아래문장에 나오는 글자도 그 음이 이와 같다.

---

2) 『논어』「계씨(季氏)」 : 孔子曰, "益者三友, 損者三友. 友直, 友諒, 友多聞, 益矣. 友便辟, 友善柔, 友便佞, 損矣."

孔疏 ●"子曰"至"好仇". ○正義曰: 此一節明其朋匹之事.

번역 ●經文: "子曰"~"好仇". ○이곳 문단은 벗과 짝에 대한 사안을 나타내고 있다.

孔疏 ●"君子能好其正"者, 匹, 匹偶. 言君子能愛好其朋友匹偶, 以下云 "君子好仇", 故知此"正"爲"匹"也.

번역 ●經文: "君子能好其正". ○'필(匹)'자는 배필을 뜻한다. 군자는 벗과 배필을 좋아할 수 있다는 뜻인데, 아래문장에서 "군자의 좋은 짝이로다."라고 했기 때문에, 이곳에 나온 '정(正)'자가 필(匹)자가 됨을 알 수 있다.

孔疏 ●"故君子之朋友有鄉, 其惡有方"者, 言"鄉"・"方", 皆猶輩・類也. 言君子所親朋友及所惡之人, 皆有輩類. 言君子善者則爲朋友也. 旣好惡不同, 故君子之交, 可者與之, 不以榮枯爲異, 是朋友. 不善者, 則可憎惡之, 言有常也. 若小人唯利是求, 所善所惡, 無恒定也.

번역 ●經文: "故君子之朋友有鄉, 其惡有方". ○'향(鄉)'과 '방(方)'이라고 했는데, 이 모두는 무리[輩]와 부류[類]를 비유한다. 즉 군자가 친애하는 벗과 싫어하는 사람은 모두 각각의 무리와 부류가 있다는 뜻이다. 군자는 선한 자에 대해서라면 벗으로 삼는다. 이미 좋아함과 싫어함이 다르기 때문에 군자의 사귐에 있어서는 가능한 자라면 함께 하지만, 영화와 쇠락으로 차이를 두지 않으니, 이러한 자는 벗이 된다. 반면 불선한 자라면 미워할 수 있으니, 여기에도 항상된 도리가 있다는 뜻이다. 만약 소인이라면 오직 이로움만 추구하여, 선하게 여기고 싫어하는 것에 항상됨이 없다.

孔疏 ●"是故邇者不惑, 而遠者不疑也", 由好惡有定, 可望貌而知, 故近者不惑, 遠者不疑也.

번역 ●經文: "是故邇者不惑, 而遠者不疑也". ○좋아함과 싫어함에 일

정함이 있음으로 인해, 그의 모습을 바라보면 그 뜻을 알 수 있다. 그렇기 때문에 가까이 있는 자는 의혹을 품지 않고 멀리 떨어져 있는 자도 의심을 하지 않는다.

孔疏 ●"詩云: 君子好仇"者, 此周南·關雎之篇, 詩意云: "窈窕淑女, 君子好仇." 此則斷章云: 君子之人, 以好人爲匹也.

번역 ●經文: "詩云: 君子好仇". ○이 시는 『시』「주남(周南)·관저(關雎)」편으로, 『시』의 본래 의미는 "얌전하고 정숙한 숙녀는 군자의 좋은 짝이로다."라는 뜻이다. 이곳에서는 단장취의를 하였기 때문에, 군자라는 사람은 좋은 사람을 짝으로 삼는다고 했다.

訓纂 陳用之曰: 邇者不惑, 儒行所謂"並立則樂, 相下不厭"也. 遠者不疑, 所謂"久不相見, 聞流言不信其行"也.

번역 진용지가 말하길, "가까운 자가 미혹되지 않는다."는 말은 『예기』「유행(儒行)」편에서 "나란히 서게 되면 즐거워하고, 상대보다 아래에 있어도 싫어하지 않는다."라고 한 뜻에 해당한다. "멀리 있는 자가 의심하지 않는다."는 말은 "오래도록 서로 만나보지 못했더라도, 떠도는 소문만 듣고 그의 행실이 그럴 것이라고 믿지 않는다."라고 한 뜻에 해당한다.[3]

集解 今按: 正如字. 仇, 詩作逑.

번역 현재 살펴보니, '正'자는 글자대로 읽는다. '구(仇)'자를 『시』에서는 구(逑)자로 기록했다.

---

3) 『예기』「유행(儒行)」 【686b】 : 儒有合志同方, 營道同術. 並立則樂, 相下不厭. 久不相見聞流言不信. 其行本方立義, 同而進, 不同而退. 其交友有如此者.

集解 正, 謂益者之友, 能正己之失者, 唯君子能好之, 若小人則反毒害之矣. 方亦鄕也. 君子所交之朋友, 有一定之鄕, 必其善者也; 其所惡亦有一定之方, 必其不善者也. 是以能見信於遠邇也.

번역 '정(正)'은 보탬이 되는 벗을 뜻하니, 자신의 잘못을 바로잡을 수 있는 자로, 오직 군자만이 좋아할 수 있으며, 소인의 경우라면 반대로 그에게 해를 끼친다. '방(方)'자 또한 향(鄕)자의 뜻이다. 군자가 교류하는 벗은 일정한 지향점이 있으니, 반드시 선을 추구하는 자들이며, 군자가 싫어하는 것에도 일정한 방향이 있으니, 반드시 불선한 자들이다. 이러한 까닭으로 멀리 떨어져 있거나 가까이 있는 자들에 대해서 믿음을 받을 수 있다.

참고 『시』「주남(周南)·관저(關雎)」

關關雎鳩, (관관저구) : 관관! 하며 조화롭게 우는 저 저구새여,
在河之洲. (재하지주) : 하수의 모래섬에 있구나.
窈窕淑女, (요조숙녀) : 그윽하고 유유자적하는 숙녀여,
君子好逑. (군자호구) : 군주의 좋은 배필이구나.

參差荇菜, (참차행채) : 들쭉날쭉한 마름나물을,
左右流之. (좌우류지) : 좌우에서 취하는구나.
窈窕淑女, (요조숙녀) : 그윽하고 유유자적하는 숙녀를,
寤寐求之. (오매구지) : 오매불망 찾는구나.
求之不得, (구지부득) : 찾아도 얻지 못하니,
寤寐思服. (오매사복) : 오매불망 그리워하는구나.
悠哉悠哉, (유재유재) : 사모하고 사모하여,
輾轉反側. (전전반측) : 이리저리 뒤척이는구나.

參差荇菜, (참차행채) : 들쭉날쭉한 마름나물을,
左右采之. (좌우채지) : 좌우에서 따는구나.

窈窕淑女, (요조숙녀) : 그윽하고 유유자적하는 숙녀를,

琴瑟友之. (금슬우지) : 금슬(琴瑟)로 사귀고자 하는구나.

參差荇菜, (참차행채) : 들쭉날쭉한 마름나물을,

左右芼之. (좌우모지) : 좌우에서 고르는구나.

窈窕淑女, (요조숙녀) : 그윽하고 유유자적하는 숙녀를,

鍾鼓樂之. (종고락지) : 종과 북으로 즐겁게 하고자 하는구나.

毛序 關雎, 后妃之德也. 風之始也, 所以風天下而正夫婦也, 故用之鄕人焉, 用之邦國焉. 風, 風也敎也, 風以動之, 敎以化之. 詩者志之所之也, 在心爲志, 發言爲詩. 情動於中而形於言, 言之不足, 故嗟歎之, 嗟歎之不足, 故永歌之, 永歌之不足, 不知手之舞之足之蹈之也. 情發於聲, 聲成文, 謂之音. 治世之音, 安以樂, 其政和, 亂世之音, 怨以怒, 其政乖, 亡國之音, 哀以思, 其民困. 故正得失動天地感鬼神, 莫近於詩. 先王, 以是經夫婦, 成孝敬, 厚人倫, 美敎化, 移風俗. 故詩有六義焉, 一曰風, 二曰賦, 三曰比, 四曰興, 五曰雅, 六曰頌. 上以風化下, 下以風刺上, 主文而譎諫, 言之者無罪, 聞之者足以戒. 故曰風. 至于王道衰, 禮義廢政敎失, 國異政, 家殊俗, 而變風變雅作矣. 國史明乎得失之迹, 傷人倫之廢, 哀刑政之苛, 吟詠情性, 以風其上. 達於事變而懷其舊俗者也. 故變風, 發乎情, 止乎禮義, 發乎情, 民之性也, 止乎禮義, 先王之澤也. 是以, 一國之事繫一人之本, 謂之風, 言天下之事, 形四方之風, 謂之雅. 雅者, 正也, 言王政之所由廢興也. 政有小大, 故有小雅焉, 有大雅焉. 頌者, 美盛德之形容, 以其成功告於神明者也. 是謂四始, 詩之至也. 然則關雎麟趾之化, 王者之風, 故繫之周公. 南, 言化自北而南也. 鵲巢騶虞之德, 諸侯之風也, 先王之所以敎. 故繫之召公. 周南召南, 正始之道, 王化之基. 是以, 關雎, 樂得淑女以配君子, ・憂在進賢, 不淫其色, 哀窈窕, 思賢才, 而無傷善之心焉, 是關雎之義也.

모서 「관저(關雎)」편은 후비의 덕을 노래한 시이다. 풍(風)에 따른 교화가 시작되는 것이니, 천하를 교화하여 부부를 바로잡는 것이다. 그렇기 때문에 향리 사람들에게 사용하고, 나라 사람들에게도 사용하는 것이다. '풍(風)'은 풍(風)에 따라 바꾸고 교화를 시키는 것이니, 바람을 일으켜 움직

이게 하고 교화를 시켜서 변화하게 만드는 것이다. '시(詩)'는 뜻이 지향하
는 것이니, 마음에 있을 때에는 '지(志)'가 되고 말로 표현되면 '시(詩)'가
된다. 정감은 마음에서 움직여 말로 나타나는데, 말로는 표현하기 부족하
기 때문에 탄식을 하고, 탄식으로도 부족하기 때문에 노래를 부르며, 노래
로도 부족하기 때문에 스스로 손발을 너울거리며 춤을 추는 것도 모르게
된다. 정감이 소리[聲]로 나타나고, 소리가 문채를 이루면 이것을 '음(音)'
이라고 부른다. 태평한 시대의 음(音)은 편안하면서도 즐거우니 그 정치가
조화롭기 때문이며, 혼란한 시대의 음(音)은 원망하며 성내니 그 정치가
어그러졌기 때문이고, 망국의 음(音)은 애통하고 그리워하니 백성들이 고
달프기 때문이다. 그러므로 득실을 올바르게 하고 천지와 귀신을 감동시
키는 것으로는 시(詩)만한 것이 없다. 이를 통해 부부의 도리를 바로잡고
효와 공경을 이루며 인륜의 질서를 두텁게 하고 교화를 아름답게 하며
풍속을 바꾼다. 그러므로 시(詩)에는 육의(六義)가 있으니, 첫 번째는 '풍
(風)'이고, 두 번째는 '부(賦)'이며, 세 번째는 '비(比)'이고, 네 번째는 '흥
(興)'이며, 다섯 번째는 '아(雅)'이고, 여섯 번째는 '송(頌)'이다. 위에서는
풍(風)에 따라 아랫사람을 교화하고, 아래에서는 풍(風)에 따라 윗사람을
풍자하니, 문장을 위주로 하며 은근히 간언을 하여, 이것을 말하는 자는
죄를 받지 않고 이것을 듣는 자는 경계로 삼기에 충분하다. 그렇기 때문에
'풍(風)'이라고 부른다. 왕도가 쇠하게 되자 예의가 없어지고 정치와 교화
가 실추되어 나라마다 정치를 달리하고 집마다 풍속을 달리하니, 변풍(變
風)과 변아(變雅)가 일어났다. 사관은 득실의 자취를 밝히고 인륜의 도리
가 없어지는 것을 상심하며 형벌과 정치가 가혹하게 되는 것을 애석하게
여겨서, 그 성정을 노래하여 윗사람을 풍자했다. 사안의 변화에 달통하고
옛 풍속을 그리워한 것이다. 그렇기 때문에 변풍은 정감에서 나타나서 예
의에서 그치니, 정감에서 나타나는 것은 백성들의 본성이며, 예의에서 그
치는 것은 선왕의 은택이다. 이러한 까닭으로 한 나라의 일이 한 사람의
근본에 관계된 것을 '풍(風)'이라 부르고, 천하의 일들을 말하여 사방의 풍
속을 드러내는 것을 '아(雅)'라고 부른다. 아(雅)는 바르다는 뜻이니, 왕도

의 정치가 이를 통해 폐하거나 흥하게 됨을 뜻한다. 정치에는 작은 것도 있고 큰 것도 있기 때문에 소아(小雅)가 있고 대아(大雅)가 있다. '송(頌)'은 융성한 덕성의 모습을 찬미하여, 신명에게 공덕을 이루었다고 아뢰는 것이다. 앞서 언급한 것들을 '사시(四始)'라고 부르니, 시(詩)의 지극함이다. 그러므로 「관저(關雎)」편과 「인지(麟趾)」편에 나타난 교화는 천자의 풍(風)에 해당하기 때문에 주공(周公)에게 관련시킨 것이며, '남(南)'은 교화가 북쪽으로부터 남쪽으로 퍼지는 것을 뜻한다. 「작소(鵲巢)」편과 「추우(騶虞)」편에 나타난 덕은 제후의 풍(風)에 해당하기 때문에 선왕이 이를 통해 교화한 것이다. 그러므로 소공(召公)에게 관련시켰다. 「주남(周南)」편과 「소남(召南)」편은 시작을 올바르게 하는 도이며, 왕도의 교화가 기틀로 삼는 것이다. 이러한 까닭으로 「관저」편은 숙녀를 얻어 군자에 짝하게 됨을 기뻐한 것이며, 현자를 등용시키는 일을 항상 걱정하고 여색에 빠지지 않았고, 요조숙녀를 그리워하고 현명한 인재를 사모하여, 선함을 해치려는 마음이 없으니, 이것이 바로 「관저」편의 뜻이다.

그림 18-1 ▣ 저구(雎鳩)

雎鳩

雎鳩雕類江東
呼之爲鶚摯而
有別習水文善
捕魚左傳郯子
曰雎鳩氏司馬
雎鳩摯而有別
故爲司馬主法
制

※ 출처: 『삼대도회(三才圖會)』「조수(鳥獸)」 2권

• 제 **19** 절 •

호현(好賢)과 오악(惡惡) Ⅱ

【650c】

子曰, "輕絶貧賤而重絶富貴, 則好賢不堅, 而惡惡不著也. 人雖曰不利, 吾不信也. 詩云, '朋友攸攝, 攝以威儀.'"

직역 子가 曰, "貧賤과 絶하길 輕하고 富貴와 絶하길 重하면, 賢을 好함이 不堅하고, 惡을 惡함이 不著라. 人이 雖히 不利라 曰라도, 吾는 不信이라. 詩에서 云, '朋友가 攝하는 攸가 攝하길 威儀로써 함이로다.'"

의역 공자가 말하길, "가난하고 미천한 자와 관계를 끊을 때에는 가볍게 여기지만 반대로 부유하고 존귀한 자와 관계를 끊을 때 신중히 한다면, 이것은 현명한 자를 좋아하는 마음이 견고하지 않고, 악을 싫어하는 마음이 드러나지 않은 것이다. 그러한 사람이 비록 이로움 때문이 아니라고 말한다 하더라도 나는 믿지 않을 것이다. 『시』에서는 '벗들이 서로를 검속하는 것은 위엄스러운 거동으로써 검속하는 것이다.'"라고 했다.

集說 詩, 大雅旣醉之篇. 言朋友所以相檢攝者在威儀, 以喩不在貧賤富貴也.

번역 『시』는 『시』「대아(大雅)·기취(旣醉)」편이다.[1] 즉 벗이 서로를 검속하는 것은 위엄스러운 거동에 달려 있다는 뜻이니, 이를 통해 가난함과 미천함 또는 부유함과 존귀함에 있지 않음을 비유하였다.

---

1) 『시』「대아(大雅)·기취(旣醉)」: 其告維何, 籩豆靜嘉. <u>朋友攸攝, 攝以威儀</u>.

集說 馬氏曰: 賢者宜富貴, 而富貴者未必皆賢. 惡者宜貧賤, 而貧賤者未必皆惡. 於其貧賤而輕有以絶之, 則是好賢不堅也. 於其富貴而重有以絶之, 則是惡惡不著也. 是志在於利而不在於道, 人雖曰不利者, 吾不信也.

번역 마씨가 말하길, 현명한 자는 마땅히 부유하고 존귀하지만, 부유하고 존귀한 자들이 모두 현명한 것은 아니다. 악한 자는 마땅히 가난하고 미천하지만, 가난하고 미천한 자들이 모두 악한 것은 아니다. 가난하고 미천한 자에 대해서 경솔하게 관계를 끊는다면, 이것은 현명한 자를 좋아하는 마음이 견고하지 않은 것이다. 또 부유하고 존귀한 자에 대해서 관계를 끊는 것을 매우 신중하게 한다면, 이것은 악을 싫어함이 드러나지 않은 것이다. 이것은 그 뜻이 이로움에 있고 도에 있지 않기 때문이니, 그 사람이 비록 나는 이로움 때문에 한 것이 아니라고 말하더라도 나는 믿지 않을 것이다.

大全 嚴陵方氏曰: 可友者, 以其賢, 可絶者, 以其惡. 然賢者不必富貴, 惡者不必貧賤. 苟輕絶貧賤, 而重絶富貴, 則勢利之交而已.

번역 엄릉방씨가 말하길, 사귈 수 있는 것은 그의 현명함 때문이며, 관계를 끊을 수 있는 것은 그의 악행 때문이다. 그러나 현명한 자가 모두 부유하고 존귀한 것은 아니며, 악한 자가 모두 가난하고 미천한 것은 아니다. 만약 가난하고 미천한 자에 대해서 관계를 끊는 것을 가벼이 여기고, 부유하고 존귀한 자에 대해서 관계를 끊는 것을 신중히 한다면, 권세나 이로움만을 추구하는 사귐일 따름이다.

鄭注 言此近徼利也. 攸, 所也. 言朋友以禮義相攝正, 不以貧富貴賤之利也.

번역 이것은 이로움을 탐하는데 가깝다는 뜻이다. '유(攸)'자는 소(所)자의 뜻이다. 벗은 예의에 따라 서로 도와서 바르게 하니, 가난함과 부유함 또는 존귀함과 미천함이라는 이로움으로써 하지 않는다는 뜻이다.

釋文 惡惡, 上烏路反, 下如字. 著, 張慮反. 近, 附近之近.

번역 '惡惡'에서 앞의 '惡'자는 '烏(오)'자와 '路(로)'자의 반절음이며, 뒤의 '惡'자는 글자대로 읽는다. '著'자는 '張(장)'자와 '慮(려)'자의 반절음이다. '近'자는 '부근(附近)'의 '近'자이다.

孔疏 ●"子曰"至"威儀". ○正義曰: 此一節明交友之道, 唯善是仇, 以威儀相攝佐也.

번역 ●經文: "子曰"~"威儀". ○이곳 문단은 벗을 사귀는 도에 있어서는 오직 선한 자만이 짝이 될 수 있으니, 위엄스러운 거동으로 서로 도와주기 때문이라는 뜻이다.

孔疏 ●"則好賢不堅, 而惡惡不著也"者, 以賢而貧賤則輕絶之, 是好賢不堅. 惡而富貴則重絶之, 則惡惡不著也. 如此者, 是貪利之人, 故云"雖曰不利, 吾不信也".

번역 ●經文: "則好賢不堅, 而惡惡不著也". ○현명하지만 가난하고 미천하다는 이유로 경솔하게 관계를 끊는 것은 바로 현명한 자를 좋아하는 마음이 견고하지 않은 것이다. 악하지만 부유하고 존귀하다는 이유로 관계 끊는 것을 신중히 하는 것은 악을 싫어하는 마음이 드러나지 않는 것이다. 이와 같은 자는 이로움을 탐하는 사람이다. 그렇기 때문에 "비록 이로움 때문이 아니라고 말하더라도, 나는 믿지 않을 것이다."라고 했다.

孔疏 ●"詩云: 朋友攸攝, 攝以威儀"者, 此大雅·旣醉之篇, 美成王之時大平之詩. 於時朋友群臣, 所以禮義相攝佐之時以威儀也. 言不以富貴貧賤而求利者.

번역 ●經文: "詩云: 朋友攸攝, 攝以威儀". ○이 시는 『시』「대아(大雅)·기취(旣醉)」편으로, 성왕(成王)이 다스리던 때가 태평성세였음을 찬미하는 시이다. 이 시기에 벗들과 신하들은 예의에 따라 서로 도와주었으니, 위엄

스러운 거동에 따라서 했던 것이다. 즉 부유함과 존귀함 및 가난함과 미천
함을 기준으로 이로움을 추구하지 않았다는 의미이다.

集說 貧賤者, 未必不賢也, 而輕於絶之, 則必有以賢而見絶者, 而好賢之
心不堅矣. 富貴者, 未必不惡也, 而重於絶之, 則必有以惡而見容者, 而惡惡之
心不著矣. 如此, 則其交也, 徒以勢利而不以道義也. 引詩, 言人之交友, 當相
攝以威儀, 不可以貧賤富貴爲向背也.

번역 가난하고 미천한 자가 반드시 현명하지 않은 것은 아닌데, 그들과
관계 끊는 것을 가볍게 여긴다면, 분명 현명한데도 관계를 끊어버리는 자가
생기고, 현명함을 좋아하는 마음이 견고하지 못한 것이다. 부유하고 존귀한
자가 반드시 악하지 않은 것은 아닌데, 그들과 관계 끊는 것을 신중히 한다
면, 분명 악한데도 받아들이는 자가 생기고, 악을 싫어하는 마음이 드러나
지 않은 것이다. 이처럼 한다면 그의 사귐은 단지 세력과 이로움에 따른
것이고, 도의에 따른 것이 아니다. 『시』를 인용한 것은 사람이 벗을 사귈
때에는 마땅히 위엄스러운 거동으로 서로 도와야 하며, 가난함과 미천함
또 부유함과 존귀함을 기준으로 지향하거나 등져서는 안 된다는 뜻이다.

참고 『시』「대아(大雅)・기취(旣醉)」

旣醉以酒, (기취이주) : 관련 예법을 다하여 술로써 취하게 하며,
旣飽以德. (기포이덕) : 관련 일을 마무리하여 덕으로써 배부르게 하노라.
君子萬年, (군자만년) : 군자가 만년을 누리리니,
介爾景福. (개이경복) : 네가 큰 복을 받도록 돕는구나.

旣醉以酒, (기취이주) : 관련 예법을 다하여 술로써 취하게 하며,
爾殽旣將. (이효기장) : 네가 술안주를 차려주노라.
君子萬年, (군자만년) : 군자가 만년을 누리리니,

介爾昭明. (개이소명) : 네가 밝게 빛나도록 돕는구나.

昭明有融, (소명유융) : 밝게 빛남이 지속되니,

高朗令終. (고랑령종) : 높고도 밝은 명예로 마침을 아름답게 하는구나.

令終有俶, (영종유숙) : 마침을 잘하여 두터움이 있으니,

公尸嘉告. (공시가고) : 공시(公尸)[2]가 좋은 말을 일러주는구나.

其告維何, (기고유하) : 공시가 좋은 말을 고해줌은 무엇을 말하는가?

籩豆靜嘉. (변두정가) : 변(籩)과 두(豆)에 차려내는 음식이 정결하면서도 좋기 때문이니라.

朋友攸攝, (붕우유섭) : 뜻을 함께 하여 도와주는 신하들은,

攝以威儀. (섭이위의) : 위엄을 갖춘 예법으로 도와주느니라.

威儀孔時, (위의공시) : 위엄스러운 예법이 매우 합당하거늘,

君子有孝子. (군자유효자) : 군자는 효자의 행실을 지녔도다.

孝子不匱, (효자불궤) : 자식은 그치고 다하지 않으니,

永錫爾類. (영석이류) : 길이 너의 친족들과 함께 하리라.

其類維何, (기류유하) : 너의 친족들과 함께 하는 것은 무엇을 말함인가?

室家之壼. (실가지호) : 우선 너의 집안을 치르게 함이라.

君子萬年, (군자만년) : 군자가 만년을 누리리니,

永錫祚胤. (영석조윤) : 길이 복을 내려 자손에게까지 미치리라.

其胤維何, (기윤유하) : 너의 자손에게까지 미치는 것은 무엇을 말함인가?

天被爾祿. (천피이록) : 하늘이 너의 녹봉과 지위를 덮어줌이니라.

君子萬年, (군자만년) : 군자가 만년을 누리리니,

景命有僕. (경명유복) : 하늘이 명을 내려 정사와 교화를 시행케 하리라.

---

2) 의(義)·행(行)과 다문(多聞)·다지(多志)·정지(精知)공시(公尸)는 천자의 제사 때 신령 대신 제사를 받는 시동을 뜻한다. 천자의 제사에서는 경(卿)을 시동으로 세웠기 때문에, '공(公)'자를 붙여서 '공시'라고 부른 것이다.

其僕維何, (기복유하) : 하늘이 정사와 교화를 시행케 함은 무엇을 말함인가?
釐爾女士. (이이여사) : 너에게 훌륭한 배필을 내려줌이리라.
釐爾女士, (이이여사) : 너에게 훌륭한 배필을 내려주리니,
從以孫子. (종이손자) : 현명한 자손을 낳아 뒤를 이으리라.

毛序   旣醉, 大平也, 醉酒飽德, 人有士君子之行焉.

모서   「기취(旣醉)」편은 태평성세를 읊은 시이니, 술에 취하고 덕으로
배가 불러서, 사람들마다 선비다운 군자의 행실이 갖춰졌다는 뜻이다.

● **그림 19-1** ▣ 변(籩)

※ **참조:** 상좌-『삼례도집주(三禮圖集注)』13권 ; 상우-『삼례도(三禮圖)』4권
　　　　　하좌-『육경도(六經圖)』6권 ; 하우-『삼재도회(三才圖會)』「기용(器用)」2권

그림 19-2 ■ 두(豆)

※ **출처:** 상좌-『육경도(六經圖)』 6권; 상우-『삼례도(三禮圖)』 4권

　　하좌-『삼례도집주(三禮圖集注)』 13권; 하우-『삼재도회(三才圖會)』「기

　　용(器用)」 1권

• 제 **20** 절 •

군자(君子)와 사혜(私惠)

【650d】

子曰, "私惠不歸德, 君子不自留焉. 詩云, '人之好我, 示我周行.'"

직역 子가 曰, "私히 惠하고 德으로 不歸함을 君子는 自히 留를 不한다. 詩에서 云, '人의 我를 好함이여, 我에게 周行을 示라.'"

의역 공자가 말하길, "사사롭게 은혜를 베풀었는데 그것이 덕에 맞지 않다면, 군자는 그가 베푼 은혜를 마음에 담아두지 않는다. 『시』에서는 '나를 좋아하는 사람이여, 나에게 큰 도리를 보여줄지어다.'"라고 했다.

集說 上文言好惡皆當循公道, 故此言人有私惠於我, 而不合於德義之公, 君子決不留之於己也. 詩, 小雅鹿鳴之篇. 周行, 大道也. 言人之好愛我者, 示我以大道而已, 引以明不留私惠之義.

번역 앞의 문장에서는 좋아함과 싫어함이 모두 공공의 도리에 따라야만 함을 말했다. 그렇기 때문에 이곳에서는 사람들 중 나에게 사적으로 은혜를 베푸는 자가 있는데, 덕과 의리라는 공공의 도리에 부합되지 않는다면, 군자는 결코 자신의 마음에 그에 대한 것을 남겨두지 않는다고 했다. 『시』는 『시』 「소아(小雅) · 녹명(鹿鳴)」편이다.[1] '주행(周行)'은 큰 도리를

---

1) 『시』 「소아(小雅) · 녹명(鹿鳴)」: 呦呦鹿鳴, 食野之苹. 我有嘉賓, 鼓瑟吹笙. 吹笙鼓簧, 承筐是將. <u>人之好我, 示我周行</u>.

뜻한다. 즉 나를 좋아하고 사랑하는 자는 나에게 큰 도리를 보여줄 따름이
라는 뜻이니, 이 시를 인용하여 사적인 은혜를 담아두지 않는다는 뜻을 나
타내었다.

大全 藍田呂氏曰: 此章言君子所好, 旣不容私, 亦不欲人之私好於我也.
私惠於我, 知其不足以歸德, 君子亦不受也. 故曰君子不自留焉. 引詩, 言受人
之好, 以示我至公而不比故也.

번역 남전여씨가 말하길, 이곳 문장은 군자가 좋아하는 것은 이미 사사
로운 것을 용납하지 않고 또한 남이 자신에게 사사로운 호의를 베푸는 것
도 바라지 않는다는 뜻이다. 나에게 사사로운 은혜를 베푼다면, 그가 덕으
로 회귀하기에 부족하다는 사실을 알게 되니, 군자는 또한 받아들이지 않
는다. 그렇기 때문에 "군자는 스스로 마음에 담아두지 않는다."라고 했다.
『시』를 인용한 것은 남의 호의를 받아들이는 것은 나에게 지극한 공공의
도를 보여주었기 때문이며, 단순히 편당을 짓기 위해서가 아님을 뜻한다.[2]

鄭注 私惠, 謂不以公禮相慶賀, 時以小物相問遺也. 言其物不可以爲德,
則君子不以身留此人也. 相惠以褻瀆·邪辟之物, 是爲不歸於德. 歸, 或爲
"懷". 行, 道也. 言示我以忠信之道.

번역 사사로운 은혜는 공공의 예법에 따라 서로 축하해주는 것이 아니
니, 수시로 작은 예물을 통해 서로에게 안부를 묻고 선물을 보낸다는 뜻이
다. 그 사물이 덕에 따른 것이 아니라면, 군자는 이러한 자에게 머물지 않는
다. 서로 은혜를 베풀며 너무 무례하거나 사벽한 사물을 사용한다면 이것
은 덕으로 귀의하는 것이 아니다. '귀(歸)'자를 다른 판본에서는 회(懷)자로
기록하기도 한다. '항(行)'자는 도(道)를 뜻한다. 즉 나에게 충심과 신의의
도를 보여준다는 뜻이다.

---

2) 『논어』「위정(爲政)」: 子曰, "君子周而不比, 小人比而不周."

釋文 遺, 于季反. 邪, 似嗟反, 徐以車反. 辟, 匹亦反. 行, 戶剛反, 又如字.

번역 '遺'자는 '于(우)'자와 '季(계)'자의 반절음이다. '邪'자는 '似(사)'자와 '嗟(차)'자의 반절음이며, 서음(徐音)은 '以(이)'자와 '車(거)'자의 반절음이다. '辟'자는 '匹(필)'자와 '亦(역)'자의 반절음이다. '行'자는 '戶(호)'자와 '剛(강)'자의 반절음이며, 또한 글자대로 읽기도 한다.

孔疏 ●"子曰"至"周行". ○正義曰: 此一節明君子唯以德是與.

번역 ●經文: "子曰"~"周行". ○이곳 문단은 군자는 오직 덕에 따라 함께 한다는 뜻을 나타내고 있다.

孔疏 ●"私惠不歸德"者, 言人以私小恩惠相問遺, 不歸依道德, 如此者, 君子之人不用留意於此等之人, 言不受其惠也.

번역 ●經文: "私惠不歸德". ○사람들이 사사롭고 작은 은혜로 서로 안부를 묻고 선물을 보내는데, 도와 덕에 의거하거나 회귀하지 않는다면, 이러한 자에 대해서 군자는 그에 대한 마음을 담아두지 않는다는 뜻이니, 그가 베푼 은혜를 받지 않는다는 의미이다.

孔疏 ●"詩云: 人之好我, 示我周行"者, 此小雅·鹿鳴之篇. 言文王燕飮群臣, 愛好於我, 示我以忠信之道也. 周, 忠信. 行, 道也. 惟以忠信正道以示我, 不以褻瀆·邪辟之物而相遺也.

번역 ●經文: "詩云: 人之好我, 示我周行". ○이 시는 『시』「소아(小雅)·녹명(鹿鳴)」편이다. 즉 문왕(文王)은 뭇 신하들에게 연회를 베풀며, 나를 좋아하는 자는 나에게 충심과 신의의 도를 보여 달라고 했다는 뜻이다. '주(周)'자는 충심과 신의를 뜻한다. '항(行)'자는 도(道)를 뜻한다. 오직 충심과 신의의 바른 도를 통해 나에게 보여주고, 너무 무례하거 굴거나 사벽한 사물로 선물을 보내지 말라는 의미이다.

集解 君子愛人以德, 苟有私惠於我, 而不歸於德義之公, 則君子不以其身留之. 齊景公待孔子以季・孟, 而不能行其道, 則孔子去之矣. 齊王饋孟子以兼金, 而不能處以禮, 則孟子辭之矣. 周行, 大道也. 引詩, 言人之相好, 當相示以大道, 而不可以私惠也.

번역 군자가 사람을 사랑할 때에는 덕에 따르는데, 만약 나에게 사적으로 은혜를 베푼 자가 있지만, 그것이 덕과 의리에 따른 공공의 도리에 맞지 않는다면, 군자는 그곳에 머물지 않는다. 제(齊)나라 경공(景公)이 계씨와 맹씨에 대한 것 중간 정도로 공자를 대우했는데, 그 도를 시행할 수 없다고 하자 공자는 곧 떠났다.[3] 제나라 왕이 맹자에게 좋은 금을 보내주었지만 예에 따라 처신하지 못한 것이라서 맹자는 사양을 했다.[4] '주행(周行)'은 큰 도리를 뜻한다. 『시』를 인용한 것은 사람들이 서로 우호를 다질 때에는 마땅히 서로에게 큰 도리를 보여주어야 하며, 사적인 은혜에 따라서는 안 된다는 뜻이다.

참고 『시』「소아(小雅)・녹명(鹿鳴)」

呦呦鹿鳴, (유유록명) : 우우하고 우는 사슴의 울음소리여,
食野之苹. (식야지평) : 들판의 풀들을 뜯고 있구나.
我有嘉賓, (아유가빈) : 나에겐 아름다운 손님이 있어,
鼓瑟吹笙. (고슬취생) : 비파를 타며 생황을 불고 있노라.
吹笙鼓簧, (취생고황) : 생황을 불어 연주하니,
承筐是將. (승광시장) : 광주리를 받들어 올리는구나.

---

3) 『논어』「미자(微子)」 : 齊景公待孔子曰, "若季氏, 則吾不能, 以季孟之間待之." 曰, "吾老矣, 不能用也." 孔子行.
4) 『맹자』「공손추하(公孫丑下)」 : 陳臻問曰, "前日於齊, 王餽兼金一百, 而不受, 於宋, 餽七十鎰而受, 於薛, 餽五十鎰而受. 前日之不受是, 則今日之受非也, 今日之受是, 則前日之不受非也. 夫子必居一於此矣." …… 若於齊, 則未有處也. 無處而餽之, 是貨之也. 焉有君子而可以貨取乎?

人之好我, (인지호아) : 나를 좋아하는 사람이여,

示我周行. (시아주행) : 나에게 지극히 선한 도를 보여줄지어다.

呦呦鹿鳴, (유유록명) : 우우하고 우는 사슴의 울음소리여,

食野之蒿. (식야지호) : 들판의 풀들을 뜯고 있구나.

我有嘉賓, (아유가빈) : 나에겐 아름다운 손님이 있어,

德音孔昭. (덕음공소) : 덕음이 매우 밝구나.

視民不恌, (시민불조) : 백성들에게 보여 경박하지 않게 하니,

君子是則是傚. (군자시칙시효) : 군자는 이를 본받고 따르리라.

我有旨酒, (아유지주) : 나에게 맛있는 술이 있어,

嘉賓式燕以敖. (가빈식연이오) : 아름다운 손님이 연회를 하며 노니는구나.

呦呦鹿鳴, (유유록명) : 우우하고 우는 사슴의 울음소리여,

食野之芩. (식야지금) : 들판의 풀들을 뜯고 있구나.

我有嘉賓, (아유가빈) : 나에겐 아름다운 손님이 있어,

鼓瑟鼓琴. (고슬고금) : 비파와 거문고를 타고 있노라.

鼓瑟鼓琴, (고슬고금) : 비파와 거문고를 타니,

和樂且湛. (화락차담) : 화락하고도 즐겁구나.

我有旨酒, (아유지주) : 나에게 맛있는 술이 있어,

以燕樂嘉賓之心. (이연락가빈지심) : 연회로 아름다운 손님의 마음을 즐겁
게 하는구나.

毛序 鹿鳴, 燕群臣嘉賓也. 既飲食之, 又實幣帛筐篚, 以將其厚意, 然後,
忠臣嘉賓, 得盡其心矣.

모서 「녹명(鹿鳴)」편은 뭇 신하들과 아름다운 손님들에 대해 연회를 베
푸는 내용이다. 음식을 대접하고 또 폐백을 광주리에 담아 후덕한 정감을
나눠야 하니, 그런 뒤에야 충신과 아름다운 손님이 그 마음을 다할 수 있게
된다.

언(言)과 행(行) Ⅱ

【651a】

子曰, “苟有車, 必見其軾 苟有衣, 必見其敝 人苟或言之, 必聞其聲. 苟或行之, 必見其成. 葛覃曰, ‘服之無射.’”

직역 子가 曰, “苟히 車가 有하면, 必히 그 軾을 見한다. 苟히 衣가 有하면, 必히 그 敝를 見한다. 人이 苟히 或히 言하면, 必히 그 聲을 聞한다. 苟히 或히 行하면, 必히 그 成을 見한다. 葛覃에서 曰, ‘服함에 射이 無라.’”

의역 공자가 말하길, “만약 수레가 있다면 반드시 수레의 가로대를 보게 된다. 만약 의복이 있다면 반드시 해진 곳을 보게 된다. 사람이 만약 말을 하게 된다면 반드시 그 소리를 듣게 된다. 만약 행동하게 된다면 반드시 행동을 통해 이룬 것을 보게 된다. 「갈담」편에서는 ‘의복을 입으니 싫음이 없도다.’”라고 했다.

集說 呂氏曰: 此言有是物必有是事, 登車而有所禮則憑軾, 有軾則有車, 無車則何所憑而式之乎? 衣之久必敝, 有衣然後可敝, 無衣則何敝之有? 言必有聲, 行必有成, 亦猶是也. 蓋誠者物之終始, 不誠無物, 引葛覃, 言實有是服, 乃可久服而無厭也.

번역 여씨가 말하길, 이 내용은 이러한 사물이 있다면, 반드시 그에 대한 일이 있다는 뜻이니, 수레에 오르게 되면 해당하는 예법이 있으므로, 수레의 가로대에 기대고, 수레의 가로대가 있다면 수레가 있는 것인데, 수레가 없다면 무엇에 의지하여 몸을 기울여 예를 표시하겠는가? 또 옷은 오래되면 반

드시 해지는 곳이 생기는데, 옷이 있은 뒤에야 해질 수 있으니, 옷이 없다면
어찌 해진 곳이 있겠는가? 말을 하면 반드시 소리가 나고 행동을 하면 반드
시 이루는 것이 있으니, 또한 이와 같은 의미이다. 진실됨은 사물의 끝과
시작이 되니, 진실되지 않다면 사물도 없다. 「갈담」편을 인용한 것[1]은 실제
로 이러한 의복이 있다면 오래도록 입을 수 있으며 싫어함이 없다는 뜻이다.

大全 馬氏曰: 言有實於此, 則有以徵於彼, 而君子不可以無其實者也.

번역 마씨가 말하길, 이곳에 진실됨이 있다면, 저곳에서 징험함이 있게
되어, 군자는 진실되지 않은 것으로 처신할 수 없다는 뜻이다.

鄭注 言凡人擧事, 必有後驗也. "見其軾", 謂載也. 敝, 敗衣也. 衣或在內,
新時不見. 射, 厭也. 言己願采葛以爲君子之衣, 令君子服之無厭, 言不虛也.

번역 모든 사람이 시행하는 일에는 반드시 이후에 드러나는 징험이 있
게 된다는 뜻이다. "수레의 가로대를 본다."는 말은 수레에 실려 있는 것을
뜻한다. '폐(敝)'자는 옷이 해졌다는 뜻이다. 의복 중 간혹 안에 입고 있는
것이라면, 새로 갈아입었을 때에는 드러나지 않게 된다. '역(射)'자는 "싫어
하다[厭]."는 뜻이다. 즉 자신이 갈옷을 채색하여 군자의 의복으로 삼고자
하고, 군자로 하여금 그 옷을 입혀서 싫어함이 없게끔 한다는 뜻이니, 허황
되지 않다는 의미이다.

釋文 軾音式. 敝, 鄭婢世反, 敗也, 庚必世反, 隱蔽也. 人苟或言之, 一本無
"人"字. 不見如字, 又賢遍反. 覃, 徒南反. 射音亦, 注同. 厭, 於豔反, 後皆同.
令, 力呈反.

번역 '軾'자의 음은 '式(식)'이다. '敝'자의 정음(鄭音)은 '婢(비)'자와 '世

---

1) 『시』「주남(周南)・갈담(葛覃)」 : 葛之覃兮, 施于中谷. 維葉莫莫, 是刈是濩, 爲
絺爲綌, 服之無斁.

(세)'자의 반절음이니, 해졌다는 뜻이고, 유음(庾音)은 '必(필)'자와 '世(세)'자
의 반절음이니, 가려졌다는 뜻이다. '人苟或言之'에 대해 다른 판본에는 '人'
자가 없는 기록도 있다. '不見'에서의 '見'자는 글자대로 읽고, 또한 '賢(현)'자
와 '遍(편)'자의 반절음도 된다. '覃'자는 '徒(도)'자와 '南(남)'자의 반절음이
다. '射'자의 음은 '亦(역)'이며, 정현의 주에 나오는 글자도 그 음이 이와 같다.
'厭'자는 '於(어)'자와 '豔(염)'자의 반절음이며, 이후에 나오는 이 글자는 모두
그 음이 이와 같다. '令'자는 '力(력)'자와 '呈(정)'자의 반절음이다.

孔疏 ●"子曰"至"無射". ○正義曰: 此明人言行必愼其所終也; 將欲明之,
故先以二事爲譬喩也.

번역 ●經文: "子曰"~"無射". ○이곳 문장은 사람의 말과 행동은 반드
시 그 끝맺음에 대해 신중을 기해야 함을 나타내고 있는데, 앞으로 그러한
사실을 드러내고자 했기 때문에 우선적으로 두 가지 사안을 통해 비유하여
깨우치고자 한 것이다.

孔疏 ●"苟有其車, 必見其軾"者, 言人苟稱家有車, 必見其車有載於物, 不
可虛也. 言有車無不載也.

번역 ●經文: "苟有其車, 必見其軾". ○사람이 만약 자신의 집에 수레
가 있다고 말하면, 반드시 그 수레에 싣고 있는 사물을 보게 되니, 거짓말
을 할 수 없다. 즉 수레가 있다면 물건을 싣지 않을 때가 없다는 의미이다.

孔疏 ●"苟有其衣, 必見其敝"者, 言人苟稱家有衣, 必見其所著之衣, 有終
敝破也, 不虛稱有衣而無敝也.

번역 ●經文: "苟有其衣, 必見其敝". ○사람이 만약 자신의 집에 의복이
있다고 말하면, 반드시 착용하는 의복을 보게 되며, 끝내 해진 곳이 생기므
로, 옷은 있으나 해진 곳이 없다고 허황된 말을 할 수 없다.

孔疏 ●"人苟或言之, 必聞其聲"者, 旣稱有言, 必聞其聲, 不可有言而無聲也.

번역 ●經文: "人苟或言之, 必聞其聲". ○이미 이러한 말을 하게 되면, 반드시 그 소리를 듣게 되니, 말이 있으면 소리가 없을 수 없다.

孔疏 ●"苟或行之, 必見其成"者, 人苟稱有行此事, 必須見其成驗, 不可虛稱有行而無成驗也.

번역 ●經文: "苟或行之, 必見其成". ○사람이 만약 이러한 일을 시행한다고 말하면, 반드시 이룬 성과를 보게 되니, 시행함은 있었으나 이룬 성과가 없다고 허황된 말을 할 수 없다.

孔疏 ●"葛覃曰: 服之無射"者, 此周南・葛覃之篇, 美后妃之德也. 詩之本意, 言后妃習絺綌之事, 而無厭倦之心. 此則斷章云, 采葛爲君子之衣, 君子得而服之無厭倦也. 言君子實得其服而不虛也, 引之者, 證人之所行終須有效也.

번역 ●經文: "葛覃曰: 服之無射". ○이 시는 『시』「주남(周南)・갈담(葛覃)」편으로, 후비의 덕을 칭송한 시이다. 『시』의 본래 의미는 후비가 갈포 짜는 일을 익힘에 싫증을 내는 마음이 없다는 뜻이다. 이곳에서는 단장취의를 하여, 갈옷을 채색하여 군자의 의복을 만들고자 하고, 군자가 옷을 얻어 착용함에 싫어함이 없다고 말했다. 즉 군자가 진실로 그 복장을 얻었고 허황되지 않았다는 의미이니, 이 시를 인용한 것은 사람이 행동한 것에는 끝내 그 결과가 있어야 함을 증명한 것이다.

孔疏 ◎注"衣或在內, 新時不見". ○正義曰: 以經云"苟有其車必見其載", 苟有其衣當言"必見其著", 今乃云"必見其敝", 以求初新著時, 或在內裏, 人不見也. 其敝破棄, 時乃始見, 故云"必見其敝".

번역 ◎鄭注: "衣或在內, 新時不見". ○경문에서는 "만약 수레가 있으면 반드시 실은 것을 보게 된다."라고 했으니, 만약 의복이 있게 되면, 마땅히 "반드시 착용한 것을 보게 된다."라고 말해야 한다. 그런데 이곳에서는 "반드시 해진 것을 보게 된다."라고 했다. 그 이유는 처음 착용했을 때에는 간혹 안쪽에 있게 되어 사람들이 볼 수 없다는 뜻에서 이처럼 기술한 것이다. 해진 것은 그 시기가 되면 비로소 드러나게 된다. 그렇기 때문에 "반드시 해진 것을 보게 된다."라고 했다.

訓纂 今詩射作斁.

번역 현행본 『시』에는 '역(射)'자가 역(斁)자로 기록되어 있다.

訓纂 彬謂: 古者先知蔽前, 後知蔽後. 有衣必見其蔽, 擧在前者言之. 上文 "苟有車, 必見其軾", 軾在車前也. 鄭注以敝爲敗, 則時尙有待, 與上下文不合.

번역 내가 생각하기에, 고대 사람들은 먼저 앞을 가려야 함을 알았고, 그 이후에 뒤를 가려야 함을 알았다. 그래서 의복에 있어서도 반드시 예전 앞을 가렸든 슬갑을 보게 되니, 앞에 있는 것을 제시해서 말한 것이다. 앞 문장에서는 "만약 수레가 있다면 반드시 수레 전면에 있는 가로대를 보게 된다."라고 했다. 가로대는 수레의 전면에 있다. 정현의 주에서 '폐(敝)'자를 해졌다는 뜻으로 여겼다면, 당시에는 기약함이 있는 것을 숭상하는 뜻이 되니, 앞뒤의 문맥이 합치되지 않는다.

集解 今按: 敝字, 當從庾氏讀.

번역 현재 살펴보니, '敝'자는 마땅히 유씨[2]의 주장에 따라 풀이해야 한다.

---

2) 유울지(庾蔚之, ?~?) : =유씨(庾氏). 남조(南朝) 때 송(宋)나라 학자이다. 저서로는 『예기약해(禮記略解)』, 『예론초(禮論鈔)』, 『상복(喪服)』, 『상복세요(喪服世要)』, 『상복요기주(喪服要記注)』 등을 남겼다.

集解 敝當作蔽. 車成則必駕之, 而見其軾之高; 衣成則必衣之, 而見其蔽於體. 人有言行, 不可得而掩, 亦猶是也. 引葛覃者, 證有衣必見其蔽之義.

번역 '폐(敝)'자는 마땅히 "가리다."는 뜻의 '폐(蔽)'자로 기록해야 한다. 수레가 완성되면 반드시 말에 멍에를 매게 되어, 높아진 가로대를 보게 되며, 의복이 완성되면 반드시 그것을 입게 되니, 신체를 가리게 됨을 보게 된다. 사람이 말과 행동을 하게 되면 가릴 수 없으니, 또한 앞의 비유와 같다. 「갈담」편을 인용한 것은 의복을 입게 되면 신체를 가리게 됨을 보게 된다는 뜻을 증명하기 위한 것이다.

참고 『시』「주남(周南)・갈담(葛覃)」

葛之覃兮, (갈지담혜) : 칡덩굴이여,
施于中谷, (시우중곡) : 계속 안에 뻗어,
維葉萋萋. (유엽처처) : 그 잎이 우거졌구나.
黃鳥于飛, (황조우비) : 황조가 날아올라,
集于灌木, (집우관목) : 관목에 모이나니,
其鳴喈喈. (기명개개) : 그 울음소리가 조화롭고도 멀리까지 들리는구나.

葛之覃兮, (갈지담혜) : 칡덩굴이여,
施于中谷, (시우중곡) : 계속 안에 뻗어,
維葉莫莫. (유엽막막) : 그 잎이 잘 무르익었구나.
是刈是濩, (시예시확) : 베고 삶아서,
爲絺爲綌, (위치위격) : 정밀한 갈포와 거친 갈포를 만드나니,
服之無斁. (복지무역) : 정밀하면서도 싫어함이 없구나.

言告師氏, (언고사씨) : 내 여사(女師)[3]에게 가르침을 받고자 아뢰어,

---

3) 여사(女師)는 고대에 귀족의 여식들을 교육했던 선생을 뜻한다.

言告言歸. (언고언귀) : 나에게 부인의 도를 가르쳐 달라 이르도다.

薄汗我私, (박한아사) : 내 연복(燕服)⁴⁾에 공정을 기울이고,

薄澣我衣. (박한아의) : 내 의복을 세탁하노라.

害澣害否, (할한해부) : 어떤 것을 세탁하고 어떤 것을 하지 않는단 말인가,

歸寧父母. (귀녕부모) : 돌아가 부모를 편안히 섬길 따름이라.

毛序 葛覃, 后妃之本也. 后妃在父母家, 則志在於女功之事, 躬儉節用, 服澣濯之衣, 尊敬師傅, 則可以歸安父母, 化天下以婦道也.

모서 「갈담(葛覃)」편은 후비의 본성을 읊은 시이다. 후비가 부모의 집에 있었을 때에는 그 뜻이 여공이 하는 일에 있어서 몸소 검소하고 절약하여 세탁한 의복을 입었고 사부를 존경했으니, 돌아가서 부모를 편안하게 하며 천하를 부인의 도로 교화할 수 있다.

---

4) 연복(燕服)은 평상시 한가하게 거처할 때 착용하는 복장을 뜻한다. 또한 연회를 할 때 착용하는 복장을 뜻하기도 한다.

● 그림 21-1 ▣ 수레의 식(軾)

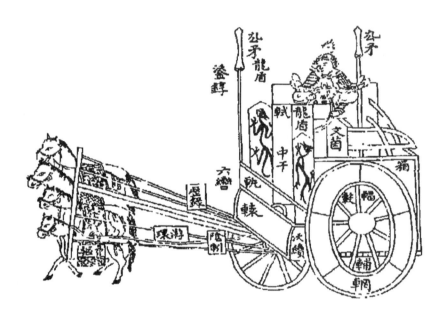

※ 출처: 『육경도(六經圖)』 3권

【651b~c】

子曰, "言從而行之, 則言不可飾也. 行從而言之, 則行不可飾也. 故君子寡言而行, 以成其信, 則民不得大其美而小其惡. 詩云, '白圭之玷, 尙可磨也; 斯言之玷, 不可爲也.' 小雅曰, '允矣君子, 展也大成.' 君奭曰, '在昔上帝周, 田觀文王之德, 其集大命于厥躬.'"

직역 子가 曰, "言이 從하여 行하면, 言을 飾해서는 不可하다. 行이 從하여 言하면, 行을 飾해서는 不可하다. 故로 君子가 言을 寡하고 行하여, 그 信을 成하면, 民은 그 美를 大하고 그 惡을 小하길 不得한다. 詩에서 云, '白圭의 玷은, 尙히 磨가 可하나; 斯言의 玷은 爲가 不可라.' 小雅에서 曰, '允矣여 君子여, 展也여 大成이로다.' 君奭에서 曰, '在昔에 上帝는 周하여 文王의 德을 田觀하고, 그 厥躬에 大命을 集이라.'"

의역 공자가 말하길, "말이 이치에 따라서 그것을 행하면 말을 꾸며서는 안 된다. 행동이 이치에 따라서 그것을 말하면 행동을 꾸며서는 안 된다. 그러므로 군자가 말을 적게 하고 행동을 실천하여 신의를 이루면, 백성들은 자신의 아름다움을 좋게만 꾸며서 높이거나 추함을 감추지 않는다. 『시』에서는 '백색 옥의 결함은 오히려 갈아서 없앨 수 있지만, 말의 결함은 그렇게 할 수 없도다.'라고 했고, 「소아」에서는 '믿음직스러운 군자여, 진실로 크게 이루었도다.'라고 했으며, 「군석」편에서는 '예전 상제는 은나라에 재앙을 내렸고, 문왕의 덕을 거듭 권면하여, 그 몸에 큰 하늘의 명이 모이게 되었다.'"라고 했다.

集說 舊讀爲顧, 今如字.

번역 옛 주석에서는 '과(寡)'자를 고(顧)자로 풀이했지만, 이곳에서는 글자대로 풀이한다.

集說 從, 順也, 謂順於理也. 言順於理而行之, 則言爲可用, 而非文飾之言矣. 行順於理而言之, 則行爲可稱, 而非文飾之行矣. 言之不怍, 則爲之也難. 寡言而行, 卽訥於言而敏於行之意. 以成其信, 謂言行皆不妄也. 大其美者, 所以要譽; 小其惡者, 所以飾非, 皆言之所爲也. 君子寡言以示敎, 故民不得如此. 詩, 大雅抑之篇. 玷, 缺也. 小雅, 車攻之篇. 允, 信也. 展, 誠也. 君奭, 周書. 言昔者上帝降割罰于殷, 而申重獎勸文王之德, 集大命於其身, 使有天下. 抑詩證言不可飾, 車攻詩證行不可飾, 引書亦言文王之實有此德也.

번역 '종(從)'자는 "따르다[順]."는 뜻이니, 이치에 따른다는 의미이다.

말이 이치에 따라서 그것을 행하면 그 말은 쓸 수 있으니, 문식만 꾸민 말이 아니다. 행동이 이치에 따라서 그것을 말하면 행동은 칭송할 수 있으니, 문식만 꾸민 행동이 아니다. 말을 하며 부끄러워하지 않는다면 그것을 시행하기가 어렵다. 말을 적게 하고 행동하는 것은 말에는 어눌하게 하고 실천은 민첩하게 한다는 뜻이다.5) 이로써 믿음을 이룬다는 것은 말과 행동이 모두 망령되지 않다는 뜻이다. 아름다움을 크게 한다는 것은 명예를 바라는 것이며, 추함을 작게 한다는 것은 잘못을 꾸미는 것이니, 이 모두는 말을 통해 시행하는 것이다. 군자는 말을 적게 하여 가르침을 보여주기 때문에 백성들이 이처럼 하지 못한다. 『시』는 『시』「대아(大雅)·억(抑)」편이다.6) '점(玷)'자는 결함[缺]을 뜻한다. 「소아」는 『시』「소아(小雅)·거공(車攻)」편이다.7) '윤(允)'자는 믿음[信]을 뜻한다. '전(展)'자는 진실[誠]을 뜻한다. 「군석」은 『서』「주서(周書)」편이다.8) 즉 예전에 상제는 은나라에 재앙을 내리고, 문왕의 덕을 거듭 장려하고 권하여, 그 몸에 큰 하늘의 명이 모이도록 하여, 천하를 소유하게끔 했다는 뜻이다. 「억」편의 시는 말을 꾸며서는 안 된다는 뜻을 증명한 것이고, 「거공」편의 시는 행동을 꾸며서는 안 된다는 뜻을 증명한 것이며, 『서』를 인용한 것은 또한 문왕은 진실로 이러한 덕을 가지고 있었음을 뜻한다.

大全 嚴陵方氏曰: 前經曰, 可言也不可行, 君子弗言也. 可行也不可言, 君子弗行也. 亦此之意. 論語曰, 古者言之不出, 恥躬之不逮也. 蓋寡言以成其信之謂. 要譽飾非, 皆言之所爲也. 唯君子寡言以化之, 故民不得如此.

번역 엄릉방씨가 말하길, 앞의 경문에서는 "말로는 할 수 있지만 실천할 수 없다면 군자는 그러한 말을 하지 않고, 실천할 수 있지만 말로는 표현할

---

5) 『논어』「이인(里仁)」: 子曰, "君子欲訥於言而敏於行."
6) 『시』「대아(大雅)·억(抑)」: 質爾人民, 謹爾侯度, 用戒不虞. 愼爾出話, 敬爾威儀. 無不柔嘉. 白圭之玷, 尙可磨也. 斯言之玷, 不可爲也.
7) 『시』「소아(小雅)·거공(車攻)」: 之子于征, 有聞無聲. 允矣君子, 展也大成.
8) 『서』「주서(周書)·군석(君奭)」: 公曰, 君奭. 在昔上帝割, 申勸寧王之德, 其集大命于厥躬.

수 없다면 군자는 그러한 행동을 하지 않는다."[9]라고 했으니, 또한 이곳 문장의 의미에 해당한다. 『논어』에서는 "옛날에 말을 함부로 하지 않았던 것은 몸소 실천하는 것이 말에 미치지 못하는 것을 부끄럽게 여겼기 때문이다."[10]라고 했다. 이것은 말을 적게 해서 신의를 완성한다는 뜻이다. 명예를 바라고 잘못을 꾸미는 것은 모두 말로만 하는 것들이다. 군자가 말을 적게 해서 그들을 교화한다면, 백성들은 이처럼 할 수 없다.

大全 藍田呂氏曰: 此章申言前義, 言行皆不可無實也. 飾言而言者, 所言非信, 故不可言. 飾行而行者, 所行必僞, 故不可行. 莊生之言, 非不善也, 卒不可以治天下國家, 此言之飾也. 五霸假仁義, 而行非不美也, 而後世無傳焉, 此行之飾也.

번역 남전여씨가 말하길, 이 문장은 앞문장의 뜻을 거듭 설명한 것으로, 말과 행동은 모두 진실됨이 없어서는 안 된다는 의미이다. 말을 꾸며서 한 말은 말하는 것이 미덥지 못하기 때문에 말해서는 안 된다. 행동을 꾸며서 행한 것은 행동하는 것이 반드시 거짓되기 때문에 행동해서는 안 된다. 장생의 말은 선하지 않은 것은 아니지만, 끝내 천하와 국가를 다스릴 수 없었으니, 이것은 말을 꾸민 것이다. 오패는 인(仁)과 의(義)를 빌미로 삼았고, 행동도 아름답지 않은 것은 아니지만, 후세에 그의 미덕이 전해지지 않았으니, 이것은 행동을 꾸민 것이다.

鄭注 從, 猶隨也. 以行爲驗, 虛言無益於善也. 寔, 當爲"顧", 聲之誤也. 玷, 缺也. 言圭之缺, 尙可磨而平之, 言之缺無如之何. 允, 信也. 展, 誠也. 奭, 召公名也, 作尙書篇名也. 古文"周田觀文王之德"爲"割申勸寧王之德", 今博士讀爲"厥亂勸寧王之德". 三者皆異, 古文似近之. 割之言"蓋"也, 言文王有誠信

---

9) 『예기』「치의」【643d~644a】: 子曰, "王言如絲, 其出如綸. 王言如綸, 其出如綍. 故大人不倡游言. <u>可言也不可行, 君子弗言也, 可行也不可言, 君子弗行也</u>, 則民言不危行, 而行不危言矣. 詩云, '淑愼爾止, 不愆于儀.'"

10) 『논어』「이인(里仁)」: 子曰, "古者言之不出, 恥躬之不逮也."

之德, 天蓋申勸之, 集大命於其身, 謂命之使王天下也.

번역 '종(從)'자는 "따르다[隨]."는 뜻이다. 실천을 통해 증험하며, 허황된 말은 선에 아무런 보탬이 안 된다. '과(寡)'자는 마땅히 고(顧)자가 되어야 하니, 소리가 비슷해서 생긴 오류이다. '점(玷)'자는 결함[缺]을 뜻한다. 즉 규(圭)의 결함은 오히려 갈아서 없앨 수 있지만, 말의 결함은 어찌할 수 없다는 뜻이다. '윤(允)'자는 믿음[信]을 뜻한다. '전(展)'자는 진실[誠]을 뜻한다. '석(奭)'은 소공(召公)의 이름으로, 『서』의 편명으로 삼은 것이다. 고문학자들은 '주전관문왕지덕(周田觀文王之德)'을 '할신권녕왕지덕(割申勸寧王之德)'이라고 했고, 금문학자들은 "혼란을 잠식하고 천명을 받은 천자의 덕을 권면하였다[厥亂勸寧王之德]."라고 풀이한다. 세 학파의 주장이 모두 다른데, 고문학자들의 주장이 가장 원의에 가깝다. '할(割)'자는 개(蓋)자를 뜻하니, 문왕은 진실된 덕을 갖추고 있어서, 하늘이 덮어주고 거듭 권면하여, 그 몸에 큰 하늘의 명이 모이도록 했다는 뜻으로, 그에게 천명을 내려 천하를 통치하게끔 했다는 의미이다.

釋文 行從, 下孟反, 下"則行", 下注"以行"同. 寡音顧, 出注. 玷, 丁簟反, 又丁念反, 下及注同. 摩, 莫何反. 奭音釋. 周田觀文, 依注讀爲"割申勸寧". 召, 尙照反, 亦本作邵. 近, 附近之近. 王, 于況反.

번역 '行從'에서의 '行'자는 '下(하)'자와 '孟(맹)'자의 반절음이며, 아래 문장에 나오는 '則行'에서의 '行'자와 아래 정현의 주에 나오는 '以行'에서의 '行'자도 그 음이 이와 같다. '寡'자의 음은 '顧(고)'이니, 정현의 주에 따른 것이다. '玷'자는 '丁(정)'자와 '簟(단)'자의 반절음이며, 또한 '丁(정)'자와 '念(념)'자의 반절음이며, 아래문장 및 정현의 주에 나오는 글자도 그 음이 이와 같다. '摩'자는 '莫(막)'자와 '何(하)'자의 반절음이다. '奭'자의 음은 '釋(석)'이다. '周田觀文'은 정현의 주에 따르면 '割申勸寧'으로 풀이한다. '召'자는 '尙(상)'자와 '照(조)'자의 반절음이며, 또한 판본에 따라서 '邵'자로도 기록한다. '近'자는 '부근(附近)'의 '近'자이다. '王'자는 '于(우)'자와 '況(황)'

자의 반절음이다.

孔疏 ●“子曰”至“厥躬”. ○正義曰: 此一節明重言行之事.

번역 ●經文: “子曰”~“厥躬”. ○이곳 문단은 말과 행동에 대한 사안을 거듭 나타내고 있다.

孔疏 ●“言從而行之, 則言不可飾也”者, 從, 隨也. 謂言在於先, 而後隨以行之, 言當須實, 不可虛飾也.

번역 ●經文: “言從而行之, 則言不可飾也”. ○‘종(從)’자는 “따르다[隨].”는 뜻이다. 즉 말을 먼저 하고 이후에 그에 따라 행동할 때에는 말은 마땅히 진실되어야 하며 허황된 수식을 꾸며서는 안 된다는 뜻이다.

孔疏 ●“行從而言之, 則行不可飾也”者, 謂行在於前, 言隨於後, 論說於行, 則行當須先實, 不可虛飾也.

번역 ●經文: “行從而言之, 則行不可飾也”. ○행동을 먼저 하고 말이 그 뒤를 따르게 될 때 행동에 대해 설명을 한다면, 행동은 마땅히 우선적으로 진실되어야 하며, 허황된 수식을 꾸며서는 안 된다는 뜻이다.

孔疏 ●“故君子寡言而行, 以成其信”者, 以其言行相副之, 故君子當顧言而行, 以成其信也.

번역 ●經文: “故君子寡言而行, 以成其信”. ○말과 행동이 서로 부합되기 때문에 군자는 마땅히 말한 것을 살펴서 행동하여, 이를 통해 신의를 이룬다.

孔疏 ●“則民不得大其美而小其惡”者, 必須以行爲驗, 不用虛辭. 爲此之故, 則人不得虛增大其美事, 而減小其惡事. 由美惡大小皆驗於行也.

번역 ●經文: "則民不得大其美而小其惡". ○반드시 행동을 통해 증험해야 하며, 허황된 말을 해서는 안 된다. 이처럼 실천하는 이유 때문에 사람들은 아름다운 사안을 허황되게 부풀리거나 추한 일을 축소시킬 수 없게 된다. 아름답거나 추한 일의 크고 작음은 모두 행동을 통해 증험되기 때문이다.

孔疏 ●"詩云: 白圭之玷, 尙可磨也", 此大雅·抑之篇, 刺厲王之詩也. 白圭之玉玷缺, 尙可磨而平之. 此言語玷缺, 不可爲而改之, 是"無如之何"也.

번역 ●經文: "詩云: 白圭之玷, 尙可磨也". ○이 시는 『시』「대아(大雅)·억(抑)」편으로, 여왕(厲王)을 풍자한 시이다. 백색의 규(圭)에 있는 옥의 결점은 오히려 갈아서 없앨 수 있다. 그러나 말의 결점은 수정할 수가 없으니, 이것이 "어찌할 수 없다."는 뜻이다.

孔疏 ●"小雅曰: 允也君子, 展也大成"者, 此詩·小雅·車攻之篇, 美宣王之詩也. 允, 信也, 言信實矣. 君子, 謂宣王. 展, 誠也; 誠, 實矣. 而"大成", 大平也. 引之者, 證言信爲本.

번역 ●經文: "小雅曰: 允也君子, 展也大成". ○이 시는 『시』「소아(小雅)·거공(車攻)」편으로, 선왕(宣王)을 찬미한 시이다. '윤(允)'자는 믿음[信]을 뜻하니, 말이 진실되다는 의미이다. '군자(君子)'는 선왕을 뜻한다. '전(展)'자는 성(誠)자를 뜻하며, '성(誠)'자는 진실[實]을 뜻한다. '대성(大成)'은 크게 태평하다는 뜻이다. 이 내용을 인용한 것은 말이 진실된 것은 근본이 됨을 증명하기 위해서이다.

孔疏 ●"君奭曰: 昔在上帝"者, 此周公告君奭之辭也. 上帝, 天也. 言往昔之時, 在上天也.

번역 ●經文: "君奭曰: 昔在上帝". ○이것은 주공(周公)이 군석에게 알

려주었던 말이다. '상제(上帝)'는 하늘을 뜻한다. 즉 예전에는 상천이 있었다는 뜻이다.

孔疏 ●"周田觀文王之德", 周, 當爲"割"; 田, 當爲"申"; 觀, 當爲"勸". 言文王有誠信之德, 故上天蓋申重奬勸文王之德.

번역 ●經文: "周田觀文王之德". ○'주(周)'자는 마땅히 할(割)자가 되어야 하고, '전(田)'자는 마땅히 신(申)자가 되어야 하며, '관(觀)'자는 마땅히 권(勸)자가 되어야 한다. 즉 문왕은 진실된 덕을 가지고 있었기 때문에 상천이 문왕의 덕을 덮어주고 거듭 중시하여 장려하고 권면했다는 뜻이다.

孔疏 ●"其集大命于厥躬"者, 以文王誠信, 故天命之. 引之者, 證言當誠信也.

번역 ●經文: "其集大命于厥躬". ○문왕은 진실되었기 때문에 하늘이 그에게 명령을 내린 것이다. 이 내용을 인용한 것은 말은 마땅히 진실되어야 함을 증명하기 위해서이다.

孔疏 ◎注"奭召"至"下也". ○正義曰: 按周書序云: "召公爲保, 周公爲師", "召公不說, 周公作君奭." 君奭經云: 公曰"君奭". 是"奭"爲召公名也. 謂周公旣致政, 仍留爲大師. 召公謂其貪於寵祿, 故不說也. 周公以善告之, 名篇爲君奭, 故云尙書篇名也. 云"古文周田觀文王之德, 爲割申勸寧王之德"者, 以伏生所傳, 歐陽·夏侯所注者爲今文尙書, 以衛·賈·馬所注者, 元從壁中所出之古文, 卽鄭注尙書, 是也. 此"周"字, 古文爲"割"; 此"田"字, 古文作"申"; 此"觀"字, 古文爲"勸", 皆字體相涉, 今古錯亂. 此文尙書爲"寧王", 亦義相涉也. 云"今博士讀爲厥亂, 勸寧王之德"者, 謂今文尙書讀此"周田觀文王之德"爲"厥亂勸寧王之德"也. 云"三者皆異, 古文似近之"者, 三者, 謂此禮記及古文尙書, 幷今博士讀者, 三者其文各異, 而古文"周田"爲"割申", 其字近於義理, 故云"古文似近之". 云"割之言蓋也", 割·蓋聲相近, 故"割"讀爲"蓋",

謂天蓋申勸之. 孔11)尙書猶爲"割", 謂割制其義, 與此不同.

【번역】 ◎鄭注: "繇召"~"下也". ○『서』「주서(周書)」의 「소서(小序)」를 살펴보면, "소공은 태보(太保)12)가 되었고, 주공은 태사(太師)13)가 되었다."라고 했고, "소공이 기뻐하지 않아서 주공이 「군석」편을 지었다."라고 했다.14) 「군석」편의 경문에서는 주공이 "군석아."15)라고 불렀다. 이것은 '석(奭)'이 소공의 이름이 됨을 나타낸다. 즉 주공이 섭정을 끝내고 정권을 성왕에게 돌려준 뒤, 그곳에 머물며 태사가 되었다는 의미이다. 소공은 총애와 녹봉을 탐한다고 여겼기 때문에 기뻐하지 않았다. 주공은 선한 말로 그에게 일러주었기 때문에 편명을 '군석(君奭)'이라고 지었다. 그렇기 때문에 『서』의 편명으로 삼은 것이다."라고 했다. 정현이 "고문학자들은 '주전관문왕지덕(周田觀文王之德)'을 '할신권녕왕지덕(割申勸寧王之德)'이라고 했다."라고 했는데, 복생16)이 전수하여 구양생・하후승이 주석을 한 것은 『금문상서』가 되고, 위굉・가규・마융이 주석을 달았던 것은 애초에 벽속에서 나온 고문이었으니, 정현이 『상서』에 주를 단 것이 이것이다. 이곳의 '주(周)'자를 『고문상서』에서는 할(割)자로 기록했고, 이곳의 '전(田)'자를 『고문상서』에서는 신(申)자로 기록했으며, 이곳의 '관(觀)'자를 『고문상서』에서는 권(勸)자로 기록했는데, 모두 자형이 서로 관련되어, 금문과 고문이

---

11) '공(孔)'자에 대하여. '공'자는 본래 '례(禮)'자로 기록되어 있었는데, 완원(阮元)의 『교감기(校勘記)』에서는 "포당(浦鏜)은 '례'자는 '공'자의 오자이다."라고 했다.

12) 태보(太保)는 주(周)나라 때의 관직으로, 삼공(三公) 중 하나이며, 삼공 중 서열은 세 번째이다. 천자를 보좌하여 국정 전반을 다스렸다. 이 관직은 춘추시대(春秋時代) 이후 폐지되었다가, 한(漢)나라 때 다시 설치되기도 하였다.

13) 태사(太師)는 주(周)나라 때의 관직으로, 삼공(三公) 중 하나이며, 삼공 중 서열은 첫 번째이다. 천자를 보좌하여 국정 전반을 다스렸다. 이 관직은 진(秦)나라 때 폐지되었다가, 한(漢)나라 때 다시 설치되기도 하였다.

14) 『서』「주서(周書)・군석(君奭)」: 召公爲保, 周公爲師, 相成王爲左右. 召公不說, 周公作君奭.

15) 『서』「주서(周書)・군석(君奭)」: 周公若曰, 君奭.

16) 복생(伏生, ?~?) : =복승(伏勝). 전한(前漢) 때의 학자이다. 자(字)는 자천(子賤)이다. 진(秦)나라 때 박사(博士)를 지냈으며, 분서갱유를 피해 『상서(尙書)』를 숨겨두었다가, 한(漢)나라 때 『금문상서(今文尙書)』를 전수하였다.

뒤섞인 것이다. 이곳의 기록을 『서』에서는 '영왕(寧王)'이라고 했는데, 이
또한 그 의미가 서로 관련된다. 정현이 "금문학자들은 '혼란을 잠식하고
천명을 받은 천자의 덕을 권면하였다.'라고 풀이한다."라고 했는데, 『금문
상서』에서는 '주전관문왕지덕(周田觀文王之德)'이라는 기록을 '궐란권녕
왕지덕(厥亂勸寧王之德)'으로 풀이한다는 뜻이다. 정현이 "세 학파의 주장
이 모두 다른데, 고문학자들의 주장이 가장 원의에 가깝다."라고 했는데,
세 학파는 『예기』와 『고문상서』를 주장하는 학파와 금문학자들의 해석을
뜻하니, 세 학파에서 주장하는 문장이 각각 다르지만, 고문학자들이 '주전
(周田)'을 할신(割申)으로 여긴 것은 그 자형에 있어서 원의에 가깝다. 그렇
기 때문에 "고문학자들의 주장이 가장 원의에 가깝다."라고 말한 것이다.
정현이 "'할(割)'자는 개(蓋)자를 뜻한다."라고 했는데, 할(割)자와 개(蓋)자
는 소리가 서로 비슷하다. 그렇기 때문에 '할(割)'자를 개(蓋)자로 풀이한
것이니, 하늘이 덮어주고 거듭 권면했다는 의미이다. 공안국의 『상서』에서
는 여전히 '할(割)'로 풀이를 했으니, 그 의리를 세웠다는 뜻으로, 이곳의
내용과 차이를 보인다.

集解 今按: 寡如字. 允也, 詩作"允矣". 割字句絶.

번역 현재 살펴보니, '寡'자는 글자대로 읽는다. '윤야(允也)'를 『시』에서
는 '윤의(允矣)'라고 기록했다. '할(割)'자에서 구문을 끊는다.

集解 君子之言, 必從而行之, 故言不可飾, 飾則言不顧行矣. 君子之行, 必
從而言之, 故行不可飾, 飾則行不顧言矣. 信, 謂能踐其言也. 君子不尙多言,
而惟致力於行. 其所言者無不踐, 而無虛僞之言, 故民不得張大其美, 而減小
其惡也. 蓋本無美而以言飾之使著, 是爲張其美; 本有惡而以言飾之使減, 是
爲小其惡. 不得大其美而小其惡者, 由化於君子, 皆尙行而不尙言, 故自有所
不得然爾, 非禁於勢也.

번역 군자의 말은 반드시 그에 따라 시행하게 된다. 그렇기 때문에 말

을 꾸밀 수 없으니, 꾸미게 된다면 말이 행동을 살피지 않은 것이다. 군자
의 행동은 반드시 그에 따라 말을 하게 된다. 그렇기 때문에 행동을 꾸밀
수 없으니, 꾸미게 된다면 행동이 말을 살피지 않은 것이다. 믿음은 그
말을 실천할 수 있다는 뜻이다. 군자는 말을 많이 하는 것을 숭상하지 않
고, 오로지 실천에 힘을 다하게 된다. 말을 한 것에 대해 실천하지 않을
수 없고, 허황되고 거짓된 말을 하지 않기 때문에, 백성들이 자신의 아름다
운 점을 과장하거나 추한 점을 축소시킬 수 없다. 본래 아름다운 점이 없
는데 말로 꾸며서 그처럼 드러내는 것이 아름다운 점을 과장하는 것이며,
본래 추한 점이 있는데 말로 꾸며서 축소시키는 것이 추함을 축소시키는
것이다. 아름다운 점을 과장하거나 추한 점을 축소시킬 수 없는 것은 군자
로부터 감화된 것에서 비롯되니, 이 모두는 행동으로 옮기는 것을 숭상하
고 말만 하는 것을 숭상하지 않는 것이다. 그래서 스스로 그렇게 하지 않
을 수 없는 점이 생기는 것이니, 세력에 의해 금지되는 것이 아니다.

集解 呂氏大臨曰: 言之不信, 所謂玷也. 允也君子, 展也大成, 言君子非信
則不成也. 君奭言文王有誠信之德, 爲天所命, 況於人乎!

번역 여대림이 말하길, 말이 미덥지 못한 것이 바로 '점(玷)'이다. "믿음
직스러운 군자여, 진실로 크게 이루었도다."라고 했는데, 군자가 미덥지 못
하다면 이루지 못한다는 뜻이다. 「군석」편의 내용은 문왕에게는 진실된 덕
이 있어서 하늘로부터 명령을 받았는데, 하물며 사람에 대해서는 어떠하겠
느냐는 의미이다.

참고 『시』「소아(小雅)·거공(車攻)」

我車旣攻, (아거기공) : 우리 수레는 튼튼하고,
我馬旣同. (아마기동) : 우리 말은 달리는 속도가 동일하도다.
四牡龐龐, (사모농농) : 네 마리의 수말이 튼실하니,

駕言徂東. (가언조동) : 멍에를 메어 낙읍(洛邑)으로 가리라.

田車旣好, (전거기호) : 사냥용 수레가 좋거늘,

四牡孔阜. (사모공부) : 네 마리의 수말이 매우 튼실하구나.

東有甫草, (동유보초) : 동쪽 정(鄭)나라에는 보전(甫田)의 풀이 있으니,

駕言行狩. (가언행수) : 멍에를 메어 가서 사냥하리라.

之子于苗, (지자우묘) : 유사(有司)[17]가 사냥하라 말하니,

選徒囂囂. (선도효효) : 수레와 몰이꾼들이 떠들썩하게 소리를 내는구나.

建旐設旄, (건조설모) : 조(旐)[18]를 세우고 깃술을 다니,

搏獸于敖. (박수우오) : 오(敖) 땅에서 짐승을 잡는구나.

駕彼四牡, (가피사모) : 저 네 마리의 수말에 멍에를 메니,

四牡奕奕. (사모혁혁) : 네 마리의 수말은 잘 길들여졌구나.

赤芾金舃, (적불금석) : 붉은 슬갑에 황적색의 신발이여,

會同有繹. (회동유역) : 회동(會同)[19]을 하여 도열하는구나.

決拾旣佽, (결습기차) : 결(決)과 습(拾)이 나란하며,

弓矢旣調. (궁시기조) : 활과 화살이 적당하도다.

---

17) 유사(有司)는 관리를 뜻하는 용어이다. '사(司)'자는 담당한다는 뜻이다. 관리
들은 각자 담당하고 있는 업무가 있었으므로, 관리를 '유사'라고 불렀던 것이
다. 일반적으로 하위관료들을 지칭하여, 실무자를 뜻하는 용어로 많이 사용
된다. 그러나 때로는 고위관료까지도 지칭하는 용어로 사용되기도 한다.

18) 조(旐)는 거북이와 뱀의 무늬를 그린 깃발이다. 『주례』「춘관(春官)·사상(司
常)」편에는 "鳥隼爲旟, 龜蛇爲旐."라는 기록이 있다.

19) 회동(會同)은 제후들이 천자를 찾아뵙는 예법을 통칭하는 용어이다. 또한 각
계절마다 정기적으로 찾아뵙는 것을 회(會)라고 부르고, 제후들이 대규모로
찾아뵙는 것을 동(同)이라고 불러서, 구분을 짓기도 한다. 각종 회견 등을 가
리키는 용어로도 사용된다. 『시』「소아(小雅)·거공(車攻)」편에는 "赤芾金舃,
會同有繹."이라는 기록이 있는데, 이에 대한 모전(毛傳)에서는 "時見曰會, 殷
見曰同. 繹, 陳也."라고 풀이했다.

射夫旣同, (사부기동) : 활 쏘는 자가 활을 쏘고 자리로 되돌아와서,
助我擧柴. (조아거시) : 우리가 짐승 쌓아두는 것을 돕는구나.

四黃旣駕, (사황기가) : 네 마리의 황색 말에 멍에를 메니,
兩驂不猗. (양참불의) : 양쪽 곁의 말들이 달라붙지 않는구나.
不失其馳, (부실기치) : 수레를 모는 것이 법도를 잃지 않아,
舍矢如破. (사시여파) : 화살을 쏨에 쇠뭉치로 내리치듯 하는구나.

蕭蕭馬鳴, (소소마명) : 건장하고 아름다운 말의 울음소리여,
悠悠旆旌. (유유패정) : 유유하게 나부끼는 깃발이여.
徒御不驚, (도어불경) : 몰이꾼과 수레를 모는 자가 경계하지 않겠는가,
大庖不盈. (대포불영) : 큰 부엌을 채우지 않겠는가.

之子于征, (지자우정) : 유사가 정벌하니,
有聞無聲. (유문무성) : 좋은 소문만 들리고 시끄럽게 떠드는 말이 없구나.
允矣君子, (윤의군자) : 믿음직한 군자여,
展也大成. (전야대성) : 진실로 크게 태평성세를 이루리라.

毛序 車攻, 宣王復古也. 宣王, 能內脩政事, 外攘夷狄, 復文武之境土, 脩車馬, 備器械, 復會諸侯於東都, 因田獵而選車徒焉.

모서 「거공(車攻)」편은 선왕(宣王)이 옛 제도를 복원함을 읊은 시이다. 선왕은 내적으로 정사를 다스리고 외적으로 오랑캐를 물리쳐서 문왕과 무왕이 세웠던 영토를 수복하였고, 수레와 말을 정비하고 병장기를 갖춰서 재차 동쪽 도읍에 제후들을 모아 사냥을 하며 수레와 병사를 선발하였다.

참고 『서』「주서(周書)·군석(君奭)」

經文 公曰, 君奭, 在昔上帝, 割申勸寧王之德, 其集大命于厥躬.

번역 주공이 말하길, 군석아, 예전 상제께서는 뜻을 세워 문왕의 덕을 권면하고, 그 몸에 큰 명을 모으도록 했다.

孔傳 在昔上天, 割制其義, 重勸文王之德, 故能成其大命於其身. 謂勤德以受命.

번역 예전 상제는 그 뜻을 구획하고 세워서 문왕의 덕을 거듭 권면하게 했다. 그렇기 때문에 본인의 몸에 큰 명을 완성할 수 있었다. 즉 덕을 권면하여 천명을 받았다는 뜻이다.

孔疏 ◎傳“在昔”至“受命”. ○正義曰: 文王去此未久, 但欲遠本天意, 故云“在昔上天”, 作久遠言之. “割制”謂切割絶斷之意, 故云“割制其義”. “重勸文王之德”者, 文王旣已有德, 上天佑助而重勸勉, 文王順天之意, 故其能成大命於其身. 正謂勤行德義, 以受天命.

번역 ◎孔傳: “在昔”~“受命”. ○문왕은 이 시점에서 오래전 사람이 아니지만 멀리 하늘의 뜻에 근본을 두고자 했기 때문에 ‘예전 상제는’이라고 했으니, 장구하다고 표현한 것이다. ‘할제(割制)’는 끊고 자른다는 뜻이다. 그렇기 때문에 “그 뜻을 구획하고 세웠다.”라고 했다. “문왕의 덕을 거듭 권면하게 했다.”라고 했는데, 문왕은 이미 덕을 갖추고 있었는데, 상제가 그를 도와서 거듭 권면하게 했고, 문왕은 하늘의 뜻에 따랐기 때문에, 그 자신을 통해 큰 명을 완성할 수 있었다. 이것은 바로 덕과 도의를 실천하는 데 노력하여 천명을 받았다는 뜻이다.

蔡傳 申, 重, 勸, 勉也. 在昔上帝, 降割于殷, 申勸武王之德, 而集大命於其身, 使有天下也.

번역 ‘신(申)’자는 거듭이라는 뜻이고, ‘권(勸)’자는 권면한다는 뜻이다.

예전 상제는 은나라에 재앙을 내리고, 무왕의 덕을 거듭 권면하여, 그 자신에게 큰 명을 모으도록 해서, 천하를 소유하게끔 했다.

經文 惟文王尚克修和我有夏, 亦惟有若虢叔, 有若閎夭.

번역 문왕이 정치를 다듬어 우리를 교화해서 중원을 소유토록 할 수 있었던 것은 괵숙(虢叔)이나 굉요(閎夭)와 같은 현명한 신하들이 도왔기 때문이다.

孔傳 文王庶幾能修政化, 以和我所有諸夏, 亦惟賢臣之助爲治, 有如此虢·閎. 閎, 氏. 虢, 國; 叔, 字; 文王弟. 夭, 名.

번역 문왕이 정치를 다듬고 교화를 시행하여, 우리들을 조화롭게 만들어 중원을 소유토록 한 것은 또한 현명한 신하가 정치를 시행하는데 도움을 주었기 때문이니, 괵(虢)이나 굉(閎)과 같은 자들이 있었다는 의미이다. '굉(閎)'은 씨(氏)에 해당한다. '괵(虢)'은 국명이며, '숙(叔)'은 자(字)에 해당하니, 문왕의 동생이다. '요(夭)'는 이름이다.

孔疏 ◎傳"文王"至"夭名". ○正義曰: 文王未定天下, 庶幾能修政化, 以和我所有諸夏, 謂三分有二屬己之諸國也. 僖五年左傳云"虢仲·虢叔, 王季之穆也", 是虢叔爲文王之弟. 虢, 國名. 叔, 字. 凡言人之名氏, 皆上氏下名, 故閎·散·泰·南宮皆氏, 夭·宜生·顛·括皆名也.

번역 ◎傳"文王"至"夭名". ○문왕이 아직 천하를 평정하기 이전에도, 정치와 교화를 다듬어서 우리들을 조화롭게 만들어 중원을 소유토록 할 수 있었는데, 이것은 3분의 2에 해당하는 천하의 제후들이 자신에게 복속되었다는 뜻이다. 희공(僖公) 5년에 대한 『좌전』의 기록에서는 "괵중(虢仲)과 괵숙(虢叔)은 왕계의 아들이다."[20]라고 했는데, 이것은 괵숙이 문왕의 동생

20) 『춘추좌씨전』「희공(僖公) 5년」: 大伯·虞仲, 大王之昭也; 大伯不從, 是以不

임을 나타낸다. '괵(虢)'은 국명이다. '숙(叔)'은 자(字)에 해당한다. 사람의 이름과 씨를 기록할 때에는 모두 앞에 씨를 기록하고 뒤에 이름을 기록한다. 그렇기 때문에 '굉(閎)'·'산(散)'·'태(泰)'·'남궁(南宮)'은 모두 씨에 해당하고, '요(夭)'·'의생(宜生)'·'전(顚)'·'괄(括)'은 모두 이름에 해당한다.

經文 有若散宜生, 有若泰顚, 有若南宮括.

번역 또한 산의생(散宜生)이나 태전(泰顚)이나 남궁괄(南宮括)과 같은 현명한 신하들이 도왔기 때문이다.

孔傳 散·泰·南宮皆氏. 宜生·顚·括皆名. 凡五臣佐文王爲胥附·奔走·先後·禦侮之任.

번역 '산(散)'·'태(泰)'·'남궁(南宮)'은 모두 씨(氏)에 해당한다. '의생(宜生)'·'전(顚)'·'괄(括)'은 모두 이름에 해당한다. 다섯 신하들은 문왕을 도와서 서부(胥附)·분주(奔走)·선후(先後)·어모(禦侮) 등의 임무를 맡았다.

孔疏 ◎傳"散泰"至"之任". ○正義曰: 詩·緜之卒章稱文王有疏附·先後·奔奏·禦侮之臣, 毛傳云: "率下親上曰疏附, 相通前後曰先後, 喩德宣譽曰奔奏, 武臣折衝曰禦侮." 鄭箋云: "疏附使疏者親也, 奔奏使人歸趨之." 詩言文王有此四種之臣, 經歷言五臣之名, 故知五臣佐文王爲此任也. 此四事者五臣共爲此任, 非一臣當一事也. 鄭云: "不及呂望者, 太師致文王以大德, 周公謙不可以自比."

번역 ◎孔傳: "散泰"～"之任". ○『시』「면(緜)」편의 끝장에서는 문왕에게 소원한 자를 친근하게 만들고, 앞뒤에서 도와주며, 백성들을 귀의시키고, 환란을 막는 신하가 있었다고 했고,[21] 『모전』에서는 "아랫사람을 이끌어서 윗

嗣. <u>虢仲·虢叔, 王季之穆也,</u> 爲文王卿士, 勳在王室, 藏於盟府. 將虢是滅, 何愛於虞?

21) 『시』「대아(大雅)·면(緜)」: 虞芮質厥成, 文王蹶厥生. 予曰有疏附, 予曰有先後, 予曰有奔奏, 予曰有禦侮.

사람을 친근하게 만드는 것을 '소부(疏附)'라고 부르며, 전후가 서로 통하게 만드는 것을 '선후(先後)'라고 부르고, 덕을 깨우치고 명예를 드러내도록 하는 것을 '분주(奔奏)'라고 부르며, 무신이 외적을 막는 것을 '어모(禦侮)'라고 부른다."라고 했고, 정현의 전문(箋文)에서는 "'소부(疏附)'는 소원한 자로 하여금 친근하게 만드는 것이고, '분주(奔奏)'는 사람들로 하여금 귀의 시키는 것이다."라고 했다. 『시』에서는 문왕에게 이러한 네 종류의 신하가 있었다고 하였고, 경문에서는 차례대로 다섯 신하의 이름을 열거하였다. 그렇기 때문에 다섯 신하가 문왕을 도와서 이러한 임무를 맡았다는 사실을 알 수 있다. 이러한 네 가지 일들에 대해서 다섯 신하가 모두 이러한 임무를 맡았던 것이며, 한 명의 신하가 한 가지 사안만을 담당했던 것은 아니다. 정현은 "여망(呂望)까지 언급하지 않은 것은 태사는 문왕이 큰 덕을 이루도록 했고, 주공은 겸손히 처신하여 스스로 견줄 수 없다고 했기 때문이다."라고 했다.

孔疏 ●"公曰君奭"至"厥躬". ○正義曰: 公呼召公曰, 君奭, 在昔上天斷割其義, 重勸文王之德. 以文王有德, 勸勉使之成功, 故文王能成之命於其身. 言文王能順天之意, 勤德以受命.

번역 ●經文: "公曰君奭"~"厥躬". ○주공이 소공에게 말하길, 군석아, 예전 상제는 그 뜻을 구획하고 세워서 문왕의 덕을 거듭 권면하였다. 문왕은 덕을 가지고 있었는데 권면하도록 만들어서 공적을 이루게끔 했다. 그렇기 때문에 문왕은 자신을 통해 천명을 완성할 수 있었다. 즉 문왕은 하늘의 뜻에 순응하여 덕을 닦는데 노력해서 천명을 받았다는 뜻이다.

蔡傳 虢叔, 文王弟. 閎・散・泰・南宮皆氏, 夭・宜生・顚・括皆名. 言文王庶幾能修治燮和我所有諸夏者, 亦惟有虢叔等五臣 爲之輔也. 康誥言一二邦以修, 無逸言用咸和萬民, 卽文王修和之實也.

번역 '괵숙(虢叔)'은 문왕의 동생이다. '굉(閎)'・'산(散)'・'태(泰)'・'남

궁(南宮)'은 모두 씨(氏)에 해당하고, '요(夭)'·'의생(宜生)'·'전(顚)'·'괄(括)'은 모두 이름에 해당한다. 즉 문왕이 정치를 다스리고 우리들을 교화하여 중원을 소유토록 할 수 있었던 것은 또한 괵숙 등의 다섯 신하가 그를 도왔기 때문이라는 뜻이다. 『서』「강고(康誥)」편에서는 "한 두 나라가 다스려졌다."22)라고 했고, 『서』「무일(無逸)」편에서는 "이로써 만민을 모두 조화롭게 했다."23)라고 했으니, 곧 문왕이 정치를 다스리고 조화롭게 했던 실제 사실에 해당한다.

---

22) 『서』「주서(周書)·강고(康誥)」: 用肇造我區夏, 越我一二邦以修, 我西土惟時怙冒, 聞于上帝, 帝休, 天乃大命文王, 殪戎殷, 誕受厥命, 越厥邦厥民惟時敍.
23) 『서』「주서(周書)·무일(無逸)」: 自朝至于日中昃, 不遑暇食, 用咸和萬民.

● 그림 21-2 ◼ 소공(召公)

※ 출처: 『삼재도회(三才圖會)』「인물(人物)」4권

그림 21-3 ▣ 조(旐)

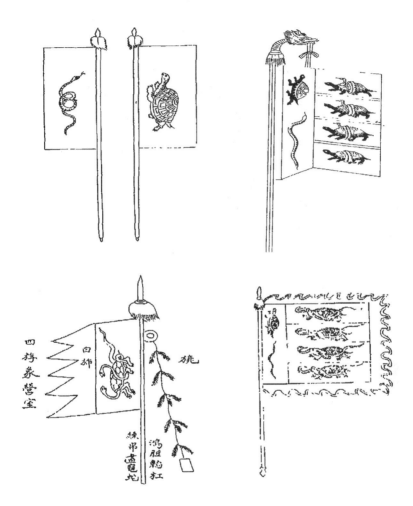

※ 출처: 상좌-『주례도설(周禮圖說)』하권 ; 상우-『삼례도집주(三禮圖集注)』9권
　　　　하좌-『삼례도(三禮圖)』2권 ; 하우-『육경도(六經圖)』7권

그림 21-4 ▣ 결(決)과 습(拾)

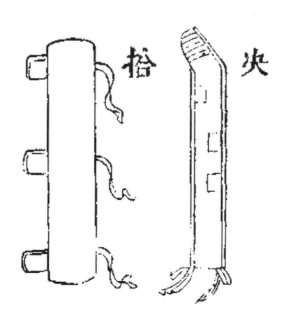

◎ 결(決: =決)-활을 쏠 때 오른손 엄지에 끼우는 것
　 습(拾)-활을 쏠 때 왼손 팔목에 차는 것
※ **출처:** 『삼재도회(三才圖會)』「기용(器用)」6권

그림 21-5 ▣ 주공고석도(周公告奭圖)

※ **출처:**『흠정서경도설(欽定書經圖說)』36권

그림 21-6 ▣ 문왕수하도(文王修夏圖)

※ 출처: 『흠정서경도설(欽定書經圖說)』 36권

• 제 22 절 •

인(人)과 항(恒)

子曰, "南人有言曰, '人而無恒, 不可以爲卜筮.' 古之遺言與. 龜筮
猶不能知也, 而況於人乎? 詩云,'我龜旣厭, 不我告猶.' 兌命曰,
'爵無及惡德, 民立而正事. 純而祭祀, 是爲不敬. 事煩則亂, 事神
則難.' 易曰, '不恒其德, 或承之羞.' '恒其德偵, 婦人吉, 夫子凶.'"

직역 子가 曰, "南人이 言이 有하니 曰, '人하여 恒이 無하면, 卜筮를 爲함이
不可라.' 古의 遺言이라. 龜筮도 猶히 能히 知를 不한데, 況히 人에서랴? 詩에서
云, '我의 龜가 旣히 厭이라, 我에게 猶를 告하길 不이라.' 兌命에서 曰, '爵이 惡德
에 及함을 無하니, 民이 立하여 正事라. 純히 祭祀하니, 是는 不敬이 爲라. 事가
煩하면 亂하고, 神을 事하면 難이라.' 易에서 曰, '그 德을 不恒하면, 或히 羞로
承이라.' '그 德을 恒하면 偵하니, 婦人은 吉하고, 夫子는 凶이라.'"

의역 공자가 말하길, "남쪽 사람들이 하는 말 중에는 '사람이 되고서 항상됨이
없다면 거북점과 시초점을 칠 수 없다.'라고 했는데, 고대로부터 전해진 말일 것이
다. 거북껍질과 시초로도 오히려 알 수 없는데, 하물며 사람에게 있어서는 어떻겠
는가? 『시』에서는 '나의 거북껍질이 이미 싫증을 내니, 나에게 도모한 것의 길흉을
알려주지 않는구나.'라고 했고, 「열명」편에서는 '작위가 악덕한 자에게 미치지 않
도록 해야 하니, 백성은 그것을 본받아 세워 바른 일이라고 여긴다. 매번 악덕한
자에게 제사를 지내는 것은 불경한 일이다. 제사가 번거롭게 되면 문란하게 되고
그러한 신을 섬긴다면 어렵게 된다.'라고 했으며, 『역』에서는 '그 덕을 항상되게
하지 않으면, 혹여 부끄러움으로 나아가게 된다.'라고 했고, 또 '그 덕을 항상되게
하면 바르니, 부인은 길하지만 남자는 흉하다.'"라고 했다.

集說 論語言不可以作巫醫, 是爲巫爲醫. 此言爲卜筮, 乃是求占於卜筮. 龜筮猶不能知, 言無常之人, 雖先知如龜筮, 亦不能定其吉凶, 況於人乎? 詩, 小雅小旻之篇. 猶, 謀也. 言卜筮煩數, 龜亦厭之, 不復告以所謀之吉凶也. 易, 恒卦三五爻辭. 承, 進也. 婦人之德, 從一而終, 故吉. 夫子制義, 故從婦則凶也.

번역 『논어』에서는 "무당이나 의원이 될 수 없다."[1]라고 했는데, 이것은 무당이 되고 의원이 되는 사안에 해당한다. 이곳에서는 거북점과 시초점을 친다고 했으니, 이것은 거북점과 시초점을 통해서 점괘를 구하는 것이다. 거북껍질과 시초도 오히려 알 수 없다는 것은 항상됨이 없는 사람은 비록 거북껍질이나 시초처럼 먼저 알고 있더라도 또한 길흉을 확정할 수 없는데, 하물며 사람에게 있어서는 어떻겠는가? 『시』는 『시』「소아(小雅)·소민(小旻)」편이다.[2] '유(猶)'자는 도모[謀]를 뜻한다. 즉 거북점과 시초점이 번다하게 많아지면 거북껍질 또한 그것을 싫어하게 되어, 재차 도모한 것의 길흉을 알려주지 않는다는 뜻이다. 『역』은 『역』「항괘(恒卦)」의 삼효[3]와 오효[4]의 효사이다. '승(承)'자는 "나아가다[進]."는 뜻이다. 부인의 덕은 하나를 따라서 생을 마치기 때문에 길하다. 남자는 의(義)를 제재하기 때문에 부인을 따르면 흉하다.[5]

集說 應氏曰: 引兌命有誤, 當依今書文.

번역 응씨가 말하길, 「열명(說命)」편을 인용한 것에는 오류가 있으니, 마땅히 현행본 『서』의 기록에 따라야 한다.

集說 馮氏曰: 此篇多依倣聖賢之言, 而理有不純, 義有不足者多矣.

---

1) 『논어』「자로(子路)」: 子曰, "南人有言曰, '人而無恒, <u>不可以作巫醫</u>.' 善夫!"
2) 『시』「소아(小雅)·소민(小旻)」: <u>我龜既厭, 不我告猶</u>. 謀夫孔多, 是用不集. 發言盈庭, 誰敢執其咎. 如匪行邁謀, 是用不得于道.
3) 『역』「항괘(恒卦)」: 九三, <u>不恒其德, 或承之羞</u>, 貞吝.
4) 『역』「항괘(恒卦)」: 六五, 恒其德, 貞, 婦人吉, 夫子凶.
5) 『역』「항괘(恒卦)」: 象曰, 婦人貞吉, 從一而終也, 夫子制義, 從婦凶也.

번역 풍씨6)가 말하길, 「치의」편은 대체로 성현의 말을 따른 것이지만, 이치에 있어서는 순일하지 못한 점이 있고, 의미에 있어서도 부족한 점이 많다.

大全 藍田呂氏曰: 德歸於一則有恒, 二三則無恒. 人之趨嚮, 不知其所安, 雖鬼神龜筮之靈, 猶不能測, 況人其能測之乎? 我龜旣厭, 不我告猶, 所謂瀆則不告. 此篇所引說命之文, 與書殊不同, 疑此篇誤, 當以書爲正, 黷于祭祀, 時謂弗欽, 禮煩則亂, 事神則難. 言煩黷, 非事神之道也. 或承之羞, 言無恒之人動則取辱, 況卜筮乎?

번역 남전여씨가 말하길, 덕이 한결같음으로 귀의한다면 항상됨이 있는 것이지만, 차이를 보인다면 항상됨이 없는 것이다. 사람이 마음에 끌려 따를 때에는 편안하게 여겨야 할 것을 알지 못하여, 비록 귀신이나 거북껍질 및 시초와 같은 영묘한 것이라도 오히려 헤아릴 수 없는데, 하물며 사람이 헤아릴 수 있겠는가? "나의 거북껍질이 이미 싫증을 내니, 나에게 도모한 것의 길흉을 알려주지 않는구나."라고 했는데, 바로 "욕되게 하면 알려주지 않는다."7)는 뜻이다. 「치의」편에서 「열명」편의 문장을 인용한 것들은 『서』의 기록과 차이를 보이는데, 아마도 「치의」편의 기록이 잘못된 것 같으니, 마땅히 『서』의 기록을 정문으로 삼아야 하며, "제사를 함부로 지내면 이것을 불경하다고 부르니, 예가 번거로우면 혼란스럽게 되어, 신을 섬기는 일도 어렵게 된다."8)라고 했다. 즉 번거롭고 함부로 하는 것은 귀신을 섬기는 도가 아니라는 뜻이다. "혹 부끄러움이 이를 것이다."라고 했는데, 항상됨이 없는 사람이 행동하게 되면 치욕을 당하게 된다는 뜻으로, 하물며 거북점과 시초점을 치는 일에서는 어떻겠는가?

---

6) 양헌풍씨(亮軒馮氏, ?~?) : =풍씨(馮氏). 자세한 행적이 남아 있지 않다.
7) 『역』「몽괘(蒙卦)」 : 蒙, 亨. 匪我求童蒙, 童蒙求我, 初筮告, 再三瀆, 瀆則不告. 利貞.
8) 『서』「열명중(說命中)」 : 黷于祭祀, 時謂弗欽, 禮煩則亂, 事神則難.

鄭注 恒, 常也. "不可爲卜筮", 言卦兆不能見其情, 定其吉凶也. 猶, 道也. 言褻而用之, 龜厭之, 不告以吉凶之道也. 惡德, 無恒之德. 純, 猶皆也. 言君祭祀, 賜諸臣爵, 毋與惡德之人也. 民將立以爲正, 言放傚之疾. 事皆如是, 而以祭祀, 是不敬鬼神也. 惡德之人使事煩, 事煩則亂, 使事鬼神又難以得福也. "純", 或爲"煩". 差, 猶辱也. 偵, 問也. 問正爲偵. 婦人, 從人者也, 以問正爲常德則吉. 男子當專行幹事, 而以問正爲常德, 是亦無恒之人也.

번역 '항(恒)'자는 항상됨[常]을 뜻한다. "거북점과 시초점을 칠 수 없다."라고 했는데, 괘와 조짐으로 그 실정을 확인하여, 길흉을 확정할 수 없다는 뜻이다. '유(猶)'자는 도(道)를 뜻한다. 나무 무례하게 사용하여 거북껍질이 싫증을 내서, 길흉의 도를 알려주지 않는다는 뜻이다. '악덕(惡德)'은 항상됨이 없는 덕을 뜻한다. '순(純)'자는 모두[皆]라는 뜻이다. 군주가 제사를 지내고 신하들에게 작위를 하사할 때 악덕한 자에게는 수여하지 말아야 한다는 뜻이다. 백성들이 장차 그것을 세워서 올바름으로 여긴다는 것은 본받은 것이 잘못되었다는 뜻이다. 사안들을 모두 이처럼 하여 제사를 지내는 것은 귀신을 공경하는 것이 아니다. 악덕한 사람은 사안을 번거롭게 만드니, 사안이 번거로우면 문란하게 되고, 이로써 귀신을 섬기도록 하여 또한 복을 받기 어렵게 만든다. '순(純)'자를 다른 판본에서는 번(煩)자로 기록하기도 한다. '차(差)'자는 치욕[辱]을 뜻한다. '정(偵)'자는 "묻다[問]."는 뜻이다. 바름에 대해 묻는 것을 '정(偵)'이라고 한다. '부인(婦人)'은 남을 따르는 자이니, 바름을 묻는 것을 항상된 덕으로 삼는다면 길하다. 남자는 마땅히 근간이 되는 일을 전적으로 시행하는데, 바름을 묻는 것을 항상된 덕으로 삼는 것은 또한 항상됨이 없는 자에 해당한다.

釋文 與音餘. 兌音悅. 毋音無. 放, 方往反. 傚, 戶敎反. 偵音貞, 周易作 "貞". 幹, 古半反.

번역 '與'자의 음은 '餘(여)'이다. '兌'자의 음은 '悅(열)'이다. '毋'자의 음은 '無(무)'이다. '放'자는 '方(방)'자와 '往(왕)'자의 반절음이다. '傚'자는 '戶

(호)'자와 '敎(교)'자의 반절음이다. '偵'자의 음은 '貞(정)'이며, 『역』에서는 '貞'자로 기록했다. '幹'자는 '古(고)'자와 '半(반)'자의 반절음이다.

孔疏　●"子曰"至"子凶". ○正義曰: 此一節明爲人臣之法, 當有恒也.

번역　●經文: "子曰"~"子凶". ○이곳 문단은 산하의 법도에 있어서는 마땅히 항상됨을 가져야 함을 나타내고 있다.

孔疏　●"人而無恒, 不可以爲卜筮"者, 南人, 殷掌卜之人, 有遺餘之言稱云: 人而性行無恒, 不可爲卜筮. 古之遺言與 龜筮猶不能得知無恒之人, 而況於凡人乎?

번역　●經文: "人而無恒, 不可以爲卜筮". ○'남인(南人)'은 은나라 때 거북점 치는 것을 담당했던 사람인데, 그가 남긴 말에서는 사람이 되어서 본성에 따라 행동함에 항상됨이 없다면, 거북점과 시초점을 칠 수 없다고 했다. 이것은 고대로부터 전해진 말일 것이다. 거북점과 시초점도 오히려 항상됨이 없는 사람에 대해서 알 수 없는데, 하물며 일반 사람들에게 있어서는 어떻겠느냐?

孔疏　●"詩云: 我龜旣厭, 不我告猶"者, 小雅・小旻之篇, 刺幽王之詩. 言幽王性行無恒, 數誣卜筮, 故云我龜旣厭倦於卜, 不於我身告其吉凶之道也. 引之者, 證無恒之人不可以爲卜筮也.

번역　●經文: "詩云: 我龜旣厭, 不我告猶". ○이 시는 『시』「소아(小雅)・소민(小旻)」편으로, 유왕(幽王)을 풍자한 시이다. 유왕은 본성대로 행동함에 항상됨이 없어서, 거북점과 시초점을 수차례 치며 무례하게 굴었다는 뜻이다. 그렇기 때문에 "나의 거북껍질이 이미 거북점을 치는데 싫증을 내어, 나에게 길흉의 도를 알려주지 않는다."라고 말한 것이다. 이 시를 인용한 것은 항상됨이 없는 사람은 거북점과 시초점을 칠 수 없다는 사실을 증명하기 위해서이다.

孔疏 ●"兌命曰: 爵無及惡德"者, 此尙書傳說告高宗之辭, 云祭祀之末, 爵人之時, 無復及此惡德之人. 惡德, 無恒者也.

번역 ●經文: "兌命曰: 爵無及惡德". ○이것은 『서』의 기록 중 부열이 고종에게 아뢰는 말이니, 제사의 말미에 사람들에게 작위를 하사할 때에는 이처럼 악덕한 사람에게는 재차 돌아가지 않도록 하라고 말한 것이다. '악덕(惡德)'은 항상됨이 없는 자를 뜻한다.

孔疏 ●"民立而正事, 純而祭祀"者, 純, 皆也. 言若爵此惡德之人, 則立之以爲正事, 在下必學之. 若每事皆爵此惡德之人, 而以祭祀, 是不敬鬼神也. 言無恒之人, 不可祭祀也.

번역 ●經文: "民立而正事, 純而祭祀". ○'순(純)'자는 모두[皆]라는 뜻이다. 만약 이처럼 악덕한 사람에게 작위를 하사한다면, 그것을 표준으로 세워 올바른 일로 삼고, 아랫사람이 반드시 그것을 학습하게 된다. 만약 매번 제사를 지내며 모두 이처럼 악덕한 사람에게 작위를 하사하고, 그를 통해 제사를 지내는 것은 귀신에게 불경한 일이다. 즉 항상됨이 없는 사람은 제사를 지낼 수 없다는 뜻이다.

孔疏 ●"事煩則亂"者, 言若使無恒惡德之人主掌祭祀, 其事則煩, 事煩則致亂也.

번역 ●經文: "事煩則亂". ○만약 항상됨이 없는 악덕한 사람으로 하여금 제사를 주관하도록 하면 그 사안이 번잡하게 되고, 사안이 번잡하게 되면 문란하게 된다는 뜻이다.

孔疏 ●"事神則難"者, 若使惡德之人事其鬼神, 則難得其福.

번역 ●經文: "事神則難". ○만약 악덕한 사람으로 하여금 귀신을 섬기도록 한다면, 복을 얻기가 어렵다는 뜻이다.

孔疏 ●"易曰: 不恒其德, 或承之羞"者, 恒卦九三爻辭. 言人若不恒常其德, 故承之羞辱. 引之者, 證人而無恒, 其行惡也.

번역 ●經文: "易曰: 不恒其德, 或承之羞". ○이것은 『역』「항괘(恒卦)」구삼의 효사이다. 사람이 만약 그 덕을 항상되게 할 수 없다면, 그러한 이유로 치욕을 받게 된다는 뜻이다. 이 내용을 인용한 것은 사람이 되어서 항상됨이 없으면, 그의 행실이 악하다는 사실을 증명하기 위해서이다.

孔疏 ●"恒其德偵, 婦人吉, 夫子凶"者, 此恒卦六五爻辭. 偵, 正也. 言恒常其德, 問正於人, 婦人吉也. 以婦人不自專, 常須問正於人, 故得吉. 夫子, 男子也, 當須自專權幹於事, 若問正於人, 失男子之道, 故爲凶. 引之者, 證男子之無恒德, 其行惡也.

번역 ●經文: "恒其德偵, 婦人吉, 夫子凶". ○이것은 『역』「항괘(恒卦)」육오의 효사이다. '정(偵)'자는 바름[正]을 뜻한다. 그 덕을 항상되게 하는 자는 남에 대해서 바름을 묻게 되어, 부인은 길하게 된다는 뜻이다. 부인은 스스로 오로지 할 수 없어서 항상 남에 대해서 바름을 물어야 한다. 그렇기 때문에 길함을 얻는다. '부자(夫子)'는 남자를 뜻하니, 마땅히 그 사안에 대해서 중심이 되는 일을 전적으로 처리해야 하는데, 만약 남에게 바름을 묻게 된다면, 남자의 도리를 잃게 된다. 그렇기 때문에 흉함이 된다. 이 내용을 인용한 것은 남자에게 항상된 덕이 없으면, 그의 행실이 악하다는 사실을 증명하기 위해서이다.

孔疏 ◎注"純猶"至"福也". ○正義曰: "言君祭祀, 賜諸臣爵, 無與惡德之人也"者, 此經直云"爵無及惡德", 必知因祭祀賜諸臣爵者, 以下云"事純而祭祀, 是爲不敬", 故知因祭祀也. 云"事皆如是, 而以祭祀, 是不敬鬼神也"者, 言於祭祀之末, 不可爵此惡德人也.

번역 ◎鄭注: "純猶"~"福也". ○정현이 "군주가 제사를 지내고 신하들에게 작위를 하사할 때 악덕한 자에게는 수여하지 말아야 한다는 뜻이다."라고 했는데, 이곳 경문에서는 단지 "작위가 악덕한 자에게 미치지 말아야 한다."라고 했다. 그런데도 제사를 통해서 신하들에게 작위를 하사한다는 사실을 분명히 알 수 있는 이유는 아래문장에서 "제사를 지내며 모두 이를 통해 제사를 지내면 불경함이 된다."라고 했기 때문에, 제사를 지내는 일에 연유하게 됨을 알 수 있다. 정현이 "사안들을 모두 이처럼 하여 제사를 지내는 것은 귀신을 공경하는 것이 아니다."라고 했는데, 제사 말미에 이처럼 악덕한 사람에게 작위를 하사해서는 안 된다는 뜻이다.

孔疏 ◎注"羞猶"至"人也". ○正義曰: 此"不恒其德, 或承之羞"者, 是易·恒卦巽下震上, 九三爻辭, 得正互體爲乾, 乾有剛健之德, 體在巽. 巽爲進退, 是"不恒其德"也. 又互體爲兌, 兌爲毁折, 是將有羞辱也. 云"問正爲貞"者, 此"恒其德貞", 恒卦六五爻辭, 以陰爻而處尊位, 是天子之女. 又互體兌, 兌爲和說. 至尊主家之女, 以和悅幹其家事, 問正於人, 故爲吉也. 應在九二, 又男子之象, 體在巽, 巽爲進退, 是無所定而婦言是從, 故云"夫子凶"也.

번역 ◎鄭注: "羞猶"~"人也". ○이곳에서는 "그 덕을 항상되게 하지 않으면, 혹 부끄러움이 이를 것이다."라고 했는데, 이것은 『역』 중에서도 손괘(巽卦☴)가 아래에 있고 진괘(震卦☳)가 위에 있는 항괘(恒卦☳☴)에 해당하며, 구체적으로는 구삼의 효사이니, 바로 호체가 건괘가 되고, 건괘에는 강건한 덕이 있으며, 몸체는 손괘에 있다. 손괘는 나아가고 물러남이 되니, 이것이 "그 덕을 항상되게 하지 않는다."는 뜻이다. 또 호체는 태괘가 되는데, 태괘는 훼손하고 꺾음이 되니, 이것은 장차 치욕을 당하게 됨을 뜻한다. 정현이 "바름에 대해 묻는 것을 '정(貞)'이라고 한다."라고 했는데, 이곳에서는 "그 덕을 항상되게 하여 바르다."라고 했고, 이것은 『역』「항괘(恒卦)」 육오의 효사이며, 음효로 존귀한 자리에 있으니, 천자의 여자가 된다. 또

호체는 태괘이고 태괘는 조화로움과 기뻐함이 된다. 지극히 존귀하며 집안을 주관하는 여자인데, 조화로움과 기뻐함으로 집안일들에 근간을 세우고, 남에 대해서 바름을 묻는다. 그렇기 때문에 길함이 된다. 호응하는 것은 구이에 있고 또 남자의 상인데, 몸체는 손괘에 있고, 손괘는 나아가고 물러남이니, 이것은 확정함이 없어서 부인의 말에 따르는 것이다. 그렇기 때문에 "남자는 흉하다."라고 했다.

訓纂 吳幼淸曰: 爲卜筮, 謂爲卜筮之人, 與論語"作巫醫"意同. 夫蓍龜無情, 誠感自應, 無恒之人, 雜念不誠, 故不可使. 龜筮無情者尙不能知, 而人有情而難知也, 豈可使乎?

번역 오유청[9]이 말하길, '위복서(爲卜筮)'라는 말은 거북점과 시초점을 치는 사람이 된다는 뜻이니, 『논어』에서 "무당과 의원이 된다."라고 했던 뜻과 같다. 무릇 시초와 거북껍질에는 정감이 없지만, 진실됨으로 느끼게 하면 스스로 호응을 하니, 항상됨이 없는 사람은 잡념으로 인해 진실되지 않다. 그렇기 때문에 그것들을 부릴 수 없다. 거북껍질과 시초는 정감이 없는데도 오히려 알 수 없는데, 사람은 정감을 가지고 있으니 알기가 어렵다. 그런데 어떻게 부릴 수 있겠는가?

訓纂 朱氏軾曰: 以無恒之人治人, 人奉爲正而法之, 則事煩而亂矣. 以無恒之人事神, 黷而不敬, 神豈饗其祀乎? 治人, 承上"況於人乎"; 事神, 承上"龜筮猶不能知".

번역 주식이 말하길, 항상됨이 없는 사람으로 백성들을 다스린다면, 백성들은 그를 받들어 올바름으로 삼고 그를 본받게 되니, 사안이 번잡해지고 문란하게 된다. 항상됨이 없는 사람으로 귀신을 섬기게 하면, 함부로

9) 오징(吳澄, A.D.1249~A.D.1333): =임천오씨(臨川吳氏)·오유청(吳幼淸)·초려오씨(草廬吳氏). 송원대(宋元代)의 유학자이다. 이름은 징(澄)이다. 자(字)는 유청(幼淸)이다. 저서로 『예기해(禮記解)』가 있다.

하여 공경하지 않는데, 신이 어떻게 제사를 흠향하겠는가? 백성들을 다스린다는 것은 앞에서 "하물며 사람에게 있어서랴?"라고 한 말을 이어서 풀이한 것이고, 신을 섬긴다는 것은 앞에서 "거북껍질과 시초도 오히려 알 수 없다."라고 한 말을 이어서 풀이한 것이다.

訓纂 彬謂: 當如文端公說, "民立而正事煩"爲句, "而祭祀是爲不敬"句, 兩 "而"字讀爲如.

번역 내가 생각하기에, 마땅히 문단공의 주장처럼 해석해야 하니, '민립이정사번(民立而正事煩)'이 구문이 되고, '이제사시위불경(而祭祀是爲不敬)'이 구문이 되며, 두 '이(而)'자는 여(如)자로 풀이한다.

訓纂 馬彦醇曰: 婦人德不可以無恒, 所謂"無攸遂, 在中饋吉". 夫子以知 率人, 其德不可以無變, 所謂"婦人之德, 從一而終. 夫子制義, 從婦凶也."

번역 마언순이 말하길, 부인의 덕은 항상됨이 없어서는 안 되니, "이루는 바가 없고, 집안에서 먹이면 길하다."[10]는 뜻이다. 남자는 지혜로 남을 통솔하는데, 그의 덕은 변화됨이 없어서는 안 되니, "부인의 덕은 하나를 따라서 마친다. 남자는 의(義)를 제재하는데 부인을 따르면 흉하다."는 뜻이다.

集解 按: 書無作"罔", 又無"民立而正事"一句, 純而作"黷于", 事煩作 "禮煩".

번역 살펴보니, 『서』에서는 무(無)자를 '망(罔)'자로 기록했고, 또 '민립이정사(民立而正事)'라는 한 구문이 없으며, 순(純)자를 '독우(黷于)'라고 기록했고, 사번(事煩)을 '예번(禮煩)'이라고 기록했다.

---

10) 『역』「가인괘(家人卦)」: 六二, 无攸遂, 在中饋, 貞吉.

集解 愚謂: 民立而正事者, 言以爵加人, 而立之爲卿大夫, 必其有恒而行
正道者. 若無恒之人, 專求之於鬼神, 是爲諂黷不敬. 其事煩則亂於典禮, 而事
神難以得福也. 引易恒卦九三爻辭, 以明無恒之取羞; 引六五爻辭, 又以明所
謂恒者, 當因義而制其變通, 而不可如婦人之專一也.

번역 내가 생각하기에, '민립이정사(民立而正事)'는 작위를 사람에게 주
어서, 그를 세워 경과 대부로 삼는데, 반드시 항상됨을 가지고 있고서 바른
도를 행하는 자여야만 한다는 뜻이다. 만약 항상됨이 없는 사람이 귀신에게
복만을 구한다면 이것은 아첨과 무례함이 되어 공경하는 것이 아니다. 그 사
안이 번잡하게 되면 예법과 법도를 문란하게 만들고, 귀신을 섬겨도 복을 받
기 어렵게 된다. 『역』「항괘(恒卦)」의 구삼 효사를 인용하여, 항상됨이 없는
자는 치욕을 당한다는 뜻을 증명하였고, 육오의 효사를 인용하였는데, 이것은
또한 항상됨이라는 것은 마땅히 의(義)에 따라 변통함을 제어해야 하며, 부인
이 한 가지에만 오로지 하는 것처럼 해서는 안 된다는 뜻임을 증명하였다.

참고 『시』「소아(小雅)·소민(小旻)」

旻天疾威, (민천질위) : 하늘의 덕은 천자가 형벌로 백성들을 겁박하는 것
                을 미워하니,
敷于下土. (부우하토) : 그 가르침이 천하에 두루 퍼져 있도다.
謀猶回遹, (모유회휼) : 도모한 것이 사벽하거늘,
何日斯沮. (하일사저) : 어느 날에나 이 악행이 그치리오.
謀臧不從, (모장불종) : 선한 계책을 따르지 않고,
不臧覆用. (부장복용) : 선하지 않은 계책을 사용하는구나.
我視謀猶, (아시모유) : 내 천자가 도모한 정사를 살펴보니,
亦孔之邛. (역공지공) : 천하를 매우 병들게 하는구나.

潝潝訿訿, (흡흡자자) : 서로 동화되다 서로를 비난하니,

亦孔之哀. (역공지애) : 매우 애통할 만하구나.

謀之其臧, (모지기장) : 계책 중 선한 것들은,

則具是違. (즉구시위) : 모두 어기는구나.

謀之不臧, (모지부장) : 계책 중 선하지 못한 것들은,

則具是依. (즉구시의) : 모두 따르는구나.

我視謀猶, (아시모유) : 내 군신이 도모한 정사를 살펴보니,

伊于胡底. (이우호지) : 어느 지경에 이르려는가.

我龜旣厭, (아귀기염) : 내 거북이 이미 염증을 내는지라,

不我告猶. (불아고유) : 나에게 계책을 알려주지 않는구나.

謀夫孔多, (모부공다) : 일을 계획하는 자들이 너무 많은지라,

是用不集. (시용부집) : 이에 이루어지지 못하는구나.

發言盈庭, (발언영정) : 계책을 내놓는 자가 마당을 가득 채우지만,

誰敢執其咎. (수감집기구) : 누가 감히 그 허물을 책임지겠는가.

如匪行邁謀, (여비행매모) : 길을 가지 않고 앉아서 계책만 따지니,

是用不得于道. (시용부득우도) : 길을 갈 수 없구나.

哀哉爲猶, (애재위유) : 슬프구나 군신의 계책을 도모함이여,

匪先民是程, (비선민시정) : 옛 사람들의 법도를 따르지 아니하고,

匪大猶是經. (비대유시경) : 대도를 기준으로 삼지 않는구나.

維邇言是聽, (유이언시청) : 동조하는 천근한 말만 듣고,

維邇言是爭. (유이언시쟁) : 이견을 보이는 천근한 말로 다투는구나.

如彼築室于道謀, (여피축실우도모) : 저 건물을 지음에 길을 가던 사람과
　　　　　　　　　　　　　　　　　　상의하니,

是用不潰于成. (시용불궤우성) : 이루지 못하는구나.

國雖靡止, (국수미지) : 천자나 제후에게 비록 예가 없지만,

或聖或否. (혹성혹부) : 어떤 자는 성인답고 어떤 자는 그렇지 않도다.

民雖靡膴, (민수미무) : 백성들에게 비록 법도가 없지만,

或哲或謀, (혹철혹모) : 어떤 자는 현명하고 어떤 자는 계책을 도모하며,

或肅或艾. (혹숙혹애) : 어떤 자는 엄숙하고 어떤 자는 다스림이 있구나.

如彼泉流, (여피천류) : 천자의 정사는 저 흐르는 샘물과 같으니,

無淪胥以敗. (무륜서이패) : 서로 이끌어 악행으로 패망하지 말지어다.

不敢暴虎, (불감포호) : 감히 맨손으로 호랑이를 때려잡지 못하고,

不敢馮河. (불감풍하) : 감히 맨몸으로 황하를 건너지 못하거늘.

人知其一, (인지기일) : 사람들은 하나만 알고,

莫知其他. (막지기타) : 소인이 해가 됨을 알지 못하는구나.

戰戰兢兢, (전전긍긍) : 전전긍긍하여,

如臨深淵, (여임심연) : 깊은 못에 임하듯 하고,

如履薄冰. (여리박빙) : 얇은 얼음을 밟듯이 하라.

毛序 小旻, 大夫刺幽王也.

모서 「소민(小旻)」편은 대부가 유왕(幽王)을 풍자한 시이다.

참고 『서』「상서(商書)·열명중(說命中)」

經文 惟厥攸居, 政事惟醇.

번역 그 머무는 것을 말한 것처럼 한다면, 정사가 순수해질 것입니다.

孔傳 其所居行, 皆如所言, 則王之政事醇粹.

번역 머물러 시행하는 것들이 모두 말한 것처럼 한다면, 천자의 정사가 순수해질 것이다.

蔡傳 居, 止而安之義, 安於義理之所止也. 義理出於勉强, 則猶二也, 義理安於自然, 則一矣. 一故政事醇而不雜也.

번역 '거(居)'자는 멈춰서 편안하게 여긴다는 뜻이니, 의리에 머무는 것을 편안히 여긴다는 의미이다. 의리가 억지로 하는 데에서 나온다면 차이가 생기는데, 의리가 자연에서 편안히 도출된다면 일치된다. 일치되기 때문에 사안이 순수하게 되어 뒤섞이지 않는다.

經文 黷于祭祀, 時謂弗欽. 禮煩則亂, 事神則難.

번역 제사를 무례하게 지낸다면 이것을 공경스럽지 않다고 부릅니다. 예가 번잡해지면 문란하게 되고 귀신을 섬기는 일도 어렵게 됩니다.

孔傳 祭不欲數, 數則黷, 黷則不敬. 事神禮煩, 則亂而難行. 高宗之祀特豐數近廟, 故說因以戒之.

번역 제사는 자주 지내고자 하지 않으니, 자주 지내게 된다면 무례하게 되고, 무례하다면 공경스럽지 않다.[11] 신을 섬기는 예법이 번잡하게 된다면 문란해져서 시행하기 어렵게 된다. 고종이 제사를 지낼 때에는 대수(代數)가 가까운 묘(廟)에 대해서만 제수를 풍요롭게 갖췄기 때문에 부열이 이로 인해 경계를 한 것이다.

孔疏 ◎傳"祭不"至"戒之". ○正義曰: "祭不欲數, 數則黷, 黷則不敬", 禮記・祭義文也. 此一經皆言祭祀之事, "禮煩"亦謂祭祀之煩, 故傳總云, "事神禮煩, 則亂而難行." 孔以高宗肜日祖己訓諸王"祀無豐于昵", 謂傳說此言爲彼事而發, 故云高宗之祀特豐數於近廟, 故說因而戒之.

---

11) 『예기』「제의(祭義)」【553b】: <u>祭不欲數, 數則煩, 煩則不敬. 祭不欲疏, 疏則怠, 怠則忘.</u> 是故君子合諸天道, 春禘秋嘗. 霜露旣降, 君子履之, 必有悽愴之心, 非其寒之謂也. 春, 雨露旣濡, 君子履之, 必有忧惕之心, 如將見之. 樂以迎來, 哀以送往, 故禘有樂而嘗無樂.

번역　◎孔傳: "祭不"~"戒之". ○공안국이 "제사는 자주 지내고자 하지 않으니, 자주 지내게 된다면 무례하게 되고, 무례하다면 공경스럽지 않다."라고 했는데, 이것은 『예기』「제의(祭義)」편의 문장이다. 이곳 경문에서는 모두 제사에 대한 사안을 언급했으니, "예가 번잡해진다."라고 한 말 또한 제사의 예법이 번잡해진다는 뜻이다. 그렇기 때문에 전문에서는 총괄적으로 "신을 섬기는 예법이 번잡하게 된다면 문란해져서 시행하기 어렵게 된다."라고 했다. 공안국은 『서』「고종융일(高宗肜日)」편에서 조기가 천자에게 간언을 올리며, "제사에서는 가까운 묘에만 풍요롭게 지내지 말아야 합니다."[12]라고 했으므로, 부열이 한 이 말은 그 사안에 따라서 말한 것이라고 했다. 그렇기 때문에 고종이 제사를 지낼 때 대수가 가까운 묘에 대해서만 제수를 풍요롭게 갖췄기 때문에 부열이 이로 인해 경계를 한 것이라고 했다.

蔡傳　祭不欲黷, 黷則不敬, 禮不欲煩, 煩則擾亂, 皆非所以交鬼神之道也. 商俗尙鬼, 高宗或未能脫於流俗, 事神之禮, 必有過焉. 祖己戒其祀無豊昵, 傅說蓋因其失而正之也.

번역　제사는 무례하게 지내고자 하지 않으니, 무례하다면 공경스럽지 못하다. 예는 번거롭지 않고자 하니, 번거롭다면 혼란스럽게 된다. 이 모두는 귀신과 교섭하는 도가 아니다. 은나라의 풍속은 귀신을 숭상하였으므로, 고종도 잘못된 풍속에서 벗어나지 못하여 귀신을 섬기는 예에 있어서도 분명 지나친 점이 있었을 것이다. 조기는 대수가 가까운 묘(廟)에만 제수를 풍요롭게 갖추지 말라고 경계하였으니, 부열은 아마도 그 잘못에 따라서 바로잡으려고 했던 것이다.

참고　『역』「항괘(恒卦)・구삼(九三)」

---

12) 『서』「상서(商書)・고종융일(高宗肜日)」: 嗚呼, 王司敬民, 罔非天胤, <u>典祀無豊于昵</u>.

爻辭 九三, 不恒其德, 或承之羞, 貞吝.

번역 구삼은 그 덕을 항상되게 하지 않아서 혹 부끄러움이 이를 것이니, 곧으면 인색하게 된다.

王注 處三陽之中, 居下體之上, 處上體之下, 上不至尊, 下不至卑, 中不在體, 體在乎恒, 而分無所定, 無恒者也. 德行無恒, 自相違錯, 不可致詰, 故"或承之羞"也. 施德於斯, 物莫之納, 鄙賤甚矣, 故曰"貞吝"也.

번역 세 양의 가운데 처하고 하체의 위에 있으며 상체의 아래에 있어서, 위로는 지극히 존귀하지 않고 아래로도 지극히 미천하지 않은데, 가운데는 그 몸체에 있지 않고 몸체는 항상됨이 있지만, 구분이 확정되지 않아 항상됨이 없는 자이다. 덕행에 항상됨이 없어서 스스로 어기고 따져 묻지 못한다. 그렇기 때문에 "혹 부끄러움이 이를 것이다."라고 했다. 이러한 곳에 덕을 베풀면 사물을 받아들일 수 없어서 누추하고 미천함이 심해진다. 그렇기 때문에 "곧으면 인색해진다."라고 했다.

孔疏 ●"九三, 不恒其德, 或承之羞, 貞吝". ○正義曰: "不恒其德, 或承之羞, 貞吝"者, 九三居下體之上, 處上體之下, 雖處三陽之中, 又在不中之位, 上不全尊, 下不全卑, 執心不定, 德行無恒, 故曰"不恒其德". 德旣無恒, 自相違錯, 則爲羞辱承之, 所羞非一, 故曰"或承之羞"也. 處久如斯, 正之所賤, 故曰"貞吝"也.

번역 ●經文: "九三, 不恒其德, 或承之羞, 貞吝". ○"그 덕을 항상되게 하지 않아서 혹 부끄러움이 이를 것이니, 곧으면 인색하게 된다."라고 했는데, 구삼은 하체의 위에 있고 상체의 아래에 있으니, 비록 세 양의 가운데 있지만 또한 알맞지 않은 자리에 있어서 위로는 전적으로 존귀하지 못하고 아래로도 전적으로 미천하지 못하니, 마음을 다잡은 것이 안정되지 않고 덕행에도 항상됨이 없다. 그렇기 때문에 "그 덕을 항상되게 하지 않는다."

라고 했다. 덕에 이미 항상됨이 없어서 스스로 어긴다면, 부끄러움이 이르게 되는데, 부끄럽게 여겨야 할 것은 한 가지가 아니다. 그렇기 때문에 "혹 부끄러움이 이른다."라고 했다. 오래도록 이러한 곳에 머문다면 바름 중에서도 천근한 것이다. 그렇기 때문에 "곧으면 인색하게 된다."라고 했다.

孔疏 ◎注"處三陽之中"至"故曰貞吝也". ○正義曰: 雖在三陽之中, 非一體之中也. "不可致詰"者, 詰, 問也. 違錯處多, 不足問其事理, 所以明其羞辱之深, 如論語云"於予與何誅".

번역 ◎王注: "處三陽之中"至"故曰貞吝也". ○비록 세 양의 가운데 있지만 한 몸체의 가운데가 아니다. 왕필13)이 "따져 묻지 못한다."라고 했는데, '힐(詰)'자는 묻는다는 뜻이다. 어긋난 곳이 많아서 사리에 대해 따져 물을 수 없으니, 부끄러움이 깊어지게 됨을 밝힌 것으로,『논어』에서 "재여에 대해 무엇을 꾸짖겠는가?"14)라고 한 말과 같다.

程傳 三, 陽爻居陽位, 處得其位, 是其常處也, 乃志從於上六, 不唯陰陽相應, 風復從雷, 於恒處而不處, 不恒之人也. 其德不恒, 則羞辱或承之矣, 或承之, 謂有時而至也. 貞吝, 固守不恒以爲恒, 豈不可羞吝乎?

번역 삼효는 양효로 양의 자리에 있으며 처함이 그 자리를 얻었으니, 이것은 항상된 자리인데, 뜻이 상육을 따르니, 단지 음과 양이 서로 호응할 뿐만이 아니며, 바람이 다시 우레를 따라 항상된 자리에 처하지 않으니, 항상되지 않은 사람이다. 그 덕이 항상되지 못하다면, 부끄러움이 혹 이를 것이니, '혹승지(或承之)'라는 말은 때때로 이르는 경우가 있다는 의미이다.

---

13) 왕필(王弼, A.D.226~A.D.249) : =왕보사(王輔嗣). 삼국시대 위(魏)나라의 학자이다. 자(字)는 보사(輔嗣)이다. 저서로는『노자주(老子注)』・『주역주(周易注)』 등이 있다.

14)『논어』「공야장(公冶長)」: 宰予晝寢. 子曰, "朽木不可雕也, 糞土之牆不可杇也, 於予與何誅?" 子曰, "始吾於人也, 聽其言而信其行, 今吾於人也, 聽其言而觀其行. 於予與改是."

'정린(貞吝)'은 항상되지 않아야 할 것을 굳게 지키며 항상됨으로 삼는다면, 어찌 부끄럽지 않겠는가.

本義 位雖得正, 然過剛不中, 志從於上, 不能久於其所, 故爲不恒其德或承之羞之象. 或者, 不知其何人之辭, 承, 奉也, 言人皆得奉而進之, 不知其所自來也. 貞吝者, 正而不恒, 爲可羞吝, 申戒占者之辭.

번역 자리가 비록 알맞음을 얻었지만, 굳셈이 지나치고 알맞지 못하며 뜻이 상효를 따르니 그 자리에 오래도록 있을 수 없다. 그렇기 때문에 그 덕을 항상되게 하지 못하여 혹 부끄러움을 받는 상이 된다. '혹(或)'은 구체적으로 어떤 사람인지 모를 때 쓰는 말이며, '승(承)'자는 받든다는 뜻이다. 즉 사람들이 모두 받들어 올려서 어디로부터 온 것인지 알 수 없다. '정린(貞吝)'은 바르지만 항상되지 못하여 부끄러워할 만한 일이 되니, 점치는 자를 거듭 경계하는 말이다.

象辭 象曰, "不恒其德", 無所容也.

번역 「상전」에서 말하길, "그 덕을 항상되게 하지 않는다."는 말은 받아들여지는 곳이 없다는 뜻이다.

孔疏 ○正義曰: "無所容"者, 謂不恒之人, 所往之處, 皆不納之, 故"無所容"也.

번역 ○"받아들여지는 곳이 없다."는 말은 항상되지 않은 사람은 가는 곳마다 모두 받아들여지지 않는다. 그렇기 때문에 "받아들여지는 곳이 없다."라고 했다.

程傳 人旣无恒, 何所容處? 當處之地, 旣不能恒, 處非其據, 豈能恒哉? 是不恒之人, 无所容處其身也.

번역 사람에게 이미 항상됨이 없는데 어느 곳에서 용납하겠는가? 마땅히 처해야 할 곳에서도 이미 항상될 수 없으니, 처한 곳이 머물 곳이 아니라면 어찌 항상될 수 있겠는가? 항상되지 못한 사람은 그 몸을 수용할 곳도 없다는 뜻이다.

참고 『역』「항괘(恒卦)·육오(六五)」

爻辭 六五, 恒其德, 貞. 婦人吉, 夫子凶.

번역 육오는 그 덕을 항상되게 하여 바르다. 부인은 길하지만 남자는 흉하다.

王注 居得尊位, 爲恒之主, 不能"制義", 而係應在二, 用心專貞, 從唱而已. 婦人之吉, 夫子之凶也.

번역 머문 곳이 존귀한 자리를 얻어 항상됨의 주인이 되는데, 의(義)에 따라 제재하지 못하고, 이효와 호응하는데 얽매여 있으며, 마음을 써서 곧음을 오로지 하고 선도함을 따를 뿐이다. 부인에게는 길함이나 남자에게는 흉함이다.

孔疏 ○正義曰: "恒其德貞"者, 六五係應在二, 不能傍及他人, 是恒常貞一其德, 故曰"恒其德貞"也. "婦人吉"者, 用心專貞, 從唱而已, 是婦人之吉也. "夫子凶"者, 夫子須制斷事宜, 不可專貞從唱, 故曰"夫子凶"也.

번역 ○"그 덕을 항상되게 하여 바르다."라고 했는데, 육오는 이효와 호응하는데 얽매여 있어서, 곁으로 다른 사람에게는 미칠 수 없다. 이것은 항상 바르게 하여 덕을 순일하게 하는 것이다. 그렇기 때문에 "그 덕을 항상되게 하여 바르다."라고 했다. "부인은 길하다."라고 했는데, 마음을 다하고 곧음을 오로지 하며 선도함을 따를 뿐이다. 이것은 부인의 길함이 된다. "남자는 흉하다."라고 했는데, 남자는 사안의 마땅함에 따라 제재하고 결단하니, 곧음을 오로지 하여 선도함을 따를 수 없다. 그렇기 때문에 "남자는 흉하다."라고 했다.

程傳 五應於二, 以陰柔而應陽剛, 居中而所應又中, 陰柔之正也, 故恒久其德則爲貞也. 夫以順從爲恒者, 婦人之道, 在婦人則爲貞, 故吉, 若丈夫而以順從於人爲恒, 則失其剛陽之正, 乃凶也. 五君位而不以君道言者, 如六五之義, 在丈夫猶凶, 況人君之道乎? 在他卦, 六居君位而應剛, 未爲失也, 在恒, 故不可耳. 君道豈可以柔順爲恒也?

번역 오효는 이효와 호응하는데, 부드러운 음으로 굳센 양에게 호응하고, 가운데 자리에 있는데 호응하는 것도 가운데 자리에 있으니, 부드러운 음 중에서도 바른 것이다. 그렇기 때문에 그 덕을 항상되게 하면 바르게 된다. 순종함을 항상됨으로 삼는 것은 부인의 도이니, 부인에게 있어서는 바름이 되기 때문에 길하다. 만약 남자인데도 남에게 순종하는 것을 항상됨으로 삼는다면, 굳센 양의 바람을 잃어서 흉하게 된다. 오효는 군주의 자리인데 군주의 도리로 말하지 않은 것은 육오와 같은 도의는 남자에게 있어서도 오히려 흉한데 군주의 도에 있어서는 어떻겠는가? 다른 괘에 있어서 음이 군주의 자리에 있고 굳센 양과 호응하면 잘못이 되지 않지만, 항괘에 있기 때문에 불가할 따름이다. 군주의 도가 어찌 유순함을 항상됨으로 삼을 수 있겠는가?

本義 以柔中而應剛中, 常久不易, 正而固矣. 然乃婦人之道, 非夫子之宜也, 故其象占如此.

번역 유순하고 알맞음으로 굳세고 알맞음에 호응하여 항상되며 바뀌지 않으니, 바르고 단단하다. 그러나 부인의 도에 해당하며 남자의 마땅함은 아니다. 그렇기 때문에 그 상과 점이 이와 같다.

象辭 象曰, 婦人貞吉, 從一而終也. 夫子制義, 從婦凶也.

번역 「상전」에서 말하길, 부인은 바르게 하여 길하니 하나를 따라서 마치기 때문이다. 남자는 의(義)에 따라 제재하니 부인의 도를 따르면 흉하다.

孔疏 ○正義曰: "從一而終"者, 謂用心貞一, 從其貞一而自終也. "從婦凶"者, 五與二相應, 五居尊位, 在震爲夫, 二處下體, 在巽爲婦. 五係於二, 故曰 "從婦凶"也.

번역 ○"하나를 따라서 마친다."라고 했는데, 마음을 다하여 곧고 전일하게 하니, 곧고 전일한 것에 따라 스스로 끝맺는 것이다. "부인의 도를 따르면 흉하다."라고 했는데, 오효와 이효는 서로 호응하는데, 오효는 존귀한 자리에 있고 진괘에 있어 남자가 되고, 이효는 하체에 있고 손괘에 있어서 부인이 된다. 오효가 이효에 얽매였기 때문에 "부인의 도를 따르면 흉하다."라고 했다.

程傳 如五之從二, 在婦人則爲正而吉. 婦人以從爲正, 以順爲德, 當終守於從一, 夫子則以義制者也, 從婦人之道, 則爲凶也.

번역 오효가 이효를 따르는 경우 부인에게 있어서는 바름이 되어 길하다. 부인은 따름을 바름으로 삼고 순종을 덕으로 삼으니, 마땅히 끝까지 하나를 따름을 고수해야 한다. 반면 남자는 의(義)에 따라 제재하는 자이니, 부인의 도를 따른다면 흉함이 된다.

● 그림 22-1 ■ 거북점의 도구와 시초

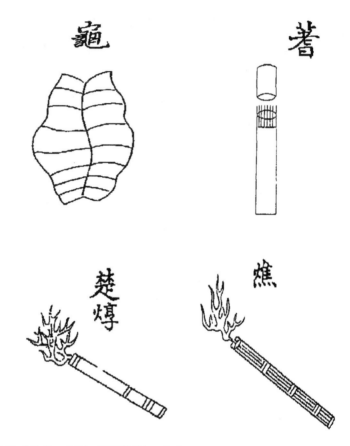

※ 출처: 『삼례도집주(三禮圖集注)』 17권

緇衣 人名 및 用語 辭典

◎ 가규(賈逵, A.D.30~A.D.101) : 후한(後漢) 때의 경학자이다. 자(字)는 경백(景伯)이다. 『춘추좌씨전해고(春秋左氏傳解詁)』를 지었지만, 현재 일실되어 존재하지 않는다. 청대(淸代) 마국한(馬國翰)의 『옥함산방집일서(玉函山房輯佚書)』와 황석(黃奭)의 『한학당총서(漢學堂叢書)』에 일집본(佚輯本)이 남아 있다.

◎ 가정본(嘉靖本) : 『가정본(嘉靖本)』에는 간행한 자의 정보가 기록되어 있지 않다. 『십삼경주소(十三經注疏)』의 판본이다. 20권으로 구성되어 있으며, 각 권의 뒤편에는 경문(經文)과 그에 따른 주(注)를 간략히 기록하고 있다. 단옥재(段玉裁)는 이 판본이 가정(嘉靖) 연간에 송본(宋本)을 모방하여 간행된 것이라고 여겼다.

◎ 감본(監本) : 『감본(監本)』은 명(明)나라 국자감(國子監)에서 간행한 『십삼경주소(十三經注疏)』의 판본이다.

◎ 개성석경(開成石經) : 『개성석경(開成石經)』은 당(唐)나라 만들어진 석경(石經)을 뜻한다. 돌에 경문(經文)을 새겼기 때문에, '석경'이라고 부른다. 당나라 때 만들어진 '석경'은 대화(大和) 7년(A.D.833)에 만들기 시작하여, 개성(開成) 2년(A.D.837)에 완성되었기 때문에, '개성석경'이라고도 부르는 것이다.

◎ 건안진씨(建安眞氏) : =서산진씨(西山眞氏)

◎ 건인(建寅) : '건인'은 북두칠성의 자루부분이 회전하여, 12진(辰) 중 인(寅)의 방위를 향할 때를 뜻한다. 하(夏)나라에서는 이 시기를 정월(正月)로 삼았기 때문에, 하력(夏曆)에서의 정월을 뜻하는 용어로도 사용되었다. 『회남자(淮南子)』「천문훈(天文訓)」편에는 "天一元始, 正月建寅."이라는 기록이 있다.

◎ 경사(卿士) : '경사'는 주(周)나라 때 주왕조의 정사(政事)를 총감독했던 직위이다. 육경(六卿)과 별도로 설치되었으며, 육관(六官)의 일들을 총감독했다. 『시』「소아(小雅)·십월지교(十月之交)」편에는 "皇父卿士, 番維司徒."라는 기록이 있는데, 이에 대한 주희(朱熹)의 『집주(集注)』에서는 "卿士, 六卿之外, 更爲都官, 以總六官之事也."라고 풀이하였으며, 『춘추좌씨전』「은공(隱公) 3년」편에는 "鄭武公莊公爲平王卿士."라는 기록이 있는데, 이에 대한 두예(杜預)의 주에서는 "卿士, 王卿之執政者."라고 풀이하였다.

◎ 경형(黥刑) : '경형'은 묵형(墨刑)과 같다. 범죄자의 얼굴 및 이마에 상처를 내고, 먹물로 새겨 넣어서 죄인의 신분임을 표시하는 형벌이다.

◎ 고문송판(考文宋板) : 『고문송판(考文宋板)』은 일본 학자 산정정(山井鼎) 등이 출간한 『칠경맹자고문보유(七經孟子考文補遺)』에 수록된 『예기정의(禮記正義)』를 뜻한다. 산정정은 『예기정의』를 수록할 때, 송(宋)나라 때의 판본을 저본으로 삼았다.

◎ 고신씨(高辛氏) : '고신씨'는 곧 제곡(帝嚳)을 가리킨다. 제곡은 최초 신(辛)이라는 땅을 분봉 받았다가, 이후에 제(帝)가 되었으므로, 제곡을 '고신씨'라고도 부르는 것이다.

◎ 공시(公尸) : '공시'는 천자의 제사 때 신령 대신 제사를 받는 시동을 뜻한다. 천자의 제사에서는 경(卿)을 시동으로 세웠기 때문에, '공(公)'자를 붙여서 '공시'라고 부른 것이다.

◎ 공안국(孔安國, ?~?) : 전한(前漢) 때의 학자이다. 자(字)는 자국(子國)이다. 고문상서학(古文尙書學)의 개조(開祖)로 알려져 있다. 『십삼경주소(十三經注疏)』의 『상서정의(尙書正義)』에는 공안국의 전(傳)이 수록되어 있는데, 통상적으로 이 주석은 후대인들이 공안국의 이름에 가탁하여 붙인 문장으로 인식되고 있다.

◎ 공영달(孔穎達, A.D.574 ~ A.D.648) : =공씨(孔氏). 당대(唐代)의 경학자이다. 자(字)는 중달(仲達)이고, 시호(諡號)는 헌공(憲公)이다. 『오경정

의(五經正義)』를 찬정(撰定)하는데 중심적인 역할을 했다.

◎ 곽경순(郭景純) : =곽박(郭璞)

◎ 곽박(郭璞, A.D.276~A.D.324) : =곽경순(郭景純). 진(晉)나라 때의 학자이다. 자(字)는 경순(景純)이다. 저서로는 『이아주(爾雅注)』, 『방언주(方言注)』, 『산해경주(山海經注)』 등이 있다.

◎ 괄지지(括地志) : 『괄지지(括地志)』는 8권. 당대(唐代) 때의 학자인 복왕태(濮王泰) 등이 편찬한 지리서이다. 본래의 판본은 산일되어 없어졌고, 현행본은 청대(淸代) 때의 학자인 손성연(孫星衍)이 일문(逸文)을 모아 편찬한 것이다.

◎ 광아(廣雅) : 『광아(廣雅)』는 위(魏)나라 때 장읍(張揖)이 지은 자전(字典)이다. 『박아(博雅)』라고도 부른다. 『이아』의 체제를 계승하고, 새로운 내용을 보충하여, 경전(經典)에 기록된 글자들을 해석한 서적이다. 본래 상·중·하 3권으로 구성되어 있었지만, 수(隋)나라 조헌(曹憲)이 재차 10권으로 편집하였다. 한편 '광(廣)'자가 수나라 양제(煬帝)의 시호였기 때문에, 피휘를 하여, 『박아』라고 부르게 되었다.

◎ 교감기(校勘記) : 『교감기(校勘記)』는 완원(阮元)이 학자들을 모아서 편찬했던 『십삼경주소교감기(十三經註疏校勘記)』를 뜻한다.

◎ 교기(校記) : 『교기(校記)』는 손이양(孫詒讓)이 지은 『십삼경주소교기(十三經注疏校記)』를 뜻한다.

◎ 구려(九黎) : '구려'는 고대의 부락명으로, 치우(蚩尤)는 바로 구려족의 수장이다.

◎ 궁형(宮刑) : '궁형'은 궁벽(宮辟)이라고도 부르며, 오형(五刑) 중 하나이다. 남자의 생식기를 자르거나, 여자의 생식 기능을 파괴하는 형벌이다. 일설에는 여자에 대한 '궁형'은 감금을 하여 노비로 전락시키는 것이라고 설명한다. 『서』「주서(周書)·여형(呂刑)」편에는 "宮辟疑赦."라는 기록이 있고, 이에 대한 공안국(孔安國)의 전(傳)에서는 "宮, 淫刑也. 男子割勢, 婦人幽閉, 次死之刑."이라고 풀이했다.

◎ 금천씨(金天氏) : '금천씨'는 소호(少皞: =少昊)의 별칭이다. 『춘추좌씨전』「소공(昭公) 1년」편에는 "昔金天氏有裔子曰昧, 爲玄冥師."라는 기록이 있는데, 이에 대한 두예(杜預)의 주에서는 "金天氏, 帝少昊."라고 풀이했다. '소호'는 오행(五行) 중 금덕(金德)을 통해 제왕에 올랐기 때문에, '금천(金天)'이라는 칭호가 붙게 되었다. 『한서(漢書)』「고금

인표(古今人表)」편에는 "上上聖人, 少昊帝, 金天氏."라는 기록이 있는데, 이에 대한 안사고(顔師古)의 주에서는 장안(張晏)의 주장을 인용하여, "以金德王, 故號曰金天."이라고 풀이했다. '소호'는 고대 동이족의 제왕으로, 황제(黃帝)의 아들이었다고도 전해진다. 이름은 지(摯)인데, 질(質)이었다고도 한다. 새의 이름으로 관직명을 지었다고 전해지며, 사후에는 서방(西方)의 신(神)이 되었다고 전해진다.『춘추좌씨전』「소공(昭公) 17년」편에는 "郯子曰 我高祖少皥摯之立也, 鳳鳥適至, 故紀於鳥, 爲鳥師而鳥名."이라는 기록이 있는데, 이에 대한 두예(杜預)의 주에서는 "少皥, 金天氏, 黃帝之子, 己姓之祖也."라고 풀이했다.

◎ 금화응씨(金華應氏, ?~?) : =응용(應鏞)·응씨(應氏)·응자화(應子和). 이름은 용(鏞)이다. 자(字)는 자화(子和)이다.『예기찬의(禮記纂義)』를 지었다.

ㄴ

◎ 남송석경(南宋石經) :『남송석경(南宋石經)』은 송(宋)나라 고종(高宗) 때 돌에 새긴『십삼경주소(十三經注疏)』의 판본이다. 그러나『예기(禮記)』에 대해서는「중용(中庸)」1편만을 기록하고 있다.

◎ 남전여씨(藍田呂氏, A.D.1040~A.D.1092) : =여대림(呂大臨)·여씨(呂氏)·여여숙(呂與叔). 북송(北宋) 때의 학자이다. 이름은 대림(大臨)이고, 자(字)는 여숙(與叔)이며, 호(號)는 남전(藍田)이다. 장재(張載) 및 이정(二程)형제에게서 수학하였다. 저서로는『남전문집(藍田文集)』등이 있다.

◎ 노거(路車) : '노거'는 천자 및 제후 등이 타는 수레이다. 후대에는 귀족들이 타는 수레까지도 지칭하는 용어로 사용되었다. '노거'의 '노(路)' 자는 그 뜻이 크다[大]는 의미이다. 따라서 군주가 이용하거나 머무는 장소에 '노'자를 붙여서 부르게 된 것이다.『춘추좌씨전』「환공(桓公) 2년」편에는 "大路越席."이라는 기록이 있는데, 이에 대한 공영달(孔穎達)의 소(疏)에서는 "路, 訓大也. 君之所在以大爲號, 門曰路門, 寢曰路寢, 車曰路車, 故人君之車, 通以路爲名也."라고 풀이했다.

◎ 대강(大姜) : '대강'은 주나라 태왕의 부인이자 문왕의 조모이다. 성(姓)이 강(姜)이라서 추존하여 '대강'이라고 부르며, 또한 주강(周姜)이라고도 부른다.

◎ 대대(大帶) : '대대'는 예복(禮服)에 사용하는 허리띠이다. 허리띠에는 혁대(革帶)와 '대대'가 있는데, 혁대는 가죽으로 만들어서 패옥 등을 차는 것이며, '대대'는 혁대 위에 흰 비단이나 누인 명주 등으로 만든 띠를 뜻한다. 대부(大夫) 이상의 계급은 흰 비단으로 만들었으며, 폭을 4촌(寸)으로 만들었고, 사(士)는 누인 명주로 만들었으며, 폭은 2촌으로 만들었다. 『예기』「옥조(玉藻)」편에는 "大夫大帶四寸."이라는 기록이 있고, 이에 대한 정현의 주에서는 "大夫以上以素, 皆廣四寸, 士以練, 廣二寸."이라고 풀이했다.

◎ 대사(大蜡) : '대사'는 연말에 농업과 관련된 여러 신들에게 합동으로 제사를 지내서, 내년에 재해가 닥치지 않도록 기원을 하는 제사이다. '사(蜡)'자는 "찾는다[索]."는 뜻으로, 여러 귀신(鬼神)들을 찾아서 제사를 지내기 때문에, 이러한 제사를 '사'라고 부르는 것이다. 그리고 연말에는 성대하게 제사를 지냈으므로, 성대하다는 뜻에서 '대'자를 붙인 것이다. 『예기』「명당위(明堂位)」편에는 "是故夏礿·秋嘗·冬烝·春社·秋省, 而遂大蜡, 天子之祭也."라는 기록이 있는데, 이에 대한 정현의 주에서는 "大蜡, 歲十二月索鬼神而祭之."라고 풀이했다.

◎ 두예(杜預, A.D.222~A.D.284) : =두원개(杜元凱). 서진(西晉) 때의 유학자이다. 경조(京兆) 두릉(杜陵) 출신이다. 자(字)는 원개(元凱)이다. 『춘추경전집해(春秋經典集解)』를 저술하였는데, 이 책은 현존하는 『춘추(春秋)』의 주석서 중 가장 오래된 것이며, 『십삼경주소(十三經注疏)』의 『춘추좌씨전정의(春秋左氏傳正義)』에도 채택되어 수록되었다.

◎ 두원개(杜元凱) : =두예(杜預)

ㅁ

◎ 마계장(馬季長) : =마융(馬融)

◎ 마씨(馬氏) : =마희맹(馬晞孟)

◎ 마언순(馬彦醇) : =마희맹(馬晞孟)

◎ 마융(馬融, A.D.79~A.D.166) : =마계장(馬季長). 후한대(後漢代)의 경학자(經學者)이다. 자(字)는 계장(季長)이며, 마속(馬續)의 동생이다. 고문경학(古文經學)을 연구하였으며, 『주역(周易)』, 『상서(尙書)』, 『모시(毛詩)』, 『논어(論語)』, 『효경(孝經)』 등을 두루 주석하고, 『노자(老子)』, 『회남자(淮南子)』 등도 주석하였지만 현재 전해지지 않는다.

◎ 마희맹(馬晞孟, ?~?) : =마씨(馬氏)·마언순(馬彦醇). 자(字)는 언순(彦醇)이다. 『예기해(禮記解)』를 찬술했다.

◎ 모본(毛本) : 『모본(毛本)』은 명(明)나라 말기 급고각(汲古閣)에서 간행된 『십삼경주소(十三經注疏)』의 판본이다. 급고각은 모진(毛晋)이 지은 장서각이었으므로, 이러한 명칭이 생겼다.

◎ 목록(目錄) : 『목록(目錄)』은 정현이 찬술했다고 전해지는 『삼례목록(三禮目錄)』을 가리킨다. 『십삼경주소(十三經注疏)』에서 인용되고 있지만, 이 책은 『수서(隋書)』가 편찬될 당시에 이미 일실되어 존재하지 않았다. 『수서』「경적지(經籍志)」편에는 "三禮目錄一卷, 鄭玄撰, 梁有陶弘景注一卷, 亡."이라는 기록이 있다.

◎ 묘민(苗民) : '묘민'은 고대 삼묘(三苗) 부족의 수장을 뜻하며, 또한 삼묘 부족 전체를 가리키기도 한다.

◎ 묵형(墨刑) : '묵형'은 묵벽(墨辟)이라고도 부르며, 오형(五刑) 중의 하나이다. 범죄자의 얼굴 및 이마에 상처를 내고, 먹물로 새겨 넣어서 죄인의 신분임을 표시하는 형벌이다. 『서』「주서(周書)·여형(呂刑)」편에는 "墨辟疑赦."라는 기록이 있고, 이에 대한 공안국(孔安國)의 전(傳)에서는 "刻其顙而涅之, 曰墨刑."이라고 풀이했다.

◎ 민본(閩本) : 『민본(閩本)』은 명(明)나라 가정(嘉靖) 연간 때 이원양(李元陽)이 간행한 『십삼경주소(十三經注疏)』 판본이다. 한편 『칠경맹자고문보유(七經孟子考文補遺)』에서는 이 판본을 『가정본(嘉靖本)』으로 지칭하고 있다.

ㅂ

◎ 반고(班固, A.D.32~A.D.92) : 후한(後漢) 때의 학자이다. 자(字)는 맹견(孟堅)이다. 『한서(漢書)』를 정리하였다.

◎ 방각(方慤) : =엄릉방씨(嚴陵方氏)

◎ 방성부(方性夫) : =엄릉방씨(嚴陵方氏)

◎ 방씨(方氏) : =엄릉방씨(嚴陵方氏)

◎ 배인(裴駰, ?~?) : 위진남북조(魏晉南北朝) 때의 학자이다. 자(字)는 용
구(龍駒)이다. 배송지(裴松之)의 아들이다. 저서로는 『사기집해(史記
集解)』 등이 있다.

◎ 별록(別錄) : 『별록(別錄)』은 후한(後漢) 때 유향(劉向)이 찬(撰)했다고
전해지는 책이다. 현재는 일실되어 존재하지 않으며, 『한서(漢書)』「예
문지(藝文志)」편을 통해서 대략적인 내용만을 추측해볼 수 있다.

◎ 복건(服虔, ?~?) : 후한대(後漢代)의 유학자이다. 자(字)는 자신(子愼)이
다. 초명은 중(重)이었으며, 기(祇)라고도 불렀다. 후에 이름을 건(虔)
으로 고쳤다. 『춘추좌씨전(春秋左氏傳)』에 주석을 남겼지만, 산일되어
전해지지 않는다. 현재는 『좌전가복주집술(左傳賈服注輯述)』로 일집
본이 편찬되었다.

◎ 복생(伏生, ?~?) : =복승(伏勝). 전한(前漢) 때의 학자이다. 자(字)는 자
천(子賤)이다. 진(秦)나라 때 박사(博士)를 지냈으며, 분서갱유를 피해
『상서(尙書)』를 숨겨두었다가, 한(漢)나라 때 『금문상서(今文尙書)』를
전수하였다.

◎ 복승(伏勝) : =복생(伏生)

◎ 복희(伏羲) : '복희'는 곧 복희씨(宓戲氏)·복희씨(伏義氏)·포희씨(包犧
氏)를 가리킨다. 전설시대에 존재했다고 전해지는 고대 제왕 중 한 명
이다. 복(伏)자와 복(宓)자, 그리고 희(羲)자와 희(戲)자는 음이 같아서
통용되었다. 『한서(漢書)』「고금인표(古今人表)」편에는 "太昊帝宓羲
氏."라는 기록이 있는데, 이에 대한 안사고(顔師古)의 주에서는 "宓,
音伏, 字本作戲, 其音同."이라고 풀이했다.

◎ 불면(黻冕) : '불면'은 제복(祭服)을 뜻한다. '불(黻)'은 제복에 착용하는
슬갑을 뜻하고, '면(冕)'은 제복에 착용하는 면류관을 뜻하는데, 이 두
글자를 합쳐서 제복을 뜻하는 용어로도 사용한다.

ㅅ

◎ 사구(司寇) : '사구'는 주(周)나라 때 설치되었던 관직이다. 하(夏)나라와

은(殷)나라 때에도 이미 존재했었다고 주장하기도 한다. 주나라 때에
는 육경(六卿) 중 하나였으며, 대사구(大司寇)라고도 불렀다. 형벌이나
옥사에 관련된 일을 담당하였고, 감찰 임무를 맡기도 하였다. 춘추시
대(春秋時代)에는 여러 제후국들에 이 관직이 설치되었으며, 공자(孔
子) 또한 노(魯)나라에서 '사구'를 지냈다고 전해지기도 한다. 청(淸)나
라 때에는 형부상서(刑部尙書)를 '대사구'로 불렀으며, 시랑(侍郞)을
소사구(少司寇)로 불렀다.

◎ 사도(司徒) : '사도'는 본래 주(周)나라 때의 관리로, 국가의 토지 및 백
성들에 대한 교화(敎化)를 담당했다. 전설상으로는 소호(少昊) 시대
때부터 설치되었다고 전해진다. 주나라의 육경(六卿) 중 하나였으며,
전한(前漢) 애제(哀帝) 원수(元壽) 2년(B.C. 1)에는 승상(丞相)의 관직
명을 고쳐서, 대사도(大司徒)라고 불렀고, 대사마(大司馬), 대사공(大
司空)과 함께 삼공(三公)의 반열에 있었다. 후한(後漢) 때에는 다시
'사도'로 명칭을 고쳤고, 그 이후로는 이 명칭을 계속 사용하다가 명
(明)나라 때 폐지되었다. 명나라 이후로는 호부상서(戶部尙書)를 '대사
도'라고 불렀다.

◎ 사마(司馬) : '사마'라는 관직은 전설상으로는 소호(少昊) 시대부터 설치
되었다고 전해진다. 주(周)나라 때에는 육경(六卿) 중 하나였으며, 하
관(夏官)의 수장이며, 대사마(大司馬)라고도 불렀다. 군대와 관련된 일
을 담당했다. 한(漢)나라 무제(武帝) 때에는 태위(太尉)라는 관직명을
고쳐서 대사마(大司馬)라고 불렀고, 후한(後漢) 때에는 다시 태위(太
尉)로 고쳐 불렀다. 남북조시대(南北朝時代)에는 대장군(大將軍)과 함
께 이대(二大)로 칭해지기도 했으나, 청(淸)나라 때 폐지되었다. 후세
에서는 병부상서(兵部尙書)의 별칭으로 사용하기도 했고, 시랑(侍郞)
을 소사마(少司馬)로 칭하기도 하였다.

◎ 사악(四嶽) : '사악'은 공공(共工)의 후예로, 우(禹)임금을 도와 치수를
하는데 공적을 세웠기 때문에 강(姜)이라는 성(姓)을 하사받고, 여(呂)
에 분봉을 받았으며, 제후들의 수장이 되었다. 또한 요(堯)임금 때의
신하였던 희(羲)와 화(和)의 네 자식을 뜻하기도 한다. 이들은 사방의
제후들을 분담하여 담당했기 때문에 '사악'이라고 부른다.

◎ 사왕(嗣王) : '사왕'은 본래 '효왕(孝王)'과 마찬가지로 군주가 제사 때
자신을 지칭하는 용어이다. 다만 제사 대상이 천지(天地) 등의 외신

(外神)일 때 사용한다. '왕위를 계승한 자'라는 의미이다. 또한 천자 및 이전 군왕에 뒤이어 제위에 오르는 자를 가리키는 용어로도 사용된다.

◎ 사흉(四凶) : '사흉'은 요순(堯舜)시대 때 악명(惡名)을 떨쳤던 네 부족의 수장들을 뜻한다. 다만 네 명의 수장들에 대해서는 이견(異見)이 있는데, 『춘추좌씨전』「문공(文公) 18년」편에서는 "舜臣堯, 賓于四門, 流四凶族, 渾敦・窮・檮杌・饕餮, 投諸四裔, 以禦螭魅."라고 하여, '사흉'을 혼돈(渾敦)・궁기(窮奇)・도올(檮杌)・도철(饕餮)이라고 하였다. 한편 『서』「우서(虞書)・순전(舜典)」편에서는 "流共工于幽洲, 放驩兜于崇山, 竄三苗于三危, 殛鯀于羽山. 四罪而天下咸服."이라고 하여, '사흉'을 공공(共工)・환두(驩兜)・삼묘(三苗)・곤(鯀)이라고 하였다. 이 문제에 대해 채침(蔡沈)의 『집전(集傳)』에서는 "春秋傳所記四凶之名與此不同, 說者以窮奇爲共工, 渾敦爲驩兜, 饕餮爲三苗, 檮杌爲鯀, 不知其果然否也."라고 하였다. 즉 『춘추좌씨전』과 『서』에서 설명하는 '사흉'의 이름이 다른데, 어떤 자들은 궁기(窮奇)를 공공(共工)으로 여기고, 혼돈(渾敦)을 환두(驩兜)라고 여기며, 도철(饕餮)을 삼묘(三苗)라고 여기고, 도올(檮杌)을 곤(鯀)으로 여기기도 하는데, 이 말이 맞는지에 대해서는 확신할 수 없다는 뜻이다.

◎ 산음육씨(山陰陸氏, A.D.1042~A.D.1102) : =육농사(陸農師)・육전(陸佃). 북송(北宋) 때의 유학자이다. 자(字)는 농사(農師)이며, 호(號)는 도산(陶山)이다. 어려서 집안이 매우 가난했다고 전해지며, 왕안석(王安石)에게 수학하였으나 왕안석의 신법에 대해서는 반대하였다. 저서로는 『비아(埤雅)』, 『춘추후전(春秋後傳)』, 『도산집(陶山集)』 등이 있다.

◎ 산해경(山海經) : 『산해경(山海經)』은 중국 고대의 지리서(地理書) 중 하나이다. 작자는 미상이다. 총 18권으로 구성되어 있다. 본래는 32권으로 구성되어 있었는데, 유흠(劉歆)이 정리를 하며, 재차 18권으로 편집했다고 전해지기도 한다. 각 지역의 지형을 설명하고, 그곳의 풍속 및 전설 등의 내용들까지도 수록하고 있다.

◎ 삼덕(三德) : '삼덕'은 세 종류의 덕(德)을 가리키는데, 문헌에 따라 해당하는 덕성(德性)들에는 차이가 나타난다. 『서』「주서(周書)・홍범(洪範)」편에는 "三德, 一曰正直, 二曰剛克, 三曰柔克."이라는 기록이 있다. 즉 『서』에서는 '삼덕'을 정직(正直), 강극(剛克), 유극(柔克)으로

풀이하고 있다. 그리고 이 문장에 대한 공영달(孔穎達)의 소(疏)에서
는 "此三德者, 人君之德, 張弛有三也. 一曰正直, 言能正人之曲使直, 二
曰剛克, 言剛强而能立事, 三曰柔克, 言和柔而能治."라고 풀이한다. 즉
'정직'은 사람들의 바르지 못한 점을 바로잡아서, 정직하게 만드는 능
력을 뜻한다. '강극'은 강건한 자세로 사업을 수립하고, 그런 일들을
추진할 수 있는 능력을 뜻한다. '유극'은 화락하고 유순한 태도로 다스
릴 수 있는 능력을 뜻한다. 다음으로『주례』「지관(地官)·사씨(師氏)」
편에는 "以三德敎國子, 一曰至德, 以爲道本, 二曰敏德, 以爲行本, 三曰
孝德, 以知逆惡."이라는 기록이 있다. 즉『주례』에서는 '삼덕'을 지덕
(至德), 민덕(敏德), 효덕(孝德)으로 풀이하고 있다. '지덕'은 도(道)의
근본이 되는 것이며, '민덕'은 행실의 근본이 되는 것이고, '효덕'은 나
쁘고 흉악한 것들을 알아내는 능력을 뜻한다. 다음으로『국어(國語)』
「진어사(晉語四)」편에는 "晉公子善人也, 而衛親也, 君不禮焉, 棄三德
矣."라는 기록이 있다. 이에 대한 위소(韋昭)의 주에서는 "三德, 謂禮
賓, 親親, 善善也."라고 풀이한다. 즉 위소가 말하는 '삼덕'은 예빈(禮
賓), 친친(親親), 선선(善善)이다. '예빈'은 빈객들에게 예법(禮法)에 따
라 대접하는 것이며, '친친'은 부모를 친애하는 것이고, '선선'은 착한
사람을 착하게 대하는 것이다.

◎ 삼묘(三苗) : '삼묘'는 유묘(有苗)라고도 부르며, 고대 국가의 명칭이다.

◎ 색부(嗇夫) : '색부'는 고대의 관직명이다. 진(秦)나라 때 설치되었는데,
향(鄕)에 배속되었고, 옥사(獄事)를 판결하거나 세금 및 부역 동원하
는 일을 담당했다.

◎ 서광(徐廣, A.D.352~A.D.425) : 동진(東晋) 때의 학자이다. 자(字)는 야
민(野民)이다. 서막(徐邈)의 동생이다.『진기(晉紀)』등을 편찬했다.

◎ 서산진씨(西山眞氏, A.D.1178~A.D.1235) : =건안진씨(建安眞氏)·진덕수
(眞德秀). 남송(南宋) 때의 성리학자이다. 자(字)는 경원(景元)이고, 호
(號)는 서산(西山)이다. 저서로는『독서기(讀書記)』,『사서집론(四書集
論)』,『경연강의(經筵講義)』등이 있다.

◎ 석경(石經) :『석경(石經)』은 당(唐)나라 개성(開成) 2년(A.D.714)에 돌
에 새긴『십삼경주소(十三經注疏)』의 판본이다. 당나라 국자학(國子
學)의 비석에 새겨졌다는 판본이 바로 이것을 가리킨다.

◎ 석량왕씨(石梁王氏, ?~?) : 자세한 이력이 남아 있지 않다.

◎ 석림섭씨(石林葉氏, ?~A.D.1148) : =섭몽득(葉夢得)・섭소온(葉少蘊). 남송(南宋) 때의 유학자이다. 자(字)는 소온(少蘊)이고, 호(號)는 몽득(夢得)이다. 박학다식했다고 전해지며, 『춘추(春秋)』에 대한 조예가 깊었다.

◎ 설문(說文) : =설문해자(說文解字)

◎ 설문해자(說文解字) : 『설문해자(說文解字)』는 후한(後漢) 때의 학자인 허신(許愼)이 찬(撰)했다고 전해지는 자서(字書)이다. 『설문(說文)』이라고도 칭해진다. A.D.100년경에 완성되었다고 전해진다. 글자의 형태, 뜻, 음운(音韻)을 수록하고 있다.

◎ 세본(世本) : 『세본(世本)』은 『세(世)』・『세계(世系)』 등으로 일컬어지기도 한다. 선진시대(先秦時代) 때의 사관(史官)이 기록한 문헌이라고 전해지지만, 진위여부를 확인할 수 없다. 『세본』은 고대의 제왕(帝王), 제후(諸侯) 및 경대부(卿大夫)들의 세계도(世系圖)를 기록한 서적이다. 일실되어 현존하지 않지만, 후대 학자들이 다른 문헌 속에 남아 있는 기록들을 수집하여, 일집본(佚輯本)을 남겼다. 이러한 일집본에는 여덟 종류의 주요 판본이 있는데, 각 판본마다 내용상의 차이를 보이고 있다. 1959년에는 상무인서관(商務印書館)에서 이러한 여덟 종류의 판본을 모아서 『세본팔종(世本八種)』을 출판하였다.

◎ 소호씨(少皞氏) : ‘소호씨’는 소호씨(少昊氏)라고도 부르며, 전설상의 인물이다. 소호(少昊)라고도 부른다. 고대 동이족의 제왕으로, 황제(黃帝)의 아들이었다고도 전해진다. 이름은 지(摯)인데, 질(質)이었다고도 한다. 호(號)는 금천씨(金天氏)이다. 소호(少皞)는 새의 이름으로 관직명을 지었다고 전해지며, 사후에는 서방(西方)의 신(神)이 되었다고 전해진다. 『춘추좌씨전』 「소공(昭公) 17년」편에는 “郯子曰 我高祖少皞摯之立也, 鳳鳥適至, 故紀於鳥, 爲鳥師而鳥名.”이라는 기록이 있는데, 이에 대한 두예(杜預)의 주에서는 “少皞, 金天氏, 黃帝之子, 己姓之祖也.”라고 풀이했다.

◎ 승(升) : ‘승’은 옷감과 관련된 단위이다. 고대에는 포(布) 80가닥[縷]을 1승(升)으로 여겼다. 『의례』 「상복(喪服)」편에서는 “冠六升, 外畢.”이라는 기록이 있는데, 이에 대한 정현의 주에서는 “布八十縷爲升.”이라고 풀이했다.

◎ 시마복(總麻服) : ‘시마복’은 상복(喪服) 중 하나로, 오복(五服)에 속한다.

가장 조밀한 삼베를 사용해서 만든다. 이 복장을 입게 되는 기간은 상황에 따라서 차이가 있지만, 일반적으로 3개월이 된다. 친족의 백숙부모(伯叔父母)나 친족의 형제(兄弟)들 및 혼인하지 않은 친족의 자매(姊妹) 등을 위해서 입는다.

◎ 시인(寺人) : '시인'은 궁중에서 군주를 가까이에서 모시는 소신(小臣)이다.

◎ 신농씨(神農氏) : '신농씨'는 신농(神農)이라고도 부른다. 전설시대에 존재했다고 전해지는 고대 제왕(帝王)의 이름이다. 처음으로 백성들에게 농사짓는 방법을 가르쳤다는 뜻에서, '신농'이라고 부르게 되었다. 또한 약초를 발견하고 재배하여 사람들의 병을 치료했었다고 전해진다. 또한 '신농'은 염제(炎帝)라고도 부르는데, 그 이유는 오행(五行) 중 하나인 화(火)의 덕(德)을 통해서 제왕이 되었다고 믿었기 때문이다. 『회남자(淮南子)』「주술훈(主述訓)」편에는 "昔者, 神農之治天下也, 神不馳於胸中, 智不出於四域, 懷其仁誠之心, 甘雨時降, 五穀蕃植."이라는 기록이 있다. 한편 '신농'은 토신(土神)을 뜻하는 용어로도 사용되었다. 이것은 농사와 땅과의 관계가 밀접하기 때문이며, 이러한 뜻에서 농사를 주관했던 관리를 또한 '신농'으로 칭하기도 하였다.

◎ 신찬(臣瓚, ?~?) : 서진(西晉) 때의 학자이다. 성씨(姓氏) 및 행적에 대해서는 자세히 전해지지 않는다. 『집해음의(集解音義)』를 저술하였다고 전해지며, 책은 이미 소실되었지만, 안사고(顔師古) 등이 『한서(漢書)』의 주석을 달 때 이 책에 근거했다고 전해진다.

ㅇ

◎ 악본(岳本) : 『악본(岳本)』은 송(頌)나라 악가(岳珂)가 간행한 『십삼경주소(十三經注疏)』의 판본이다.

◎ 양신(楊愼, A.D.1488~A.D.1559) : =양용수(楊用修). 명나라 때의 학자이다. 자(字)는 용수(用修)이고, 호(號)는 승암(升菴)이다. 저서로는 『단연총록(丹鉛總錄)』・『승암집(升菴集)』 등이 있다.

◎ 양용수(楊用修) : =양신(楊愼)

◎ 양헌풍씨(亮軒馮氏, ?~?) : =풍씨(馮氏). 자세한 행적이 남아 있지 않다.

◎ 엄릉방씨(嚴陵方氏, ?~?) : =방각(方慤)・방씨(方氏)・방성부(方性夫). 송

대(宋代)의 유학자이다. 이름은 각(慤)이다. 자(字)는 성부(性夫)이다. 『예기집해(禮記集解)』를 지었고, 『예기집설대전(禮記集說大全)』에는 그의 주장이 많이 인용되고 있다.

◎ 여대림(呂大臨) : =남전여씨(藍田呂氏)

◎ 여릉호씨(盧陵胡氏) : =호전(胡銓)

◎ 여사(女師) : ‘여사’는 고대에 귀족의 여식들을 교육했던 선생을 뜻한다.

◎ 여씨(呂氏) : =남전여씨(藍田呂氏)

◎ 여여숙(呂與叔) : =남전여씨(藍田呂氏)

◎ 연복(燕服) : ‘연복’은 평상시 한가하게 거처할 때 착용하는 복장을 뜻한다. 또한 연회를 할 때 착용하는 복장을 뜻하기도 한다.

◎ 염제(炎帝) : ‘염제’는 신농(神農)이다. 소전(少典)의 아들이고, 오행(五行)으로 구분했을 때 화(火)를 주관하며, 계절로 따지면 여름을 주관하고, 방위로 따지면 남쪽을 주관하는 자이다. 『여씨춘추(呂氏春秋)』「맹하기(孟夏紀)」편에는 “其日丙丁, 其帝炎帝.”이라는 기록이 있고, 이에 대한 고유(高誘)의 주에서는 “炎帝, 少典之子, 姓姜氏, 以火德王天下, 是爲炎帝, 號曰神農, 死託祀於南方, 爲火德之帝.”라고 풀이했다. 한편 ‘염제’는 신농의 후손들을 지칭하기도 한다. 『사기(史記)』「봉선서(封禪書)」편에는 “神農封泰山, 禪云云; 炎帝封泰山, 禪云云.”라는 기록이 나오는데, 이에 대한 『사기색은(史記索隱)』의 주에서는 “神農後子孫亦稱炎帝而登封者, 律曆志, ‘黃帝與炎帝戰於阪泉’, 豈黃帝與神農身戰乎? 皇甫謐云炎帝傳位八代也.”라고 풀이했다. 즉 신농의 자손들 또한 시조의 명칭에 따라서 ‘염제’라고 부르기도 하는데, 『사기』「율력지(律曆志)」편에는 황제(黃帝)와 ‘염제’가 판천(阪泉)에서 전쟁을 벌였다는 기록이 있는데, 어떻게 시대가 다른 두 사람이 직접 전쟁을 할 수 있는가? 황보밀(皇甫謐)은 이 문제에 대해서 여기에서 말하는 ‘염제’는 신농의 8대손이라고 풀이했다.

◎ 오곡(五穀) : ‘오곡’은 곡식을 총칭하는 말로 사용되는데, 본래 다섯 가지 곡식을 뜻한다. 그러나 다섯 가지 곡식이 구체적으로 무엇을 가리키는지에 대해서는 이견이 많다. 『주례』「천관(天官)·질의(疾醫)」편에는 “以五味·五穀·五藥養其病.”이라는 기록이 있고, 이에 대한 정현의 주에서는 “五穀, 麻·黍·稷·麥·豆也.”라고 풀이했다. 즉 이 문장에서는 ‘오곡’을 마(麻)·메기장[黍]·차기장[稷]·보리[麥]·콩[豆]으

로 설명하고 있다. 그리고 『맹자』「등문공상(滕文公上)」편에는 “樹藝五穀, 五穀熟而民人育.”이라는 기록이 있고, 이에 대한 조기(趙岐)의 주에서는 “五穀謂稻・黍・稷・麥・菽也.”라고 풀이했다. 즉 이 문장에서는 ‘오곡’을 쌀[稻]・메기장[黍]・차기장[稷]・보리[麥]・대두[菽]로 설명하고 있다. 그리고 『초사(楚辭)』「대초(大招)」편에는 “五穀六仞.”이라는 기록이 있는데, 이에 대한 왕일(王逸)의 주에서는 “五穀, 稻・稷・麥・豆・麻也.”라고 풀이했다. 즉 이 문장에서는 ‘오곡’을 쌀[稻]・차기장[稷]・보리[麥]・콩[豆]・마(麻)로 설명하고 있다. 이 외에도 각종 주석에 따라 해당 작물이 달라진다.

◎ 오교(五教) : ‘오교’는 오상(五常)이라고도 부른다. 부의(父義), 모자(母慈), 형우(兄友), 제공(弟恭), 자효(子孝) 등의 다섯 가지 가르침을 뜻한다.

◎ 오상(五常) : =오교(五教)

◎ 오유청(吳幼淸) : =오징(吳澄)

◎ 오전(五典) : ‘오전’은 다섯 종류의 윤리 덕목을 뜻한다. 『서』「우서(虞書)・순전(舜典)」편에는 “愼徽五典, 五典克從.”이라는 기록이 있는데, 이에 대한 공안국(孔安國)의 전(傳)에서는 “五典, 五常之教. 父義・母慈・兄友・弟恭・子孝.”라고 풀이했다. 즉 ‘오전’이란 오상(五常)에 따른 가르침으로, 부친의 의로움, 모친의 자애로움, 형의 우애로움, 동생의 공손함, 자식의 효성스러움을 뜻한다. 또 채침(蔡沈)의 『집전(集傳)』에서는 “五典, 五常也. 父子有親, 君臣有義, 夫婦有別, 長幼有序, 朋友有信是也.”라고 풀이했다. 즉 ‘오전’이란 오상(五常)으로, 부자관계에 친애함이 있고, 군신관계에 의로움이 있으며, 부부사이에 유별함이 있고, 장유관계에 질서가 있고, 붕우관계에 신의가 있음을 뜻한다.

◎ 오징(吳澄, A.D.1249~A.D.1333) : =임천오씨(臨川吳氏)・오유청(吳幼淸)・초려오씨(草廬吳氏). 송원대(宋元代)의 유학자이다. 이름은 징(澄)이다. 자(字)는 유청(幼淸)이다. 저서로 『예기해(禮記解)』가 있다.

◎ 오형(五刑) : ‘오형’은 다섯 가지 형벌을 뜻한다. ‘오형’의 구체적 항목에 대해서는 각 시대별 차이가 있지만, 『주례』의 기록에 근거하면, 묵형(墨刑), 의형(劓刑), 궁형(宮刑), 비형(剕刑: =刖刑), 대벽(大辟: =殺刑)이 된다. 『주례』「추관(秋官)・사형(司刑)」편에는 “掌五刑之灋, 以麗萬民之罪, 墨罪五百, 劓罪五百, 宮罪五百, 刖罪五百, 殺罪五百.”이라는 기

록이 있다.

◎ 왕념손(王念孫, A.D.1744~A.D.1832) : 청(淸)나라 때의 학자이다. 자(字)
는 회조(懷租)이고, 호(號)는 석구(石臞)이다. 부친은 왕안국(王安國)
이고, 아들은 왕인지(王引之)이다. 대진(戴震)에게 학문을 배웠다. 저
서로는『독서잡지(讀書雜志)』등이 있다.

◎ 왕보사(王輔嗣) : =왕필(王弼)

◎ 왕숙(王肅, A.D.195~A.D.256) : =왕자옹(王子雍). 위진남북조(魏晉南北
朝) 때의 위(魏)나라 경학자이다. 자(字)는 자옹(子雍)이다. 출신지는
동해(東海)이다. 부친 왕랑(王朗)으로부터 금문학(今文學)을 공부했으
나, 고문학(古文學)의 고증적인 해석을 따랐다.『상서(尙書)』,『시경(詩
經)』,『좌전(左傳)』,『논어(論語)』및 삼례(三禮)에 대한 주석을 남겼다.

◎ 왕인지(王引之, A.D.1766~A.D.1834) : 청(淸)나라 때의 훈고학자이다. 자
(字)는 백신(伯申)이고, 호(號)는 만경(曼卿)이며, 시호(謚號)는 문간
(文簡)이다. 왕념손(王念孫)의 아들이다. 대진(戴震), 단옥재(段玉裁),
부친과 함께 대단이왕(戴段二王)이라고 일컬어졌다.『경전석사(經傳
釋詞)』,『경의술문(經義述聞)』등의 저술이 있다.

◎ 왕자옹(王子雍) : =왕숙(王肅)

◎ 왕필(王弼, A.D.226~A.D.249) : =왕보사(王輔嗣). 삼국시대 위(魏)나라의
학자이다. 자(字)는 보사(輔嗣)이다. 저서로는『노자주(老子注)』·『주
역주(周易注)』등이 있다.

◎ 왕후(王后) : '왕후'는 천자의 본부인을 뜻한다. 후대에는 황후(皇后)라
고 부르기도 하였다. 고대에는 천자(天子)를 왕(王)이라고 불렀기 때
문에, 천자의 부인을 '왕후'라고 부른다. 또한 '왕'자를 생략하여 '후
(后)'라고도 부른다.

◎ 우인(虞人) : '우인'은 산림(山林)을 관장하는 관리이다.『여씨춘추(呂氏
春秋)』「계하(季夏)」편에는 "乃命虞人入山行木."이라는 기록이 있고, 이
에 대한 고유(高誘)의 주에서는 "虞人, 掌山林之官."이라고 풀이하였다.

◎ 웅씨(熊氏) : =웅안생(熊安生)

◎ 웅안생(熊安生, ?~A.D.578) : =웅씨(熊氏). 북조(北朝) 때의 경학자이다.
자(字)는 식지(植之)이다.『주례(周禮)』,『예기(禮記)』,『효경(孝經)』
등 많은 전적에 의소(義疏)를 남겼지만, 모두 산일되어 남아 있지 않
다. 현재 마국한(馬國翰)의『옥함산방집일서(玉函山房輯佚書)』에『예

기웅씨의소(禮記熊氏義疏)』 4권이 남아 있다.

◎ 위료옹(魏了翁, A.D.1178~A.D.1237) : =학산위씨(鶴山魏氏). 남송 때의 학자이다. 자(字)는 화보(華父)이고, 호(號)는 학산(鶴山)이며, 시호(諡號)는 문정(文靖)이다. 저서로는 『경외잡초(經外雜鈔)』·『구경요의(九經要義)』·『학산집(鶴山集)』 등이 있다.

◎ 위소(韋昭, A.D.204~A.D.273) : 삼국시대(三國時代) 때 오(吳)나라의 학자이다. 자(字)는 홍사(弘嗣)이다. 사마소(司馬昭)의 이름을 피휘하여, 요(曜)로 고쳤다. 저서로는 『국어주(國語注)』 등이 있다.

◎ 위후(緯候) : '위후'는 본래 칠경(七經)에 대한 위서(緯書)와 『상서중후(尚書中候)』를 합쳐 부르는 말인데, '위서'를 통칭하는 용어로 사용된다. 『후한서(後漢書)』「方述傳序)」편에는 "至乃河洛之文, 龜龍之圖, 箕子之術, 師曠之書, 緯候之部, 鈐決之符, 皆所以探抽冥賾, 參驗人區, 時有可聞者焉."이라는 기록이 있는데, 이에 대한 이현(李賢)의 주에서는 "緯, 七經緯也. 候, 尚書中候也."라고 풀이했다. 또한 '위후'는 참위(讖緯)에 대한 학문을 가리키는 용어로도 사용된다.

◎ 유묘(有苗) : '유묘'는 삼묘(三苗)라고도 지칭하며, 고대 국가의 명칭이다.

◎ 유사(有司) : '유사'는 관리를 뜻하는 용어이다. '사(司)'자는 담당한다는 뜻이다. 관리들은 각자 담당하고 있는 업무가 있었으므로, 관리를 '유사'라고 불렀던 것이다. 일반적으로 하위관료들을 지칭하여, 실무자를 뜻하는 용어로 많이 사용된다. 그러나 때로는 고위관료까지도 지칭하는 용어로 사용되기도 한다.

◎ 유씨(劉氏) : =장락유씨(長樂劉氏)

◎ 유씨(庾氏) : =유울지(庾蔚之)

◎ 유울지(庾蔚之, ?~?) : =유씨(庾氏). 남조(南朝) 때 송(宋)나라 학자이다. 저서로는 『예기약해(禮記略解)』, 『예론초(禮論鈔)』, 『상복(喪服)』, 『상복세요(喪服世要)』, 『상복요기주(喪服要記注)』 등을 남겼다.

◎ 유이(劉彝) : =장락유씨(長樂劉氏)

◎ 유질(有秩) : '유질'은 고대의 관직명이다. 한나라 때 5,000호(戶) 규모의 향(鄉)에 설치했고, 녹봉은 100석(石)이었다.

◎ 유집중(劉執中) : =장락유씨(長樂劉氏)

◎ 유헌(劉獻, A.D.434~A.D. 489) : 남북조시대 때의 학자이다. 『수서(隋書)』

「경적지(經籍志)」에 대해 주를 작성했다.

◎ 육농사(陸農師) : =산음육씨(山陰陸氏)

◎ 육덕명(陸德明, A.D.550~A.D.630) : =육원랑(陸元朗). 당대(唐代)의 경학
   자이다. 이름은 원랑(元朗)이고, 자(字)는 덕명(德明)이다. 훈고학에 뛰
   어났으며, 『경전석문(經典釋文)』 등을 남겼다.

◎ 육원랑(陸元朗) : =육덕명(陸德明)

◎ 육전(陸佃) : =산음육씨(山陰陸氏)

◎ 응소(應劭, ?~?) : 후한(後漢) 때의 학자이다. 자(字)는 중원(仲遠)·중원
   (仲援)·중원(仲瑗)이다. 저서로는 『율략론(律略論)』·『풍속통의(風俗
   通義)』·『한관의(漢官儀)』·『한서집해(漢書集解)』 등이 있다.

◎ 응씨(應氏) : =금화응씨(金華應氏)

◎ 응용(應鏞) : =금화응씨(金華應氏)

◎ 응자화(應子和) : =금화응씨(金華應氏)

◎ 의형(劓刑) : '의형'은 의벽(劓辟)이라고도 부르며, 오형(五刑) 중의 하나
   이다. 범죄자의 코를 베는 형벌이다. 『서』 「주서(周書)·여형(呂刑)」편
   에는 "惟作五虐之刑曰法, 殺戮無辜, 爰始淫爲劓刑椓黥."이라는 기록
   이 있고, 이에 대한 공영달(孔穎達)의 소(疏)에서는 "劓, 截人鼻."라고
   풀이했다.

◎ 이형(刵刑) : '이형'은 고대의 형벌로 범죄자의 귀를 베는 형벌이다.

◎ 임천오씨(臨川吳氏) : =오징(吳澄)

◎ 자림(字林) : 『자림(字林)』은 고대의 자서(字書)이다. 진(晉)나라 때 학
   자인 여침(呂忱)이 지었다. 원본은 일실되어 전해지지 않고, 다른 문헌
   들 속에 일부 기록들만 남아 있다.

◎ 장락유씨(長樂劉氏, A.D.1017~A.D.1086) : =유씨(劉氏)·유이(劉彛)·유집
   중(劉執中). 북송(北宋) 때의 성리학자이다. 자(字)는 집중(執中)이다.
   복주(福州) 출신이며, 어려서 호원(胡瑗)에게서 학문을 배웠다. 『정속
   방(正俗方)』, 『주역주(周易注)』를 지었으나 현존하지 않는다. 『칠경중
   의(七經中議)』, 『명선집(明善集)』, 『거이집(居易集)』 등이 남아 있다.

◎ 장락진씨(長樂陳氏) : =진상도(陳祥道)

◎ 장화(張華, A.D.232~A.D.300) : 서진(西晉) 때의 학자이다. 자(字)는 무
선(茂先)이다. 저서로는 『박물지(博物志)』·『장사공집(張司空集)』 등
이 있다.

◎ 전욱(顓頊) : '전욱'은 고양씨(高陽氏)라고도 부른다. '전욱'은 고대 오제
(五帝) 중 하나이다. 『산해경(山海經)』「해내경(海內經)」편에는 "黃帝
妻雷祖, 生昌意, 昌意降處若水, 生韓流. 韓流, …… 取淖子曰阿女, 生帝
顓頊."이라는 기록이 있다. 즉 황제(黃帝)의 처인 뇌조(雷祖)가 창의
(昌意)를 낳았는데, 창의가 약수(若水)에 강림하여 거처하다가, 한류
(韓流)를 낳았다. 다시 한류는 아녀(阿女)를 부인으로 맞이하여 '전욱'
을 낳았다. 또한 『회남자(淮南子)』「천문훈(天文訓)」편에는 "北方, 水
也, 其帝顓頊, 其佐玄冥, 執權而治冬."이라는 기록이 있다. 즉 북방(北
方)은 오행(五行)으로 배열하면 수(水)에 속하는데, 이곳의 상제(上帝)
는 '전욱'이고, 상제를 보좌하는 신(神)은 현명(玄冥)이다. 이들은 겨울
을 다스린다. 또한 '전욱'과 관련하여 『수경주(水經注)』「호자하(瓠子
河)」편에는 "河水舊東決, 逕濮陽城東北, 故衛也, 帝顓頊之墟. 昔顓頊自
窮桑徙此, 號曰商丘, 或謂之帝丘."라는 기록이 있다. 즉 황하의 물길은
옛날에 동쪽으로 흘러서, 복양성(濮陽城)의 동북쪽을 경유하였는데,
이곳은 옛 위(衛) 지역으로, '전욱'이 거처하던 터이며, 예전에 '전욱'이
궁상(窮桑) 땅으로부터 이곳으로 옮겨왔기 때문에, 이곳을 상구(商丘)
또는 제구(帝丘)라고도 부른다.

◎ 정강성(鄭康成) : =정현(鄭玄)

◎ 정씨(鄭氏) : =정현(鄭玄)

◎ 정의(正義) : 『정의(正義)』는 『예기정의(禮記正義)』 또는 『예기주소(禮
記注疏)』를 뜻한다. 당(唐)나라 때에는 태종(太宗)이 공영달(孔穎達)
등을 시켜서 『오경정의(五經正義)』를 편찬하였는데, 이때 『예기정의』
에는 정현(鄭玄)의 주(注)와 공영달의 소(疏)가 수록되었다. 송대(宋
代)에는 『오경정의』와 다른 경전(經典)에 대한 주석서를 포함한 『십삼
경주소(十三經注疏)』가 편찬되어, 『예기주소』라는 명칭이 되었다.

◎ 정현(鄭玄, A.D.127 ~ A.D.200) : =정강성(鄭康成)·정씨(鄭氏). 한대(漢
代)의 유학자이다. 자(字)는 강성(康成)이다. 『주역(周易)』, 『상서(尙
書)』, 『모시(毛詩)』, 『주례(周禮)』, 『의례(儀禮)』, 『예기(禮記)』, 『논어
(論語)』, 『효경(孝經)』 등에 주석을 하였다.

◎ 제왕세기(帝王世紀) :『제왕세기(帝王世紀)』는 서진(西晉) 때의 학자인 황보밀(皇甫謐)이 지은 서적이다. 이 서적은 역대 제왕(帝王)들의 가계도와 연대에 따른 사적들을 기록하고 있다. 삼황(三皇)들이 통치했다고 전해지는 시대로부터 한(漢)나라 및 위(魏)나라의 역사를 기록하고 있는데, 현재 남아있는『제왕세기』는 10권으로 구성되어 있다.

◎ 조(旐) : '조'는 거북이와 뱀의 무늬를 그린 깃발이다.『주례』「춘관(春官)·사상(司常)」편에는 "鳥隼爲旟, 龜蛇爲旐."라는 기록이 있다.

◎ 조복(朝服) : '조복'은 군주와 신하가 조회를 열 때 착용하는 복장을 뜻한다. 중요한 의식을 치를 때 착용하는 예복(禮服)을 가리키기도 한다.

◎ 종백(宗伯) : '종백'은 대종백(大宗伯)이라고도 부른다. 주(周)나라 때에는 육경(六卿) 중 하나에 해당하는 고위 관직이었다.『주례』의 체제 속에서는 춘관(春官)의 수장이 된다. 종묘(宗廟)에 대한 제사 등 주로 예제(禮制)와 관련된 일을 담당하였다. 후대의 관직체계에서는 예부(禮部)에 해당하기 때문에, 예부상서(禮部尙書)를 또한 '대종백' 혹은 '종백'이라고도 부른다.『서』「주서(周書)·주관(周官)」편에는 "宗伯掌邦禮, 治神人, 和上下."라는 기록이 있다. 또『주례』「춘관(春官)·종백(宗伯)」편에는 "乃立春官宗伯, 使帥其屬而掌邦禮, 以佐王和邦國."이라는 기록이 있는데, 이에 대한 정현의 주에서는 "宗伯, 主禮之官."이라고 풀이했다. 한(漢)나라 때에는 태재(太宰)라는 이름으로 관직명을 고치기도 했다. 한편 진(秦)나라 때에는 종실(宗室)의 일들을 담당하는 종정(宗正)이라는 관리가 있었는데, 한나라 때에는 이 관직명을 '종백'으로 고치기도 했다.

◎ 주식(朱軾, A.D.1665~A.D.1735) : 청(淸)나라 때의 명신(名臣)이다. 자(字)는 약섬(若贍)·백소(伯蘇)이고, 호(號)는 가정(可亭)이다.

◎ 진덕수(眞德秀) : =서산진씨(西山眞氏)

◎ 진상도(陳祥道, A.D.1159~A.D.1223) : =장락진씨(長樂陳氏)·진씨(陳氏)·진용지(陳用之). 북송대(北宋代)의 유학자이다. 자(字)는 용지(用之)이다. 장락(長樂) 지역 출신으로, 1067년에 과거에 급제하여 태상박사(太常博士) 등을 지냈다. 왕안석(王安石)의 제자로, 그의 학문을 전파하는데 공헌하였다. 저서에는『예서(禮書)』,『논어전해(論語全解)』등이 있다.

◎ 진씨(陳氏) : =진상도(陳祥道)

◎ 진용지(陳用之) : =진상도(陳祥道)

◎ 초려오씨(草盧吳氏) : =오징(吳澄)

◎ 치우(蚩尤) : '치우'는 전설시대에 존재했다고 전해지는 구려족(九黎族)의 수장을 뜻한다. 청동기로 병장기를 만들었으며, 황제(黃帝)와 탁록(涿鹿) 땅에서 전쟁을 벌였지만, 패전하여 피살되었다고 전해진다. 다만 각 문헌들에서 설명하는 '치우'의 신분에 대해서는 이견이 많다. 염제(炎帝)의 신하였다고도 전해지고, '황제'의 신하라고도 설명한다. 한편 '구려족'의 군주라고도 설명하고, 천하를 통치했던 자라고도 설명한다. 또한 '황제'에게 반기를 들었기 때문에, 악인(惡人)을 대표하는 명칭으로도 사용된다.

◎ 치의(緇衣) : '치의'는 본래 검은색의 비단으로 만든 복장이다. 조복(朝服)으로 사용되기도 하였다. 『시』「정풍(鄭風)·치의(緇衣)」편에는 "緇衣之宜兮, 敝予又改爲兮."라는 기록이 있고, 이에 대한 모전(毛傳)에서는 "緇, 黑也, 卿士聽朝之正服也."라고 풀이했다. 한편 '치의'는 검은색으로 되어 있었기 때문에, 일반적으로 검은색의 옷을 가리키는 용어로도 사용되었다.

◎ 탁형(椓刑) : '탁형'은 궁형(宮刑)과 같다. 남자의 생식기를 자르거나, 여자의 생식 기능을 파괴하는 형벌이다.

◎ 태보(太保) : '태보'는 주(周)나라 때의 관직으로, 삼공(三公) 중 하나이며, 삼공 중 서열은 세 번째이다. 천자를 보좌하여 국정 전반을 다스렸다. 이 관직은 춘추시대(春秋時代) 이후 폐지되었다가, 한(漢)나라 때 다시 설치되기도 하였다.

◎ 태사(太師) : '태사'는 주(周)나라 때의 관직으로, 삼공(三公) 중 하나이며, 삼공 중 서열은 첫 번째이다. 천자를 보좌하여 국정 전반을 다스렸다. 이 관직은 진(秦)나라 때 폐지되었다가, 한(漢)나라 때 다시 설치되기도 하였다.

ㅍ

◎ 팔성(八成) : '팔성'은 고대의 관부(官府)에서 정무를 다스리는 여덟 가지 규칙을 뜻한다. 첫 번째는 호적장부를 통해 세금과 노역을 부여하는 것이다. 두 번째는 병사 및 병장기 등을 조사하여 전쟁과 사냥의 일들을 처리하는 것이다. 세 번째는 호적장부와 지도를 통해 땅에 대한 분쟁을 처리하는 것이다. 네 번째는 증빙서류를 통해 채무와 관련된 분쟁을 처리하는 것이다. 다섯 번째는 예법관련 규정과 군왕의 칙명을 통해 녹봉과 지위를 규정하는 것이다. 여섯 번째는 서약한 문서를 통해 거두거나 수여하는 일을 처리한다. 일곱 번째는 서약한 문서를 통해 무역과 관련된 일을 처리한다. 여덟 번째는 회계를 통해 출납과 관련된 일을 처리한다. 『주례』「천관(天官)·소재(小宰)」편에서는 "以官府之八成經邦治: 一曰聽政役以比居, 二曰聽師田以簡稽, 三曰聽閭里以版圖, 四曰聽稱責以傅別, 五曰聽祿位以禮命, 六曰聽取予以書契, 七曰聽賣買以質劑, 八曰聽出入以要會."라고 했다.

◎ 풍씨(馮氏) : =양헌풍씨(亮軒馮氏)

◎ 피변(皮弁) : '피변'은 고대에 사용되었던 관(冠)의 한 종류이다. 백색 사슴의 가죽으로 만든 모자이다. 한편 관(冠)에 따른 의복까지 포함한 의미로 사용되기도 한다. 『주례』「하관(夏官)·변사(弁師)」편에는 "王之皮弁, 會五采玉璂, 象邸, 玉笄."라는 기록이 있다.

ㅎ

◎ 학산위씨(鶴山魏氏) : =위료옹(魏了翁)

◎ 헌원씨(軒轅氏) : '헌원씨'는 황제(黃帝)를 뜻한다. 헌원(軒轅)은 '황제'의 이름이 된다. 『사기(史記)』「오제본기(五帝本紀)」편에는 "黃帝者, 少典之子, 姓公孫, 名曰軒轅."이라는 기록이 있다. 즉 '황제'는 소전(少典)의 아들로, 성(姓)은 공손(公孫)이고, 이름은 '헌원'이다. 또한 황제가 '헌원'이라는 언덕에 거처했기 때문에, 이러한 이름이 생겼다는 주장도 있다.

◎ 현관(玄冠) : '현관'은 흑색으로 된 관(冠)이다. 고대에는 조복(朝服)을 입을 때 착용을 하였다. 『의례』「사관례(士冠禮)」편에는 "主人玄冠朝服, 緇帶素韠."이라는 기록이 있다.

◎ 현면(玄冕) : '현면'은 현의(玄衣)와 면류관을 뜻한다. 본래 천자 및 제후의 제사복장으로, 비교적 중요성이 덜한 제사 때 입는다. '현의' 중상의에는 무늬가 들어가지 않고, 하의에만 불(黻)을 수놓는다. 『주례』「춘관(春官)・사복(司服)」편에는 "祭群小祀則玄冕."이라는 기록이 있고, 이에 대한 정현의 주에서는 "玄者, 衣無文, 裳刺黻而已, 是以謂玄焉."이라고 풀이했다.

◎ 호방형(胡邦衡) : =호전(胡銓)

◎ 호전(胡銓, A.D.1102~A.D.1180) : =여릉호씨(廬陵胡氏)・호방형(胡邦衡). 남송(南宋) 때의 정치가이자 문학가이다. 자(字)는 방형(邦衡)이고, 호(號)는 담암(澹庵)이다. 충신으로 명성이 높았다.

◎ 호천상제(昊天上帝) : '호천상제'는 호천(昊天)과 상제(上帝)로 구분하여 해석하기도 하며, '호천상제'를 하나의 용어로 해석하기도 한다. 후자의 경우 '호천'이라는 말은 '상제'를 수식하는 말이다. 고대에는 축호(祝號)라는 것을 지어서 제사 때의 용어를 수식어로 꾸미게 되는데, '호천상제'의 경우는 '상제'에 대한 축호에 해당하며, 세분하여 설명하자면 신(神)의 명칭에 수식어를 붙이는 신호(神號)에 해당한다. 『예기』「예운(禮運)」편에는 "作其祝號, 玄酒以祭, 薦其血毛, 腥其俎, 孰其殽."라는 기록이 있고, 이에 대한 진호(陳澔)의 주에서는 "作其祝號者, 造爲鬼神及牲玉美號之辭. 神號, 如昊天上帝."라고 풀이했다. '호천'과 '상제'로 풀이할 경우, '상제'는 만물을 주재하는 자이며, '상천(上天)'이라고도 불렀다. 고대인들은 길흉(吉凶)과 화복(禍福)을 내릴 수 있는 능력을 갖추고 있었다고 생각하였다. 한편 '상제'는 오행(五行) 관념에 따라 동・서・남・북・중앙의 구분이 생기면서, 천상을 각각 나누어 다스리는 오제(五帝)로 설명되기도 한다. '호천'의 경우 천신(天神)을 뜻하는데, '상제'와 비슷한 개념이다. '호천'을 '상제'보다 상위의 개념으로 해석하여, 오제 위에서 군림하는 신으로 해석하는 경우도 있다.

◎ 황간(皇侃, A.D.488~A.D.545) : =황씨(皇氏). 남조(南朝) 때 양(梁)나라의 경학자이다. 『주례(周禮)』, 『의례(儀禮)』, 『예기(禮記)』 등에 해박하여, 『상복문구의소(喪服文句義疏)』, 『예기의소(禮記義疏)』, 『예기강소(禮記講疏)』 등을 지었지만, 현재는 전해지지 않는다. 그 일부가 마국한(馬國翰)의 『옥함산방집일서(玉函山房輯佚書)』에 수록되어 있다.

◎ 황보밀(皇甫謐, A.D.215~A.D.282) : 위진(魏晉) 때의 학자이다. 성(姓)은 황

보(皇甫)이고, 이름은 밀(謐)인데, 초명은 정(靜)이다. 자(字)는 사안(士安)이고, 호(鎬)는 현안(玄晏)이다. 『고사전(高士傳)』·『연력(年歷)』·『열녀전(列女傳)』·『일사전(逸士傳)』·『제왕세기(帝王世紀)』·『현안춘추(玄晏春秋)』 등이 있다.

◎ 황씨(皇氏) : =황간(皇侃)

◎ 황제(黃帝) : '황제'는 헌원씨(軒轅氏), 유웅씨(有熊氏)라고도 부른다. 전설시대에 존재했다고 전해지는 고대 제왕(帝王)이다. 소전(少典)의 아들이고, 성(姓)은 공손(公孫)이다. 헌원(軒轅)이라는 땅의 구릉 지역에 거주하였기 때문에, 그를 '헌원씨'라고도 부르는 것이다. 또한 '황제'는 희수(姬水) 지역에도 거주를 하였기 때문에, 이 지역의 이름을 따서 성(姓)을 희(姬)로 고치기도 하였다. 그리고 수도를 유웅(有熊) 땅에 마련하였기 때문에, 그를 '유웅씨'라고도 부르는 것이다. 한편 오행(五行) 관념에 따라서, 그는 토덕(土德)을 바탕으로 제왕이 되었다고 여겼는데, 흙[土]이 상징하는 색깔은 황(黃)이므로, 그를 '황제'라고 부르는 것이다. 『역』「계사하(繫辭下)」편에는 "神農氏沒, 黃帝·堯·舜氏作, 通其變, 使民不倦."이라는 기록이 있는데, 이에 대한 공영달(孔穎達)의 소(疏)에서는 "黃帝, 有熊氏少典之子, 姬姓也."라고 풀이했다. 한편 '황제'는 오제(五帝) 중 하나를 뜻한다. 오행(五行)으로 구분했을 때 토(土)를 주관하며, 계절로 따지면 중앙 계절을 주관하고, 방위로 따지면 중앙을 주관하는 신(神)이다. 『여씨춘추(呂氏春秋)』「계하기(季夏紀)」편에는 "其帝黃帝, 其神后土."라는 기록이 있고, 이에 대한 고유(高誘)의 주에서는 "黃帝, 少典之子, 以土德王天下, 號軒轅氏, 死託祀爲中央之帝."라고 풀이했다.

◎ 황천(皇天) : '황천'은 천신(天神)을 높여 부르는 말로, 황천상제(皇天上帝)를 뜻한다. '황천상제'는 또한 상제(上帝), 천제(天帝) 등으로 지칭되기도 한다. 한편 '황천'과 '상제'를 별개의 대상으로 풀이하기도 한다.

◎ 회동(會同) : '회동'은 제후들이 천자를 찾아뵙는 예법을 통칭하는 용어이다. 또한 각 계절마다 정기적으로 찾아뵙는 것을 회(會)라고 부르고, 제후들이 대규모로 찾아뵙는 것을 동(同)이라고 불러서, 구분을 짓기도 한다. 각종 회견 등을 가리키는 용어로도 사용된다. 『시』「소아(小雅)·거공(車攻)」편에는 "赤芾金舃, 會同有繹."이라는 기록이 있는데, 이에 대한 모전(毛傳)에서는 "時見曰會, 殷見曰同. 繹, 陳也."라고 풀이했다.

번역 참고문헌

- 『禮記』, 서울 : 保景文化社, 초판 1984 (5판 1995) / 저본으로 삼은 책이다.
- 『禮記正義』 1~4(전4권, 『十三經注疏 整理本』 12~15), 北京 : 北京大學出版社, 초판 2000 / 저본으로 삼은 책이다.
- 朱彬 撰, 『禮記訓纂』 上·下(전2권), 北京 : 中華書局, 초판 1996 (2쇄 1998) / 저본으로 삼은 책이다.
- 孫希旦 撰, 『禮記集解』 上·中·下(전3권), 北京 : 中華書局, 초판 1989 (4쇄 2007) / 저본으로 삼은 책이다.
- 服部宇之吉 評點, 『禮記』, 東京 : 富山房, 초판 1913 (증보판 1984) / 鄭玄 注 번역에 대해 참고했던 서적이다.
- 竹內照夫 著, 『禮記』 上·中·下(전3권), 東京 : 明治書院, 초판 1975 (3판 1979) / 經文에 대한 이해에 참고했던 서적이다.
- 市原亨吉 외 2명 著, 『禮記』 上·中·下(전3권), 東京 : 集英社, 초판 1976 (3쇄 1982) / 經文에 대한 이해에 참고했던 서적이다.
- 陳澔 注, 『禮記集說』, 北京 : 中國書店, 초판 1994 / 『集說』에 대한 번역에 참고했던 서적이다.
- 王文錦 譯解, 『禮記譯解』 上·下(전2권), 北京 : 中華書局, 초판 2001 (4쇄 2007) / 經文 및 주석 번역에 참고했던 서적이다.
- 錢玄·錢興奇 編著, 『三禮辭典』, 南京 : 江蘇古籍出版社, 초판 1998 / 용어 및 器物 등에 대해 참고했던 서적이다.
- 張撝之 外 主編, 『中國歷代人名大辭典』 上·下권(전2권), 上海 : 上海古籍出版社, 초판 1999 / 인명에 대해 참고했던 서적이다.
- 呂宗力 主編, 『中國歷代官制大辭典』, 北京 : 北京出版社, 초판 1994 (2쇄 1995) / 관직명에 대해 참고했던 서적이다.
- 中國歷史大辭典編纂委員會 編纂, 『中國歷史大辭典』 上·下(전2권), 上海 : 上海辭書出版社, 초판 2000 / 용어 및 인명에 대해 참고했던 서적이다.
- 羅竹風 主編, 『漢語大詞典』 1~12(전12권), 上海 : 漢語大詞典出版社, 초판 1988 (4쇄 1995) / 용어에 대해 참고했던 서적이다.

- 王思義　編集, 『三才圖會』 上·中·下(전3권), 上海 ： 上海古籍出版社, 초판 1988 (4쇄 2005) / 器物 등에 대해 참고했던 서적이다.
- 聶崇義　撰, 『三禮圖集注』(四庫全書 129책) / 器物 등에 대해 참고했던 서적이다.
- 劉績　撰, 『三禮圖』(四庫全書 129책) / 器物 등에 대해 참고했던 서적이다.

역자 정병섭(鄭秉燮)

- 1979년 출생
- 2002년 성균관대학교 유교철학과 졸업
- 2004년 성균관대학교 대학원 유학과 석사
- 2013년 성균관대학교 대학원 유학과 철학박사
- 현재『역주 예기집설대전』완역을 위해 번역중이며,
  이후『의례』,『주례』,『대대례기』시리즈 번역과
  한국유학자들의 예학 관련 저작들의 번역을 계획 중이다.

예기집설대전 목록

譯註
禮記集說大全 緇衣

編　陳澔(元)
附　正義·訓纂·集解

초판 인쇄　2016년 5월 10일
초판 발행　2016년 5월 20일

역　　자 ┃ 정병섭
펴 낸 이 ┃ 하운근
펴 낸 곳 ┃ 學古房

주　　소 ┃ 경기도 고양시 덕양구 통일로 140 삼송테크노밸리 A동 B224
전　　화 ┃ (02)353-9908　편집부(02)356-9903
팩　　스 ┃ (02)6959-8234
홈페이지 ┃ http://hakgobang.co.kr/
전자우편 ┃ hakgobang@naver.com, hakgobang@chol.com
등록번호 ┃ 제311-1994-000001호

ISBN　　978-89-6071-585-1　94150
　　　　978-89-6071-267-6　(세트)

값 : 32,000원

이 도서의 국립중앙도서관 출판예정도서목록(CIP)은 서지정보유통지원시스템 홈페이지
(http://seoji.nl.go.kr)와 국가자료공동목록시스템(http://www.nl.go.kr/kolisnet)에서 이용
하실 수 있습니다. (CIP제어번호 : CIP2016011309)